铁路科技图书出版基金资助

桥渡非恒定流研究与实践

戴荣尧　张佰战　李付军　著

中国铁道出版社

2012年·北　京

内容简介

本书系一部以著者完成的各项桥渡非恒定流试验研究成果为主线，全面系统地总结我国桥渡非恒定流模型试验研究发展历程的专著，扼要介绍非恒定流模型试验的相似理论，试验研究的基本条件，以及水库溃坝、潮汐冲刷、涌潮压力与冲刷、天然一般河道桥渡冲刷等等不同类型桥渡非恒定流试验研究的特点、关键难题的解决途径和科研成果。书中还列入了大量不同形式桥墩、不同水流条件和不同土壤条件下的桥墩局部冲刷与防护的试验资料，探讨了桥墩局部冲刷与防护的机理，并附录新中国成立以来100余座水库溃坝洪水造成铁路严重灾害的调查统计。本书可供铁路、公路、水利部门有关工程设计、施工、科研参考，或可作桥渡非恒定流试验研究继续发展的垫石。

图书在版编目(CIP)数据

桥渡非恒定流研究与实践/戴荣尧，张佰战，李付军著．—北京：中国铁道出版社，2012.2

ISBN 978-7-113-13879-0

Ⅰ.①桥… Ⅱ.①戴… ②张… ③李… Ⅲ.①桥涵工程—流体力学—研究 Ⅳ.①U441

中国版本图书馆CIP数据核字（2011）第238277号

书　　名：桥渡非恒定流研究与实践
作　　者：戴荣尧　张佰战　李付军

责任编辑：曹艳芳　陈小刚　**编辑部电话：**010-51873017　**电子信箱：**chengcheng0322@163.com
封面设计：崔　欣
责任校对：张玉华
责任印制：陆　宁

出版发行：中国铁道出版社（100054，北京市西城区右安门西街8号）
网　　址：http://www.tdpress.com
印　　刷：中国铁道出版社印刷厂
版　　次：2012年2月第1版　　2012年2月第1次印刷
开　　本：787 mm×1 092 mm　1/16　印张：17　字数：414千
书　　号：ISBN 978-7-113-13879-0
定　　价：80.00元

Abstract

Based on different experimental research projects completed by the authors, this monograph comprehensively and systematically summarizes the development and research achievements on bridge crossing unsteady flow. It also briefly introduces the similar theory on experimental model, its basic experimental research conditions, the peculiarities and related research achievements of different kinds of experimental research on bridge crossing unsteady flow including broken dams, tidal scour, tidal bore pressure and scour, scour at bridge crossing on natural river bed and so on. The book shows the resolving approaches of some key challenges on unsteady flow research. This book also lists a lot of experiment data on local scour and protection around bridge piers under the conditions of different form piers, different flows and different soils of river bed . The mechanism of local scour and protection around bridge piers is discussed. The appendix includes the statistics on the railway disasters of more than one hundred domestic broken dams since 1949. This book may provide references for engineering design, construction and scientific research of railway, road, and water conservancy departments. It may also perform as a stepping-stone for promoting the research and development on bridge crossing unsteady flow.

序　一

重要桥渡的设计，应依据水工模型试验的结果。一般情况下，模型试验多采用流量恒定的方法进行。20世纪70年代，河南省两座水库因暴雨发生溃坝，造成京广铁路严重破坏。随后，铁道部责成铁道科学研究院开展非恒定流桥渡模型试验研究，探索水库溃坝洪水对铁路安全运营的影响，为京广铁路修复提供科学依据。

戴荣尧先生于1955年武汉大学水利专业毕业后，一直在铁道科学研究院从事桥渡模型试验研究工作。主持并参与了非恒定流模型试验的筹建和发展完善，从开始用人工手动操纵进水阀门的简易方法，逐步发展到研制成功具有国际先进水平的全套多功能非恒定流试验设备。用以开展了模拟不同非恒定流，如潮汐水流、涌潮压力与冲刷、大坝溃坝等的模型试验，为京广铁路修复、缅甸仰光—丁茵大桥、钱塘江大桥和京沪高速铁路南京上元门大桥的设计提供了重要依据。

本书是戴先生近三十年在非恒定流模型试验研究领域工作的经验和科研成果的汇集，是一部专业著作。本书的特点是：著者以他亲身参与的非恒定流试验研究的实例为依据，着重介绍了各种不同类型桥渡非恒定流模型试验的特点，关键难题的解决途径及其科研成果。非恒定流模型试验使试验条件更接近实际情况，因而必将日益得到发展和重视。本书的出版，不仅可供从事本专业工作的设计、施工技术人员参考，也将有助于非恒定流试验研究的进一步发展和完善。

中国工程院院士　周　镜

2011年8月

序　二

《桥渡非恒定流研究与实践》一书的出版，将会受到科技界和世人的极大关注，它在溃坝水力学和潮汐动力学以及复杂的三维非恒定流对铁路桥渡的影响，对灾害防御研究均有重大的意义。例如1975年8月板桥、石漫滩水库垮坝影响，其造成的损失是十分巨大的，铁道科学研究院戴荣尧等教授能从理论上、测试技术上突破，模拟和复演溃坝水流对铁路的影响；并测得自溃坝的流量过程线和瞬间流速值，这是世界领先的科学试验水平。铁道科学研究院的科学家们，为了使自己的理论研究和试验研究成果符合天然条件，他们曾先后调查了我国13个省的400余座已溃水库的资料。他们认真地在板桥水库溃坝后，在大坝下游约800 km^2内，调查测量了52个洪痕水位。使他们的溃坝模型的试验成果，得到天然实测资料的验证，这实在是世间罕见的。板桥水库溃坝后，位于其下游约40 km的遂平水文站的自计水位计记录了整个溃坝后的水位变化。他们试验的水位过程线与天然实测的水位过程线是基本相符的，真非常难得。

戴荣尧教授等铁科院的科学家们，对我国著名也是世界著名的强潮河口涌潮段的桥渡进行了难度极高的试验研究，在理论和试验技术上难度都很高，尤其在水工模型中能复演涌潮的过程，实为不易。由于他们的严谨认真、艰苦努力，终于得到我国横跨强潮河口桥梁设计的可靠而必不可少的科学数据。

本书还对桥墩冲刷、洪水灾害等对铁路的影响进行研究，得到很多宝贵的研究成果。本书的出版对桥渡乃至铁路建设的发展，将产生重大作用，会增强人们的防患意识，增强铁路建设中洪水灾害防治的研究工作，对国民经济的快速发展有极为重要的意义。

中国水利水电科学研究院原泥沙研究所所长　曾庆华

2011年8月

前　言

严格而言，除人为控制的水流条件以外，在自然状态中不存在恒定流。天然河道中水流的流量也都是随时间而变的非恒定流，只是不同类型河流的流量随时间的变化幅度不同而已。此外，诸如各种节流闸门的调节、船闸的引水和放水等等，都会引起非恒定流动，而水库大坝和河道堤防的突然溃决、入海河口的潮汐现象、各种类型的波浪水流以及举世闻名的钱塘江涌潮现象等，更是明显而复杂的非恒定流，绝不能以恒定流的理论计算和试验方法对其进行研究。以往由于水工模型试验的研究水平和试验设备仪器所限，常将流量随时间而变化的非恒定流简化为流量恒定不变的方法进行试验研究。

非恒定流在我国桥渡模型试验研究中的应用与发展是一个从无到有、从简到繁、从原始到先进的过程。中国铁道科学研究院*于 1957 年开始进行第一项桥渡模型试验研究——京广铁路滹沱河大桥整体河工模型试验。自此以后，先后完成 100 余座大桥、特大桥桥渡模型试验研究。其中包括桥渡冲刷、壅水、冲刷防护、桥位及孔跨布设等等项目的整体模型和断面模型试验研究，但多数试验均假设河流中的流量为一恒定值，不随时间而变。1975 年河南省板桥大型水库溃坝导致京广铁路严重破坏，要开展溃坝洪水模型试验研究，不可能再假定溃坝流量为恒定流，而必须采用非恒定流的试验手段。由此中国铁道科学研究院开展了一系列桥渡非恒定流试验研究。

我国幅员广阔河流众多，而且是一个农业大国，在既有铁路线的上游分布有数以万计的不同大小的水库，由于种种原因致使其中许多水库属于病险水库，从而也常有溃坝事故发生。长期以来，水库溃坝洪水冲毁铁路桥梁和线路的事件时有发生，严重威胁铁路行车安全。特别是 1975 年 8 月，在当年 3 号台风影响下，河南省境内出现远远超过原设计频率的特大暴雨，造成两座大型水库同时溃决的重大事故，使位于下游 40 km 的京广铁路干线在 102 km 的区间内遭到严重破坏。为了探索水库溃坝洪水对铁路安全运营的影响，并为京广铁路修复提供科学依据，铁道部责成中国铁道科学研究院首先进行板桥水库溃坝洪水波整体模型试验研究，然后依次开展了水库溃坝最大流量计算、潮汐冲刷、涌潮压力与冲刷等等多项桥渡非恒定流模型试验研究。

中国铁道科学研究院在开展非恒定流桥渡模型试验研究的初期，一方面着手研制开展非恒定流水工试验所必需的仪器设备；另一方面也曾采用最简单、最原始的用人工手动操纵进水阀门的试验方法：即按预先设定的要求，在不同时段内调节进水阀门手柄旋转圈数以反映流量变值的试验方法。其后则逐步发展到研制成功达到国际先进水平的全套多功能非恒定流试验设备，在这套设备上，能连续施放任何复杂的水位流量过程，或不同线型的潮汐两向水位流量

---

* 中国铁道科学研究院原名铁道科学研究院及铁道部科学研究院，故本书中有此三种名称出现。

过程。在研究内容方面，中国铁道科学研究院完成的板桥水库溃坝整体模型试验，是国内唯一有天然资料验证并与其符合良好的大型溃坝模型试验。而且在溃坝模型上，首次模拟水库大坝至铁路 40 km 长度的区间降雨过程的影响，试验成果为京广铁路修复工程提供了科学依据。在水库溃坝最大流量计算的研究中，从理论上推导出能计算大坝全溃和横向局部溃决的计算公式。与此同时，通过约 600 次的水工试验，求得能计算大坝全溃、横向局部溃决、竖向局部溃决、横向竖向同时局部溃决等任何溃决情况的溃坝最大流量计算公式。通过天然水库溃坝资料、野外自溃坝试验资料、室内试验资料的验证，并与国内外其他计算公式对比，证明上述两项计算公式精度较高。在完成缅甸仰光大桥潮汐冲刷试验研究中，成功模拟了百年设计条件下的潮汐水流和大桥施工期间连续 100 个不同线型的潮汐水流过程，试验研究得出的冲刷深度为大桥设计提供了科学依据，并保障了大桥施工安全。根据模型试验资料分析研究提出仰光大桥施工期间沉井的冲刷深度为 10.5 m，天然实际冲刷值达 9 m 时，为了安全考虑，施工单位抛投了防护体，使已处于冲刷后期缓慢发展的冲刷深度不再继续增大，由此可在一定程度上验证模型试验的合理与精度。此外，为搜集非恒定流野外实测资料，考虑到非恒定流流速大、变化快的特点，探索了引用中国铁道科学研究院通信信号研究所研制的 TZ—103 型雷达装置的可能性，并在高速水槽上对其进行验证和率定。在先后参与浙江省水利科学研究所和河南省水利科学研究所主持的自溃坝野外试验研究中，实测了溃坝水流的全过程，取得实测最大流速达10.88 m/s的罕见资料。在完成钱塘江涌潮压力和冲刷试验研究中，首次成功模拟了复杂的涌潮现象，从而为开展此项试验研究提供了前提条件。在此基础上，以模型桥墩作为传感器测得百年设计条件下的涌潮压力以及相应的冲刷深度。在进行沉井吸泥下沉冲刷试验研究时，除引用一般常用的模型试验相似准则以外，还计入了沉井重力相似、吸泥(输沙率)相似、沉井外壁摩阻相似等相似准则，保证了模型与原型的相似。上述研究成果曾在国际或国内学术研讨会上交流。

国内桥渡非恒定流试验研究只是在近 30 年才从无到有，并逐步发展形成水利工程系统中的一个新的领域。随着我国铁路建设事业的快速发展，一些新的非恒定流问题，或以往即已存在而未予足够重视的非恒定流问题，势必提到迫待研究的日程。特别是沿海地区或跨海铁路建设日益增多，有关桥渡非恒定流的诸多问题将逐步涌现。因此桥渡非恒定流试验研究任重而道远。

本书系统总结了中国铁道科学研究院几十年来在桥渡非恒定流领域的试验研究成果，同时介绍了部分水利同行的研究成就，希藉此能有众多的专家、学者关注研究此类问题，为桥渡非恒定流试验研究的发展及铁路建设事业共同作出贡献。

全书共分十章，由戴荣尧、张佰战、李付军编著，戴荣尧统稿。戴荣尧编写第一、五、六、八、九章，张佰战编写第三、四、七章并完成全书文整，李付军编写第二、十章。

本书承中国工程院院士周镜先生和中国水利水电科学研究院原泥沙研究所所长曾庆华教授分别为本书作序，谨致衷心谢意！同时对所有为本书的完成和出版给予帮助和支持的同志表示诚挚的感谢。

著　者

2011 年 8 月

目　录

Contents

第一章　非恒定流在桥渡试验研究中的应用与发展

第一节　非恒定流自动控制系统的研制

天然状态下的非恒定流，如水库溃坝水流或涌潮水流，是以溃坝洪水波或涌潮破碎波的形式传递。不可能以恒定流的试验模式开展此类问题的试验研究，必须采用与天然情况相似的非恒定流试验手段。而非恒定流试验研究最基本、也是最关键的前提，就是要在试验设备上能施放非恒定水流，并且其流态与准备研究的天然非恒定流的流态相似。我国自古以来就有一句至理名言："工欲善其事，必先利其器。"它充分说明如果要在非恒定流试验研究领域取得优异成果，必须具备与非恒定流相应的先进、完善、配套的仪器和设备。

国内外水利部门对非恒定流试验研究开展甚早，但有关桥渡非恒定流的试验研究以往尚属空白。我国第一项桥渡非恒定流的试验研究是铁道部科学研究院完成的板桥水库溃坝整体模型试验研究。该项试验是研究因水库溃坝而严重破坏的京广铁路的修复方案，由于京广铁路在板桥水库大坝下游 40 km，水库溃坝整体模型需模拟水库库区、溃坝洪水泛滥区、铁路下游尾水区，而且为保证试验精度，采用的模型缩尺不宜太大。于是按照模型相似原理设计为水平比尺 $\lambda_L=100$；垂直比尺 $\lambda_H=10$。溃坝整体模型长度为 60 m，最大宽度为 25 m。试验最开始是采用水库溃坝模型试验通常使用的模拟水库溃坝的方法：将水库溃决的坝体以一块木板或铁板来模拟，事先安放在库区坝址处阻水。当库区蓄水达到溃决水位时，突然将模拟溃决坝体的木板或铁板提起，由模型库区内的蓄水突然外泄而形成溃坝洪水。当天然水库溃坝没有任何实测资料或推算资料时，这是唯一的试验方法。但是这种试验方法存在一个严重的缺陷，那就是突出了模型变率对溃坝洪水波生成的影响。众所周知，国内外水库溃坝整体模型的变率 α（模型水平比尺 λ_L 与垂直比尺 λ_H 之比，即 $\alpha=\lambda_L/\lambda_H$）通常选用 10～100。板桥水库溃坝模型选用模型变率 $\alpha=10$，就溃坝模型而论，变率 $\alpha=10$ 算是比较小的，但从一般河工模型试验的角度而言，则可算相当大了。在这种情况下，要保证模型与天然两者阻力相似、水流流态相似是相当困难的。当水库库区模型地形的水平比尺 λ_L 与垂直比尺 λ_H 相差 10 倍时，在模拟水库溃决坝体的板块提起的瞬间，水库大坝溃决口门处能否形成与天然相似的溃坝流量向下游传递，是很值得怀疑的。正当考虑如何对待此难题时，原水利部治淮规划小组办公室提供了板桥水库溃坝流量变化过程资料，此项资料是依据天然水库溃坝库区水位变化而推算的。于是决定将此天然溃坝流量过程，按照模型相似流量比尺，换算成模型溃坝流量过程，直接在水库溃决口门处施放。决定取消提升模拟溃决坝体的试验方法，改用在溃决口门直接施放溃坝流量以后，接踵而至的问题就是如何在模型上施放溃坝流量过程。

在筹备开展板桥水库溃坝模型试验研究之初，就曾经考虑到其后要跨入非恒定流试验研究领域，必须建立一套能施放水位、流量变化过程的仪器设备，因此专门建立了仪器研制小组。仪器组的工作除保证模型试验常用的仪器设备外，重点是研制开展非恒定流试验研究所需的仪器设备。另一方面，在模型设计时，考虑到在天然条件下，水库大坝与下游 40 km 的京广铁路之间存在非常大的平原泛滥区，当时的特大暴雨在洪泛区形成的区间径流达 11 000 m^3/s 左右。如此大的区间径流量是不容忽视的。因此决定在模型的洪泛区采用人工降雨形成区间径流。人工降雨是采用在模型周边分散设置向上喷射的喷头来施放。人工降雨的雨量及其随时间的变化，都是按天然资料换算而成，施放雨量的变化过程本身就是一项小型非恒定流的形成过程，此项设计及施放溃坝流量过程的要求大大促进了仪器研制组针对非恒定流试验仪器设备研制工作的进展。但在水库溃坝整体模型制作完成以后，施放溃坝流量过程的仪器设备尚未研制成功。在此情况下，就试行了一种非常原始的试验方法：首先将溃坝流量分级并以量水堰校定，确定施放某一流量需旋转进水阀门手柄的圈数，并标记最后一圈的所在位置，以控制施放流量的精度。然后按照需在模型上施放的溃坝流量过程，用人工在不同时段内调节进水阀门手柄的圈数，以施放不同的流量，从而形成溃坝流量过程。这是一种最简单、最原始的施放非恒定流流量的试验方法。由于人工旋转阀门手柄的速度难以掌握，以及进水阀门的开启度与出口流量缺乏密切的关系等因素的影响，以致精度是较差的。但是用人工控制溃坝流量过程的试验方法应比用手提溃坝模板的试验方法更接近天然情况。当能施放非恒定流流量的流量自控系统研制成功后，就放弃了上述两种试验方法，在其后的试验中即采用由计算机控制进水阀门，施放模拟天然溃坝的流量过程。

为了模拟溃坝水流和洪泛区区间降雨径流，仪器研制组探索了两套流量自控系统：一套采用电磁流量计测量流量，模拟区间降雨；另一套为涡轮流量计测量流量，模拟溃坝流量。并立足于国内自动化仪表基础，采用 DDZ—Ⅱ型电动单元组合仪表，自行研制了程序给定器(流量过程给定器)，使系统完全自动化。只需一人在系统控制中心集中操作，便可施放模拟溃坝流量和区间降雨径流的流量过程。

现将流量自控系统的仪器与设备简要介绍如下。

一、溃坝流量自控系统

此套系统包括调节阀、电动执行器、伺服放大器、操作器、调节器、涡轮流量变送器、程序给定器及监测指示仪表等。其工作原理详见本书第二章。

流量变送器及调节阀都装在进水管道上，程序给定器按要求的流量过程线换算成电流过程线指挥系统，由调节器按照 PID 规律进行调节。阀门开闭状态与给定曲线由监测仪表记录。

二、人工降雨

人工降雨装置的工作原理与流量自控系统相同。雨量喷洒部分是在模型上铺设架空的 H 型管路系统，在管路上每隔 1 m 接一呈弧面喷口的有机玻璃喷头的短管。模拟的降雨是先由喷头将水向上喷洒，此时水体已成雾状，然后雾状水珠成自由落体降至模型上，喷洒的水量及变化过程按照天然的降雨量换算而得。最大喷洒半径为 5～6 m。

三、测量记录仪器

水位测量除用水位测针外，自动记录采用型号为 3KGY—1 的水池浪高仪。其工作原理是通过传感器电容在不同水深变化时，以电流讯号输出，用光电示波仪记录。此种仪器受温度及水质等影响，稳定性及精度尚待提高。流速仪采用光电型、X 型及 S 型三种，通过光电信号的改变，由光电示波仪连续记录。以光电流速仪较为稳定。

此项试验研究成果为京广铁路的修复提供了科学依据。

1986 年铁道部科学研究院承接缅甸仰光—丁茵大桥桥墩冲刷试验研究，此项研究要求施放各种大小不同潮波重复组合的长系列潮汐水流过程，属双向往复式非恒定流。特别是试验研究施工期潮汐冲刷时，要求连续施放 100 个不同潮波组合的潮汐过程。因此为了开展此项试验研究，必须研制一套既能自动控制流量变化过程，又能自动控制水位变化过程，且能形成连续往复水流的全新仪器设备。

首先，以往常规使用的单向水流的试验水槽已不能满足试验要求，而必须研制一套在两端都能进水和排水的试验水槽。为此设计了一座长 30 m，宽 1.5 m 的玻璃试验水槽，在水槽两端各设计了一套与平水塔、蓄水池相连接的循环管道。

另一方面，还必须将原先研制的单向非恒定流试验装置研发提升为能施放任何线型的水位、流量往复过程的自控系统。

为保证试验流量及水位过程与天然流量、水位过程相似，采用了两套计算机控制系统。该系统包括：调节阀、电动执行器、液面仪、伺服放大器、操作器、调节器、肯特电磁流量计、程序给定器及计算机控制监视指示仪表等。其工作原理采用 PID 闭路调节。其供水流量大小是根据试验建筑物（桥墩）附近断面流量（包括流速及水位）过程，通过调试完成的潮波程序输入计算机来控制。同时将调试完成的水位程序输入另一计算机，用跟踪要求水位控制排水，即进水与排水均按照试验断面的实测水位、流速过程进行控制，并由流向时控器实现涨落潮自动转换流向。因此 100 个不同大小、不同线型的潮汐系列的水流过程可完全由计算机自动控制完成，从而使试验得以顺利完成，并保证了试验研究的精度。

经过反复调试，在试验中测到的桥墩附近的流速变化过程、水位变化过程，与天然条件按照模型相似比尺换算的流速变化过程、水位变化过程极为吻合。

第二节　非恒定流科研难题的探索

为承接铁路桥渡设计、施工及运营管理实践中提出的科研任务，多年来开展了一系列桥渡非恒定流的试验研究。这些研究几乎每项都是以往研究工作中未曾接触过的新课题，因此每项研究都具有较大的挑战性。每项研究都需探索新的研究手段、新的研究方法和新的研究途径，从而在完成科研任务提出相应科研成果的同时，也积累了一些新的认识和经验。现将以往完成的溃坝、潮汐、涌潮等各项非恒定流试验研究的特点，在研究过程中出现关键难题的解决方法和措施，以及反映桥渡非恒定流试验研究发展水平的主要成果简要归纳如下。

一、板桥水库溃坝模型试验研究

1975 年 8 月我国河南省板桥水库（库容 6 亿 m^3，坝高 25 m 的大型水库）因遭遇特大暴雨而突然溃决，致使位于水库下游 40 km 处京广铁路在 102 km 范围内的线路和桥梁遭受严重破坏。为研究京广铁路的修复方案，1976 年铁道部科学研究院开展了我国第一项桥渡非恒定流试验研究——板桥水库溃坝模型试验研究。

国内外虽有不少大型水库溃坝模型试验，但多缺乏天然验证资料。无论试验结果如何，无法检验其是否与原型相似，无法判断试验结果是否能真实反映天然情况。而板桥水库溃坝后，位于其下游约 40 km 的遂平水文站的自计水位计幸免冲毁。它记录下的水位变化过程，以及水库溃坝后，由铁道部第四勘测设计院和铁道部科学研究院在大坝下游约 800 km^2 范围内，调查测量了 52 个洪痕水位，这些都是调整模型阻力相似和验证模型溃坝洪水波向下游传播 40 km后的水位变化过程是否与原型相似极为珍贵的资料。当然这也给模型试验研究本身带来极大的难度和挑战。对此，在研究过程中采取了以下几项关键措施。

(1)在当时试验设备条件容许范围内，尽可能加大模型尺寸，以减小模型缩尺带来的误差。通过模型相似设计，选用模型长 60 m，最大宽度 25 m。

(2)由于水库大坝至京广铁路的区间面积大，而且当时经历的特大暴雨历时长、强度大，不能对区间暴雨增加的径流略而不计，所以在模型上用铁道部科学研究院研制的流量自动控制装置，配合大量分散的喷头形成人工降雨，以模拟天然降雨量随时间的变化过程。从而保证了洪泛区总体径流流量及其变化过程的相似。

(3)考虑到水库溃坝模型不同一般水工或河工模型，在模型与原型阻力相似方面，其河道影响所占比重甚小。而水库溃坝洪泛区的阻力影响甚大，因此除在全部洪泛区的模型上采用水泥砂浆拉毛加糙外，并按地形图将稠密的村庄房屋、高于地面的渠道、堤坝、公路等均模拟在模型上。

采用了上述几项措施后，使模型溃坝洪水波经历 40 km 的传播后在京广铁路处的水位变化过程，与附近的遂平水文站实测的水位变化过程相当接近。

本项试验研究提出的京广铁路修复方案已为水害所在单位郑州铁路局采用。

二、水库溃坝最大流量理论计算与试验研究

20 世纪 70 年代，我国有各种类型水库超过 8.4 万座，“75.8”洪水(板桥水库溃坝)后，据水利部门检算，全国大部分大中型水库达不到保坝标准。水库溃坝对铁路干线造成严重破坏的事例屡见不鲜，诸如板桥水库溃坝和 12 次列车事件等等都曾震惊全国。因此研究水库溃坝流量计算成为铁路桥渡设计和运营管理的迫切需要，于是铁道部责成铁道部科学研究院在板桥水库溃坝模型试验研究的基础上，针对水库溃坝最大流量计算开展理论和试验研究。

(一)理论计算

国外对溃坝流量计算研究较早，1892 年德国 Ritter. A 即建立了坝体突然全部溃决时最大流量的经典理论计算式：

$$Q_{\max}=\frac{8}{27}\sqrt{g}BH^{\frac{3}{2}} \tag{1-1}$$

鉴于我国以往修建的水库绝大多数皆为土坝，坝体全部溃决的情况甚少，较多的情况是坝体横向(沿坝长方向)局部溃决。因此，根据动量方程和能量方程的联解，推导出能计算坝体全部溃决及横向局部溃决时的溃坝最大流量理论公式。

根据动量方程可得溃坝最大流量计算式：

$$Q_{\max}=b(H-Z_0)\frac{\sqrt{gH}}{\sqrt{1-\frac{b}{B}}}2\left[\arcsin\sqrt{\frac{Z_0}{H}\left(1-\frac{b}{B}\right)+\frac{b}{B}}-\arcsin\sqrt{\frac{b}{B}}\right] \tag{1-2}$$

又根据能量方程可得溃坝最大流量计算式：

$$Q_{\max}=\frac{2\sqrt{2}}{3\sqrt{3}}\sqrt{g}\left\{1-\frac{Z_0}{H}+\frac{2}{\left(1-\frac{b}{B}\right)}\left[\arcsin\sqrt{\frac{Z_0}{H}\left(1-\frac{b}{B}\right)+\frac{b}{B}}-\arcsin\sqrt{\frac{b}{B}}\right]^2\right\}^{\frac{3}{2}}bH^{\frac{3}{2}} \tag{1-3}$$

联解式(1-2)及式(1-3)即可求出 Q_{max} ,因计算较为复杂,故已制成相应图表,如果计算坝体局部溃决,只需已知坝体溃决宽度即可非常简便地求出溃坝最大流量 Q_{max} 。如坝体全溃即 $b=B$,则计算式可简化为式(1-1)。

(二)试验研究

为了制定能用于任何坝体溃决情况(包括坝体全溃、横向局部溃决、竖向局部溃决、横向与竖向同时局部溃决)的计算公式,针对影响 Q_{max} 的各种参变量进行了系统的试验研究。鉴于国内外有关溃坝最大流量计算的公式甚多,各家公式计算结果差异甚大,尚缺乏一个建立在系统试验资料基础上精度较高的计算公式。为此,当决定开展此项试验研究时,就决心制定一个建立在系统、全面、大量试验资料基础上精度较高的计算公式。为使试验研究的各项参变量的变化幅度与天然实际情况相符,曾先后赴河南、辽宁等省搜集了 400 余座已溃水库的有关资料。在此基础上,安排了 7 种库长、5 种坝长、8 种坝高、15 种横向局部溃决、8 种竖向局部溃决、2 种溃决断面形状、9 种溃决时间等项影响因素的组合试验,共进行了约 600 次溃坝试验。试验在不同长度和不同宽度的试验水槽中进行,根据试验资料分析研究得出以下可计算任何坝体溃决情况(包括坝体全溃、横向局部溃决、竖向局部溃决、横向与竖向同时局部溃决)溃坝最大流量的计算公式:

$$Q_{max}=0.27\sqrt{g}\left(\frac{L}{B}\right)^{\frac{1}{10}}\left(\frac{B}{b}\right)^{\frac{1}{3}}b(H-kh)^{\frac{3}{2}} \tag{1-4}$$

上述理论公式和试验公式以本项研究的试验资料、奥地利试验资料、板桥水库溃坝资料、南山水库自溃坝试验资料进行验证,并将上述各项资料与国内外其他计算公式对比,本项研究提出的理论公式和经验公式精度较高。

(三)本项试验研究的难点及解决的方法

(1)由于本项试验是研究溃坝最大流量的计算方法,因此在试验中如何测得溃坝最大流量值以及如何保证其测量精度,就是本项试验研究最为关键的问题,足以判定研究成果是否能成立。当时所有水利系统的科研单位均无直接量测溃坝口门处流量或流速变化的仪器。而且在开展此项试验研究时,尚未考虑和研究运用雷达装置测量非恒定流流速的途径。用雷达装置虽然可以测量溃坝口门处出流的流速变化过程,但是以雷达测得的流速变化过程来推算溃坝流量过程,尚存在另一难题,那就是雷达只能测到溃坝口门处舌状水流的表面流速,如何以此资料来推算溃坝流量仍然是一个难以解决的问题。因此当时放弃了在溃坝口门处直接测量溃坝流量的途径。而是采用计算水库库区瞬时水位差值来推算溃坝流量变化过程。试验时在模型库区内设置多座浪高仪,与光电示波仪连接同步测量库区水位变化。最多时(库区水面面积较大时)采用了 21 台浪高仪。通过这些数量众多的浪高仪记录了库区的水位变化过程,即可推算出库的流量过程,从而保证了试验的精度。

(2)开展溃坝流量试验研究的另一难题就是如何模拟水库大坝溃决。以往国内外的试验都是采用将溃决的坝体模型上提而形成溃坝洪水。由于考虑到将溃决坝体上提的方式,在直观上与天然溃坝情况不符,其所形成的水流类似闸下出流。起初曾采用将溃决坝体向下游翻倒的模式,溃坝模型制作完成后,在实际试验过程中,发现当模拟溃决坝体的档板向下游翻倒而接触试验水槽的底面时,会出现瞬时反弹震动。这种反弹震动使溃决口门的出流产生波动,从而影响溃坝流量的数值。于是停止了这种试验方式,改而采用使溃决坝体垂直下滑的试验模式。虽然溃决坝体下滑需在水槽底部开凿凹槽,结构处理较为复杂,但却更接近天然情况。溃决坝体模型采用钢木结构,试验开始前以吊钩将其悬挂,使其处于溃坝前的挡水状态。当试验开始时，使吊钩脱钩，溃决坝体以较大的自重瞬时下垂。与此同时，位于水库库区内的 21 台浪高仪同步起动，光电示波仪记录水库库区的水位变化过程，即可求得溃坝流量的变化过程，并从中选取瞬时出现的溃坝最大流量数值。

三、缅甸仰光大桥潮汐冲刷试验研究

本项研究的难题与特点如下：

(1)本项试验研究最大的难题，也是最关键的难题就是模拟潮汐水流过程，特别是模拟施工期连续 100 个不同大小不同线性组合的潮汐水流过程。这 100 个潮汐由四组不同大小不同线性的潮汐组合而成，其最大正负流速分别为：$v_{max}=+2.0$ m/s 和 -1.5 m/s；$+1.7$ m/s 和 -1.3；$+1.4$ m/s 和 -1.1 m/s；$+1.0$ m/s 和 -0.7 m/s。显然，如果在模型上不能施放与原型相似的潮汐水流过程，则一切试验结果都是毫无意义的。前已介绍通过铁道部科学研究院研制成功的流量自控装置和水位自控装置，使此项试验研究才有可能开展。试验资料表明，模型施放的潮汐水流过程，包括水位变化过程和流速变化过程，与天然潮汐水流的水位变化过程和流速变化过程相当吻合。

然而在进行施工期连续 100 个不同潮汐冲刷试验时，多次出现在完成了数十个潮汐过程后，水面突然出现无规则的波动，在桥墩模型上下游的水体反复晃动，使在此之前形成的冲刷地形遭到破坏，从而使已运转多时的试验全部报废。此问题不解决，试验就难以完成。刚开始时以为是电子仪器的元器件质量不稳所致，但将元器件质量改进后效果并不明显。最后通过调整水流转换方向的间隔时间才解决了此难题。具体而言，就是潮汐水流的流速由正向最大值转换至负向最大值时，中间要经历一流速为零的转点，此时试验水槽的水面为静止状态。在模型试验中，一个完整的潮汐水流过程所经历的时间，也是按照模型相似比尺的要求而缩小了的。因此上述静止状态所经历的时间非常短暂瞬间即逝，如果在此瞬间出现微小的不和谐因素的影响，水面就会出现微小的不规则的波动，乃至形成大尺度的不符合试验要求的波动，使水流在桥墩上下游反复不规则的晃动，迫使试验不得不中途停止而报废。有鉴如此，就在试验中略为增加了静止状态的持续时间，即在输入计算机程序中的模型流速过程线由正值转向负值的零点不是一个点，而是一个非常短的直线，从而加强了水流流向改变时的稳定性。此微小的改变绝不会影响桥墩冲刷试验的精度，却保障了试验得以顺利完成。

(2)在恒定流条件下，不同流速对桥墩局部冲刷深度的影响呈渐变的S线性。而在组合潮汐水流作用下，桥墩局部冲刷随不同大小潮汐组成的潮汐冲刷次数的变化过程为阶梯型。因为在潮波系列中含有较小的潮汐水流(最大流速 $v=+1.4$ m/s 及 $+1.0$ m/s)，它对于由较大流速的潮汐($v=+2.0$ m/s 及 1.7 m/s)所形成的冲刷深度，不能继续增大或略有回淤，所以冲刷深度的发展成阶梯状。

(3)本项试验研究为了探索在潮汐水流与恒定流对桥墩局部冲刷影响的差异，曾安排二组对比试验，其最大流速分别为 $v=2.5$ m/s 和 2.2 m/s。然后安排了 $v=2.5$ m/s 和 2.2 m/s 的恒定流试验。试验结果表明在最大流速相同的情况下，桥墩局部冲刷深度仅为恒定流的 75%左右。

(4)该桥沉井施工冲刷试验结果已得到天然资料的验证。沉井直径 $D=16$ m，河床泥沙粒径 $d_{50}=0.11$ mm，最大潮汐流速 $v=2.0$ m/s。根据试验资料分析，在经历 100 次不同流速不同线型潮汐水流的冲刷作用后，沉井局部冲刷深度 $h_b=10.5$ m。当时该桥设计者认为冲刷 10.5 m 数值太大，不大相信此试验结果。而实际情况是该桥施工期间在沉井下沉过程中，曾

出现 9 m 的冲刷深度，沉井被冲歪，施工单位赶快抛投了沙袋防护后，才使冲刷停止发展。通常沉井下沉过程中，冲刷逐步增大，但达到一定深度时，冲刷深度的增长速率逐渐减小并趋近于零，此时即处于冲淤平衡状态，冲刷深度不再继续增大，冲刷坑内的泥沙仍继续旋转运动。因此可以认为试验结果并非太大，而是接近天然情况。

四、雷达在非恒定流测量中的应用

在很多情况下，非恒定流流速随时间变化的速率非常大，现有的常规水工测量仪器都无法使用。考虑到铁道部科学研究院通信信号研究所研制用于测量列车车速的 TZ—103 型雷达装置，其量程为 10 m/s 左右(0～10 m/s 或 10～20 m/s)，无需在水内设置探头，且可连续记录，如能引用于测量非恒定水流，效果应该相当理想。为此首先将 TZ—103 型雷达装置先后在南京水利科学研究院和中国水利水电科学研究院高速水流设备上进行了率定试验，并对其用于水工测量时的位置布设、安装固定、测量和偏角计算方法等问题进行了探索，经过验证论定其适用性能良好。其后除在钱塘江旧桥及第二钱塘江大桥上进行过潮汐水流和涌潮水流的观测以外，还参加了浙江省水利科学研究所主持的南山水库自溃坝试验研究、河南省水利科学研究所主持的鸭河口水库自溃坝试验研究。后者规模较大，引水溃决的坝高为 5.6 m，因此坝体溃决时的流量、流速都很大。用 TZ—103 型雷达装置测得的最大流速为 10.88 m/s，如此大的实测流速为国内外罕见的资料。

五、涌潮对桥墩的冲击力及局部冲刷试验研究

1990 年铁道部大桥工程局勘测设计院为修建第二钱塘江大桥，委托铁道部科学研究院开展涌潮对桥墩的冲击力及局部冲刷试验研究。涌潮水流与一般潮汐水流有截然不同的特性，它是潮波在行进过程中，受边界约束产生剧烈变形所致。涌潮也称涌波，是一种间断破碎波，它行进时类似一堵水墙汹涌澎湃向前推进。我国钱塘江涌潮之所以举世闻名，是因为其入海口门呈喇叭状，收缩较大，且河口内有较大的拦门沙坎。当潮波由杭州湾进入钱塘江口时，受平面河道的急剧束窄和立面上河床剧烈抬高的影响，产生强烈的变形，从而形成极为壮观的涌潮现象。

本项试验研究的关键问题在于如何能在试验水槽内形成与钱塘江涌潮相似的涌潮水流现象，查阅有关文献未见到这方面的试验研究。为了接近天然条件，首先将非恒定流试验水槽束窄成较窄的试验段，以便在入口处能与原有水槽侧墙连接成喇叭口。并在涌潮入口处模拟拦门沙坎。但是尽管如此即或施放出试验设备可能施放的最大流量，也不能在水槽内形成涌潮水流。经过反复探索和试验，终于找到如下解决措施：由于试验水槽两端均设有进水阀门和排水阀门，故可在进水初期将进水端的排水阀门打开，使水流不进入试验段。待水流达到最大流量，而且水槽进水端的消能池已蓄满水，当水位达到一定高度时，通过自控装置以最快速度关闭排水阀门，将水流突然逼入试验段内，即可形成与天然情况相似的涌潮现象。然后再逐步调整喇叭口的角度和拦门沙坎的高度与宽度，使模型上出现的涌潮高度与按模型相似理论换算到天然设计条件下的涌潮高度($H=2.4$ m)相一致。钱塘江涌潮现象的模拟成功深得委托单位和铁道部有关专家的肯定和赞许，使此项试验研究的开展由期望变为可能。

本项试验对设计条件下涌潮的传播速度、在桥墩上的爬高和涌潮水流作用下桥墩局部冲刷深度进行了研究。此外为研究涌潮对桥墩的冲击压力，在航天部 701 所协助下，设计研制了新型桥墩压力传感模型，即以整个桥墩模型作为一个压力传感器，通过计算机采集涌潮作用于

桥墩的总压力及合力力矩。试验提出的涌潮压力与按天然实测涌潮压力推算至百年设计条件下的涌潮压力值接近。

六、天然涌潮压力观测研究

鉴于涌潮水流变化复杂，破坏力极强，为掌握天然条件下涌潮压力对桥墩的冲击作用，铁道部大桥工程局勘测设计院委托铁道部科学研究院与浙江省河口海岸研究所、大桥工程局桥梁研究所共同对正在施工的钱塘江大桥进行原型观测。此项观测在施工栈桥和桥墩桩基护筒上布设了以下较先进的电测仪器。

(1)涌潮水位过程测量采用英国 MSP90 超声波水位仪；

(2)涌潮冲击高测量采用铁道部科学研究院改进的电容式液位仪；

(3)涌潮传播速度测量采用铁道部科学研究院研制的 TZ—103 雷达装置；

(4)涌潮冲刷深度测量采用挪威 CS—112 彩色屏幕地型测量仪；

(5)涌潮压力测量在栈桥 5 号、10 号、14 号三个墩上采用电阻式压力传感器，并配用 DPM—8AT动态应变仪放大，以光线示波仪记录。15 号墩则采用 FTF 脉动压力传感器测量。

观测时间为 1988 年 8 月～11 月。每月朔望大潮各观测 4～5 d，每天观测 2 次。

根据实测的涌潮压力资料，合作单位共同分析研究建立了初步的经验计算公式，可据以推算百年设计条件下的涌潮压力，供设计和研究参考。

七、沉井吸泥下沉试验研究

随着我国铁路建设的蓬勃发展，特别是大江大河或沿海跨海地区兴建的特大桥梁日益增多，此类桥梁通常都采用沉井基础。大量沉井基础的施工，也引发一些关键技术难题有待研究。诸如浮运沉井下沉过程中沉井底部冲刷问题，沉井吸泥下沉不均匀引起沉井严重倾斜和位移问题，吸泥引起的翻浆冒泥问题，以及新桥施工吸泥过程中影响距离较近的既有桥安全问题等等。

20 世纪末，铁道部大桥工程局拟在新荷复线修建长东二桥，长东二桥桥址方案计划设置在既有长东桥的上游 30 m 或 40 m 处。因新旧两桥间距甚小，为探讨新桥沉井吸泥下沉期间及其建成后对既有桥安全的影响，大桥工程局委托铁道部科学研究院开展沉井吸泥下沉冲刷试验研究。

试验开展时，沉井吸泥下沉试验研究国内尚无人进行过，也未见国外有相关文献介绍。此项研究不仅要模拟沉井冲刷相似，而且要模拟吸泥相似。它既涉及新桥本身冲刷深度即基础埋深的确定，更涉及新桥的修建对既有桥安全的影响。事关两座特大桥的安全，责任更为重大。为此，在模型相似设计方面给予了高度的重视。此项试验采用系列模型法，除一般进行冲刷试验常用的模型相似准则以外，还计入了沉井重力相似、吸泥(输沙率)相似、沉井外壁摩阻相似等方面的相似准则，以确保模型试验与原型相似。

另一方面，为了能多方面检验新桥沉井下沉过程中既有桥是否安全，增强研究成果的可信性。在制定试验方案时，除遵循桥墩局部冲刷的形成与发展机理，运用试验资料分析研究既有桥的安全性以外，还制定了更为直观、可靠的判定标准。即在开始试验之前，在既有桥设计的最大局部冲刷深度附近预埋白色轻质颗粒，用以检验既有桥是否安全的判断方法。如果冲刷试验结束后，挖验白色指示颗粒依然存在，表明新桥沉井下沉过程中，并未增加既有桥原设计的冲刷极限值，因此可以认为既有桥的安全不受新桥沉井下沉影响；如果冲刷试验结束后，白色指示颗粒被冲走，则表明新桥的修建危及既有桥的安全。

按照系列模型法的设计要求，模型采用正态比尺 $\lambda_H=\lambda_L=45$ 及 $\lambda_H=\lambda_L=100$。因此除水流条件相应改变外，桥墩及沉井亦需按 1∶45 及 1∶100 制作两套模型。沉井模型采用有机玻璃制作，经过换算有机玻璃沉井模型每节的重量小于应有的重量，故在模型制作时，将有机玻璃沉井模型的四周做成夹层，并将夹层分为四格分别以小铅块均匀加载以保证与原型重力相似。而且当模型在吸泥下沉过程中出现倾斜时，不致因模型自重失衡而增加人为的倾斜。

为保证沉井下沉摩阻力相似，先将一节沉井模型通过吸泥下沉至河床床面，此时沉井周围全部承受泥沙摩阻力而不能自重下沉。然后在沉井四周侧壁预留的凹槽内，徐徐均匀加入小铅块，使其达到下沉的临界状态。由于原型设计时为使沉井能顺利下沉，令沉井的自重比相应于临界摩阻力时的重量大 25%，即 $f=1.25$。所以模型的重量也较临界摩阻时增大 25%。

八、京沪高速铁路南京大桥上元门方案整体模型试验研究

20 世纪末铁道部筹建京沪高速铁路，当时在南京跨越长江的越江工程选择在上元门。越江工程有隧道和桥梁两个方案。主张采用隧道方案的设计人员及有关专家认为长江南京上元门河段在设计条件下，河床最低冲刷高程为－22～－24 m，因而选用隧道方案越江是可行的，并建议将越江隧道顶部高程设置在－22～－24 m。而主张采用桥梁方案的设计人员及有关专家根据以往的长江河道实测资料分析，认为长江上元门河段在设计条件下，河床最低冲刷高程应远远低于－22～－24 m，因此选用隧道方案实施越江工程是非常不安全的，只能选用桥梁方案越江。当时著者的观点是考虑到以往长江上元门河段河道演变情况，特别是在上元门桥址上游不远已建成的南京长江大桥附近，近期已测量到河床－30 m 等高线在向下游移动，因而可以判断上元门河段的最低冲刷高程应在－30 m 以下。

鉴于京沪高速铁路的重要性，为取得科学论证资料，铁道部责成铁道部科学研究院进行京沪高速铁路南京大桥上元门方案整体动床模型试验研究。由于长江河宽水深，且模型缩尺不宜太大，故需有较大的试验场地来建立长江模型。为此，铁道科学研究院专为此项试验研究新建一座长 106 m，宽 18～27 m 试验大厅(含新建全套循环供水系统及沉沙系统)。另一方面，由于长江河床泥沙粒径非常细，而且按照上述分析，上元门河段的冲刷深度是相当大的。因此在模型设计方面，如何选择恰当的动床模型沙是试验成败的关键。根据以往的经验，当动床模型沙粒径很细时，采用过的模型沙材料如锯木粉、煤粉、粉煤灰、或电木粉等，都可能在试验过程中，形成明显的板结现象，使冲刷不能充分发展，难以形成大尺度、合理的冲刷深度。为此，专门研制了一种特制木粉作为动床模型沙。此项模型沙是选择特定的木材，通过粉碎机将木材粉碎成按设计要求的级配曲线的组合比例，然后经化学处理使其防水防腐。以这种研制成功的特制木粉作动床模型沙，在试验中无明显的板结现象，使冲刷得以充分发展，从而保障了试验的精度。模型验证试验是采用 1998 年大洪水上元门河段天然实测资料，验证模型冲刷情况是否与天然冲刷情况相符。1998 年 7 月 31 日天然实测最低河床高程为－33.57 m，9 月 18 日最低河床高程为－33.91 m。在上述相应的流量作用下，模型试验测得河床的最低高程为－33.41 m，与天然实测资料仅差 0.5 m，模型的垂直比尺为 120，即 0.5 m 在模型上仅约 4 mm，因此可以认为试验结果与天然实测资料是相当符合的。

通过验证试验证明模型与原型相似以后，即开展不同设计条件下的正式试验。试验资料表明，在历年洪水过程作用下，上元门断面最低河床高程为－35.96 m；三百年洪水过程作用下，上元门断面最低河床高程为－36.8 m。试验结果充分证明原有隧道方案认定河床最低高

程为－22～24 m是非常不安全的，同时也证实了著者试验前关于上元门河床最低冲刷高程应在－30 m以下的判断。

九、其他桥墩冲刷非恒定流试验研究

除上述各项非恒定流试验研究以外，铁道部科学研究院还完成了以下桥墩冲刷非恒定流试验研究。

(1)水利电力部、交通运输部南京水利科学研究院委托铁道部科学研究院进行的“汕头妈屿跨海大桥桥墩局部冲刷深度与桥墩周围水流漩涡范围试验研究”。

(2)铁道部大桥工程局委托铁道部科学研究院进行的“长东黄河桥桥墩局部冲刷试验研究”。

(3)分层土壤局部冲刷试验研究。

(4)天然河道的非恒定流。其试验方法和仪器设备远较水库溃坝、潮汐、涌潮等非恒定流简单。铁道部科学研究院自从桥渡非恒定流试验理论、设备仪器和试验方法解决以后，凡具备天然流量过程线的桥渡水工模型试验研究，一般都采用非恒定流试验方法，如此可使试验研究更符合天然实际情况。另一方面，在一般情况下当最大流速相同时，非恒定流桥墩冲刷深度要小于恒定流桥墩冲刷深度。因此采用非恒定流试验方法，可减小桥墩基础埋置深度，从而节省铁路基建投资。

以上几项试验研究，亦各具不同特点，详见本书第十章。

十、展　望

铁道部科学研究院自20世纪70年代中期以来，在开拓桥渡非恒定流试验研究过程中，虽在理论研究、试验设备、室内外测量仪器以及试验方法等方面取得一定的成就和突破，使桥渡非恒定流试验研究在水利工程系统内，形成一个新的领域，但毕竟还只能算是发展的初级阶段。桥渡非恒定流试验研究尚待解决的难题还很多，任重而道远。诸如各类非恒定流对桥渡建筑物的冲刷机理尚有待探索；水库溃坝方面，在坝址断面的溃坝最大流量已有理论和经验计算公式，而溃坝流量向桥址断面的传播和演变，尚需结合我国河流及地域特征开展大量研究工作；潮汐及涌潮水流对桥墩冲刷和压力的计算公式尚待研制和充实改进；沿海或跨海大桥波浪及海流对桥墩的冲击和冲刷的试验研究；以及一般河流上非恒定流桥墩冲刷与恒定流桥墩冲刷的差异等等，均有待进一步深入探讨或起步研究。这些问题远非短期所能完全解决，而任何难题却都是对科研人员的挑战和机遇，险峰更显风光无限。

第二章　非恒定流模型试验相似理论、基本条件及野外观测

自20世纪70年代开始，铁道部科学研究院所开展的非恒定流试验研究中，主要涉及溃坝水流、河口段桥墩潮汐冲刷、桥墩涌潮压力与冲刷以及明渠非恒定流问题等方面。开展非恒定流模型试验应解决以下几方面的问题。

(1)非恒定流试验相似理论—这是保证模型试验与天然情况相似、试验成果能用于天然的前提。

(2)非恒定流试验条件—即必须具备稳定可靠的非恒定流变化过程的控制设备及相应的量测仪器。它是获取科学数据的基本手段。

(3)天然非恒定流实测资料的验证——鉴于当前有关非恒定流的试验研究，无论是相似理论或试验水平的发展均不够成熟，故需引用天然实测资料加以验证。因此应逐步开展天然非恒定流变化过程(包括流速与水位)测量装置以及建筑物周围冲刷与压力测量等等诸多物理量观测仪器设备的研制和观测方法的改进。以促进非恒定流试验研究的全面发展。

第一节　模型试验相似理论

一、河工模型相似理论

M. S. 雅林在其名著《水力模型原理》一书的序言中首先就提到："理论总不能将实践所包含的复杂性全部概括，所以，几乎每个重大的水利工程项目都得经受'模型试验'的检验"。此论点充分说明水工模型试验在工程实践中的地位和作用。通过对应于各种设计方案的"模型试验"结果，从而选择有效合理的实施方案。水力模型是模拟水利工程或工程流体力学中的流动过程、流动状态和流动现象的物理模型。水力模型只有按照一定的相似准则设计，选择有效合理的试验方案，才可能达到对某一种水力现象的准确模拟。河工模型是水力模型的一种，研究与河流有关的工程问题。河工模型要满足的相似条件包括：(1)几何相似，即原型与模型的几何形态相似，其空间线性长度保持同一比例尺 λ_L；(2)运动相似，即原型与模型中相应点的速度具有相同比例尺 λ_v；(3)动力相似，即原型与模型相应点受到的作用力具有相同比例尺 λ_f；(4)对于动床河工模型试验，还要满足：泥沙运动相似，即模型水流挟带的泥沙运动情况与原型保持相似；(5)河床变形相似，即模型中的河床变形与原型相似。这也是模型试验应达到的目的。

在保证原型模型相似的条件下，若各类比例尺已知，则可以由模型中测量的特征参量换算成原型中特征参量。即原型中的参变量 x_p、模型中的相应参变量 x_m 和模型比尺 λ_x 间满足关系式：

$$x_p = \lambda_x x_m \tag{2-1}$$

式中　x——长度、速度或力等各种物理量。

（一）几何相似

对于河工模型而言，几何相似是基础。几何比尺 λ_L 的确定：首先要根据研究的具体问题对原型进行概化，确定原型的范围，主要考虑河段进出水流泥沙条件比较稳定，易于模型控制，从而确定原型河段长度；其次结合试验场地条件，初步确定几何比尺，再进一步考虑比尺间的制约关系，对于动床河工模型，要结合模型沙选择中的比尺关系对几何比尺进行试算和调整，最终确定合适的比尺 λ_L。

严格的几何相似很难做到，有些情况下不得不选择变态模型，使平面比尺 λ_L 与垂直比尺 λ_H 不一样，即 $\lambda_L \neq \lambda_H$。一方面，考虑到试验场地的限制、模型制作的工作量和供水系统流量限制，模型的平面比尺 λ_L 不能过小。面积与平面比尺是平方的关系，流量与平面比尺是 2.5 次方的关系。若 λ_L 缩小一半，则模型面积增大到 4 倍，模型流量增大至 5.66 倍，对于动床模型，模型沙用量也将增加，模型制作和试验控制难度显著增加。另一方面，要求垂直比尺 λ_H 不能过大。若 λ_H 过大，则模型的水深很小，流速很小，流态相似、糙率相似及测量精度难以控制，于是不得不取 $\lambda_L > \lambda_H$。

对于一维水流，变态模型适用性较强，模型变率 $\alpha = \lambda_L/\lambda_H$ 可以取得大些；对于研究平面二维水流为主，兼顾三维水流相似的模型，山区河道尽可能不做变态模型。平原河道宽深比大，有时不得不选择变态模型，但变率应尽可能小。

对于桥墩局部冲刷研究，虽然是三维水流问题，但通过水槽概化模型试验，只选取桥墩两侧一定范围内进行模拟，此时需考虑桥墩尺寸、水深、流量以及泥沙运动相似来确定水平比尺 λ_L 和垂直比尺 λ_H，为保证流速垂线分布相似，通常采用正态模型，即 $\lambda_L = \lambda_H$。

（二）水流运动相似

运动相似即空间流速场的相似，也是三维水流相似。严格的三维水流相似很难做到，特别是有建筑物条件下的三维水流相似更难达到。模型应根据重点研究的问题对原型予以简化。对于一维流动，重点关注断面平均流速相似，对于二维流动，重点关注流速分布的相似，这样可以达到模型简化的目的，有针对性地解决问题。

既然三维流场相似难以做到，则对于水流运动相似，能满足流态相似即可。表征水流流态的参数有弗劳德数和雷诺数。弗劳德数 Fr［式(2-2)］表示水流惯性力与重力之比，表征水流的急流或缓流状态。

$$Fr = \frac{v}{\sqrt{gH}} \tag{2-2}$$

由于惯性力和重力是河道水流主要的驱动力，该相似准则必须要满足。由此可以得到流速比尺 λ_v：

$$\lambda_v = \sqrt{\lambda_H} \tag{2-3}$$

雷诺数 Re［式(2-4)］，表示惯性力与黏滞力之比，表征水流的紊流或层流状态。由于河道水流一般均为紊流，其中黏滞力作用很小，只要模型水流也处于紊流区，雷诺相似律一般不严格遵守。

$$Re = \frac{vH}{\upsilon} \tag{2-4}$$

对于动床河工模型试验，在几何比尺 λ_L、流速比尺 λ_v 已知的情况下，则由长度、流速和时间三者的关系，可得到水流运动时间比尺 λ_t。

$$\lambda_t = \frac{\lambda_L}{\lambda_v} = \sqrt{\lambda_H} \tag{2-5}$$

（三）动力相似

动力相似即空间动力场的相似。水流的作用力有重力、离心力、压力、黏滞力、紊动阻力、惯性力等等。对于一维、二维或三维模型及不同的研究侧重点，对各种力相似要求的程度不同。有的必须满足，有的可以忽略。如对河工模型而言，前面提到的惯性力重力比相似，即弗劳德相似必须满足，而惯性力黏滞力之比即雷诺相似可不予考虑。

紊动阻力也是一种重要的作用力，应予满足。要满足惯性力阻力比相似，则阻力系数比尺$\lambda_f=1$。原型河流一般处于阻力平方区内，在雷诺数甚大的阻力平方区内，阻力系数 f 仅与相对糙率有关。如果模型严格满足几何相似，则相对糙率与原型相等，若模型水流也处于阻力平方区内，则模型与原型的阻力系数相等，阻力相似自动满足。然而严格的几何相似难以满足，一是因为原型地形资料不可能十分详尽，二是由于模型制造精度有限，只能做到整体大体相似，局部地形完全相似无法实现，另外还有模型变态的问题。这样一来，阻力相似是要特别处理的。由于天然河流糙率系数 n 的资料比较丰富，通常采用糙率系数比尺 λ_n 而非阻力系数比尺 λ_f 衡量阻力相似。对于一维水流：

$$v=\sqrt{\frac{8g}{f}RJ}=\frac{R^{1/6}}{n}\sqrt{RJ} \tag{2-6}$$

可得糙率系数比尺 λ_n：

$$\lambda_n=\lambda_L^{1/6} \tag{2-7}$$

此比尺关系也适用于正态二、三维水流模型。对于变态模型，相应的比尺关系为：河底糙率系数比尺 $\lambda_{n_b}=\dfrac{\lambda_H^{3/2}}{\lambda_L^{1/2}}$，河岸糙率系数比尺 $\lambda_{n_w}=\lambda_L^{1/6}$。

（四）泥沙运动相似

动床河工模型试验中要模拟水流、泥沙运动和河床变形情况，现象本身的复杂性带来模型比尺处理的复杂性，必须要针对河段及所研究问题的特殊性进行简化处理。根据挟沙性质（悬移质或推移质）和研究的具体问题不同，应满足不同的相似准则。对于河道淤积问题，泥沙沉降相似条件应满足；对于冲刷问题，泥沙起动条件应满足。以模拟悬移质运动为主，则含沙量相似条件需满足；以模拟推移质为主，则推移质输沙率条件应满足。

从模拟的泥沙运动的泥沙组成来讲，铁道科学研究院所重点研究的桥渡冲刷问题，一般针对悬移质中掺入床沙交换的临底床沙质悬沙，以及沙质推移质。例如，京沪高速铁路南京上元门越江工程桥梁整体河工模型试验（详见本书第七章），针对长江下游河段的泥沙运动情况，重点模拟河床质泥沙和床沙质泥沙运动，前者按照起动流速相似选沙，后者按照沉降相似选沙。

天然沙的起动流速可选用张瑞瑾公式(2-8)计算。模型沙的起动流速可以通过水槽试验确定。

$$v_0=0.246\left(\frac{h}{d}\right)^{0.14}\sqrt{332d+\frac{10+h}{d^{0.72}}} \tag{2-8}$$

式中 v_0 ——天然沙起动流速(m/s)；

h ——水深(m)；

d ——天然沙平均粒径(mm)。

泥沙沉速公式可采用适用于滞流区、紊流区及过渡区的张瑞瑾沉速公式(2-9)计算。式(2-9)适用于天然沙和模型沙。

$$\omega=\sqrt{\left(13.95\frac{\nu}{d}\right)^2+1.09\frac{\rho_s-\rho}{\rho}}-13.95\frac{\nu}{d} \tag{2-9}$$

式中 ω——泥沙沉速(cm/s);

ν——水的运动黏滞性系数(cm^2/s);

d——泥沙平均粒径(cm);

ρ_s、ρ——分别为泥沙、水的密度(kg/m^3);

g——重力加速度(980 cm/s^2)。

除了起动流速比尺 λ_{v_0}、沉速比尺 λ_w 外,泥沙运动相似要满足的另一个比尺关系是挟沙相似,即悬移质含沙量相似比尺 λ_s 或推移质输沙率比尺 λ_{g_b}。挟沙相似条件用来控制模型进口河段应添加的泥沙含量。悬移质含沙量比尺 λ_s 经由水流挟沙力公式推求得:

$$\lambda_s=\frac{\lambda_{\rho_s}}{\lambda_{\frac{\rho_s-\rho}{\rho}}}\left(\frac{\lambda_H}{\lambda_L}\right)^{\frac{1}{2}} \tag{2-10}$$

式(2-10)适用于正态和变态模型。

推移质输沙率计算公式很多,比尺关系不易确定。爱因斯坦—钱宁推导的推移质单宽输沙率比尺如式(2-11):

$$\lambda_{g_b}=\lambda_{\rho_s-\rho}^{3/2}\lambda_d^{3/2} \tag{2-11}$$

在采用天然沙作为模型沙的情况下,$\lambda_{g_b}=\lambda_H^{1.5}$。采用轻质沙或天然砂粒径较粗时,比尺关系可选用梅叶-彼德(Meyer-Peter E.)公式推求。另外,挟沙相似条件有时需通过模型验证试验进行调整,以确定其适用性。

(五)河床变形相似

河工模型试验的目的在于通过水沙条件的变化来复演并预测河床演变过程,因此河床变形相似既是条件也是目的。该相似条件用来确定河床变形的时间比尺,河床变形时间比尺不同于水流时间比尺,通常称为第二时间比尺 $\lambda_{t'}$。悬移质泥沙运动河床变形控制方程为:

$$\frac{\partial QS}{\partial x}+\rho' B\frac{\partial y_0}{\partial t}=0 \tag{2-12}$$

式中 Q——河道流量(m^3/s);

S——水流含沙量(kg/m^3);

ρ'——泥沙干密度(kg/m^3);

B——河道宽度(m);

y_0——河床高程(m)。

可据此推得河床变形时间比尺:

$$\lambda_{t'}=\frac{\lambda_L\lambda_{\rho'}}{\lambda_v\lambda_s}=\frac{\lambda_{\rho'}}{\lambda_s}\lambda_t \tag{2-13}$$

对于推移质运动,其河床变形控制方程为:

$$\frac{\partial Bg_b}{\partial x}+\rho' B\frac{\partial y_0}{\partial t}=0 \tag{2-14}$$

式中 g_b——推移质单宽输沙率[kg/(s·m)]。

据此推得河床变形时间比尺:

$$\lambda_{t'}=\frac{\lambda_L\lambda_H\lambda_{\rho'}}{\lambda_{g_b}} \tag{2-15}$$

由于河床变形时间比尺与水流时间比尺不同,为满足河床变形相似,只能选择第二时间比尺 $\lambda_{t'}$ 而放弃第一时间比尺 λ_t,试验时尚要根据验证试验进行调整才最终确定。

上述比尺即一般河工模型试验所需确定的全部比尺。也是非恒定流河工模型试验应满足的比尺关系。

二、非恒定流相似比尺

(一)一般河流定床模型水流相似比尺

一般河流定床模型需满足的水流相似条件即式(2-5)所列的相似比尺：

$$\lambda_v \frac{\lambda_t}{\lambda_L} = 1$$

1. 正态模型

此时 $\lambda_L = \lambda_H$，满足重力相似条件下，$\lambda_v = \lambda_L^{1/2}$，$\lambda_t = \dfrac{\lambda_L}{\lambda_v} = \lambda_L^{1/2}$。

上式表明，在正态弗劳德模型中，时间比尺 λ_t 等于流速比尺 λ_v。

2. 变态模型

此时 $\lambda_L \neq \lambda_H$，则 $\lambda_v = \lambda_H^{1/2}$，$\lambda_H^{1/2}\lambda_t/\lambda_L = 1$，即 $\lambda_t = \lambda_L/\lambda_H^{1/2}$。

(二)潮汐波定床模型水流相似比尺

按照 M. S. Yalin 的分析，实践中的长潮波的周期可以看成是足够大的，这样可以认为边界层厚度已经达到其最大值，即相当于静水深度。这样，整个流动可以由单一的流体运动微分方程式(2-16)描述。经由量纲和谐原理，可以依式(2-16)推导出潮汐波的水流运动相似比尺关系。

$$u\frac{\partial u}{\partial x} + \frac{\partial u}{\partial t} = -\frac{1}{\rho}\frac{\partial P}{\partial x} + \frac{1}{\rho}\frac{\partial \tau}{\partial y} \tag{2-16}$$

上式实际上忽略了垂直对流加速度项，这意味着处理的是沿流程的渐变运动，此时瞬时压力梯度和自由水面的瞬时坡度的关系为：

$$-\frac{1}{\rho}\frac{\partial P}{\partial x} = -g\frac{\partial h}{\partial x} \tag{2-17}$$

代入式(2-16)，得：

$$u\frac{\partial u}{\partial x} + \frac{\partial u}{\partial t} = -g\frac{\partial h}{\partial x} + \frac{1}{\rho}\frac{\partial \tau}{\partial y} \tag{2-18}$$

为便于建立比尺关系，将式(2-18)写成无因次形式，并引进以下无因次量：

$$\xi = \frac{x}{L}, \eta = \frac{y}{h}, \theta = \frac{t}{T} \tag{2-19}$$

及无因次函数：

$$\phi_u = \frac{u}{U}, \phi_h = \frac{h}{h_0}, \phi_\tau = \frac{\tau}{\tau_0} \tag{2-20}$$

于是式(2-18)可表达为：

$$\left[\frac{U^2}{L}\right]\phi_u\frac{\partial \phi_u}{\partial \xi} + \left[\frac{U}{T}\right]\frac{\partial \phi_u}{\partial \theta} = -\left[\frac{gh_0}{L}\right]\frac{\partial \phi_h}{\partial \xi} + \left[\frac{\tau_0}{\rho h_0}\right]\frac{1}{\rho}\frac{\partial \phi_\tau}{\partial \eta} \tag{2-21}$$

以 $\dfrac{\partial \phi_u}{\partial \theta}$ 的系数除之并略作调整得：

$$\left[\frac{UT}{L}\right]\phi_u\frac{\partial \phi_u}{\partial \xi} + \frac{\partial \phi_u}{\partial \theta} = -\left[\frac{UT}{L}\right]\left[\frac{U^2}{gh_0}\right]^{-1}\frac{\partial \phi_h}{\partial \xi} + \left[\frac{UT}{h_0}\right]\left[\frac{\tau_0}{\rho U^2}\right]\frac{1}{\rho}\frac{\partial \phi_\tau}{\partial \eta} \tag{2-22}$$

由式(2-22)可知，无因次水深、流速和剪力(ϕ_u、ϕ_h、ϕ_τ)之间的关系，依变于下列三个无因次组合：

$$\left[\frac{U^2}{gh_0}\right],\left[\frac{UT}{L}\right]和\left[\frac{UT}{h_0}\right]\left[\frac{\tau_0}{\rho U^2}\right] \tag{2-23}$$

只有当上述无因次组合的数值相同时，模型和原型两者之中的 ϕ_u、ϕ_h 和 ϕ_τ 之间的关系式才能相同。令这些组合的模型值和原型值相等即可得到：

$$\lambda_v=\sqrt{\lambda_g\lambda_H}\ ,\ \lambda_t=\frac{\lambda_L}{\sqrt{\lambda_g\lambda_H}}\ ,\ \lambda_\tau=\lambda_\rho\lambda_g\lambda_H\frac{\lambda_H}{\lambda_L} \tag{2-24}$$

以上三式亦即河工模型与原型相似所必须满足的相似准则。由于 $\lambda_g=1$，$\lambda_\rho=1$，上式可简化为：

$$\lambda_v=\sqrt{\lambda_H}\ ,\ \lambda_t=\frac{\lambda_L}{\sqrt{\lambda_H}}\ ,\ \lambda_\tau=\frac{\lambda_H^2}{\lambda_L} \tag{2-25}$$

对于正态模型，$\lambda_L=\lambda_H$，式(2-25)简化为：

$$\lambda_v=\sqrt{\lambda_H}\ ,\ \lambda_t=\sqrt{\lambda_H}\ ,\ \lambda_\tau=\lambda_H \tag{2-26}$$

而 $\lambda_\tau=\lambda_H$，可以进一步转化为前文的 $\lambda_f=1$。由此可见，天然长潮波这种非恒定流运动，其模型水流运动相似律遵循上文介绍的一般规律。

(三)涌潮水流模型相似比尺

涌潮作为流量波，可按波浪模型设计原理考虑，根据建筑物前不破碎波浪的波动水体运动方程：

$$\frac{1}{\rho}\frac{\partial P}{\partial X_0}=-\frac{\partial X^2}{\partial t^2}\frac{\partial X}{\partial X_0}+\left(g-\frac{\partial^2 Z}{\partial t^2}\right)\frac{\partial Z}{\partial X_0}$$

$$\frac{1}{\rho}\frac{\partial P}{\partial Z_0}=-\frac{\partial X^2}{\partial t^2}\frac{\partial X}{\partial Z_0}+\left(g-\frac{\partial^2 Z}{\partial t^2}\right)\frac{\partial Z}{\partial Z_0} \tag{2-27}$$

式中 Z_0，X_0——某质点在水面静止状态时初始坐标位置，Z 轴垂直向下；

Z，X——质点在水面波动状态时，随时间而改变的坐标。

由上式可以导出建筑物上波浪作用力及建筑物稳定性模型试验比尺关系。

设原型中波动水位运动方程可表示为：

$$\left(\frac{1}{\rho}\frac{\partial P}{\partial Z_0}\right)_H=-\left(\frac{\partial^2 X}{\partial t^2}\right)_H\left(\frac{\partial X}{\partial Z_0}\right)_H+\left(g-\frac{\partial^2 Z}{\partial t^2}\right)_H\left(\frac{\partial Z}{\partial Z_0}\right)_H \tag{2-28}$$

将各物理量比尺代入式(2-28)，并整理，得

$$\frac{\lambda_P}{\lambda_\rho\lambda_{Z_0}}\left(\frac{1}{\rho}\frac{\partial P}{\partial Z_0}\right)_m=\frac{\lambda_X}{\lambda_t^2}\frac{\lambda_X}{\lambda_{Z_0}}\left(-\frac{\partial^2 X}{\partial t^2}\frac{\partial X}{\partial Z_0}\right)_m+\lambda_g\frac{\lambda Z}{\lambda Z_0}\left(g\frac{\partial Z}{\partial Z_0}\right)_m-\frac{\lambda_Z}{\lambda_t^2}\frac{\lambda_Z}{\lambda_{Z_0}}\left(\frac{\partial^2 Z}{\partial t^2}\frac{\partial Z}{\partial Z_0}\right)_m$$

对于几何相似正态模型，$\lambda_L=\lambda_X=\lambda_Z=\lambda_{Z_0}$ 代入上式，则得：

$$\frac{\lambda_P}{\lambda_\rho\lambda_L}\left(\frac{1}{\rho}\frac{\partial P}{\partial Z_0}\right)_m=\frac{\lambda_L}{\lambda_t^2}\left(-\frac{\partial^2 X}{\partial t^2}\frac{\partial X}{\partial Z_0}-\frac{\partial^2 Z}{\partial t^2}\frac{\partial Z}{\partial Z_0}\right)_m+\lambda_g\left(g\frac{\partial Z}{\partial Z_0}\right)_m$$

两边各项除 λ_g，则得：

$$\frac{\lambda_P}{\lambda_\gamma\lambda_L}\left(\frac{1}{\rho}\frac{\partial P}{\partial Z_0}\right)_m=\frac{\lambda_L}{\lambda_t^2\lambda_g}\left(-\frac{\partial^2 X}{\partial t^2}\frac{\partial X}{\partial X_0}-\frac{\partial^2 X}{\partial t^2}\frac{\partial Z}{\partial Z_0}\right)_m+\left(g\frac{\partial Z}{\partial Z_0}\right)_m \tag{2-29}$$

要使方程(2-29)与原型运行方程(2-28)相似，则要求

$$\frac{\lambda_P}{\lambda_\gamma\lambda_L}=1;\frac{\lambda_L}{\lambda_t{}^2\lambda_g}=1$$

式中　λ_γ——流体容重比尺。因为时间比尺 $\lambda_t=\frac{\lambda_L}{\lambda_v}$，则

$$\frac{\lambda_L}{(\lambda_L^2/\lambda_v^2)\lambda_g}=1;\lambda\left(\frac{v^2}{gL}\right)=1 \qquad (2\text{-}30)$$

因为 $\frac{v^2}{gL}$ 为弗劳德数，所以波浪对建筑物作用的模型必须服从重力相似准则。又因 $\lambda_\gamma=1$ 则 $\lambda_P=\lambda_L$，波速 $\lambda_v=\lambda_L^{1/2}$。

（四）非恒定流的河床演变相似比尺

对于非恒定流的河床演变问题，根据谢鉴衡的分析，时间变态问题是应特别关注的问题。以模拟悬移质运动相似为例，满足河床变形的时间比尺 $\lambda_{t'}$ 与水流时间比尺间 λ_t 的关系为：$\lambda_{t'}=\frac{\lambda_{\rho'}}{\lambda_s}\lambda_t$，对于轻质沙，$\lambda_{\rho'}>1$，$\lambda_s=\frac{\lambda_{\rho_s}}{\lambda_{\frac{\rho_s-\rho}{\rho_s}}}\left(\frac{\lambda_H}{\lambda_L}\right)^{1/2}<1$，结果 $\lambda_{t'}$ 总是远大于 λ_t。以京沪高速铁路南京上元门越江工程桥梁整体河工模型试验为例，$\lambda_L=450$，$\lambda_H=120$，选用轻质沙 $\gamma_{sm}=1.22\ t/m^3$、中值粒径为 0.12 mm 的特制木粉作为模型沙，计算得水流时间比尺 $\lambda_t=41.1$，河床变形时间比尺 $\lambda_{t'}=428$，两者相差 10 倍。通常选用河床变形时间比尺而放弃水流时间比尺。采用较大的时间比尺可以缩短模型放水时间，对于长系列模型试验有利。但这种时间变态对于非恒定流而言，可以带来比较严重的问题。由于模型进口施放流量及尾门调节水位是按照较大的河床变形时间比尺 $\lambda_{t'}$ 控制，而模型水流运动及回水发展受连续性方程控制，水流运动受比尺 λ_t 制约，这样施放洪峰流量过程变得相对尖瘦，由于河段槽蓄的作用，导致模型水流运动滞后，回水发展滞后。这种水流运动滞后现象影响到水力要素的相似，从而影响到河床变形的相似。

河口潮汐运动引起的河床变形，如模拟钱塘江潮汐波的动床河工模型试验，属于典型的非恒定流问题。浙江省钱塘江工程管理局在试验中采取的办法是同时使用两个时间比尺，潮汐波按照水流运动时间比尺 λ_t 控制，河床变形则按照时间比尺 $\lambda_{t'}$ 控制。$\lambda_{t'}$ 通过潮汐波验证试验确定。此处，时间变态不是表现在潮汐波的形态上，而是表现在潮汐波的数目上，既保证了潮汐波的形态相似，又保证了河床变形相似。

第二节　非恒定流模型试验基本条件

开展非恒定流试验研究最基本的条件就是必须具备相应的试验场地或试验水槽，以及稳定可靠的非恒定流流量、水位的自动控制系统。当然，在此基础上，尚需针对不同的研究内容，配备或研制相应的测量仪器。

一、试验设备

（一）整体模型

非恒定流整体模型试验研究与恒定流整体模型试验研究一样，也需具备较大的室内或室外场地。试验场地的大小因研究内容与要求而异，如铁道部科学研究院 1978 年完成的板桥水库溃坝模型试验是在长 60 m、宽 25 m 的室外场地内进行的；1999 年完成的京沪高速铁路南京上元门越江工程桥梁整体河工模型试验研究是在长 106 m、宽 18～27 m 的试验大厅内进行的。

（二）断面模型

通常研究桥墩局部冲刷的试验都采用断面模型试验研究，此类断面模型多安排在试验水槽内进行。一般河流的非恒定流试验研究可使用常规的试验水槽（照片 2-1），而潮汐或涌潮等特殊非恒定流试验研究则需要按照此类水流的特殊条件专门设计具有特殊功能的试验水槽。如铁道部科学研究院 1986 年开展缅甸仰光—丁茵大桥潮汐冲刷试验研究时，就专门设计制造了一座长 30 m、宽 1.5 m，试验段高 0.8 m，首尾两端均能进水和排水的多功能试验水槽（照片 2-2），该试验水槽的详细情况及功能见本书第五章所述。

照片 2-1　常规试验水槽

照片 2-2　两向非恒定流试验水槽

二、流量、水位自动控制系统

要保证模型试验的流量变化过程和水位变化过程与天然条件相似，必须具备一套精确可靠的流量水位自动控制系统。铁道部科学研究院溃坝专题组在完成板桥水库溃坝模型试验研究的过程中，研制成功了 SLC—Ⅰ型流量自控系统。其后在开展缅甸仰光—丁茵大桥潮汐冲刷试验时，将其扩展为 SLC—Ⅱ型流量水位自控系统。SLC—Ⅰ型系统采用模拟给定器，SLC—Ⅱ型系统采用给定微计算机。

该套系统对 DDZ—Ⅱ型电动单元组合仪表进行了系统的开发研究，将仅用于工业流程的控制仪表用于水工试验，并深入研究各单元仪表的适应性。对满足水工试验要求的单元，进行了改进和专门的研制。完成了模拟给定器及给定微计算机。设计出合理的控制方案并进行参数整定，组成了一套新的能用于水工试验的自控系统，它为非恒定流模型试验提供了必不可少的手段。

本系统的突出特点是采用了给定微计算机，使系统完全自动化，而且能远距离集中操作，这就大大节约了试验时间。系统精度高，操作灵活，工作稳定可靠，试验不受电源、水泵、平水塔等不稳定因素影响，即使对恒定流模型试验，其效率、精度、稳定度也有显著提高。

（一）系统的工作原理

本系统采用了流量给定微计算机，是一个闭环调节系统，其工作原理见图 2-1。

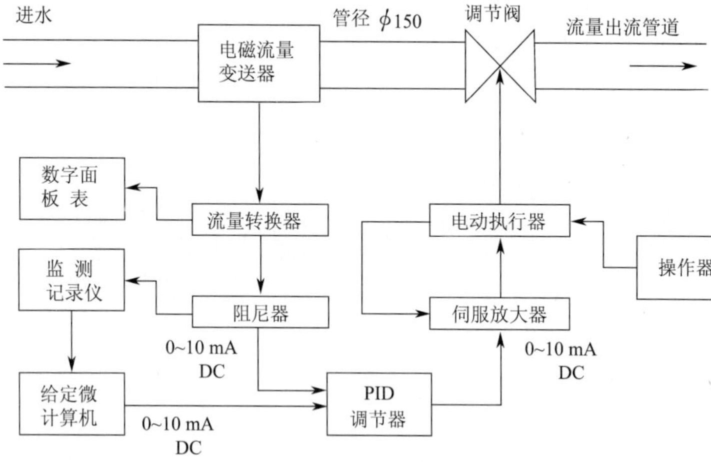

图 2-1 SLC—Ⅱ型流量自控系统原理图

电磁流量变送器及电动调节阀装在进水管道上、各电动单元之间，都用 0～10 mA 直流电流进行电气连接，将要求的流量过程曲线转换成电流过程曲线，并用键盘置数于流量给定微计算机，再送入 PID 调节器。系统工作开始，按下计算机执行键，给定微计算机将输出初始电流，指挥电动机开启阀门，使管道水流流动，流量计发出电信号，经阻尼器稳定，馈送给 PID 调节器，与计算机给定的电流值不断地比较，调节输出偏差电流值，送给伺服放大器，伺服放大器将它与电动执行器的阀位反馈信号再次比较，产生偏差值，指挥电动执行器的电机，按 P—I—D 规律开启阀门。与给定流量过程线的一致性，可由双笔记录仪绘出。另设数字面板表，用以读出流量的瞬时值。系统中加装阻尼器，有效地克服了系统的自激振荡。

（二）流量给定微计算机的研制

非恒定水流试验要求施放的流量要符合较复杂的流量过程曲线，如三角形、梯形、抛物线、连续阶跃等，而溃坝水流更要求自控系统能在几分钟内完成一个流量过程，板桥水库溃坝流量涨落的速度最快的部分达到±3 L/s（用 LD—150 型电磁流量计时），如此迅速涨落的洪峰过程，现有的 DDZ—Ⅱ型单元组合仪表给定单元都难满足要求，1978 年试制了快速跟踪式程序给定器，也只能初步保证试验任务的完成。

按仿形原理设计的给定装置，曲线的绘制加工、修改很不方便，精度也不高，在快速跟踪时，给定曲线的记录值抖动且不光滑。针对上述情况，上海市电气自动化研究所与铁道部科学研究院铁道建筑研究所共同研制了流量给定计算机。

1. 工作原理

本装置使用 TP—801A 型单板微计算机进行直线或抛物线插值运算，将结果送到 PID 接口，经 D/A 转换电路及恒流输出电路输出。能给出由折线或任意曲线构成的单值时间函数，其原理见图 2-2。施放的各种过程曲线见图 2-3。

本装置与 DDZ—Ⅱ型单元组合仪表配套。其纵坐标输出 0～9.961 mA，标准负载 200 Ω，横坐标分 0.1 s、1 s 两挡。使用时由十进制数字键一次输入要求曲线的特征点（如直线的折点、曲线的峰谷转折点）。纵坐标最大显示 9.961 mA，时间坐标值 0.1 s 挡最大可显示 999.9 s，用 1 挡可扩程到 55 min。

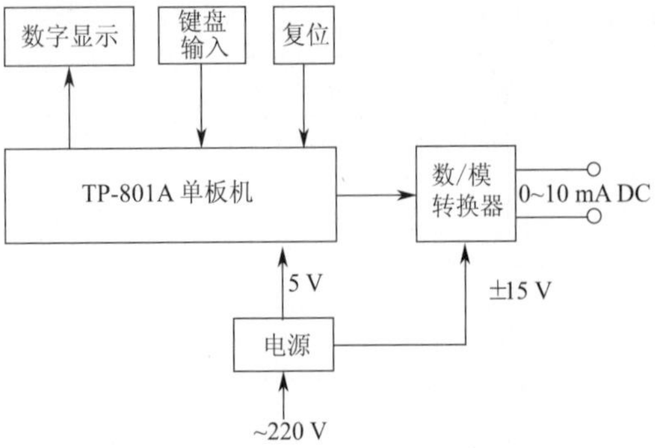

图 2-2　流量给定微计算机原理

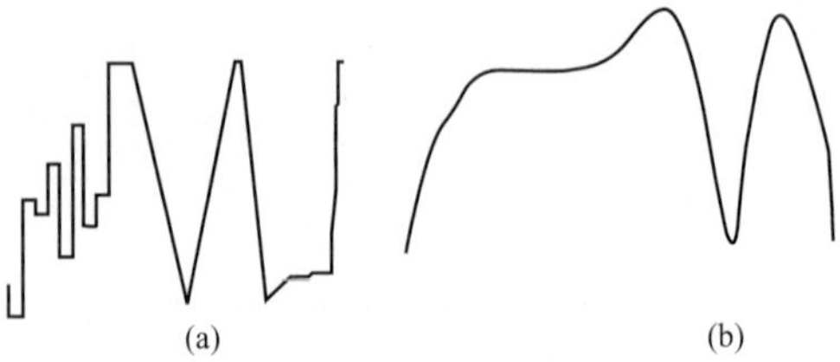

图 2-3　微机控制施放各种流量过程曲线

再使用功能键完成线型(输入直线或是曲线)、确认、扩程(用 0.1 s 或是 1 s 挡)、修改、检查、执行、暂停等功能。在运行中显示实时的输出电流及开始使用的坐标点序号,数字显示采用时钟中断的扫描方式。

TP—801A 型单板机的中央处理单元为 Z—80CPU,为保留原有的 28 个键,设计时使用其0～9个数字键及 8 个命令键输入流量曲线坐标点及执行暂停等,微机在输入过程中以约 6 ms的周期扫描键盘。

数模转换电路由基准电压、数位开关、精密电阻网络及运算放大器组成。最后又由运算放大器组成恒流输出电流,保证与系统的 PID 调节器可靠地连接,不受负载阻抗变化的影响。

2. 专用软件

由插值运算、算术子程序、键盘分析与输入处理、中断处理、数显等部分构成。时钟中断周期为 3.333 3 ms,为使用方便和提高抗干扰性能,专用软件固化于只读存储器中。

插值运算直线用点斜直线方程、曲线采用分段抛物线插值法。插值运算与输出时间间隔的选择,要考虑曲线可能变化的最大速率,以保证曲线的光滑度。计算结果本装置取运算输出周期为 100 ms,曲线的插值阶梯为 39 μA(为满量程的 4‰)。在需要阶跃曲线时,给定可在 0.1 s内跃升或下降,最大幅值电流数值可达 9.961 mA。由图 2-3 可见本计算机的速度相对于流量变化的过程快得多,本装置采用十进制 6 位有效数字的浮点乘除运算。

为防止错误的按键操作,编制了操作顺序逻辑保证程序。为了在输入过程与暂停期间进行数据的检查与修改,或便于重复过程,编制了检查、修改程序。

3. 装置特点

本装置采用了高集成度且价格便宜的 TP—801A 型微计算机,无运动部件及活动触点,也无光电转换部件,专用软件固化于 EPROM 中,精度比仿形曲线高(曲线给定精度小于满量程 1%)。给定的曲线光滑使用方便,无需作仿形曲线等繁杂工作,而操作及修改曲线都方便,输入中有检查、修改功能并设有操作顺序逻辑等软件程序,可避免误操作,在不做流量试验时,微机可转入监控程序,恢复单板微计算机的功能,作其他目的之用。本装置配合 DDZ—Ⅱ型单元仪表系统,也可用于其他的试验或工业控制,产生如炉温曲线、液位、压力曲线等。

(三)系统的精度及参数整定

SLC—Ⅱ型水工试验流量自控系统,采用了单值闭环调节系统。其精度决定于流量计本身的精度,以及流量给定微计算机数模转换及恒流输出线路的精度。因此曾对它们做了大量检测工作。

1. 流量计的指示波动值及重复精度

大多数水工试验的水流中夹带着泥沙和悬浮物，因此采用电磁流量计作为测量单元是最方便的。但对于这种精度在±1%～±2%（指满量程）的工业用流量计，应用于水工试验是否完全可靠，是首先要注意的问题。曾对 LD—80、LD—150、LD—300 型三台电磁流量计，从 1977 年 9 月开始使用到 1981 年，在北京 101 流量计率定站（该站设备精度为±2‰）多次反复采用称重和体积法进行标定，标定结果见图 2-4、图 2-5，流量计使用于防雨不好的露天环境，但变送器一直未发生故障，其相对误差为±2%，线性误差为±2%。

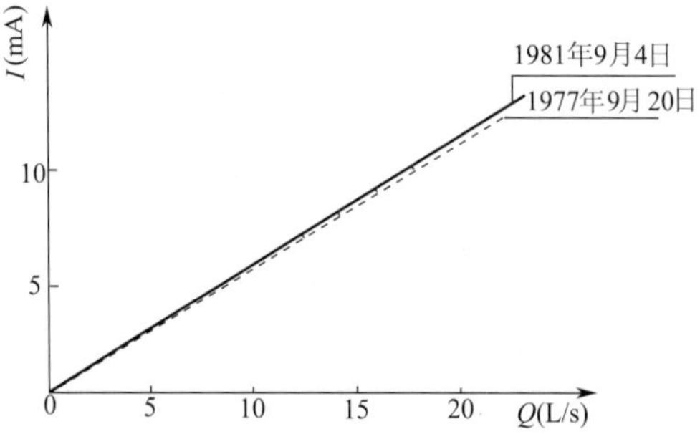

图 2-4　LD—80 型电磁流量计标定曲线（101 站实测）

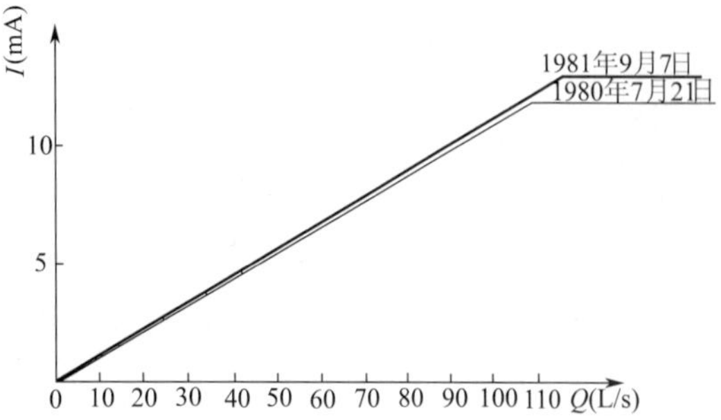

图 2-5　LD—150 型电磁流量计标定曲线（101 站实测）

对于电滋流量计输出电流的波动值，曾多次测试，让阀门开到一定位置后，固定不动，用函数记录仪连续监测记录流量转换器的输出。由多次检测结果计算误差为<±2.5%，见表 2-1、表 2-2。

表 2-1　LD—150 型电磁流量计波动值记录

序号	I(mA)	Q(L/s)	电流波动 ΔI(mA)	电流波动误差(%)
1	8.80	60.72	0.180	2.00
2	7.07	48.78	0.152	2.15
3	5.05	34.86	0.050	1.00
4	3.00	20.70	0.080	2.67
5	2.05	14.16	0.053	2.59
6	4.03	27.77	0.050	1.24
7	6.02	41.54	0.120	1.99
8	8.10	55.89	0.260	3.21
9	8.50	58.65	0.200	2.35

注：1. I 为电磁流量计输出电流值。
2. Q 为施放的水流流量值。
3. ΔI 为函数记录仪在一段时间内记录的电流波动值。$\Delta I(\text{mA})=I_{最大}-I_{最小}$。
4. 电流波动误差为相对误差，例如 1 点为 $\frac{\Delta I}{I}\%=\frac{0.18}{8.8}\%=2.0\%$。
5. 表列数据为铁道科学研究院 1984 年开展 26 号地区扩岸工程动床模型试验时记录。

表 2-2　流量计正式试验时流量计波动记录

测点	I(mA)	Q(L/s)	电流波动 ΔI(mA)	电流波动误差(%)
1	0.250	1.752	0	0

续上表

测点	I(mA)	Q(L/s)	电流波动 ΔI(mA)	电流波动误差(%)
4	0.622	4.313	0.010	1.61
5	0.845	5.831	0.015	1.78
6	1.210	8.349	0.030	2.48
7	1.450	10.005	0.003	0.20
8	1.640	11.247	0.025	1.53
9	2.275	17.388	0.050	2.20
10	2.750	18.975	0.025	0.91
重复 10	2.725	18.803	0.050	1.83
重复 9	2.280	15.732	0.038	1.67
重复 8	1.685	11.627	0.025	1.48
重复 7	1.463	10.095	0.025	1.71
重复 6	1.180	8.142	0.025	2.12
重复 5	0.863	5.955	0.025	2.90
重复 4	0.640	4.460	0	0
2	0.430	2.967	0	0
重复 1	0.250	1.725	0	0
11	5.150	35.535	0.075	1.46
12	7.100	48.990	0.100	1.41
13	8.110	58.410	0.200	2.47

2.流量计与堰板精度的比测

SLC—Ⅰ型及 SLC—Ⅱ型流量自控系统已在多个模型上使用，每个模型在使用流量计之前都要到北京 101 流量站进行标定，有时也在模型上安装堰板进行比测后，再用流量计作正式试验。如西坡防护模型比测结果为±1.5%；26 号地区护岸工程比测结果为±2%(表 2-3)；长东黄河桥桥墩局部冲刷及分层土镶冲刷试验比测结果见图 2-6。

表 2-3　26 号地区护岸工程电磁流量计与堰板比测结果

序号	堰口水深 H(cm)		堰板流量(L/s)			电磁流量计		流量误差(%)
	1 号测计	2 号测计	1 号	2 号	平均	I(mA)	Q(L/s)	
1	18.41	18.46	59.87	60.10	59.99	8.80	60.72	−1.22
2	15.99	15.99	48.72	48.70	48.71	7.07	48.78	−0.15
3	12.95	12.77	35.72	35.12	35.42	5.05	34.86	1.58
4	8.96	8.92	21.11	20.99	21.05	3.00	20.70	1.66
5	6.85	6.78	14.43	14.21	14.32	2.05	14.15	1.19
6	10.50	10.97	28.51	28.22	28.37	4.03	27.77	2.12
7	14.39	14.34	41.88	41.58	41.69	6.02	41.54	0.36
8	7.52	7.63	55.63	56.20	55.95	7.10	55.89	0.11
9	8.38	8.23	59.73	59.01	59.37	8.50	58.65	1.21

3. PID 参数的整定

水工试验对调节时间及超调量有特殊的要求：对施放恒定流量时，稳定调节时间应小于 5 min，对最大超调量与衰减度，做到使流量系统不产生系统振荡，稳态误差在 1%～4%。应高于量水堰精度，施放非恒定水流流量时，要求迅速跟踪，滞后小（见 1981 年 3 月模型管道流量自控技术讨论会同行规定标准）。过大的超调量，在动床模型试验中是不允许的。

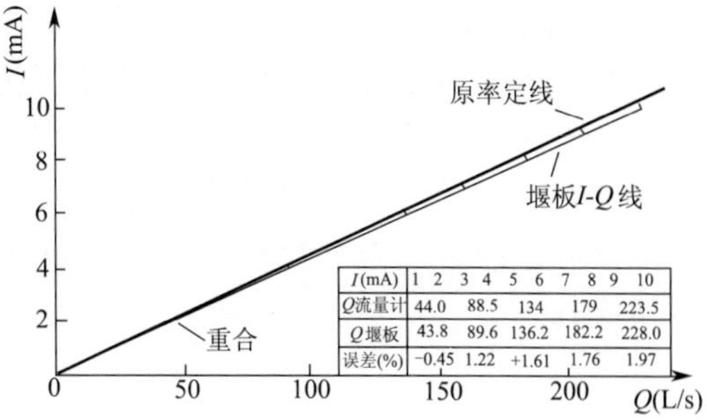

图 2-6　堰板比测流量最终结果（LD—300）

根据实际的调试，由于水工试验流量调节对象惯性不大，采用 PI 调节就能满足试验要求，既消除了静差，也有较好的跟踪特性，超调量经过反复调整，可以达到规定的要求。

最后整定的最佳范围值：$P=20\%\sim50\%$，$T_T=4\sim48$ s。

4. 系统的动态精度和稳定性

系统超调量大会破坏动床模型的床面，超调量过小将会增加跟踪滞后时间，为了全面兼顾，本系统施放恒定流量，其稳定误差≤±2%，调节稳定时间<1 min，施放非恒定流量，系统稳态误差 2%，系统最大流量偏离的最大误差为 2.5%，系统的最大流量跟踪滞后时间 5～8 s，最短的流量过程时间为 2 min。最后的典型调试曲线见图 2-7(a)、(b)、(c)。

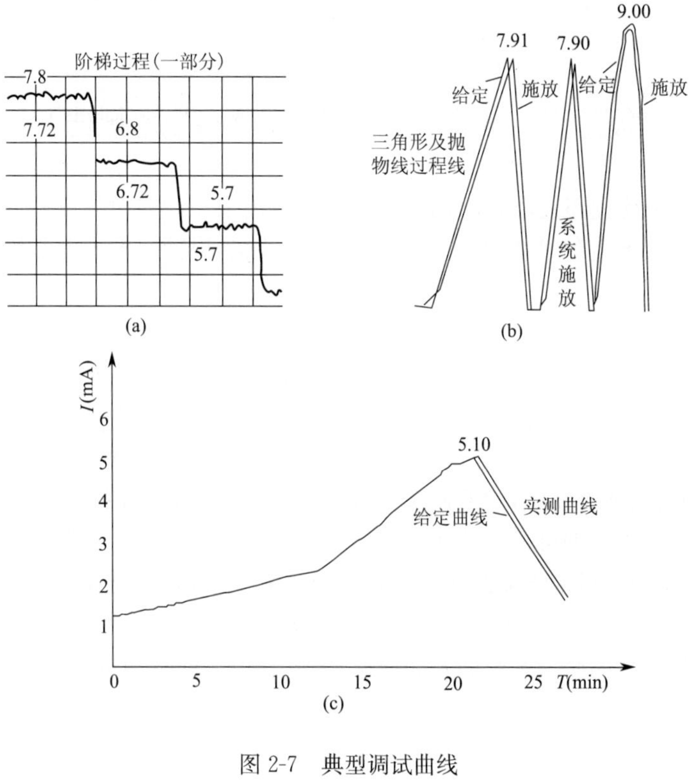

图 2-7　典型调试曲线

调节阀的性能关系到调节系统的稳定性，性能不好的调节阀，甚至会使系统调节实现不了，执行器的位置反馈部分及电动制动部分如果松动、摩擦过多，将会使系统出现自激振荡。因此在使用前和使用后要对其状态进行测试。

在试制过程中曾对 LD—80、LD—150 型的流量与行程的变化进行往复测试，结果见图 2-8、图 2-9。阀门在小开度和大开度下都不大稳定，但中间段，所有阀门多次启闭，基本上能稳定在阀位曲线上。这只影响到小流量调节的稳定性和大流量调节的滞后状态，而在调节范围内，流量全行程偏差基本在 2.5%范围内，加上本系统为闭环调节，阀门的不稳定特性可以改善。至于执行器电机的制动装置，在使用前和使用过程中，要经常进行调整和检查。

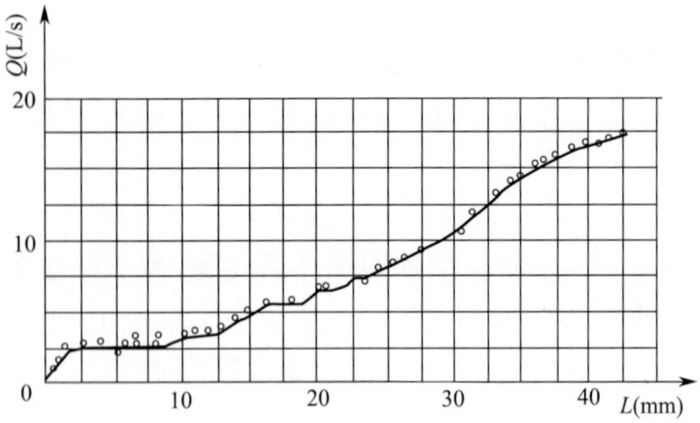

图 2-8　LD—80 型调节阀流量-行程曲线

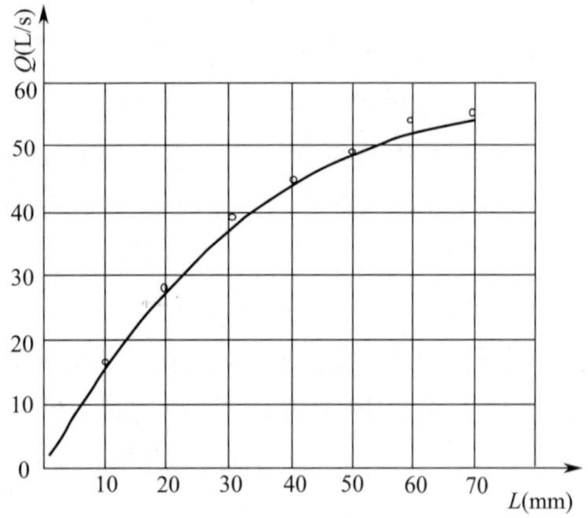

图 2-9　LD—150 型调节阀流量-行程曲线

第三节　非恒定流野外观测(雷达测速)

天然情况下非恒定流量过程资料的获得是非恒定流模型试验设计或验证的重要条件。因此需要研制野外非恒定流测量装置，主要是流速测量装置，以便获取天然原始资料或野外观测资料。

在水文测验中，无论旋杯式流速仪、旋桨流速仪，还是超声波流速仪，都要同水流直接接触，因此在特大洪水时，测流工作极为困难，以致经常测不到较高流速资料。甚至还危及观测人员安全。有时只好借助投放浮标来近似地测量河段表面流速。雷达测速则在一定程度上能克服上述弊病，尤其对天然河流高速水流、桥墩附近的急流以及各种条件下非恒定流(如自溃坝或天然溃坝水流、堵江合龙等)的流速变化过程测量最为合适。因为它不需要接触水体，只要将雷达架设于水面之上即可进行遥测。旋转雷达天线，就能测到一段河道表面各部分的平均流速；定点连续记录可得水流流速变化过程。由于采用了超高频波段，干扰小，测速精度高，原理及设备简单，维修方便。它还能安全地监测灾害性泥石流流速的变化过程。由于雷达测速本身原理的限制而只能测量水流的表面流速，因此它也只能是测量工作的一种特殊手段，但是对特大洪水或非恒定流与泥石流，它却能发挥其优越性。

一、测量原理

用雷达测量水流流速的基本原理见图 2-10。雷达天线以一定俯角 θ 向流动水流发射出频率为 f 的超高频电磁波，由于两个物体的相对运动，电磁波经水流反射的回波频率，不再是原来的频率 f 而是 f'，这一现象称为多普勒效应。f' 可以写成下式：

$$f' = f \pm f_d \tag{2-31}$$

f_d 称为多普勒频率。当水流流动方向向着雷达时(雷达天线装在下游段)，$f' > f$，上式取加号；当水流流动方向背离雷达时(雷达天线装在上游游段)，$f' < f$，式(2-31)取减号。

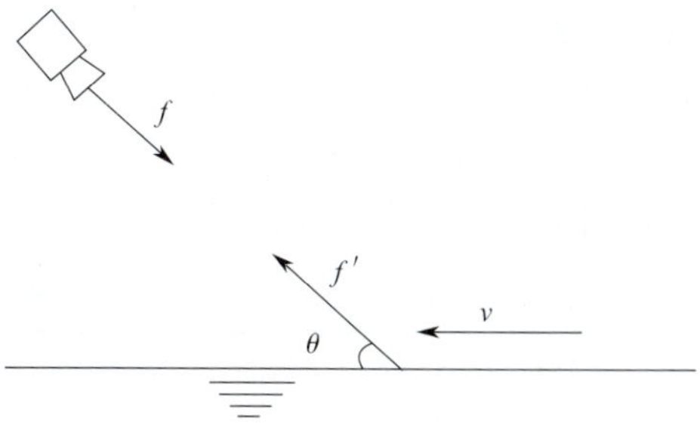

图 2-10　雷达测量水流流速示意图

根据多普勒原理：

$$f_d = \frac{2v}{c} f\cos\theta \tag{2-32}$$

式中　c——电磁波速，在空气中为 3×10^8 m/s，f 为雷达发射频率，因此如果能够求得 f_d 及 θ，则水流的表面流速 v 即可得到。由式(2-32)，v 可写成

$$v = \frac{cf_d}{2f\cos\theta} \tag{2-33}$$

在使用中，f 按选用的雷达类型决定，本机采用铁道部科学研究院通信信号研究所研制的 TZ—103 型雷达(照片 2-3)，f 为(9 375 ± 30) MHz，多普勒频率 f_d 直接由机器将 f 与 f' 混频后放大输出。俯角 θ 可按电磁波发射方向与水流的交角确定。

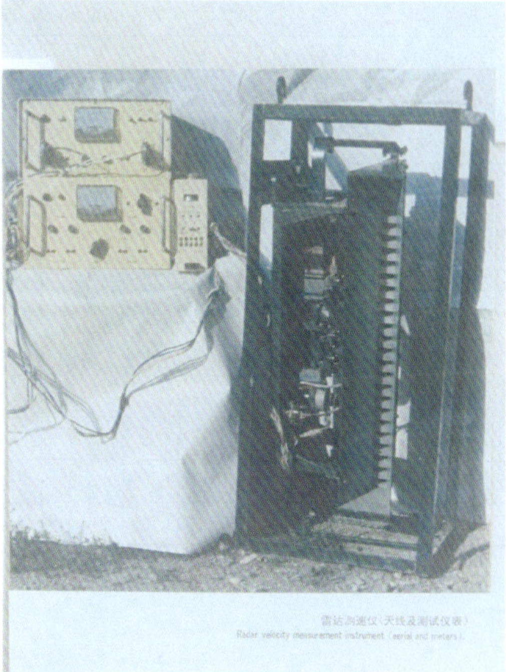

照片 2-3　雷达测速仪(天线及测试仪表)

二、雷达测速率定试验

TZ—103 型雷达的测量误差，曾在测量火车车辆溜放速度时做过率定。其办法是：在轨道上用两块电磁接触器，用频率计测定车辆通过接触器的时间，除以接触器间距离，得到 $\bar{v}$，同时用雷达测定车辆在接触区段内的瞬时车速 $v_{雷}$，经计算得到上述技术指标中提出的基本误差值。

根据式(2-33)，当 θ 角很小时，$\cos\theta = 1$，流速 1 m/s 的多普勒频率为 62.5 Hz，此时频率计设计的模拟电压定为 12 V。因此在使用时，只要用数字电压表或紫外线示波器测出电压值，即可求得水流流速 v。考虑到使用雷达测量水流流速的设想必须通过验证才能确定，为能取得在高速明渠水流条件下的准确率定资料，曾于 1980 年 5 月～10 月分别在原南京水利科学研究所高速水流高压箱孔口出流处及原北京水利科学研究院水工所变坡陡槽上进行率定试验。

利用高压箱孔口出流进行率定试验时雷达安装在拟测位置的下游，并置于一定的高度上，以一定的俯角和偏角进行测量，在直径为 15 cm 的高压箱孔口出流流速的测量中，偏角为 38°，雷达发射作用距离 1.39 m，俯角为 11.5°，雷达天线发射中心线与水流中心线成 39°角，雷达空间位置见图 2-11。所测流速与雷达输出电压的关系曲线见图 2-12。在陡坡水槽上测定出口流速时，让偏角为零，俯角 9°，天线作用距离为 6.63 m，所测流速与电压值关系线性良好（与图 2-12 类似）。在变坡水槽进行的率定试验，将雷达天线向着水流方向布设，见图 2-13。这次试验主要了解偏角、俯角对测读精度的影响，共考虑了三种情况：①当偏角 $\varphi=0$ 时，固定俯角改变流速；②当偏角 $\varphi=0$ 时，在相近的流速下，改变俯角，以观察 $v_{雷}$ 的变化；③ 令$\varphi\neq0$，固定俯角，改变流速以验证在有偏角情况下 $v_{实}$ 与 $v_{雷}$ 的关系，以上三种情况的试验资料见表 2-4。

表 2-4 率定试验资料

测次	流量(L/s)	过水断面面积(cm^2)	实测流速(m/s)	天线作用距离 L(m)	天线距水面高 H(m)	雷达射线与水流线夹角		雷达测定流速值			偏角 φ	误差(%)
						θ	$\cos\theta$	电压(V)	K_X	$K_X/\cos\theta$ $v_{雷}$		
1	113.0	340	3.32	5.93	5.85	8.5°	0.989	6.8	3.4	3.44	0	3.6
2	201.5	440	4.58	5.93	5.85	8.5°	0.989	9.0	4.5	4.55	0	−0.7
3	79.5	276	2.88	5.93	5.85	8.5°	0.989	6.0	3.0	3.03	0	5.2
4	230.5	474	4.86	5.89	5.80	9.6°	0.986	9.6	4.8	4.87	0	0.2
5	213.5	284	7.55	6.05	5.85	15°	0.966	4.8	7.4	7.66	0	1.5
6	90.0	311	2.89	11.70	5.85	60°	0.5	2.75	1.36	2.72	0	−4.8
7	86.0	322	2.69	9.95	6.40	50°	0.643	3.55	1.68	2.61	0	−3.0
8	83.5	315	2.65	11.20	5.6	60°	0.5	2.52	1.26	2.52	0	−4.9
9	83.0	334	2.47	9.65	7.4	40°	0.766	3.92	1.96	2.56	0	3.6
10	82.5	365	2.26	11.1	9.6	30°	0.866	4.17	2.08	2.40	0	6.2
11	157.5	443	3.55	11.1	9.6	30°	0.866	5.8	2.9	3.35	0	−5.7
12	220.5	473	4.66	11.1	9.6	30°	0.866	7.5	3.75	4.33	0	−7.0
13	109.0	358	3.04	11.1	5.4	61°	0.485	2.8	1.4	2.89	≠0	−4.9
14	199	494	4.03	11.1	5.4	61°	0.485	3.9	1.95	4.02	≠0	−0.2
15	152.5	434	3.52	11.1	5.4	61°	0.485	3.3	1.65	3.4	≠0	−3.4
16	74.0	289	2.56	11.1	5.4	61°	0.485	2.5	1.25	2.58	≠0	0.8

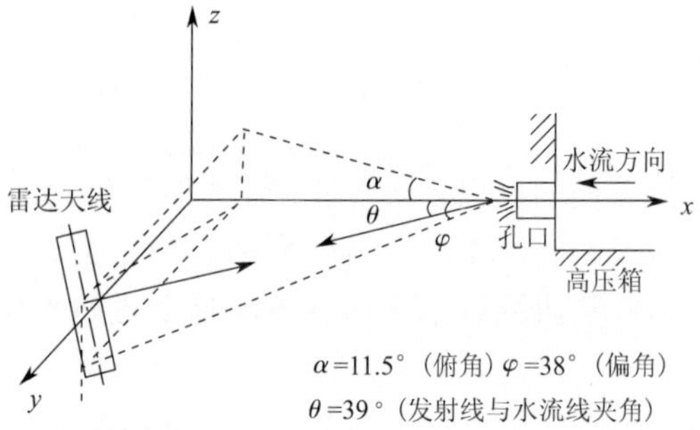

图 2-11 雷达测量高压箱孔口水流流速

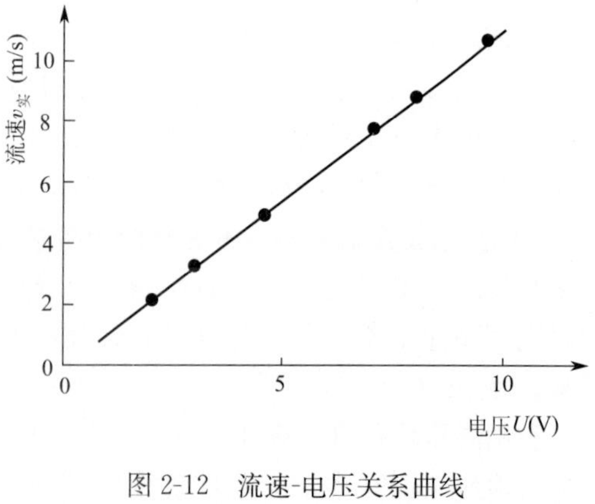

图 2-12 流速-电压关系曲线

由于水槽本身各段流速不同，为了准确找到雷达波反射点的位置，正确地测出 θ 角，不断改变雷达架设高度，用逐步试测的办法，将水槽上部用钢板逐渐遮盖。当天线接收信号最强时，该点的水槽位置，即为雷达准确照射段，以此段的水槽流速作为率定流速，列入表 2-4内。率定段的中心 θ 角变化于 8.5°～61°时还有偏角存在。流速为2～7 m/s时，雷达所测流速值不超过流速值的±7%。造成这一误差，一方面是仪器本身没有完善的测角装置，另一方面是给定流速本身的误差，缺乏适当的仪器对比。由雷达测速的线性关系，可以看出，在测定高速水流和非恒定流流速过程时，雷达是很有发展前途的装置。$v_{实}$-$v_{雷}$ 关系曲线见图 2-14。

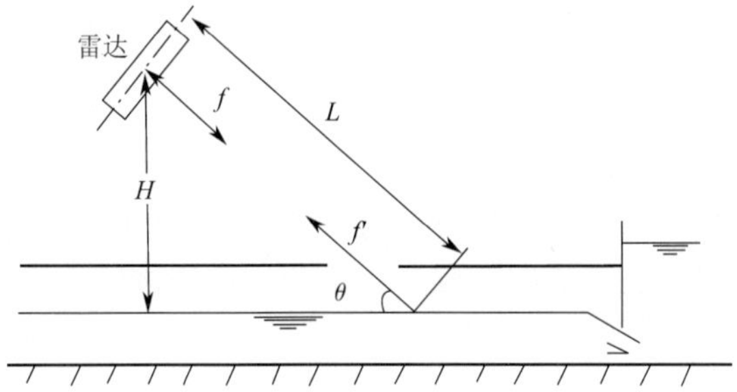

图 2-13　变坡陡槽率定试验示意图

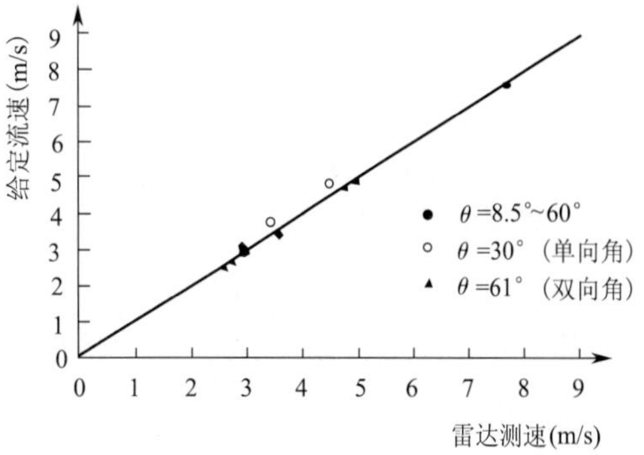

图 2-14　雷达测流率定曲线

三、实际应用

1980 年 5 月，浙江省水利科学研究所在南山水库泄洪渠道上进行自溃坝试验，采用雷达测量了溃坝时坝址断面的流速。该坝长 15 m，两端为砌石污工导流墙，在墙上架设两条铁线，雷达天线及其吊架挂在铁线上，为防止雨淋，雷达天线用塑料布包裹。为了保持一定俯角，吊架及铁线斜置，天线的馈线引向岸边量测仪表控制室内，接收信号用紫外线示波器连续记录。雷达天线在南山水库自溃坝的架设情况见图 2-15。

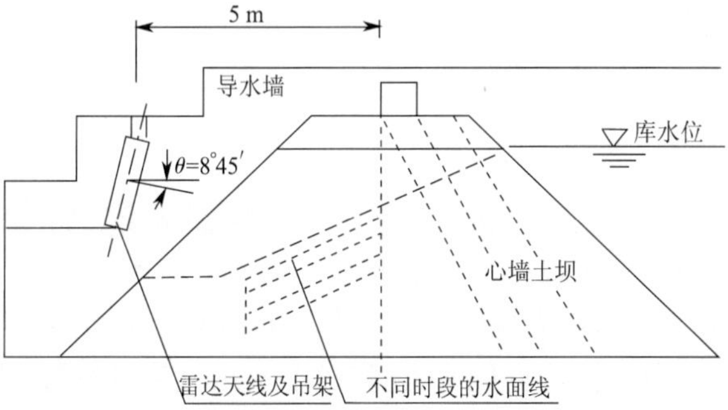

图 2-15　南山水库自溃坝雷达测流天线安装图

天线位置的安装在引冲槽下游上方，测点选在溃决口范围内，当坝体引冲溃决时，库水位逐渐下降，决口水面坡度也随时变化。为了正确测定 θ 值，以计算出水流实际流速，采用放垂球定时测量水位变化以绘出定时水面线，同时测量溃决口扩大的范围尺寸，算出溃决流量。

对于自溃坝试验的非恒定水流，采用雷达进行测量，这是第一次取得的良好资料。南山水库先后放水三次，仅以第二次试验中不同时段的流速测量资料为例，见表 2-5。流速本身随时间而变，并且是波动的，雷达输出电压的过程线反映了这种变化。

表 2-5 不同时段的流速测量资料

时间	θ	cosθ	记录读数(mm)	换算电压(V)	实测流速(m/s)
4′20″	30°10′	0.865	30	4.14	2.39
5′	30°30′	0.853	65	8.97	5.26
6′	30°45	0.859	56	7.72	4.49
8′	32°45′	0.841	50	6.90	4.10
9′	29°30′	0.870	40	5.52	3.17
10′	29°45′	0.868	37	5.11	2.94

注:1.示波仪换算值 1 mm 为 0.138 V。
2.雷达换算值 2 V 为 1 m/s。
3.流速等于换算电压除以 cosθ。

1982 年 1 月～3 月曾两次在河南鸭河口水库自溃坝试验中用雷达测量自溃坝水流流速,见照片2-4。照片中的白色物体即为塑料布包裹的雷达天线。照片左下角图内为试验前自溃坝体及引冲槽正面图。在溃坝下游水流收缩面上测到最大流速 10.8 m/s,再次证明雷达测量急变流流速的优越性。

照片 2-4 自溃坝试验雷达测速

第四节 钱塘江涌潮压力与冲刷天然观测研究

本项研究是利用第二钱塘江大桥正在施工的栈桥和桥墩桩基护筒进行天然涌潮压力观测,并对实测资料进行分析研究,与此同时,还完成了涌潮水位过程、涌潮传播速度、涌潮对桥墩的冲击高度及桥墩局部冲刷深度等项内容的观测。

第二钱塘江大桥为我国铁路建设重点工程之一。桥址位于既有铁路桥下游 13 km 外的四堡,桥址河段受涌潮的强烈作用,水文条件复杂。钱塘江涌潮规模之大举世闻名,以往对涌潮现象认识不足,且缺乏实测资料,给桥梁设计和施工造成一定困难。为此,大桥工程局勘测设计院与铁道部科学研究院、大桥局桥梁研究所和浙江省河口海岸研究所联合组成观测组,于 1988 年 7 月～11 月在桥址南岸利用正在施工的栈桥和桥墩桩基护筒进行涌潮压力观测。为配合此项观测,同时进行了涌潮水位过程、涌潮传播速度、涌潮遭遇建筑物后的冲击高度及桥墩局部冲刷深度等项资料的观测。1989 年 3 月 6 日～28 日上述各单位的代表对观测资料进行汇总整理和分析研究，提出观测分析研究结果供设计和施工应用。

一、有关桥址附近一些涌潮因素简介

四堡桥址处于钱塘江河口段(图 2-16)，该段上起四堡以上 23 km 之闻家堰，下止四堡以下 95 km 之澉浦，河宽变幅甚大，高潮位时闻家堰河宽不足 0.8 km，向下递增至澉浦约达 20 km，河床表层基本上为粉沙，平均粒径约为 0.2 mm，起动流速约为 0.28 m/s。上游来水实测最大流量 29 000 m^3/s，富春江、新安江两水库建成前最小流量为 154 m^3/s，年平均流量约为 1 000 m^3/s，上游来水年内和年际变化均较大。下游潮汐变化在桥址附近更大，小汛时基本不受潮汐影响，大潮时最大实测潮差达 4.02 m。

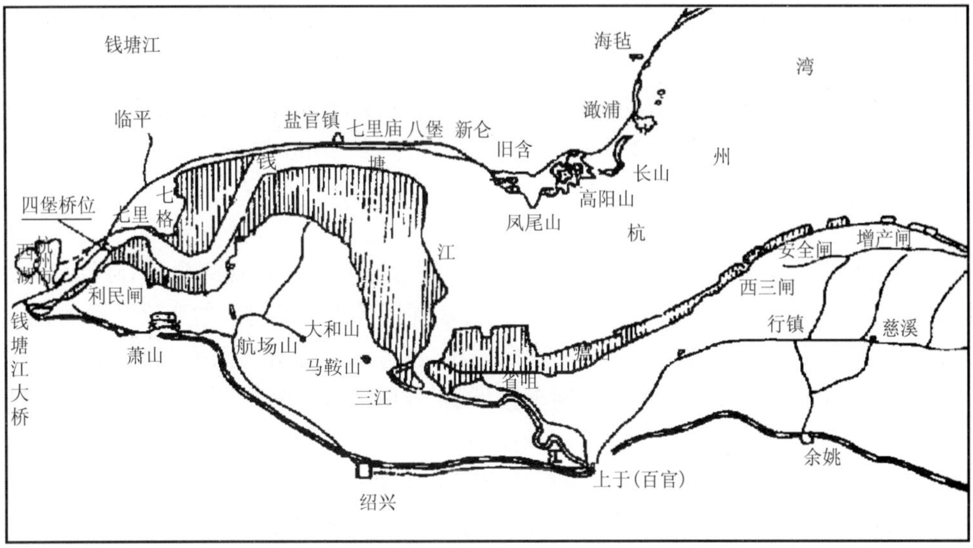

图 2-16 钱江二桥四堡桥位位置图

由于径流和潮水相互作用，加之河宽较大，因此该河段在平面上常呈游荡性的摆动，四堡主槽溪线可在半个河宽范围内摆动，但从总体上讲基本接近北岸，而下游澉浦其溪线可在 80%河宽范围内摆动，四堡与澉浦间溪线摆动幅度基本上是上游小而下游大。由于主槽在平面上的摆动，因此不同时间海口至桥址处流程长短不一，因而潮汐作用强弱不一，低水位高低变化不一。大体上丰水年上游来水较多，径流来水含沙量低，具有较大的冲刷能力。所以通常河槽受到冲刷而变得顺直，此时河槽通常偏近北岸，河底高程降低，低水位降低，因河道顺直阻力变小，潮汐作用强烈，桥址附近会出现较大的潮差和涌潮、实测四堡最大潮差 4.02 m 就出现在上游水较多的 1954 年。同年上游闸口出现 4.19 m 的历史最低水位。下游海宁亦出现－2.18 m的较低水位(接近于－2.38 m 的历史最低水位)。1967 年、1968 年为较枯年份，七堡低水位在 3.6 m 左右，海宁为沙滩所淤积，江道主槽偏南，四堡桥址基本不受潮汐影响，当然也就根本不会出现涌潮，可算近数十年来受潮汐影响最弱的年份。

20 世纪 60 年代以后，下游南岸大片滩地得到围垦，尖山以上河段受到较大幅度的束窄，主槽摆动幅度减小，河道相对固定于偏北岸部位，因而从总体上讲，像 1967 年、1968 年这种低水年份难以再度出现，涌潮对桥梁的影响呈变强的趋势，但由于上游洪水得以调蓄，洪峰流量将有所削减，对河槽的冲刷将有所减缓，因而促使潮汐作用对桥梁的影响变弱，两者互相抵消，但难以定量进行分析。

涌潮为潮波在行进过程中因受边界约束产生剧烈变形所致，这与钱塘江口门呈喇叭形及河口以内的沙坎有关。潮波自杭州湾进入钱塘江口，由于平面河道的急剧束窄，立面上河床的抬高产生强烈变形而形成涌潮。

涌潮前锋的形态，受到其变形程度的影响，水深较大时，潮波能顺利推进，不产生或很少产生变形，水深变小时，由于河床阻力的影响对不同部位的不同，表面所受影响较小，因而水质点运动速度较大，当其速度超过波速时即发生破波，目观破波总在表面首先发生，因而可认为表面水体具有较大的动能。当然随着潮波破碎程度的不同，垂线压强分布亦应有别，破碎程度大则垂线上压强变化小，其分布图形更近于矩形。涌潮压力垂线分布亦应和时间有关，因为当涌潮的波峰通过后，水流运动逐渐向正常的河道水流过渡，通常认为水流的垂线分布为对数分布。

涌潮既然是一种波，因而应有波的性质，在受阻挡时应有反射，这与目观一致。钱塘江两岸线曲折多湾、且有众多的护岸建筑物如丁坝之类，因而理当出现程度不同的多次反射，这与实际见到的潮后水面起伏不定相一致。反射(尤其是多次反射)波的大小、行进方向不一，因而表现为压力、水面高度的大幅度波动。无论在某一特定点上随时间的变化，或不同部位在同一时间内都可以出现较大幅度的波动。

二、观测内容及测点布置

观测位置为第二钱塘江大桥正在施工的栈桥和桥墩桩基护筒。观测项目有涌潮高度、流速、墩前冲击高度、四条垂线的压力、三个测点的冲刷深度等因素随时间的变化过程，测点布置考虑了涌潮在河道横断面上的横向分布和垂向分布，也考虑了各有关因素之关系。其中涌潮高度、墩前冲击高度、流速和一个测点冲刷布置于 16 号桥墩边及其附近(图 2-17)。涌潮高度观测的传感器置于 5 号栈桥桥墩，流速也在附近观测，冲击高和冲刷的一个测点置于 16 号墩迎潮面的护筒上，上述所有项目均由铁道部科学研究院负责测试。桥梁研究所负责测栈桥 5 号、10 号、14 号墩三条垂线的涌潮压力。浙江省河口海岸研究所负责观测 15 号墩护筒的一条垂线涌潮压力和同一垂线河底的冲刷及 14 号栈桥迎潮面一点的冲刷。以上所有观测项目的确定与测点的布置等均由参加单位共同协商确定。

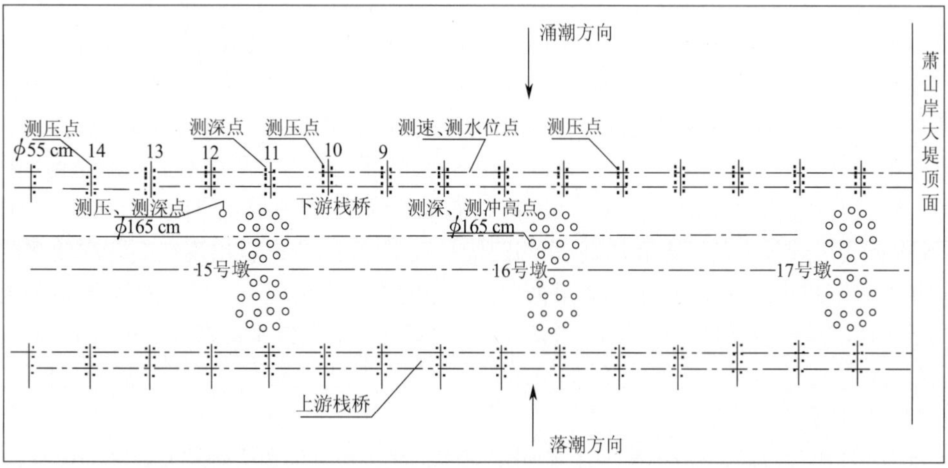

图 2-17　测点平面位置布置图

注：1. 栈桥跨度为 16 m，ϕ0.55 m 管柱基础。

2. 测压点及测深点均布置于面对下游涌潮的方向。

压力测点在高程上的分布是考虑能观测到压力分布线型而设置的(图 2-18 及图 2-19)。同时也考虑了涌潮方向的变化的影响,因此在 5 号栈桥高程为 3.85 m 处及 15 号墩高程为 4.70 m 处均布设与垂直桥轴方向呈左右各 9°交角(互相间呈 18°交角)的两个测压点,但 15 号墩该测点之一因导线被涌潮打断只有一次观测结果。

原拟 15 号墩在河床面以上 0.5 m 处安装一个传感器测压,因安装困难而取消,5 号、14 号栈桥墩位于床面以上 0.5 m 处的测压传感器虽均已安装,但可能因导线在水下安装过程中折断而未能测到资料。

为观测涌潮在桩后的压力,与 5 号栈桥墩背潮面高程为 3.55 m 处安装一个测压点,另外在迎潮面高程为 3.65 m 处安装了一个量测向下水流压力的测压点。

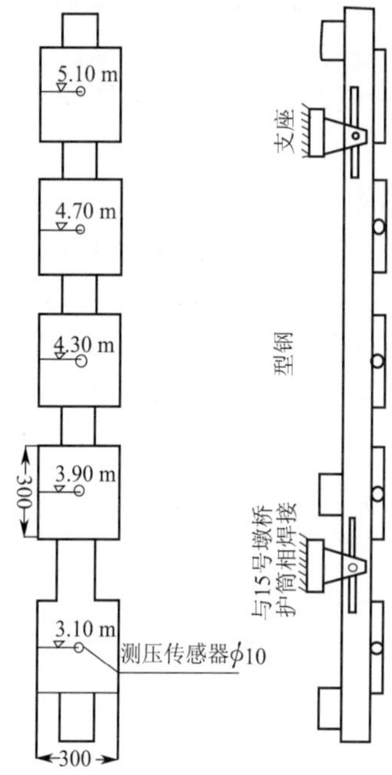

测压支架正面图　　测压支架侧面图

图2-18　15 号桥墩测压测点垂线布置(mm)

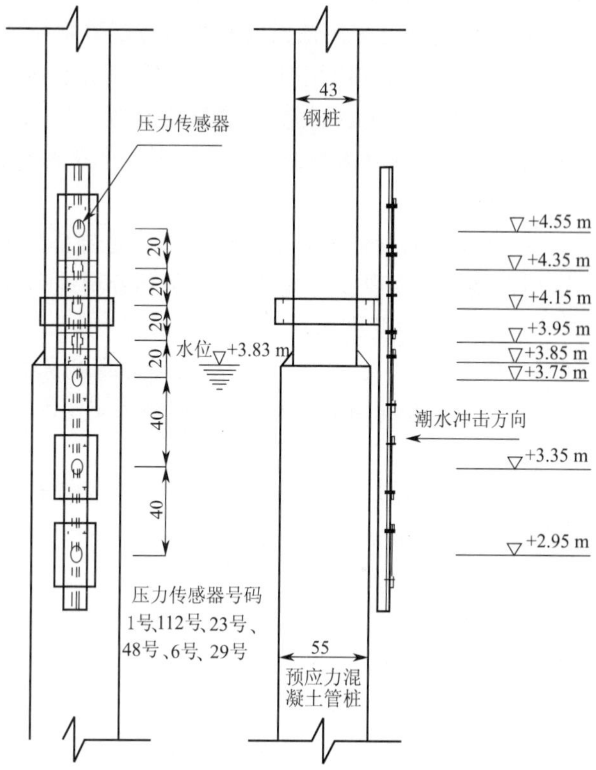

图 2-19　栈桥 14 号墩压力传感器布置图(cm)

为保证测压传感器不受边界绕流的影响,所有测压传感均置于 300 mm×300 mm×15 mm钢板中心,传感器中心到钢板边缘的距离大于 3 倍传感器直径。为保证测点相对位置的正确、同一垂线各传感器均置于同一型钢上,以便吊装。

三、观测时间及仪器设备简介

观测原定于 7 月～10 月间进行,除浙江省河口海岸研究所测压装置应观测 8 次潮汛外(每汛 4～5 d),其余项目均观测五次潮汛。后因观测设备架设安装的延误,实际正式观测于 8 月开始进行,至 11 月如再观测将影响大桥施工,因而浙江河口海岸研究所测压未按原定的 8 汛进行而只观测了 6 汛。

所有观测项目除其中一汛(11 月)只有 15 号墩测压外均同时进行。每月朔望大潮进行观测，每汛 4～5 d，每天 2 次。通常朔汛从农历初一或初二开始，至初五或初六结束，望汛从十六开始至二十结束，但亦视潮汛大小而变化观测时间，当涌潮太小时则一般不进行观测，因而每汛实测次数通常只有 8～9 次。

观测在潮到前半小时到一小时开始准备，至潮到后一小时左右结束。

本次涌潮水位、流速及冲刷深度采用了较先进的电测仪器进行测量记录。

(1)涌潮水位观测采用英国 MSP90 超声波水位仪测量涌潮水位过程。此项仪器是应用超声波在空气中到水面的反射原理测量水位随时间的变化，除用示波器连续记录水位变化值外仪器带有计算机控制存储器，水位变化值可经存储器以表头数字直观显示。

(2)涌潮冲击高度的观测采用电容式液位仪，此项仪器应用水位变化后改变传感器电容值的原理，根据输出变化的电讯号得到变化水位值。

(3)涌潮传播速度采用铁道部科学研究院研制并已成功试用于非恒定流流速测量的 TZ—103 型雷达测速装置，它应用电磁波发射至水面上，按水流运动速度变化传播反射频率间多普勒效应的原理测量水流表面流速，测量范围为 0.5～10 m/s。

上述涌潮水位及流速测量记录均根据二次仪表电流输出配以 SC—16 线示波器同步记录随时间变化值。

(4)冲刷深度测量采用挪威 CS—112 彩色屏幕显示地形测深仪。

这项仪器基于超声波原理，以彩色强弱分辨地形冲刷情况，用数字显示冲刷深度，测量范围 0.5～1 200 m，精度可达 0.1 m。

(5)栈桥 5 号、10 号、14 号 3 个墩的压力测量采用量程为 100 kPa，灵敏度为 0.5 kPa 的电阻式压力传感器，并配用 DPM—9AT 型动态应变仪放大和 SC—16 光线示波仪记录。连接线应用 PVVP4×16/0.15 护套屏蔽软线。

压力传感器在出厂时虽经率定，为可靠起见重新进行了标定。重标时减压均按 20 kPa 为一级逐级进行。制成 p-ε 曲线备用。

因室外观测温度变化大，因此在室内曾对温度变化的影响做了敏感性试验。在温度为 10 ℃、20 ℃、30 ℃、40 ℃、50 ℃时分别观测应变值的变化，从试验可知所用传感器对温度变化并不太敏感，温度每变化 10 ℃，应变变化大致为 5 $\mu\varepsilon$ 以内。各个传感器不尽相同，亦难寻求规律，所以实测中不考虑温度的影响。

由于观测仪器置于 15 号桥墩上(相当于 10 号栈桥位置)距栈桥 5 号、14 号墩约 80 m，导线连接超过 100 m，导线电阻不容忽视必须加以修正。10 号栈桥墩传感器导线电阻可不考虑修正，另两条垂线的修正值如下：

$$\varepsilon = \varepsilon'(1 + r/R) \tag{2-34}$$

式中 R——传感器桥路的电阻值；

r——导线电阻值；

ε'——仪器读数应变值；

ε——传感器实际受力应变值。

观潮开始先对各测点调平，再输入 100 $\mu\varepsilon$ 应变加以标定。潮到前数秒钟起动示波仪记录，记录走纸速度 10 mm/s。

(6)15 号桥墩测压传感器选用 FTF 脉动压力传感器，量程为 100 kPa 时，其应变值大致在 360～460 $\mu\varepsilon$ 之间，各传感器略有不同，每 1 $\mu\varepsilon$ 应变相当于 0.14 kPa，灵敏度较高。在开始观测前进行了标定，在观测结束后又重新进行标定，两次结果相同，在观测过程中为了全套测试仪器的稳定性能，在退潮后部分测压传感器重新露出水面时与开始测试前的光点位置进行了比较，这实际上包含了因温度变化，仪器零点漂移等因素的影响；上述因素综合影响均在误差要求范围以内，因而实际观测未作这方面的修正。

每次测试前在仪器调零后，各测压点均输入 100 $\mu\varepsilon$ 标准应变分别予以标定记录。在潮到前数秒钟起动示波仪记录，潮刚到时由于潮压变化大，脉动多，为提高分辨率、因而走纸速度用 25 mm/s，经过一定时间后，当潮涌变动幅度变小时为节省记录纸，走纸速度改为 5 mm/s。经 10 余分钟后每隔 5 min 再记录一次直至停止走纸，1 h 后结束观测。

(7)15 号墩栈桥 10 号墩冲刷观测，应用回声测深仪观测并记录，在潮到后十几分钟内连续记录，在十余分钟后每隔 5 min 记录并读数直至一个多小时后停测。为观测退潮时冲刷坑的变化，选定农历 8 月 18 日两潮进行了连续 14 h 的观测。

四、资料整理分析说明

(1)涌潮水流作用于桥墩时，水位和流速都在某一瞬间突然变化，而且水流湍急，流速和压力瞬时变化随机性大。图 2-20 为示波器记录的不同高程压力随时间的变化。图 2-21 为示波器记录的流速、水位和冲击高随时间变化过程。本项工作是由几个单位分别采用不同仪器设备，按事先商定的观测办法(包括观测日期、时间、测点布置及观测内容分工等等)共同进行观测。由于观测时间经历了几个潮期(数月)，其中个别仪器出现故障和其他因素的影响，致使观测资料不能完全配套，因此本研究仅采用较齐全和配套的资料整理和分析。

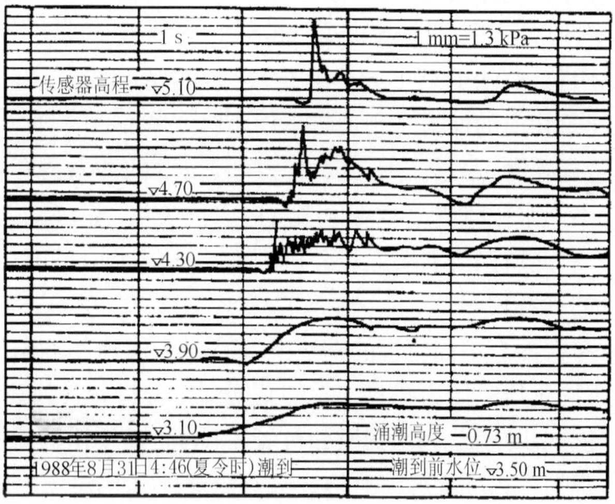

图 2-20　不同高程压力随时间的变化

(2)涌潮压力变化脉动性很强，本研究采用单位时间内压强的最大值是指在涌潮冲击桥墩后 10 s 时间内出现的压力最大值。其脉动过程大于 1 s。

(3)本研究在整理分析过程中将涌潮压力作用于建筑物上的垂线分布分为以下三部分。

①第一部分(1 区)为涌潮在建筑物前受阻而形成冲击高的过程中产生的压力(即涌潮潮头顶部水位以上的压力)，由于涌潮潮头顶部以上测压点布置太少，目前只能暂按直线延伸考虑。即假设墩前冲击高最高点的压力为零，以其与最高测压点的实测压力值或涌潮顶面的压力值按直线连接。

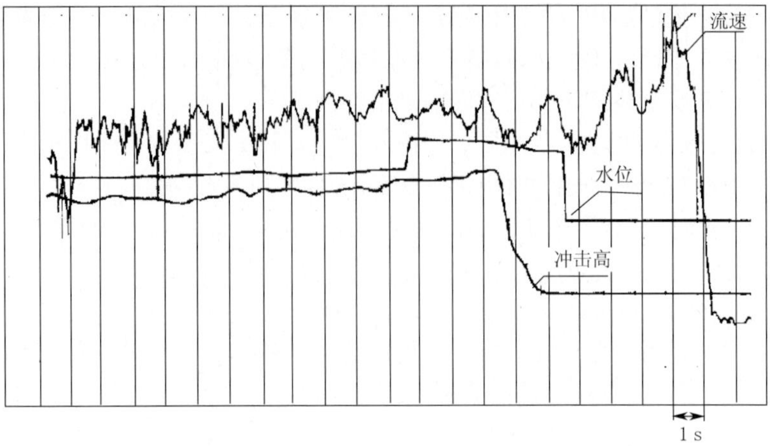

图 2-21　流速、水位、冲击高度随时间变化过程

（1988 年 8 月 30 日下午 16:38 开始）

②第二部分（2 区）为涌潮潮头范围的压力分布，根据测点的压力实测值连线后分别按平行线延伸至潮前水位和涌潮顶部水位。实测压力值为动压和静压之和。

③第三部分（3 区）为潮前水位以下的水体受涌潮的作用而产生的动水压力和由于涌潮潮头在建筑物前后造成的水位差而产生的静水压力。动水压力根据潮前水位以下的实测值和扣除静水压力后按直线延伸至桥墩迎水面垂线与河床面的交点（设此点动压为零）。这种假定是由于在潮前水位以下的压力测点太少，实际上这部分压力可能是按抛物线形由潮前水位向河床迅速减弱。

（4）水位测量是采用英国 MSP90 型超声水位仪，观测精度较高，为确定涌潮高度提供了可靠的依据。涌潮在建筑物前的冲击高测量是采用电容式液面仪。这是将室内水工试验的仪器经过改装后试用于野外观测，通过试用已取得一些较重要的冲击高资料。但是由于它是以普通电线为传感器，以不同水位时的电容变化来反应水位变化，当下雨或在传感器上挂有干草时可能影响测量精度。因此所测资料要通过分析判断后才能采用，特别是这种传感器很容易被涌潮冲断，所以缺少的资料较多。

（5）测压装置共分布在四个不同位置的垂线上，而水位、流速和冲击高都分别只有一项观测资料。因此只能将不同垂线的压力资料与它们共同配合分析。各项观测资料并不能严格同步进行，即或各项仪器能同步观测，但因其所处位置不同，涌潮作用的时间也不尽相同。所以在整理和分析过程中，都假定以涌潮峰值到达之瞬时为基准（即示波器记录纸上记录的突变点为准，见图 2-20），统一配合分析各项资料的变化过程和相互关系。

（6）涌潮传递速度快，而且瞬时变化也大，不可能采用目前常用的流速仪观测。雷达测速仪能测高速水流及其瞬时的变化过程，根据铁道科学研究院以往野外观测实践证明它是观测非恒定水流较为理想的仪器。但如前所述观测原理是通过雷达发射和接收在运动介质上反射的电波，按多普勒效应原理计算运动介质的速度，其中参变量之一是发射天线与水流表面的交角 θ。根据涌潮观测资料可知，涌潮潮头顶部的水面尚有一较小的变化角度，由于雷达天线与水位仪虽设置于同一位置，但观测点位置不同（雷达天线发射角与水面交于河口方向某点，而且该点的位置随水位的变化而变化），难以对 θ 值进行修正计算，只能按 θ 值为一定值计算流速。

五、资料分析成果

(一)涌潮压力分析

涌潮的形成及其高度的大小涉及的因素甚多，诸如来潮量的多少，上游河道下泄的流量(包括潮前水深与流速)，河段平面与河底地形的变化，高低潮水位差以及涌潮传递过程中沿程破碎的情况等等因素直接影响涌潮的高度。建筑物在涌潮作用下所承受的压力显然与涌潮的高度直接有关。但是由于涌潮变化的复杂性和随机性，加以涌潮在传递过程中一方面由于潮波破碎能量损失致使涌潮高度减小；另一方面又由于承受不同部分反射潮波的叠加而有所增加。因此严格来说，在同一河床断面不同垂线上的涌潮高度及其产生的压力都是不同的。由实测资料也可以看到，不同垂线上的涌潮压力与涌潮高度的变化规律也不尽相同(图 2-22)。但由图 2-22也可以看出两者之间大体有一定的函数关系，根据现有的观测手段和对涌潮认识水平，尚不可能对它们进行更为精确地分析和区分，而只能进行较为概括的分析。

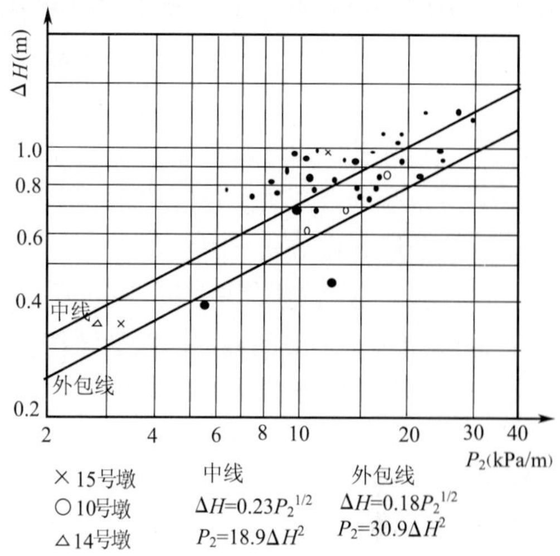

图 2-22 不同垂线上涌潮高度与涌潮压力关系

现将分析结果按前节所述的三个区域分别介绍如下：

1. 涌潮潮头范围内的压力(第 2 区)

这部分压力直接受涌潮高度的影响，它与涌潮高度的函数关系由图 2-22 按资料的中线可得下式：

$$P_2 = 18.90\Delta H^2 \tag{2-35}$$

式中 P_2——涌潮潮头范围内桥墩单位宽度上所承受的动压与静压之和(kPa/m)；

ΔH——涌潮高度(m)。

考虑到涌潮压力有较大的随机性和脉动性，为使工程偏于安全，在图 2-16 内取资料的外包线，则两者的函数关系如下：

$$P_2 = 30.90\Delta H^2 \tag{2-36}$$

符号定义同前。

2. 涌潮潮水位以上的压力(第 1 区)

这部分压力是涌潮潮头冲击建筑物后形成的压力。如前所述，这部分压力的实测资料较少，只能暂按以下办法进行计算，应该指出下列计算式是偏安全的。根据实测的压力与涌潮冲击高可建立如下关系(图 2-23)。

$$\phi165:\quad P_1 = 4\Delta Z^2\,(\mathrm{kPa/m}) = 0.4\Delta Z^2\,(10\ \mathrm{kPa/m}) \tag{2-37}$$

式中 P_1——涌潮潮头顶面以上桥墩单位宽度上所承受的合力；

ΔZ——涌潮在建筑物上的冲击高(m)。

ΔZ 可按下式计算：

$$\phi165:\quad \Delta Z = 0.25(P_2/\Delta H)^{2/3} \tag{2-38}$$

$$\phi 55: \quad \Delta Z = 0.16(P_2/\Delta H)^{2/3} \tag{2-39}$$

式中符号同前。式(2-38)或式(2-39)表明在同一涌潮高度和压力作用下，ϕ 较小时，ΔZ 也较小。

3. 涌潮潮前水位以下的压力(第 3 区)

这部分压力如前所述，按理应由潮前水位至河底以抛物线形迅速减弱，但由于接近河底附近的压力传感器发生故障，未能获得实测资料。故建议暂按以下办法计算：首先计算涌潮潮头范围内平均压力 $P_2/\Delta H$，以其代表潮前水位的压力(包括动压力 P_{2D} 和静压 P_{2j}，见图 2-24)，$P_2 = P_{2D} + P_{2j} = cd + de$，$P_{2j} = de = \Delta H$，设河底动压为零，但桥墩上下游静压差等于 $\Delta H = fg$，动压合力为 cdf，静压差为 $defg$，因此以 e 点与 g 点联线，$cefg$ 即第 3 区桥墩单位宽度上所承受的合压力。这样假定的计算结果也是偏安全的。

(二)涌潮冲刷分析

本次观测除涌潮压力以外，还在 16 号和 15 号墩河道下游侧管柱(ϕ =1.65 m)及 10 号栈桥管桩(ϕ =0.55 m)的迎潮面对涌潮作用下的冲刷深度进行了观测。在本次观测之前，上述桥墩已经历上游洪水及潮汐冲刷作用，并已形成一定深度的冲刷坑。如 16 号墩管柱桩已有局部冲刷深度约 3 m(冲刷高程在－1.0 m 附近)，15 号墩约 3.2 m(高程在－2.2 m 左右)，10 号栈桥管桩约 2 m(高程在－1.0 m 左右)。

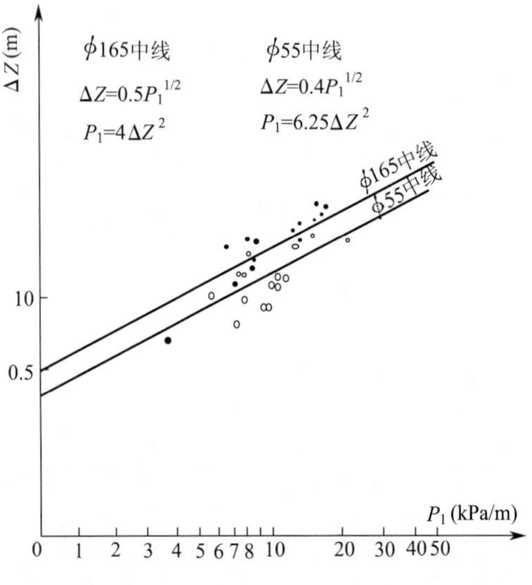

图 2-23　$\lg\Delta Z$-$\lg P_1$ 关系曲线

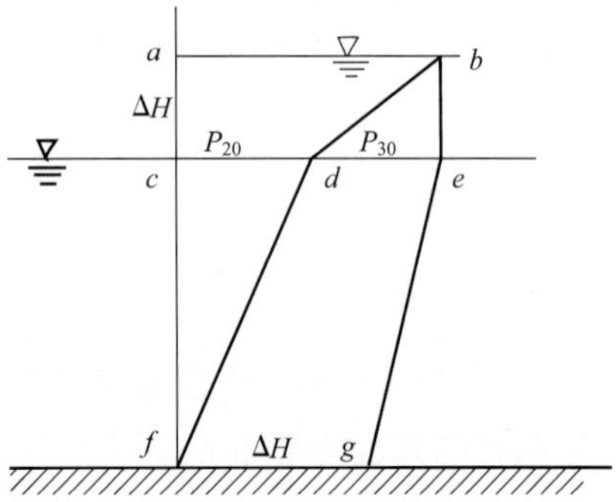

图 2-24　潮前水位的压力

本次观测在 8 月～11 月朔望潮期共进行 43 次涌潮冲刷观测。除个别测次进行了较长历时测量以外，一般都仅观测 1 h 左右涌潮局部冲刷深度随时间的变化，因为 1 h 后水流流速很小，局部冲刷停止发展。综合各次观测资料，15 号墩管柱周围最大局部冲刷深度为 3.4～4.5 m，16 号墩管柱最大局部冲刷深度 3.3～4.0 m，10 号栈桥管桩最大局部冲刷深度为2.1～2.5 m。每次涌潮冲刷最深点出现的时间先后不一，有时涌潮到达的瞬间即出现最大值；也有在经历几分钟乃至更长的时间后才出现最大值。

在冲刷过程中，流速变化迅速，最大冲刷值与最大流速并不都能对应，没有明显规律。涌潮局部冲刷与通常洪水作用下的局部冲刷特性有所不同，涌潮到达前桥墩处流速接近于零。涌潮到达时，虽然潮头以较大流速突然冲击桥墩，向上产生很大的冲击高，向下自然也会形成较大的冲击漩辊，但是由于潮前水位以下水体为静止水体，由静止水体转化为形成局部冲刷坑的向下漩辊是一个复杂的变化过程，特别是水面流速脉动很强，而且大流速持续时间很短，因此涌潮作用与局部冲刷深度的相互关系，远比一般天然河道中水流与局部冲刷深度的关系复杂。

根据现有的观测资料大体上只能形成以下认识，在桥址附近河床为黏性较强的淤泥与粉细沙的条件下，当涌潮（$\Delta H \leqslant 1.2$ m）作用时，最大瞬时流速为4～7 m/s（7 m/s的流速作用的时间为几分钟或稍长，4 m/s左右的流速作用的时间为几分钟或几十分钟），ϕ 165 cm管柱的局部冲刷深度为3.3～4.5 m，ϕ 55cm管桩的局部冲刷深度为2.0～2.5 m。

第三章　水库溃坝实例及模型试验研究

水库是人类充分利用水资源的重要工程设施，通过在天然河流上修建水库大坝，用以进行调蓄洪水、发电、灌溉农田、居民供水、船舶通航等。截至2005年底，世界上坝高超过15 m以上的大坝共有50 000多座，其中中国有22 000多座，这些水库大坝对促进国民经济的发展和保障人民生命财产的安全起到了极其重要的作用。在看到水库工程对防洪、兴利方面发挥巨大作用的同时，也不能忽视各种水库大坝失事给国家和人民生命财产造成的重大损失。如1959年法国马勒帕塞拱坝、1963年意大利Vajont拱坝、1976年美国Teton坝等大坝的失事均给下游造成了灾难性的后果。1963年中国河北“63.8”大洪水，河北省垮了5座中型水库、96座小型水库；1975年中国河南“75.8”大洪水，河南省垮了2座大型、2座中型、58座小型水库，给水库下游造成毁灭性灾害。

长期以来，水库溃坝对铁路造成的灾害屡屡发生。初步统计，新中国成立以来由于各种类型的水库大坝溃决导致路毁桥塌的事故达一百余次（详见本书附表）。

第一节　国外水库溃坝实例

一、美国约翰斯顿坝

该坝为土坝，位于美国宾夕法尼亚州。初建于1852年，当时坝高22 m，顶宽3 m，上游岸坡1∶2，由小块石防护，下游岸坡1∶1.5。1857年起废置不用，1862年由于基础不好，坝内涵管破裂，之后将水库放空。1880年对大坝重建，重建坝高21 m，库容约2 000万 m^3。当时坝顶中部有一低洼点，溢洪道又部分为拦鱼格栅所阻塞。重建后的第九年，发生漫顶，坝身被迅速冲出一个长120 m的缺口，全部库容约在45 min内泄空。由于溃坝时无人在场，洪水猝然而来，下游整个约翰斯顿城被毁，死亡4 000～10 000人。这就是曾经震动美国的约翰斯顿溃坝事件。

二、美国圣佛兰西斯坝

该坝为混凝土重力坝，位于美国加利福尼亚州，坝高62 m，长210 m。坝顶上游面半径150 m，基础有断层顺河而过。右坝坡为多孔红砂岩，遇水软化。中部和左坝坡为灰色和绿色云母片岩。坝的上部40 m断面较瘦，底宽仅为高度的67%。混凝土质量也较差，密度每立方仅为2.26 t，压强每平方厘米仅141 kg。1928年3月12日午夜，该坝突然倒塌。事后调查，在坝下游1.5～2.5 km之间，溃坝波高度仍在38 m以上，重达万吨的坝体残块被推至下游几百米。溃坝洪水入海前在80 km长的河道中造成重大损失。另在坝址河道中还残留着一个坝段，从上到下还保持原有外形，没有大的破坏。但该坝段上游面接近底部有一水平裂缝，缝中夹着一把木梯。这说明溃坝时水流曾将高达60 m的坝段掀起，使裂缝张而又合，夹住木梯，可见水流作用力的巨大。

三、德国默内坝

位于西德鲁尔河一条支流默内河上，是一座拱形重力坝，高约 40 m，顶长 650 m，宽 6.25 m。坝底宽 34 m。在坝的上游面投放了堆石体。堆石体底宽 21 m，面坡 1∶2。1943 年 5 月 17 日英空军用特制炸弹从 18 m 低空进行轰炸，在贴近坝面的库区中爆炸数弹后，将坝顶中部炸开一个宽 76 m、高 22 m 的缺口。当时库内蓄水 1.32 亿 m^3，在 12 h 内经缺口下泄的水量为 1.16 亿 m^3，估计最大流量为 8 800 m^3/s。坝下游 50 km 以内的桥梁全部被溃坝洪水冲毁，死 1 200 人。由于河谷狭窄，溃坝波较高。关于溃坝波的高度，各家报道不一，有一个资料给出表 3-1 的数值。

表 3-1　德国默内坝溃坝波高度

坝址下游距离(km)	溃坝波高度(m)	溃坝波传播速度(km/h)	坝址下游距离(km)	溃坝波高度(m)	溃坝波传播速度(km/h)
3.7	14	25	38	7.9	11
6.0	11.6	21	61	7.6	9
11	10	18	158	7.0	6
26	8.5	14			

四、法国马勒帕塞坝

这是一座薄拱坝，位于法国雷朗河上，高 60 m，长 227 m，顶宽 1.5 m，底宽 6.76 m，顶部半径 105 m，库容 2 200 万 m^3。1959 年 12 月 2 日晚蓄水至最高库水位附近时突然倒塌。下游 10 km 处的富来岳镇被毁，死 400 余人。溃坝洪水沿峡谷而下，坝址最大波高达 46 m，沿程水深（根据实测资料插值）见表 3-2。

表 3-2　法国马勒帕塞坝溃坝沿程水深

坝址下游距离(km)	0	1	2	4	6	8	9
水深 (m)	1	31	24	16	8	8	8

五、美国 Teton 坝

(一)工程概况

Teton 坝位于美国 Idaho 州的 Teton 河上，是一座防洪、发电、旅游、灌溉等综合利用工程。坝址两岸均为后第三系凝灰岩，节理发育强烈，裂隙宽度一般达 0.6～7.6 cm，偶有 30 cm 宽的裂隙。河床冲积层厚约 10 m。在坝两端覆盖着约 8 m 厚的风积粉土。大坝为土质肥心墙坝。最大坝高 126.5 m(至心墙齿槽底)。坝顶高程 1 625 m，坝顶长 945 m。土基坝段坝上游坡：上部为 1∶2.5，下部为 1∶3.5。坝下游坡：上部为 1∶2.0，下部为 1∶3.0。左岸为发电厂房，右岸布置有 3 孔槽式溢洪道。该坝于 1972 年 2 月动工兴建，1975 年建成。大坝剖面形式见图 3-1。

心墙材料为含黏土及砾石的粉沙，上游坡为 1∶1.5，下游坡为 1∶1。心墙两侧为砂、卵石及砾石坝壳。大坝防渗心墙用开挖深 33.5 m 齿槽切断冲积层，槽体用粉砂土回填。基底高程1 554.5 m以上的两岸坡齿槽坡比为 1∶0.5，槽体切断上部厚 70 m 的强透水岩体，槽身用与坝体相同的粉砂土回填。心墙下游面有一排水层，由筛选的砂及卵石填筑，但在心墙与砂层之间无过渡层。心墙底部与冲积层以及齿槽填土体与岩壁之间均无过渡层。在槽底沿坝全长设帷幕，最大幕深达 91.44 m。坝主剖面为单排孔灌浆帷幕，灌浆孔距为 3.05 m。两岸齿槽下为 3 排孔灌浆帷幕。在坝址进行过 5 个孔的岩石抽水试验，抽水量超过 380 L/min，影响范围估计达 30 km，岩石为强透水性。

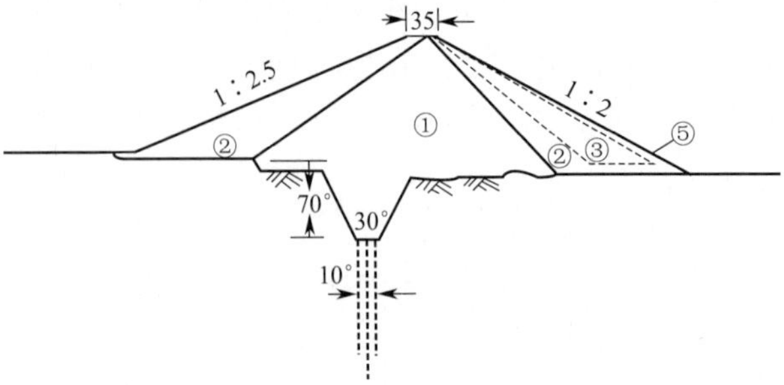

图 3-1　Teton 坝典型剖面

（二）溃坝过程

水库于 1975 年 11 月开始蓄水，1976 年春季库水位迅速上升。拟定水库水位上升限制速率为每天 0.3 m。由于降雨，水位上升速率在 5 月份达到每天 1.2 m。至 6 月 5 日溃坝时，库水位已达 1 616.0 m，仅低于溢流堰顶 0.9 m，低于坝顶 9.0 m。在大坝溃决前的 6 月 3 日，在坝下游 400～460 m 右岸高程 1 532.5～1 534.7 m 处发现有清水自岩石垂直裂隙流出。6 月 4 日，在高程 1 585.0 m 处冒清水，至该日晚 9 时，监测表明渗水并未增大。6 月 5 日晨，该渗水点出现窄长湿沟，在上午 7 时，右侧坝趾高程 1 537.7 m 处发现流出浑水，流量达 0.56～0.85 m^3/s，在高程 1 585.0 m 也有浑水出露，两股水流有明显加大趋势。上午 10 时 30 分，有流量达 0.42 m^3/s 的水流自坝面流出，同时听到炸裂声。随即在坝下 4.5 m 同一高处出现小的渗水，渗水迅速增大，并从与坝轴线大致垂直，直径约 1.8 m 的“隧洞”中流出。上午 11 时，水库中出现漩涡。11 时 30 分，靠近坝顶的下游坡出现下陷孔洞。11 时 55 分，坝顶开始破坏，形成水库泄水沟槽。从发现流浑水到坝开始破坏约经 5 h。

值得注意的是，Teton 土坝不是在最大坝高的河岸坝段破坏，而在坝高相对较小的河岸坝段破坏；坝体溃决不发生在坝基为冲积层的河床坝段，而发生在坝基为岩基的岸坡坝段。

（三）溃坝原因分析

Teton 坝溃决后，美国内务部及 Idaho 州组成坝溃原因调查独立专家组，专家们认为，由于岸坡坝段齿槽边坡较陡，岩体刚度较大，心墙土体在齿槽内形成支撑拱，拱下土体的自重应力减小。有限元分析表明，由于拱作用，槽内土体应力仅为土柱压力的 60%。在土拱的下部，贴近槽底有一层较松的土层（图 3-2）。因此，当库水由岩石裂缝流至齿槽时，高压水就会对齿槽土体产生劈裂而通向齿槽下游岩石裂隙，造成土体管涌或直接对槽底松土产生管涌。

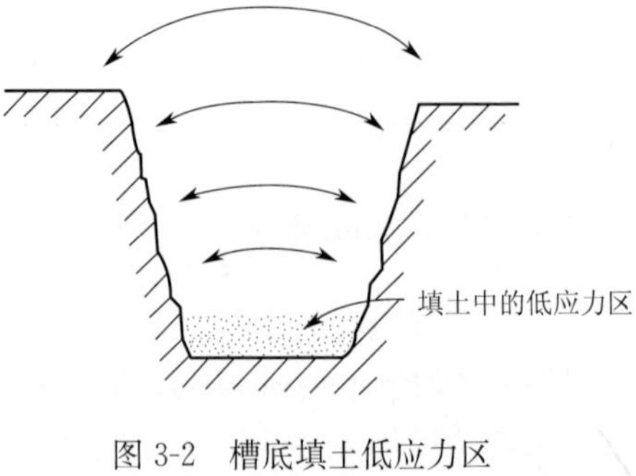

图 3-2　槽底填土低应力区

六、意大利 Vajont 拱坝

（一）工程概况

该坝 1959 年建成，位于意大利 Piave 河支流 Vajont 河上，坝高 262 m，当时是世界最高的拱坝。坝顶高程 725.5 m，设计蓄水位 722.5 m。坝址河谷深而窄，坝面弦长仅 160 m。地基岩石为灰岩，节理发育。受法国 Malpasset 拱坝失事的影响，Vajont 高拱坝竣工后，又采用 100 t 预应力锚索对两岸坝肩部位岩体进行了加固。锚索长 55 m，左岸 125 根，右岸 25 根。

此外还使用了大量一般锚筋，对波速低于 3 000 m/s 的岩体进行固结灌浆加固，加固工程于 1960 年 9 月完成。

（二）滑坡过程

1963 年 10 月 9 日夜，Vajont 水库水位达 700 m 高程，大坝上游近坝库左岸约 2.5 亿 m^3 巨大岩体突然发生高速滑坡，以 25 m/s 的速度冲入水库，使 5 500 万 m^3 的库水产生巨大涌浪。大约有 3 000 万 m^3 的水翻越坝顶泄入底宽仅 20 m 的狭窄河谷。翻坝的水流在右岸超出坝顶高度达 250 m，左岸达 150 m。水流以巨大流速滚向下游。经 Vajont 河冲入 Piave 河时，经近直角的弯转后席卷 Longarone 小镇及几个邻近村庄，造成生命及财产巨大损失，共有 2 500人死亡。由于拱坝设计合理，拱座岩石坚固且经锚索加固，在如此巨大超载(估计超过设计荷载 8 倍)作用下，262 m 高的 Vajont 双曲拱坝依然屹立，基本完好。但大滑坡的石渣掩埋了水库，堆石高度超过坝顶百余米，使大坝和水库完全报废。

第二节　国内水库溃坝实例

截至 2006 年底，我国已建成的各类水库 85 874 座，规模十分庞大，在防洪、灌溉、发电等方面发挥了巨大的作用。但由于各种条件限制，水库大坝在设计、建设及管理中均存在一些不合理的问题，导致大坝经常出现溃决现象。在 1954 年～2006 年间，全国共发生溃坝 3 498 座，造成大量人员、财产损失，特别是河北省“63.8”和河南省“75.8”洪水导致多座大坝垮塌，造成毁灭性灾害，虽然已过去几十年，但其影响和教训仍然历历在目。

一、河北“63.8”洪水水库溃坝事件

（一）降雨情况

1963 年 7 月下旬河北省大部分地区旱情较重，正在各级部门集中力量抓抗旱工作之时，8 月上旬，京广铁路站沿线以西、太行山东麓出现了我国大陆有记录以来最大暴雨。从 8 月 1 日～10 日的 10 d 内，一般地区降雨 400～600 mm，暴雨中心地区降雨 800～1 600 mm，个别地点最大达到 2 051 mm，暴雨强度之大为历史所罕见。这次暴雨的雨势猛、雨量大，暴雨持续时间长，暴雨笼罩面积广，降雨时程分配不均，这种雨型对于水库防洪运用非常不利。

（二）洪水情况

由于此次暴雨强度大且集中，引起了山洪暴发，太行山南北数十条东西向河流普遍发生了历史上罕见的特大洪水。南部子牙河支流滏阳河上游各河流，8 月 4 日～6 日先后出现洪峰，洺河临洺关洪峰流量达 10 900 m^3/s，沙河朱庄洪峰流量达 9 480 m^3/s，白马河南青山达 3 500 m^3/s，泜河临城水库入库最大流量 5 760 m^3/s，都超过了历史上调查和实测洪水记录，且都具有峰高量大，洪峰连续出现，持续时间长的特点。北部大清河上游各支流，8 月 7 日、8 日出现洪峰，各大型水库入库最大流量也多超过或接近历史调查洪水记录。如沙河王快水库入库最大流量达 9 080 m^3/s，唐河西大洋水库达 7 580 m^3/s，漕河龙门水库达 4 500 m^3/s，中易水安各庄水库达 5 960 m^3/s。

8 月上旬，大清、子牙和南运各河流共产生洪水总量 302.3 亿 m^3，其中铁路以西滏阳河上游各支流(流域面积 9 600 km^2)产生径流量 71.1 亿 m^3，折合径流深 740 mm，径流系数达 60%～85%，最大 1 d、3 d 暴雨的径流系数达 80%～90%。大清河南支各河流(流域面积 16 300 km^2)共产生径流量 55.7 亿 m^3，折合径流深 341 mm。上述两地区共产生总水量为

126.8 亿 m^3，占海河南系各河流总径流量 41.8%。这次暴雨由于山区洪水量过大，水库不能全部拦蓄，部分中小水库垮坝失事，加上水库下游区间径流大，洪水大量漫过京广铁路，再加上平原地区的雨涝，使铁路以东广大平原遭受了历史上罕见的严重灾害。

（三）水库拦洪、失事和受灾情况

1. 水库拦洪情况

"63.8"特大暴雨洪水中，10 座大型水库共拦滞洪水 43.5 亿 m^3，占水库上游来水量 94.2 亿 m^3 的 46.2%，对保护水库下游广大平原地区以及天津市起到显著的作用。大部分中小型水库，虽然库容较小，也发挥了不同程度的拦滞洪作用。该地区共有百万立方米以上的中小型水库 75 座，百万立方米以下的小型水库 831 座。按百万立方米以上的中小型水库统计，共控制流域面积 3 054 km^2，总库容 6.23 亿 m^3，共拦滞洪水 3.8 亿 m^3，接近 10 座大型水库拦滞洪水总量的 1/10，虽然对水库下游广大平原地区的防洪作用不很显著，但每座水库一般削减洪峰都在 30%～60%，最多的削峰在 90%以上，对水库下游局部地区减免灾害，却很显著。如东武仕、八一和瀑河等水库，保护了磁县、徐水等县城和京广铁路，减轻了铁路两侧村庄农田的灾害，即使是百万立方米以下的小型水库，也减少了下游河滩受水冲、沙压的损失。

2. 水库垮坝失事和受灾情况

这次暴雨洪水中，中小型水库垮坝失事共计 319 座，占原有水库总数的 35%。其中：中型水库 5 座，占中型水库总数的 41%；百万立方米以上的小型水库 17 座，占小型水库总数的 27%；百万立方米以下的小型水库 297 座，占该小型水库总数的 36%。

从中型水库失事情况看，5 座中型水库中有马河、东川口和佐村为漫顶失事，刘家台不明确，乱木水库是副坝扒口刷深改道。百万立方米以上的小型水库失事 17 座，主副坝漫决的有 6 座，占 35%；主副坝溃决的 5 座，占 30%；溢洪道冲深改道的 5 座，占 29%；主副坝扒口的 1 座，占 6%。

在这次暴雨洪水中，造成中小型水库失事后，据不完全统计，共冲村庄 106 个，倒房 10 万间，水冲沙压耕地 11 万亩，死亡 1 467 人，各河下游京广铁路也遭受不同程度的破坏。溃坝失事对铁路破坏情况见表 3-3。

表 3-3 "63.8"洪水及水库失事对下游铁路桥破坏情况

水库名称	总库容（万 m^3）	坝高（m）	失事情况	溃坝最大流量（m^3/s）	铁路受灾情况
刘家台	4 054	35.8	不明	28 000	方顺桥一带铁路在水库失事前已漫决
马河	2 340	19.5	副坝溃决	4 950	冲毁京广铁路桥
东川口	2 400	34.0	大坝漫决	21 000	冲毁京广铁路 11 孔大桥
佐村	3 820	35.0	大坝漫决	23 600	水库失事前京广铁路桥已冲毁
天生	120	13.3	大坝漫决		冲毁矿山铁路
八一	241.4	19.9	大坝漫决	4 100	冲毁邯磁铁路桥

（四）水库失事原因分析

从前述水库失事情况统计，失事水库中主副坝漫决和扒副坝泄洪的共有 11 座，占总数的 50%，由于溃坝或溢洪道冲深改道的共 10 座，占总数的 45%，说明此次暴雨洪水中，防洪标准低和工程质量差是水库失事的主要原因。

中小型水库（百万立方米以上）按原抗洪标准统计失事情况见表 3-4。

表 3-4　不同抗洪标准失事水库座数统计表

原抗洪标准	300 年	200 年	100 年	50 年	20 年	10 年
原有水库座数	1	18	21	21	10	3
失事水库座数	0	3	4	8	4	2
失事百分比(%)	0	16.7	19.0	38.1	40.0	66.7

从表 3-4 可以看出，标准愈低，失事比例愈大，即使标准较高，如位于暴雨中心，也难幸免。如东川口水库没有溢洪道，原校核 200 年一遇 3 d 暴雨 468 mm，这次最大 3 d 暴雨 1 066 mm，相当于原校核的 2.3 倍，水库漫顶失事；刘家台水库原校核百年一遇 3 d 暴雨 520 mm，这次最大 3 d 暴雨达 725 mm，相当于原校核的 1.4 倍，水库失事；佐村水库 3 d 最大暴雨为百年校核 3 d 暴雨的 1.93 倍；马河和乱木水库 3 d 最大暴雨为 50 年校核 3 d 暴雨的 2.8 倍和 2.1 倍。小型水库原定防洪标准为 50～100 年，有的更低，因而漫坝失事的比例就更高。

水库失事的另一主要原因是工程质量差。此次暴雨中，也暴露了很多质量问题。如中型水库刘家台和佐村水库坝端接坡陡，坝体碾压质量差，都发现坝端横向裂缝（顺水流方向），当最高洪水位时，首先从裂缝中出流，水位升高，出流加大，造成大坝失事；又如中型水库东川口是一座定向爆破黏土斜墙堆石坝，为了取消溢洪道，错误地在堆石坝顶上加做 8 m 高浆砌石坝，造成黏土斜墙防渗能力不够。当洪水超过原坝顶，堆石坝体发生不均匀沉陷，浆砌石墙发生裂缝，向下游倾倒，加快了垮坝速度。在失事 17 座 100×10^4 m^3 的小型水库中，由于大坝质量差失事的也有 5 座。其他原因有坝端接坡陡，发生裂缝引起溃坝；坝基处理不彻底，出现管涌溃坝；土溢洪道没有消能设施，因过洪冲刷改道溃坝。

此外，还有在一条河流上下游修建了几座水库，一旦上游水库垮坝失事，造成连锁反应，下游水库也相继倒坝。如武安县八一水库上游有 7 座小水库，这次暴雨中，有 5 座垮坝，1 座淤平坝顶，造成八一水库漫顶垮坝。又如完县陈候、塔坡水库失事，使其下游委村水库也相继失事。

河北“63.8”特大暴雨洪水是我国华北地区创纪录的，也是国内历史罕见。由此造成中小型水库垮坝失事、京广铁路中断、广大农田被淹、房倒屋塌，给国民经济建设和人民生命财产带来巨大损失，其教训将为后人铭记。

二、河南“75.8”洪水板桥、石漫滩水库溃坝事件

（一）工程概况

1. 板桥水库

位于泌阳县汝河上，控制流域面积 762 km^2，多年年平均径流量 2.8 亿 m^3。由于设计时，水文资料很少，设计洪水采用以 1921 年为典型年再加成的办法推算，洪峰流量仅为 1 390 m^3/s，水库设计水位 110.9 m。大坝的河床段为黏土心墙砂壳坝，在两岸台地段为均质土坝。建成时最大坝高为 21.5 m，坝顶长 1 700 m，坝顶宽 8 m，总库容为 2.44 亿 m^3。溢洪道位于坝的右侧岸边，宽 80 m，长 3 400 m，进口分 4 孔，每孔净宽 10 m，最大泄量 450 m^3/s。坝的右坝座内设有直径 3.2 m 的输水洞，最大泄量 132 m^3/s。水电站装机 3×250 kW，灌溉农田 23 万亩。工程于 1951 年动工，1953 年建成。水库投入运行后，发现坝体沉陷，并有严重裂缝，于 1956 年进行加固扩建，按百年一遇洪水设计，千年一遇洪水校核，校核洪峰流量为 5 080 m^3/s。加固方法采用对原坝体进行大开膛方案。即在坝上开挖长 1 300 m、宽 30 m、深

29.5 m 的槽，再重新回填土料夯实。同时，坝顶加高 3 m，相应坝顶高程为 116.34 m，最大坝高 24.5 m，坝顶宽 6 m，坝顶长 2 020 m，最大库容增加到 4.92 亿 m^3。此外，在右岸的天然山凹处增建一座副溢洪道，宽 300 m、长 340 m，堰顶高程 113.9 m，最大泄量 1 160 m^3/s。在运行中，于 1964 年和 1972 年汛期均出现洪峰流量远远超过校核洪水流量，说明工程的实际防洪能力偏低。为此，分别于 1965 年和 1973 年又进行两次洪水复核，洪峰流量分别为 6 630 m^3/s 和8 950 m^3/s。

2. 石漫滩水库

位于舞阳县洪河支流滚河上游，控制流域面积 215 km^2（1976 年航测复核为230 km^2）。水库发电装机 480 kW。水库设计洪水标准在 1950 年时，采用历史洪水加成法推求。坝体为均质土坝，最大坝高 25 m，库容 0.47 亿 m^3，坝顶宽 6 m，长 500 m，坝顶高程 109.85 m，防浪墙顶高程 111.05 m。1950 年 2 月开工，1951 年 7 月竣工。工程建成后，曾于 1956 年和 1969 年两次扩建加固。1956 年扩建中，除坝高从 22 m 增加到25 m外，将位于北岸溢洪道改建，扩成两孔泄洪闸。每孔设平板闸门控制，门高 5 m、宽 10 m。南岸输水隧洞内径 3 m，最大泄量109 m^3/s，增加压力引水管道和 2 台发电机组。1959 年又将泄洪闸底栏加高 2 m，使总库容由 0.79 亿 m^3 增加到 0.918 亿 m^3。但闸孔最大开度减为 3 m，相应最大泄洪量减小到400 m^3/s。水库投入运行后，曾经进行过 3 次洪水复核。最后一次是在 1973 年，按百年一遇洪水设计，千年一遇洪水复核的标准，建议大坝加高 6.4 m，由于种种原因搁置。如按此将大坝加高，坝顶高程为 116.3 m，“75.8”大水水位为 116.15 m，未超过坝顶。

（二）降雨情况

1975 年 8 月 3 日 2 时，3 号台风在福建晋江县登陆后，经过江西、湖南转变为低气压，在河南省洪汝河、沙颍河上空停止并徘徊达 20 h 之久，造成当地 5 日～7 日内普降大雨。暴雨中心在汝河板桥水库上游的林庄和洪河石漫滩水库上游的油房山等地。5 日～7 日 3 d 雨量在林庄为 1 605.3 mm、油房山为 1 411 mm，最大 6 h 雨量达 830.1 mm，对水库安全运行十分不利。在板桥水库内，发生 2 次洪峰：第一次在 5 日 14 时到 6 日 2 时，最大入库流量为 7 500 m^3/s；第二次在 7 日 12 时到 8 日 8 时，最大入库流量达 13 000 m^3/s。全流域平均降雨量为 1 028.5 mm，总计入库水量达 6.79 亿 m^3。在石漫滩水库也发生 2 次入库洪峰：第一次在 5 日 15 时到 6 日 3 时，全流域平均降雨 305.9 mm，最大入库流量为 3 610 m^3/s；第二次在 7 日 15 时到 8 日 3 时，流域平均降雨量 442.2 mm，入库最大流量 6 180 m^3/s。

（三）漫坝失事情况

1. 板桥水库

流域降雨前，当地正在抗旱。8 月 5 日 18 时，水库水位为 107.86 m，已经超过汛前限制水位 106.66 m 达 1.20 m。水库超蓄水量 0.32 亿 m^3。降雨后，库水位上涨，6 日 1 时，库水位涨过溢洪道闸门于 6 日 5 时 48 分，水位涨到 112.06 m 时，才局部开启 0.5～1.0 m。在近 11 h 内。库水位上涨 4.2 m，构成第一次涨水高峰，最大入库流量已达 7 500 m^3/s。7 日继续降雨，7 日 17 时到 8 日 1 时，全流域又降特大暴雨，坝址实测雨量 784 mm，库水位从 114.79 m 升高到 117.94 m，在 8 h 内升高 3.15 m，构成第二个涨水高峰。入库最大流量近 13 000 m^3/s。7 日 12 时到 21 时副溢洪道过水，泄量 1 080 m^3/s。7 日 21 时 30 分库水位与坝顶齐平，23 时 5 分与防浪墙顶齐平。此时总泄水量虽达 3 953 m^3/s，但入库流量为 12 790 m^3/s，三倍于总泄水量，终于在 23 时 30 分开始漫过防浪墙顶。8 日 1 时，库水位高过墙顶 0.30 m，漫顶水流开始冲刷坝顶和下游坝坡。8 日 1 时半，坝上决口扩大，开始溃坝，库水位骤降，2 时 57 分出现最大垮坝流量 78 100 m^3/s。此时降雨减弱，4 时降雨基本停止。7 时库水位降到 98.2 m，相应的库容仅 0.047 亿 m^3，下泄水量约 7.1 亿 m^3。失事后，坝顶和下游坝坡的砂壳被冲光。黏土心墙顶部 3～6 m 被冲走。垮坝的口门顶宽 372 m(高程 115.54 m)，口门底宽 210 m(高程 86.0 m)，冲走土石料 100 多万 m^3。

2. 石漫滩水库

8 月 5 日 18 时，暴雨开始，库水位基本处于汛限水位 102.3 m。20 时库水位开始上涨，来势很凶猛，到 22 时 30 分，水位升高 3 m，达到 105.35 m，这时输水道闸门才开启 2 m 高，但泄洪闸门仍紧闭。此后，到 24 时，水位又猛升 1.5 m，入库流量达到最大值 3 610 m^3/s。6 日零时 40 分开始提升闸门 2 m 高，水位继续上升，到 5 时超过设计水位，达到 107.33 m。到 6 时泄洪闸门继续提高。此后，雨势减小，输水闸门虽已全部开启，但泄洪闸门仍未敞开，更有甚者，为了保护下游 6 km 处的田岗(中型，库容 0.27 亿 m^3)免遭漫顶，在 6 时 30 分和 12 时 20 分两次将闸门开度降了 1 m，减少泄量 200 m^3/s，以致在此段暴雨间隙(6 日 6 时到 7 日 14 时)内，库水位稍有回落，始终保持在 106.0 m 以上，居高不下，几乎占满了整个正常库容，再也没有能力应付后继洪水。7 日 15 时，库区再降特大暴雨，水库已无容纳能力，因此，水位迅速于 20 时达到校核洪水位，22 时 30 分与坝顶齐平。由于下游田岗水库回水淹没坝下电站，电力照明中断，坝上一片漆黑，到 8 日零时 30 分，水位超过防浪墙顶，开始漫坝，防浪墙倒塌后，水流先在原主河道冲出决口，冲刷坝顶和下游坝坡，然后坝体被层层下切，拓宽口门。最后，水库在 6 时泄空。决口上部宽 446 m，下部宽 288 m，深达 84 m 高程，比原河床高程低 0.85 m。垮坝前，同样曾用鸣枪方式警告，但近在咫尺的下游田岗水库的管理和抢救人员全部遇难。

此外，还有中型水库田岗、竹沟和小型水库 58 座漫溢垮坝。

(四)失事灾情

水库失事 20 年后，据河南省救灾办公室黄本坦专家介绍，“75.8”洪水使驻马店、南阳、许昌、周口、平舞等 5 个地区 26 个县(市)425 个乡(镇)8 997 个行政村遭受严重水灾，受灾人口 1 029.5万人，有 450 万人处在洪水围困之中，冲走耕畜 30 多万头，猪 72 万头，1 778 万亩秋作物绝收，减产粮食 25 亿 kg，倒塌房屋 524 万间。有 106 万人成为一贫如洗，一无所有。泌阳县沙店乡大路陈村的灾民反映：远看白茫茫，近看空荡荡，做饭没有锅，睡觉没有窝，进村没有路，全村只剩一棵树。京广铁路长 102 km 受淹，有 31 km 线路和 40 座桥梁被毁，路基淘空，铁轨掀起，1 180 节车厢、6 台机车冲毁，铁路中断运行 18 d，影响运输 47 d，直接经济损失近百亿人民币。1993 年据世界银行专家评估为 30 亿美元，全部经济损失达 100 亿美元。在 5 个地区中，驻马店地区灾情最重。灾民 5 406 万人，伤亡 120 626 人，其中死 22 564 人。河堤上有 842 处决口，总长度 184.55 km，冲坏桥梁 22 606 座，涵闸 1 883 座，淹没机井 28 853 眼，电灌站 31 处，冲毁公路 955 km，通信线路 713.4 km，高压电线 6 000 km，财产损失按当时币值计算 26.2 亿元人民币。

(五)失事原因

归纳各方面的意见，得出以下事故原因。

1. 水利电力部意见

1975 年 11 月 25 日到 12 月 10 日，水利电力部在河南省郑州市召开了“全国防汛和水库安全会议”，总结指出，水库垮坝的主要原因是防洪标准偏低。认为在水库防洪标准和计算方法上过去主要套用了前苏联的规程,单纯采用频率计算方法,不能反映实际。会上根据当年全国253座水库大坝垮坝的情况,作出规定:大中型水库和重要的小型水库(指下游有重要城镇、密集居民点、铁路干线或其他重要政治意义的设施的小水库),应以可能最大暴雨和洪水作为保坝标准进行复核。

2. 河南省水利厅意见

(1)规划设计照抄苏联规定,标准很低,实际发生的洪水远大于设计洪水。

(2)两次水文复核,发现水库安全标准不足,未引起足够重视。

(3)在水库调度运用上,重兴利、轻除害,没有应付超标准洪水的紧急措施。

(4)防汛指挥机构薄弱,指挥犹豫寡断,甚至失误。

3. 水库管理局意见

(1)板桥水库原规划因水文资料短缺,设计标准低,又没有考虑遭遇特大洪水的安全措施,是失事的主要原因。

(2)重基建轻管理。

(3)要使所有水库、河道都备足防汛料物是有困难的。

4. 专家意见

水库失事20年后,1995年在河南省驻马店市召开的纪念"75.8"洪水灾害20周年暨防洪减灾对策学术研讨会上,许多专家重新分析两座水库大坝的失事原因,认为除客观上"75.8"台风暴雨的降水强度过大,雨型呈双峰状,先大后小再特大,对水库安全运行极为不利等因素外,应在主观上,从水库大坝的安全管理、操作运行等方面检讨原因,现综合归纳以下意见。

(1)水库实有的抗洪能力明显偏低。

(2)水库管理和运行操作不当:①忽视水库安全操作规定。②泄洪闸门开启不及时,临危又发生故障。

(3)缺乏防汛和应急准备。

"75.8"洪水垮坝灾害,人员财产损失惨重,教训极其深刻,对后续水库建设、管理起到了良好的警示作用。1991年国务院令颁布了《水库大坝安全管理条例》之后,我国的水库大坝管理有了法制规章,安全状况有所改善,大坝的管理人员巡视检查和定期观测较普遍实施,水库操作运行也有严格规定,技术档案比较齐全。

第三节　水库溃坝模型试验研究

由于水库溃坝会产生非常严重的后果,世界各国对于大坝的安全问题均给予了高度的重视。自19世纪以来,各国技术人员分别从理论分析、数值模拟、物理模型试验和历史资料统计分析等方面对溃坝问题进行了详细的研究,取得了很多重要的成果对提高溃坝问题研究水平奠定了坚实的基础。

因实际操作的难度,溃坝问题研究一般以概化模型试验或数值模拟居多,进行实体模型试验数量相对较少。但实体模型试验仍是更可靠、更实用、不可或缺的技术手段。溃坝模型试验成果不但可以弥补溃坝历史资料在数量及可靠性上的局限,为工程实践提供科学依据。也可为数值模拟提供验证数据,并促进其研究水平及计算精度的提高。对溃坝机理的研究更具有其他手段无法比拟的优越性。

一、溃坝模型试验研究发展状况

（一）溃坝洪水模型试验研究

溃坝洪水模型试验主要有以下几方面目的和意义：一是溃坝波理论解的验证；二是溃坝波水力特性及其演进的研究；三是溃坝最大流量的研究；四是特定工程兴建或修复方案的研究。试验研究的主要内容包括溃坝波水力特性、溃坝坝址最大流量、坝址水位流量过程以及洪水演进规律等等。

1.溃坝波理论解验证试验研究

国外对溃坝问题研究较早，1892年德国学者里特尔（Ritter）根据圣维南方程，建立了给出简化条件下的溃坝最大流量理论解后，奥地利、美国、前苏联、南斯拉夫、法国、瑞士等国及我国的学者对溃坝波进行了大量试验。大量试验资料表明，里特尔理论解在特定的条件下是符合实际情况的。

2.溃坝波水力特性及其演进的研究

溃坝波相关水力特性试验以研究瞬时溃坝为主，内容涉及溃坝波形式，波高及波速变化，溃坝波传播规律及上、下游水面变化，河床阻力、河床底坡、下游初始水深及下游河道形式等对溃坝波的影响等，试验方式大多以概化试验为主。前南斯拉夫学者卢地·雷塔曾根据模型试验，提出了一套概化过程线推求洪水演进，之后中国学者谢任之在此基础上又进行了扩展。于2001年起动的欧盟IMPACT项目中专门设立了洪水演进研究课题，模型试验作为该课题的主要研究手段，目的是为了更好地了解溃坝洪水的水力特性。

3.溃坝最大流量研究

溃坝最大流量试验研究主要是通过大量试验总结出溃坝洪水最大流量的经验公式。例如，奥地利的肖克里契（Schoklitoch）和蔡特林格（Zeitlinger）于1949年在格拉兹根据水工试验提出瞬间部分溃坝的坝址最大流量经验公式，铁道部科学研究院在完成板桥水库溃坝整体模型试验后，分别针对7种库长、5种坝长、8种坝高、15种横向局部溃坝情况、8种竖向局部溃坝情况等组合条件共进行了约600次水工试验，总结出了可用于任何溃决情况的溃坝最大流量计算公式。

4.特定工程兴建或修复方案的试验研究

研究溃坝洪水演进过程，对坝区下游城乡、交通建设与防护，以及紧急撤离措施的实施具有现实的意义。但目前国内外对此均缺乏系统、完整的试验研究和成果。现阶段的试验研究主要侧重于针对特定工程的兴建或修复方案的研究，如20世纪50年代及80年代，中国水利水电科学研究院及长江水利委员会分别进行了三峡大坝小比尺（水平比尺1∶30 000，垂直比尺1∶300）及大比尺（水平比尺1∶500，垂直比尺1∶125）变态模型溃坝试验。确定了洪水波演进路线、下游淹没范围、灾害损失以及相应的防护对策等，并提出了不同库水位下的运行方案。20世纪70年代黄河水利委员会水利科学研究所针对小浪底水库进行了溃坝试验（水平比尺1∶1 000，垂直比尺1∶100），通过试验总结出了坝址流量及溃坝下游断面流量过程线等经验公式。1976年，铁道部科学研究院针对京广铁路修复方案开展了板桥水库溃坝模型试验（水平比尺1∶1 000，垂直比尺1∶100），模型溃坝洪水波经历40 km的传播后其水位变化过程与水文站实测资料相当吻合。

（二）溃坝机理模型试验研究

在各种溃坝问题中，大坝溃决机理由于涉及水文、地质、坝体材料性能、施工质量等诸多因素而极其复杂。由于土石坝自身的特点，其溃坝几率较其他坝型更大，且其溃决机理尤为复杂，因此溃坝机理研究重点在于土石坝溃决机理及其溃口发展过程。

20世纪50年代末，美国曾进行了一系列土石坝溃决的水槽试验，还在现场进行了1∶2的大比尺模型试验。20世纪60年代奥地利也对堆石坝溃决问题进行了大量室内试验，其最大模型高达5.5 m。试验成果表明，上述试验的溃决时间比尺基本一致，而对于相同的护坡，坡度减缓时，冲开坝坡的临界水头将显著增加。20世纪90年代，欧共体IMPACT项目进行了多次大尺度现场试验及室内小比尺试验。试验中针对不同坝型、不同坝体几何形状、不同筑坝材料、不同材料性能、不同溃决形式等影响因素进行了详细的研究，取得了丰富的成果。在溃坝机理方面得出以下结论：①土石坝在发生漫顶情况下，其下游坝面的冲刷在开始阶段是缓慢渐进的，而当冲刷最终发展到坝顶上游边缘后，溃决过程将十分迅速剧烈。并且溃口首先向下发展到坝脚，随后才向两侧发展。②溃口边壁在溃决过程中几乎是垂直的。③坝体型式(均质、混合结构)、填筑材料性质(黏性、非黏性)、施工方法(压实度、含水量)及溃口发生位置等对溃口发展均有较大影响。④坝体内部冲刷过程首先从缺陷处开始，且持续较长时间，直至冲刷发展至坝顶才发生破坏。

自20世纪70年代起，国内进行了一些自溃坝的模型试验研究。河南省水利科学研究所曾针对鸭河口水库进行了30多次自溃坝试验，模型比尺从1∶2至1∶32，最大坝高11.2 m，坝顶宽5 m。通过试验，对引冲式自溃坝口门形成时间及下切率进行了详细的研究，并总结出了口门形成时间及下切率与模型比尺的关系式。浙江省水利水电科学研究所于1978年～1980年在青山水库和南山水库进行了坝体冲刷性能试验，测量了引冲槽溃决水头和溃决历时以及坝体段的冲刷速率和冲刷过程，认为影响坝体段的冲刷速率的因素除水头外，主要取决于防渗墙形式及厚度，之后，又通过一系列小比尺室内试验得出了冲刷率与模型比尺的关系。南京水利科学研究院和中国水利水电科学研究院也相继进行了相关的物理模型试验研究。

二、板桥水库溃坝模型试验研究

(一)板桥水库溃坝洪水波模型试验

1975年8月我国板桥水库(库容6亿 m^3，坝高25 m的大型水库)因遭遇特大暴雨突然溃决，致使位于水库下游40 km的京广铁路102 km范围内线路和桥梁遭受破坏。为研究京广线的修复方案，铁道部科学研究院与郑州铁路局、铁道部第二勘测设计院共同开展了板桥水库溃坝整体模型试验。并在铁道部第四勘测设计院的协作下，在水库大坝下游约800 km^2 的洪泛区内，调查、测量了52个洪痕水位，以供校正模型相似之用。试验任务主要针对铁路防洪措施进行研究，提出防洪方案并进行分析比较，同时为开展溃坝洪水流量计算及溃坝洪水波演进试验研究进行技术储备。国内外虽有不少大型溃坝模型试验，但多缺乏天然验证资料，无论试验结果如何，无法评论其是否与原型相似。唯独板桥水库溃坝后，位于其下游约40 km的遂平水位站内的自记水位计幸免冲毁，它记录下的水位变化过程是验证模型溃坝洪水波向下游传播40 km后的水位变化过程与原型是否相似的极为珍贵的资料。当然也给模型试验研究本身带来极大的难度和挑战。

1.模型设计及加糙

当坝体在蓄水状态下突然全部或局部毁坏时，坝址将出现向下游传播的正向冲击波和向上游传播的负波。向下游的冲击波使下游断面水位、流量急速升高，需经过相当距离后才逐渐消减，过渡为缓变流，因此溃坝水流条件是急变流和缓变流兼有的非恒定流。根据溃坝水流的特性，国内外溃坝模型设计依据的相似条件一般基于以下不稳定流方程：

$$\frac{\partial u}{\partial t}+u\frac{\partial u}{\partial x}g\frac{\partial y}{\partial x}=g(s_0-s_f) \tag{3-1}$$

$$\frac{\partial A}{\partial t}+\frac{\partial Q}{\partial x}=0 \tag{3-2}$$

经过简化后所求得的比尺关系为：

$\lambda_v=\lambda_H^{1/2}$，$\lambda_t=\frac{\lambda_L}{\lambda_v}$，$\lambda_v^2=\lambda_C^2\lambda_H\lambda_i$；$\lambda_i=\frac{\lambda_H}{\lambda_L}$，$\lambda_Q=\lambda_L\lambda_H^{3/2}$（参阅本书第二章）。

根据原水利科学研究院以往搜集的国外17例溃坝模型资料，垂直比尺 λ_H 为50～400，水平比尺 λ_L 为500～4 000，变率 $\alpha=\frac{\lambda_L}{\lambda_H}$ 为8～100。国内6个溃坝模型垂直比尺 λ_H 为100～300，水平比尺 λ_L 为125～30 000，变率 α 为10～100。

鉴于溃坝模型试验研究在铁路系统尚属首次，缺乏相关经验，考虑到校正模型相似的简易及测量精度，在场地容许的条件下，尽可能减小模型比尺及变率，制作较大的模型。综合考虑场地及供水条件，确定模型水平比尺为1 000，垂直比尺为100，变率为10。模型范围包括整个库区（库长7.5 km，宽6.0 km）和大坝至宿鸭湖水库入口长约52.5 km以内洪水泛滥区的全部地形，其中含焦庄至大刘庄长约21 km的铁路线路。按照前述比尺，模型全长60 m，最宽处25 m。

为保证模型相似于原型，除几何相似外，对于非恒定流水工试验，同样要保证水流运动中的重力、阻力和演进时间的相似。其中阻力相似必须保证模型糙率和天然糙率相似。阻力相似比尺为：$\lambda_n=\frac{1}{\alpha^{1/2}}\lambda_H^{1/6}$，$\lambda_n$ 为糙率相似比尺。由于模型变率 α 较大，则要求模型糙率也较大。

根据遂平水文站提供的天然糙率资料 $n_p=0.022\,5$（主槽）、0.05（滩地），根据治淮规划小组办公室调查资料，铁路上游泛区天然糙率为0.04，即天然糙率在0.022 5～0.05之间。根据阻力相似比尺，则要求模型主槽糙率为0.037，滩地糙率为0.059～0.073。由于本试验模型面积较大，验证调整难度大，因此采用室内水槽进行模型加糙预备试验，试验水流条件参照遂平水文站附近的水深、流速和比降，加糙类型共十种，试验结果见表3-5。

表3-5　模型加糙试验结果

序号	加糙方式	流速(cm/s)	水深(cm)	比降(‰)	n_{max}	n_{cp}
1	水泥浆抹面	0.4～0.75	2.5～13.5	3.82～5.5	0.012 5	0.011 0
2	拉毛(Ⅰ)	0.4～0.75	4.17～12.25	4.5～4.83	0.016 2	0.014 8
3	拉毛(Ⅱ)	0.32～0.64	3.9～13.1	2.5～5.3	0.020 7	0.016 6
4	军旗子拉毛	0.25～0.56	5.48～14.18	3.78～6.0	0.033 8	0.025 4
5	长方块拉毛	0.163～0.393	7.28～13.4	5.13～6.32	0.055 2	0.042 8
6	长条拉毛	0.15～0.292	7.81～13.06	4.18～4.33	0.054 7	0.043 5
7	长条松枝拉毛	0.16～0.277	8.26～12.98	4.48～4.67	0.063 6	0.050 0
8	石子(Ⅰ)	0.248～0.387	6.14～9.47	3.76～4.48	0.027 8	0.024 5
9	石子(Ⅱ)	0.252～0.332	5.56～13.21	3.16～5.24	0.033 6	0.027 2
10	插棒	0.192～0.25	5.7～14.05	5.93～7.63	0.060 6	0.049 2

由于水库溃坝前本地区人烟稠密，大量村庄房屋及高出地面的渠道、堤坝、公路等，对糙率影响极大，因此模型首先以小木块模拟村庄房屋，另按地形图将大量渠堤、公路布置在模型上，在模型全部泛滥区内进行了水泥砂浆拉毛加糙。并在此基础上，在桥址断面上下游约 20 km 范围内，采用粘小石子(粒径约 2 cm，间距约 10 cm)继续加大糙率。在部分主槽内，平铺铁丝网来抬高水位，调整滩槽流量分配。

采用上述措施后，在铁路路基上游约 10 km、下游约 2 km 范围内，在已调查的 23 个天然洪痕资料中，除个别点以外，模型水位与调查水位相差在 3 mm(相当于天然 30 cm)以内，表明模型水面线与天然水面线相似，即满足了阻力相似要求。

2. 试验仪器设备(详见本书第二章)

为保证溃坝水流与天然非恒定流相似，并考虑区间降雨相似，模型设计了两套集中控制系统，一套采用电磁流量计测量流量，模拟区间降雨，另一套采用涡轮流量计，模拟溃坝流量。区间降雨采用人工降雨方法，在模型上空架设 H 型管路系统，在管路上每隔 1 m 接一弧面喷口，喷洒水量由自控系统调节，最大喷洒半径 5～6 m，水体接近雾状。水位测量除用水位测针外，自动记录时采用水池浪高仪。流速测量采用光电流速仪。

3. 试验流量及模型验证

(1)百年及三百年洪水流量确定

根据河南省水利局提供的计入"75.8"洪水特大值后，大坝至遂平水文站区间推算的 $Q_{100}=4\ 500\ m^3/s$，$Q_{cp}=1\ 090\ m^3/s$，$C_v=0.85$，$C_s=2.5C_v$，据此推算出 $Q_{300}=5\ 630\ m^3/s$。

另外，当洪水频率为 50～100 年时，板桥水库下泄流量 $Q_{50\sim100}=2\ 000\ m^3/s$，因此遂平水文站区间百年流量 $Q_{100}=4\ 500+2\ 000=6\ 500\ m^3/s$。

根据河南省水利局提供的库区水文特征值，$Q_{cp}=2\ 260\ m^3/s$，$C_v=0.8$，$C_s=2.5C_v$，推算出库区 $Q_{100}=9\ 000\ m^3/s$，$Q_{300}=11\ 400\ m^3/s$。当流量为 9 000 m^3/s 时，水库下泄流量为 2 000 m^3/s，假设超过 Q_{100} 的流量全部下泄，则大坝至水平水文站区间 $Q_{300}=5\ 630+2\ 000+2\ 400=10\ 030\ m^3/s$。

(2)非常泄洪道及溃坝最大流量的确定

在现行规范条件下，铁路改造只能以百年和三百年洪水频率为依据，但从长远看，随着农业及水利事业的发展，各类水库日益增多，铁路设计可能将不得不考虑水库非常泄洪及溃坝流量的影响。因此在本试验中除以百年洪水频率流量作为试验依据外，还考虑了水库非常泄洪及溃坝最大流量对各桥的影响。

①非常泄洪流量的确定

引用河南省水利局推算结果，"75.8"洪水库区入库流量(最大值 13 000 m^3/s)为水库自由下泄流量，并推算该下泄流量经河槽调蓄后到达遂平水文站时的流量(最大值 10 487 m^3/s)，然后再推算遂平水文站在"75.8"暴雨时所形成的区间径流过程(最大值 11 050 m^3/s)。将以上两项叠加作为板桥水库非常泄洪时遂平水文站计入区间暴雨后所出现的流量过程线(最大值 21 537 m^3/s)，见图 3-3。

②溃坝最大流量的确定

本试验的溃坝最大流量是指桥址断面(并非坝址断面)遭遇溃坝洪水时出现的最大流量值。除板桥水库溃坝流量外，还要计入坝址断面至桥址断面区间降雨形成的流量。

根据河南省水利局 1976 年推算，遂平水文站(位于桥址附近)在水位 $H=68.98$ m 时的流量为 39 700 m^3/s。试验中以恒定流测试了遂平水文站的水位流量关系，结果表明相应于 $H=68.98$ m 时的流量为 49 000 m^3/s，在以后的试验中即采用此数值作为水库溃坝流量经河道调蓄后加上区间降雨在遂平水文站出现的最大流量值(后查治淮规划小组办公室推算该流量为 53 400 m^3/s，与试验值较为接近)。

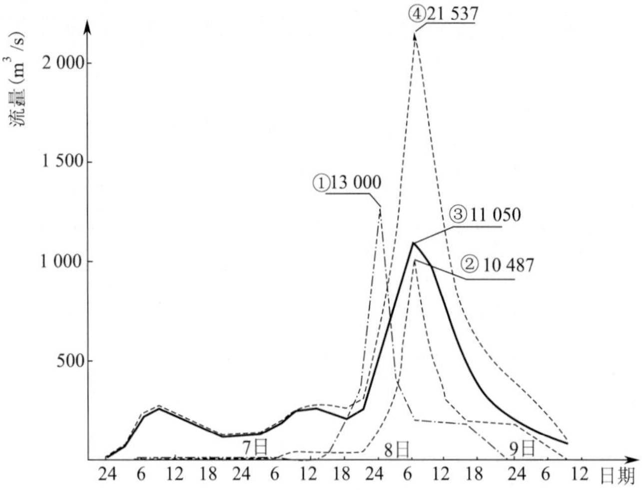

图 3-3　板桥水位非常泄洪时水文站流量过程计算曲线

(3)恒定流的验证

由于溃坝波传播至一定距离后将由急变流转为缓变流。根据水利部门的试验，表明在离坝址较远处，特别是在挡水建筑物前附加的水面坡已不显著。对最大值而言，按恒定流和非恒定流的测量结果是很接近的，考虑到京广铁路距坝址达 40 km，且有路堤挡水，因此可按恒定流验证模型。为了从不同的角度验证模型与天然相似，同时也为下阶段开展非恒定流试验研究积累经验。本项试验分别采用了恒定流及非恒定流两种验证方法，此处介绍恒定流验证结果，非恒定流验证详后。

当流量为 49 000 m^3/s 时，桥址附近模型实测水位与天然调查最高洪水位对比见表 3-6。

表 3-6　模型测量洪水位与天然调查洪水位对比

序号	位置	洪水位(m)		差值	
		天然	模型	天然	模型
1	中 10.5	72.28	72.30	+2	+0.2
2	右 8.7	71.91	71.65	−26	−2.6
3	左 9.8	69.24	68.95	−29	−2.9
4	右 5.7	70.06	69.82	−24	−2.4
5	左 4.9	69.48	67.30	−18	−1.8
6	中 3.9	68.50	68.30	−20	−2.0
7	左 5.5	65.90	66.14	+24	+2.4
8	左 5.0	64.73	64.52	−21	−2.1

续上表

序号	位置	洪水位(m)		差值	
		天然	模型	天然	模型
9	左 3.8	65.16	65.39	+23	+2.3
10	右 0.5	67.17	67.31	+14	+1.4
11	中 0.6	66.61	66.36	−25	−2.5
12	中 0.3	66.45	66.25	−20	−2.0
13	左下 2.0	64.86	63.50	−136	−13.6
14	中 3.4	62.70	62.45	−25	−2.5
15	№1	61.80	61.58	+22	+2.2
16	№2	62.22	62.50	+28	+2.8
17	№3	62.48	62.70	+22	+2.2
18	№4	65.29	65.53	+24	+2.4
19	№5	65.62	65.44	−18	−1.8
20	№6	67.91	67.65	−26	−2.6
21	№7	62.31	62.03	−28	−2.8
22	中 4.0	68.98	68.90	−8	−0.8
23	左下 2.5	59.70	58.25	−145	−14.5

注:№1～ №7 为铁路处水位。

从表 3-6 数据可见,在 23 点资料中,除序号 13 与 23 两点外,其余各点模型与天然水位差值均在 0.30 m 以内。13 和 23 点位于铁路桥下游 2～3 km,在试验中可以明显看出,当水流漫过铁路时在下游形成跌水,因此这两点水位对铁路断面流量分配并无影响,因此,可以认为模型与天然是相似的。

(4)非恒定流验证

溃坝流量采用治淮规划小组办公室 1976 年提供的溃坝流量过程线(坝址最大值 77 400 m^3/s)。对于区间流量,最初曾设想采用人工降雨方法使降雨过程相似,但考虑到模型比尺变化及糙率等因素的影响,降雨过程相似并不能保证形成径流相似,而且无论从资料验证还是实用意义而言,径流相似仍是主要内容。因此,试验中放弃降雨相似而采用径流相似。鉴于天然资料中的洪水是溃坝流量与区间径流叠加的结果,无法确定和验证模型中人工降雨形成的径流是否与天然相似。为此首先参照河南省水利局推算的坝址与铁路之间在"75.8"型暴雨条件下遂平水文站形成的流量过程线(最大值 11 050 m^3/s),根据经验公式推算模型上施放的降雨过程线,经过多次试验确定的降雨过程线,保证了在遂平水文站出现最大流量 11 050 m^3/s。然后与溃坝流量过程线在相应的时间过程组合下,验证了遂平水文站最高水位,并测量水文站水位过程线。各种过程线见图 3-4 及表 3-7。

从图 3-4 和表 3-7 可以看出,模型与天然最高水位差值最大为 9 cm,其中第三和第四次试验最高水位出现的时间一致,水位过程线在峰形上有一定的差异,模型上测量的峰形较陡,天然的峰形平缓。从最高水位而言,在溃坝流量及区间降雨径流过程叠加的非恒定流情况下,模型实测最高水位与水文站天然最高水位从数值和出现时间上基本一致,加上前面的恒定流验证结果,可以认为模型与天然是相似的。

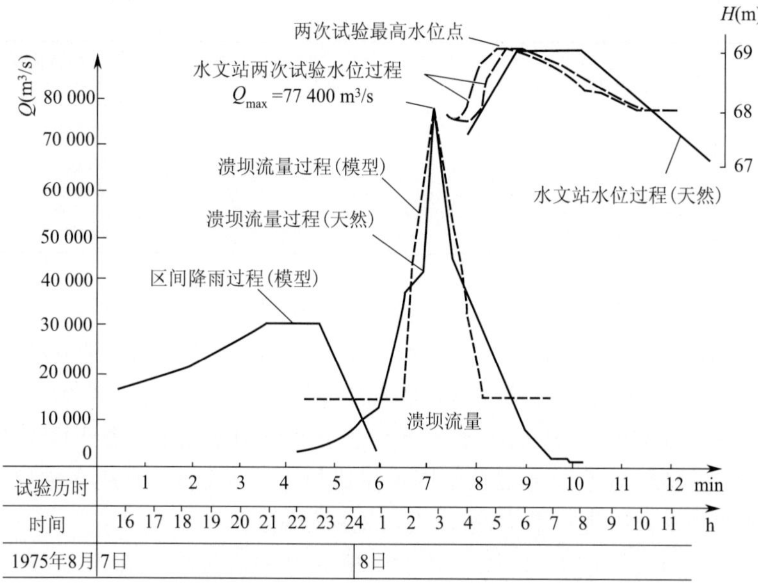

图 3-4　溃坝流量、区间降雨及水文站模型与天然资料对照

表 3-7　遂平水文站模型与天然水位对照表

天然		试验次序			
		一	二	三	四
68.98		68.98	68.96	69.07	69.06
差值	天然(cm)	0	−2	+9	+8
	模型(mm)	0	−0.2	+0.9	+0.8
备注		仅测最高水位		测量水位过程	

4. 试验成果

(1)"75.8"洪后铁路现状试验

现状条件是指"75.8"板桥水库溃坝后，京广线焦庄至大刘庄一段铁路经当年抢修及抢修后已扩孔的桥梁和线路情况，针对此种条件进行百年流量和三百年流量的各桥涵流量分配试验，见表 3-8。

表 3-8　"75.8"洪后铁路现状流量分配

编号	里程	全长(m)	各桥流量(m³/s)	
			Q_{100}	Q_{300}
Ⅰ	K850+700～K854+000	3 300	440	1 080
Ⅱ	K854+600～K856+800	2 200	761	1 231
小桥 4	K857+076(扩孔后)	3×16	743	757
Ⅲ	K857+713(奎旺河中桥)	2×16	273	397
Ⅳ	K857+900～+K859+600	1 700	0	285
Ⅴ	K863+120(遂平大桥)	4×32	2 808	3 010
Ⅵ	K863+800～K864+600	800	140	427
Ⅶ	K864+600～K866+100	1 500	567	1 124

续上表

编号	里 程	全长(m)	各桥流量(m^3/s)	
			Q_{100}	Q_{300}
Ⅷ	K866+349(老鳖潭大桥)	4×16	521	666
其他小桥			323	382
合计			6 576	9 358

从表 3-8 可以看出,模型实测的 Q_{300} 流量要小于 10 030 m^3/s,原因有以下几方面。①因缩尺模型上很多小桥涵的孔径仅为 3.3～10 mm,流速仪的旋浆或无法伸入桥孔;或占据桥孔较大空间,水流受阻,流速减小;②人工降雨喷向空中时,遇风力产生不均匀性,致使流量分配产生一定的偏差;③流速仪自身的稳定性和精度也会影响测量结果。鉴于以上不利因素,为保证试验的可靠性和精度,对不同方案及不同流量进行了多次试验,采用多种仪器互相验证对比,排除不合理的测量资料进行平均,进而确定流量分配。

试验资料表明,当流量增大时,原有各大中桥通过的流量增大并不多,即使流量增大到 21 500 m^3/s及 49 000 m^3/s 时,各桥通过的流量增值也不大。其原因主要是在桥址断面上游大面积内地势平坦宽阔,且河道两岸堤防标准低,流量稍大即向两岸漫溢。此外,该段线路上桥梁标高远高于线路,线路纵向呈马鞍状,遇大中桥即抬高,致使线路断面多处形成水流漫越路堤现象,而桥下流量却增加不多。因此即使不考虑溃坝及非常泄洪流量,该段线路改造势在必行。为此针对不同的改造方案进行了试验。

试验方案的制订遵循以下几个原则:

①在现有规范条件下,试验流量采用 Q_{100} 和 Q_{300} 。

②所有方案以不抬高线路标高为原则。

③如需扩大桥梁孔径,宜尽量采用小桥分散方式。

按照上述原则,制定了导流堤、漫水路堤和挡水墙三种方案,下面分别介绍其试验结果。

(2)导流堤方案试验

该方案是保障此段线路在通过 Q_{100} 流量时,所有路堤均不漫水,全部水流自桥下通过,以保证京广铁路在遭受百年一遇洪水情况下能正常运营。此方案是在单纯扩孔方案无法保证线路不漫水的试验结果基础上提出的。

试验首先在 K852+570 处扩孔 54 m,在 K855+400 处扩孔 64 m,在 K865+300 处扩孔 64 m。放水试验时,前两处扩孔位置水位均降至堤顶以下,而 K864～K866 段线路水位仍然很高,即使该段扩孔至 300 m,水位才降至轨顶。原因是该段线路较低且无明显沟槽,扩孔后桥下断面小通过流量不多,同时该段地形南高北低,水流在老鳖潭大桥上游即斜向北区,而不汇入老鳖潭大桥。为此,在模型上考虑采用导流堤方案,经过多次试验调整,确定了合理的导流堤位置形式和扩孔尺寸。导流堤方案流量分配试验结果见表 3-9。

表 3-9 导流堤方案流量分配表

编号	里 程	全长(m)	各桥流量(m^3/s)	
			Q_{100}	Q_{300}
Ⅰ	K850+700～K854+000	3 300	332	875
Ⅱ	K854+600～K856+800	2 200	758	1 424

续上表

编号	里 程	全长(m)	各桥流量(m^3/s)	
			Q_{100}	Q_{300}
小桥 4	K857＋076(扩孔后)	3×16	548	617
Ⅲ	K857＋713(奎旺河中桥)	2×16	242	338
Ⅳ	K857＋900～＋K859＋600	1 700	129	273
Ⅴ	K863＋120(遂平大桥)	4×32	2 690	3 070
Ⅵ	K863＋800～K864＋600	800	1 190	2 068
Ⅶ	K864＋600～K866＋100	1 500		
Ⅷ	K866＋349(老鳖潭大桥)	4×16	488	784
其他小桥			60	226
合计			6 437	9 675

板桥水库大坝至京广铁路区间天然地势南高北低，当流量较大时，水流自主槽漫堤，在整个断面上形成显著的横向比降。当水流行近铁路断面时，在天然横比降及路堤阻水双重作用下，逐渐形成自南而北的斜向横流。这种斜向横流在铁路断面表现为显著的沿堤横流。由于沿堤横流的存在，施放 Q_{100} 流量时，在 K866＋050 处扩孔并设置导流堤后，不仅在缩口Ⅵ和Ⅶ内通过的流量显著增大，而且位于其北部的遂平大桥的过流量也有所减少。当通过 Q_{300} 流量时，因导流堤已漫水，其截流作用已不明显。

(3)漫水路堤方案

在 K864～K866 段，鉴于采用导流堤方案一方面需增设较大的桥梁孔径，且导流堤占用农田较多，同时考虑到出现百年一遇洪水几率较小，洪峰持续时间并不长，因此，在该段线路内考虑漫水路堤方案。该方案除在 K865＋020 处保留 1 孔 10 m 小桥以排泄三角叉线之积水外，不再增设桥孔及导流建筑物。当偶遇较大洪水时，允许水流自由漫堤，在 Q_{100} 流量时路堤顶面平均流速约 2 m/s。为防止路堤冲毁，可在路堤上下游设置片石护坡。漫水路堤方案流量分配试验结果见表 3-10。

表 3-10　漫水路堤方案流量分配表

编号	里 程	全长(m)	各桥流量(m^3/s)	
			Q_{100}	Q_{300}
Ⅰ	K850＋700～K854＋000	3 300	368	936
Ⅱ	K854＋600～K856＋800	2 200	779	1 452
小桥 4	K857＋076(扩孔后)	3×16	711	757
Ⅲ	K857＋713(奎旺河中桥)	2×16	198	352
Ⅳ	K857＋900～＋K859＋600	1 700	173	271
Ⅴ	K863＋120(遂平大桥)	4×32	2 820	2 935
Ⅵ	K863＋800～K864＋600	800	920	1 917
Ⅶ	K864＋600～K866＋100	1 500		
Ⅷ	K866＋349(老鳖潭大桥)	4×16	585	720
其他小桥				167
合计			6 554	9 507

该方案与“75.8”洪水后情况基本类似，不同之处时漫水路堤方案 K852＋570、K855＋400 以及 K865＋020 三处增设了桥梁，其在各缩口断面的流量分配应与“75.8”洪后情况大体相同。从表 3-9 和表 3-10 所列资料看，两者的流量分配比例是基本接近的。

(4)小桥分散及挡水墙方案

如前所述，K851～857 地段内分二处扩孔后，问题已基本解决。关键仍在 K864～866 地段内。为此，除前述导流堤和漫水路堤方案外，试验还考虑了在 K864～K866 段增设挡水墙以防止水流漫堤的方案，并同时采用小桥分散方案。将 K852＋570 处的 1 孔 54 m 中桥改为分别在 K852＋100、K852＋500 及 K853＋300 各设置 1 孔 18 m 小桥共 3×18 m。将 K855＋400 处的 1 孔 64 m 中桥改为分别在 K855＋420、K856＋065 及 K856＋500 各设置 1 孔 20 m 小桥共 3×20 m。在 K865 及 K866 地段除原有 K865＋020 的 1 孔 10 m 小桥外，在 K865＋400、K865＋600、K865＋800、K866＋000 及 K866＋200 各设置 1 孔 18 m 小桥共 5×18 m。并在 K865～K866 及相邻的三角叉线上设立挡水墙以防止水流漫堤，该方案流量分配试验结果见表 3-11。

表 3-11　小桥分散及挡水墙方案流量分配表

编号	里 程	全长(m)	各桥流量(m^3/s)	
			Q_{100}	Q_{300}
Ⅰ	K850＋700～K854＋000	3 300	291	1 047
Ⅱ	K854＋600～K856＋800	2 200	696	1 781
小桥 4	K857＋076(扩孔后)	3×16	639	814
Ⅲ	K857＋713(奎旺河中桥)	2×16	220	380
Ⅳ	K857＋900～＋K859＋600	1 700	124	250
Ⅴ	K863＋120(遂平大桥)	4×32	3 004	3 055
Ⅵ	K863＋800～K864＋600	800	937	1 304
Ⅶ	K864＋600～K866＋100	1 500		
Ⅷ	K866＋349(老鳖潭大桥)	4×16	728	662
其他小桥				226
合计			6 639	9 519

(5)各方案综合分析

从现有条件看，导流堤、漫水路堤及挡水墙三个方案各有利弊，同时也涉及线路改造的要求与原则。如果要求此段线路在通过百年一遇洪水时仍能正常运营，则导流堤方案较为合适。但导流堤方案占用农田较多，且需修建 128 m 大桥，将影响线路的正常运输，而当通过三百年一遇洪水时路堤仍要漫水，同时考虑百年一遇洪水出现几率较小，洪水历时也不长，短期内可恢复正常运输，则漫水路堤方案较为简便实用。如果采用漫水路堤方案，为使此段线路不致每遇稍大的洪水即中断行车，可适当增设若干个分散的小桥以利泄洪及排除上游堤前的积水。但需注意的是，采用漫水路堤方案，漫堤水流流速可达 2 m/s，应在路堤上下游设置片石护坡防止路堤被冲毁。至于挡水墙方案，不仅需在线路正线及北端临近的叉线增设较长的高达 2 m的挡水墙，而且仍需增设 90 m 长的桥梁，当通过三百年一遇洪水时，路堤仍会漫水，该方案存在问题较多。

5.结语

本项研究主要任务为验证“75.8”溃坝洪水波的演进和为铁路抗洪改造方案提供设计依据，同时也为其后研究溃坝非恒定流在测试仪器、试验技术及试验方法等方面建立基础、积累经验。

从1978年起，研究组开始对水库溃坝最大流量及其向下游演进问题分别进行试验研究。1978年～1979年针对各种不同类型的库形、坝高、溃决宽度、溃决高度等因素建立了概化模型，通过水工试验探讨溃坝最大流量与有关因素的函数关系。在约600次试验资料的基础上建立适用于各种类型溃决情况下的试验公式。1980年提出了适用于坝体全溃或横向局溃情况下的溃坝最大流量理论计算公式。以上两项公式曾以试验资料及个别天然溃坝资料进行验算，其结果良好(详见本书第四章)。

(二)板桥水库溃坝洪水波数学模型

本模型是铁道部科学研究院1981年对“75.8”板桥水库溃坝洪水波采用数学模拟的一个尝试。

1.模型建立

(1)不稳定流基本方程式与假定

如果在时刻$t=t_0$，坝完全或部分溃决，在坝下游河道产生溃坝洪水波。在数学上，可以作为在波前有移动边界的边值问题来描述。采用一维非恒定流基本方程式，通常称为圣维南方程式，它包括连续方程与运动方程：

$$\frac{\partial W}{\partial t}+\frac{\partial Q}{\partial x}=q \tag{3-3}$$

$$\frac{\partial v}{\partial t}+\alpha v\frac{\partial v}{\partial x}+g\frac{\partial H}{\partial x}=g(S_0-S_f) \tag{3-4}$$

式中 W——水流横断面面积；

Q——流量；

v——断面平均流速；

H——水深；

q——纵向单宽流量；

α——水流横断面流速不均匀分布系数；

S_0——河底比降，$S_0=-\frac{\partial Z_0}{\partial x}$；

Z_0——河底高程；

S_f——摩阻比降，$S_f=\frac{v^2}{C^2R}=\frac{n^2v^2}{R^{4/3}}$；

C——谢才系数，$C=\frac{C_u}{n}R^{1/6}$；

R——水力半径，$R=\frac{W}{p}$；

p——湿周；

n——曼宁糙率系数；

g——重力加速度；

x——由坝址起算的下游河道纵向距离；

t——时间；

C_u——单位换算系数,对于米制 $C_u=1.0$,对于英制 $C_u=1.486$。

圣维南方程的推导一般基于以下假定:

①水流是一维的;②压力分布符合静水压力分布规律;③不存在水流内部摩擦,仅考虑由于边界剪应力引起的阻力,并假定由阻力引起的摩阻比降可用稳定均匀流的方程式表示;④过水断面的流速分布是均匀的;⑤底坡很小。

对于溃坝水流,上述假定③、④,尤其是假定③一般不能得到满足。物理模型试验表明,这种溃坝水流中存在着不同于表面阻力(摩阻损失)的损失,而其大小又具有摩阻损失同样的数量级。这些额外的损失可以粗略地概括为三类:①由于水流横断面变化引起的损失;②水流弯曲引起的损失;③表面波动尤其是冲击波引起的损失。在本项研究的模型中,仅考虑由于水流横断面变化所引起的能量损失,并取流速分布系数 $\alpha=1$。在具体计算中,考虑到演算河段的每个计算断面的边滩仅影响河槽储量,对纵向动量的传递作用影响甚小,因而将运动方程仅用于起传递纵向动量作用的河槽断面部分。

(2)初始与边界条件

对于溃坝水流,当溃坝波在下游初始水流上传播时,可以用溃坝前坝下游恒定流的水位与流量作为初始条件;当溃坝波在下游干涸河床上传播时,采用里特尔(Ritter)的古典解作为初始条件。

本项研究的范围,上边界(左边界)条件以随时间变化的坝址溃坝流量过程线 $Q(t)$ 的形式给出,作为估算溃坝波的参数,可用通过试验资料的初步验证提出在水库平底、无阻力的简化条件下,坝体瞬时全溃及下游河道水深较小时,几种棱柱体河道的坝址泄流过程线及坝址最大流量,亦可作为上边界。

下边界(右边界)条件,可采用坝址下游某一控制断面的水位—流量关系 $Q=Q(Z)$。如果波前是在干涸的河床上传播,则可采用经试验验证过的原理:波前流速等于紧接其后的水质点速度。利用这一原理,将波前演算到下边界,再利用下边界条件,求出边界点有关数值。

(3)数值方法

由于特征线法精度较高,稳定性好,不少学者采用固定时间步长的特征线方法和特征线隐式方法(IMOC);而更多的一些学者则采用各种显式差分方法。显式差分法在一定的稳定性条件下使数值解收敛,计算机输出结果规整,可避免过多的插补工作。

将方程式(3-3)、(3-4)化为以因变量 $Z(t,x)$、$Q(t,x)$ 为未知函数的方程。

$$\frac{\partial Z}{\partial t}+\frac{1}{B}\frac{\partial Q}{\partial x}=\frac{q}{B} \tag{3-5}$$

$$\frac{\partial Q}{\partial t}+2v\frac{\partial Q}{\partial x}+\eta\frac{\partial Z}{\partial x}=D \tag{3-6}$$

式中 Z——水位;

B——河道水面宽;

η——$\eta=Wg$;

D——$D=v^2\frac{\partial W}{\partial x}+vq-gWS_f$。

其他符号意义同前。

将方程式(3-5)、(3-6)写成矩阵形式:

$$E\frac{\partial X}{\partial t}+A\frac{\partial X}{\partial x}=F \tag{3-7}$$

其中 $E=\begin{pmatrix}1 & 0\\0 & 1\end{pmatrix}$；$X=\begin{pmatrix}Q\\Z\end{pmatrix}$；$A=\begin{bmatrix}2v & \eta\\\frac{1}{B} & 0\end{bmatrix}$；$F=\begin{bmatrix}D\\\frac{q}{B}\end{bmatrix}$

方程式(3-7)的特征方程为

$$|\lambda E-A|=\begin{vmatrix}\lambda-2v & -\eta\\-\frac{1}{B} & \lambda\end{vmatrix}=\lambda^2-2v\lambda-\frac{\eta}{B}=0$$

其特征根由 $\lambda^2-2v\lambda-\frac{\eta}{B}=0$，求得两个实根为：

$$\lambda_{1,2}=\frac{2v\pm\sqrt{(2v)^2+4\eta/B}}{2}=v\pm\sqrt{v^2+\eta/B}=\lambda_\pm$$

对于方程式(3-5)与式(3-6)，将 $\frac{1}{B\lambda_\pm}$ 乘以式(3-6)得：

$$\frac{1}{B\lambda_\pm}\frac{\partial Q}{\partial t}+\frac{2v}{B\lambda_\pm}\frac{\partial Q}{\partial x}+\frac{\eta}{B\lambda_\pm}\frac{\partial Z}{\partial x}-\frac{D}{B\lambda_\pm}=0 \tag{3-8}$$

式(3-5)减式(3-8)得：

沿顺特征线：$\frac{\mathrm{d}x}{\mathrm{d}t}=\lambda_+$

$$\frac{\partial Z}{\partial t}+\lambda_+\frac{\partial Z}{\partial x}+\frac{\lambda_+}{\eta}\left(\frac{\partial Q}{\partial t}+\lambda_+\frac{\partial Q}{\partial x}\right)-\frac{D}{\eta}\lambda_+-\frac{q}{B}=0 \tag{3-9}$$

沿逆特征线：$\frac{\mathrm{d}x}{\mathrm{d}t}=\lambda_-$

$$\frac{\partial Z}{\partial t}+\lambda_-\frac{\partial Z}{\partial x}+\frac{\lambda_-}{\eta}\left(\frac{\partial Q}{\partial t}+\lambda_-\frac{\partial Q}{\partial x}\right)-\frac{D}{\eta}\lambda_--\frac{q}{B}=0 \tag{3-10}$$

在 x-t 平面上，分别取时间与空间步长为 Δt 与 Δx，构成图 3-5、图 3-6 的矩形网格，在点 A $(n\Delta t, m\Delta x)$ 上的 Z 与 Q 值记为 $Z(n\Delta t, m\Delta x)=Z_m^n$ 与 $Q(n\Delta t, m\Delta x)=Q_m^n$，其他水流变量也以同样方式标记，$m$、$n$ 均为正整数。

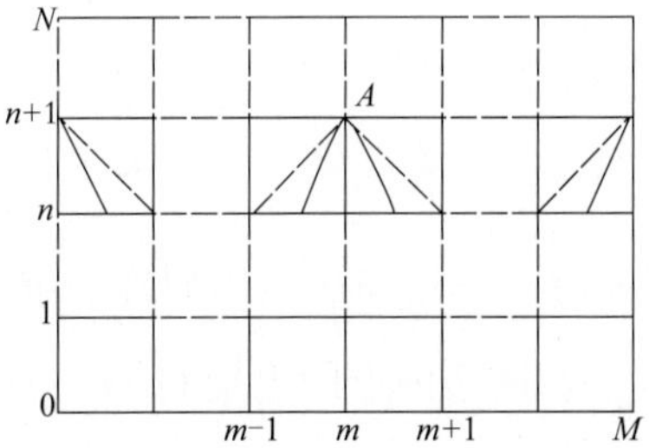

图 3-5 计算网格

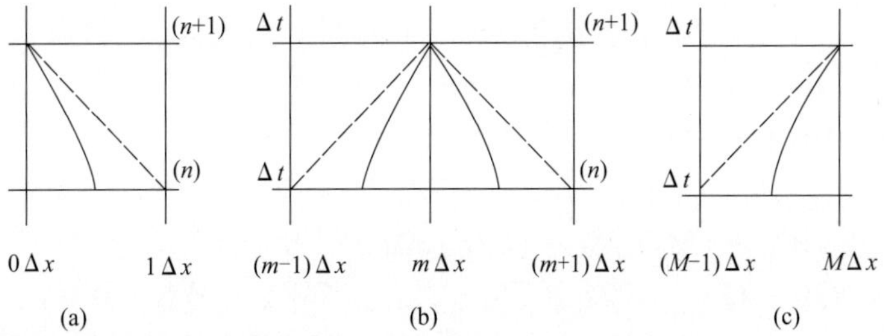

图 3-6 计算网格节点

由图 3-6(b)，当 $\lambda_- < 0$ 时，由式(3-9)与式(3-10)得：

$$\frac{Z_m^{n+1}-Z_m^n}{\Delta t}+(\lambda_-)_m^n\frac{Z_{m+1}^n-Z_m^n}{\Delta x}+\left(\frac{\lambda_-}{\eta}\right)_m^n\left[\frac{Q_m^{n+1}-Q_m^n}{\Delta t}+(\lambda_-)_m^n\frac{Q_{m+1}^n-Q_m^n}{\Delta x}\right]$$

$$-\left[(v^2)_m^n\frac{W_m^n-W_{m-1}^n}{\Delta x}+(M_0)_m^n\right]\left(\frac{\lambda_-}{\eta}\right)_m^n-\left(\frac{q}{B}\right)_m^n=0 \tag{3-11}$$

当 $\lambda_+ > 0$ 时，同样由式(3-9)与式(3-10)得：

$$\frac{Z_m^{n+1}-Z_m^n}{\Delta t}+(\lambda_+)_m^n\frac{Z_m^n-Z_{m-1}^n}{\Delta x}+\left(\frac{\lambda_+}{\eta}\right)_m^n\left[\frac{Q_m^{n+1}-Q_m^n}{\Delta t}+(\lambda_+)_m^n\frac{Q_m^n-Q_{m-1}^n}{\Delta x}\right]$$

$$-\left[(v^2)_m^n\frac{W_m^n-W_{m-1}^n}{\Delta x}+(M_0)_m^n\right]\left(\frac{\lambda_+}{\eta}\right)_m^n-\left(\frac{q}{B}\right)_m^n=0 \tag{3-12}$$

如果计入 $\delta Z_m^n=Z_{m+1}^n-Z_{m-1}^n$，$\Delta^2 Z_m^n=Z_{m+1}^n-2Z_m^n+Z_{m-1}^n$；$\delta Q_m^n=Q_{m+1}^n-Q_{m-1}^n$，$\Delta^2 Q_m^n=Q_{m+1}^n-2Q_m^n+Q_{m-1}^n$；$\delta W_m^n=W_{m+1}^n-W_{m-1}^n$，$\Delta^2 W_m^n=W_{m+1}^n-2W_m^n+W_{m-1}^n$；则由式(3-11)、式(3-12)得：

$$Z_m^{n+1}+\left(\frac{\lambda_+}{\eta}\right)_m^n Q_m^{n+1}=Z_m^n-\frac{\sigma}{2}(\lambda_+)_m^n\delta Z_m^n+\frac{\sigma}{2}(|\lambda_+|)_m^n\Delta^2 Z_m^n+\left(\frac{\lambda_+}{\eta}\right)_m^n Q_m^n$$

$$-\frac{\sigma}{2}\left(\frac{\lambda_+^2}{\eta}\right)_m^n\delta Q_m^n+\left(\frac{\lambda_+}{\eta}|\lambda_+|\right)_m^n\frac{\sigma}{2}\Delta^2 Q_m^n+\frac{\sigma}{2}\left(\frac{v^2\lambda_+}{\eta}\right)_m^n\delta W_m^n \tag{3-13}$$

$$-\frac{\sigma}{2}\left(\frac{v^2}{\eta}|\lambda_+|\right)_m^n\Delta^2 W_m^n+\left(\frac{M_0}{\eta}\lambda_+\right)_m^n\Delta t+\left(\frac{q}{B}\right)_m^n\Delta t$$

$$Z_m{}^{n+1}+\left(\frac{\lambda_-}{\eta}\right)_m^n Q_m^{n+1}=Z_m{}^n-\frac{\sigma}{2}(\lambda_-)_m^n\delta Z_m^n+\frac{\sigma}{2}(|\lambda_-|)_m^n\Delta^2 Z_m^n+\left(\frac{\lambda_-}{\eta}\right)_m^n Q_m^n$$

$$-\frac{\sigma}{2}\left(\frac{\lambda_-^2}{\eta}\right)_m^n\delta Q_m^n+\left(\frac{\lambda_-}{\eta}|\lambda_-|\right)_m^n\frac{\sigma}{2}\Delta^2 Q_m^n+\frac{\sigma}{2}\left(\frac{v^2\lambda_-}{\eta}\right)_m^n\delta W_m^n \tag{3-14}$$

$$-\frac{\sigma}{2}\left(\frac{v^2}{\eta}|\lambda_-|\right)_m^n\Delta^2 W_m^n+\left(\frac{M_0}{\eta}\lambda_-\right)_m^n\Delta t+\left(\frac{q}{B}\right)_m^n\Delta t$$

其中 $\sigma=\dfrac{\Delta t}{\Delta x}$；$M_0=vq-gWS_f$；其他符号同前。

自式(3-13)与式(3-14)对 Z_m^{n+1} 与 Q_m^{n+1} 求解，得：

$$Q_m^{n+1}=Q_m^n-\frac{\sigma}{2}\left[\eta\beta\delta Z_m^n+2v\delta Q_m^n-\eta\gamma\Delta^2 Z_m^n-(\beta+2v\gamma)\right.$$

$$\left.\times\Delta^2 Q_m^n-v^2\delta W_m^n+v^2\gamma\Delta^2 W_m^n\right]+(M_0)_m^n\Delta t \tag{3-15}$$

$$Z_m^{n+1}=Z_m^n-\frac{\sigma}{2}\left[\frac{1}{B}\delta Q_m^n-\beta\Delta^2 Z_m^n-\frac{\gamma}{B}\Delta^2 Q_m^n+\frac{\beta}{\eta}v^2\Delta^2 W_m^n\right]+\frac{q}{B}\Delta t \tag{3-16}$$

式中，$\beta=\dfrac{\lambda_+|\lambda_-|-|\lambda_+|\lambda_-}{\lambda_+-\lambda_-}$，$\gamma=\dfrac{|\lambda_+|-|\lambda_-|}{\lambda_+-\lambda_-}$，而且 η、β、γ、v、B 均在内点 $A(n\Delta t,m\Delta x)$ 上取值。式(3-16)与式(3-17)就是在网格内点的流量 $Q((n+1)\Delta t,m\Delta x)$ 与水位 $Z((n+1)\Delta t,m\Delta x)$ 的计算公式。

在边界点上，而当 $x=0\Delta x$ 时，逆特征线 $\lambda_- < 0$，见图 3-6(a)；当 $x=M\Delta x$ 时，顺特征线 $\lambda_+ > 0$，见图 3-6(c)。于是，对于下边界点 $((n+1)\Delta t,M\Delta x)$，由式(3-12)得：

$$Q_M^{n+1}=Q_M^n+(B\lambda_-)_M^n(Z_M^{n+1}-Z_M^n)+\sigma(B\lambda_+\lambda_-)_m^n\nabla Z_M^n-\sigma(\lambda_+)_M^n\times$$

$$\nabla Q_M^n+\sigma(v^2)_M^n\nabla W_M^n+(M_0)_M^n\Delta t-(\lambda_- q)_M^n\Delta t$$

$$=Q_M^n+(B\nabla_-)_M^n\left[(Z_M^{n+1}-Z_M^n)+\sigma(\lambda_+)_M^n\nabla Z_M^n\right]-\sigma(\nabla_+)_M^n\times$$

$$\nabla Q_M^n+\sigma(v^2)_M^n\nabla W_M^n+(M_0)_M^n\Delta t-(\lambda_- q)_M^n\Delta t \tag{3-17}$$

式中，$\nabla Q_M^n=Q_M^n-Q_{M-1}^n$，$\nabla Z_M^n=Z_M^n-Z_{M-1}^n$，$\nabla W_M^n=W_M^n-W_{M-1}^n$。

在已知下边界的水位过程 Z_M^{n+1} 时，由上式可求出下边界的流量过程 Q_M^{n+1}。

在上边界点$((n+1)\Delta t,0\Delta x)$，由式(3-11)得：

$$Z_0^{n+1}=Z_0^n-\sigma(\lambda_-)_0^n\Delta Z_1^n+\left(\frac{1}{B\lambda_+}\right)_0^n\left[Q_0^{n+1}-Q_0^n+\sigma(\lambda_-)_0^n\times\Delta Q_1^n-\sigma(v^2)_0^n\Delta W_1^n-(M_0)_0^n\Delta t\right]\tag{3-18}$$

式中，$\Delta Q_1^n=Q_1^n-Q_0^n$，$\Delta Z_1^n=Z_1^n-Z_0^n$，$\Delta W_1^n=W_1^n-W_0^n$。

2. 计算资料

(1)地形资料

包括演进河段各个计算断面随水位变化的过水断面面积$W(x,Z)$、水面宽度$B(x,Z)$、水力半径$R(x,Z)$(在计算中用断面平均水深$H(x,Z)$代替)。每个断面在可能的计算水位范围内的过水断面面积与水面宽度数值，以场(数组)的形式输入到计算机中。在整个计算过程中，不同计算水位的过水断面面积形$W(x,Z(x,t))$与河宽$B(x,Z(x,t))$的数值用一元不等距线性插值公式计算。

(2)糙率系数

本计算中，演进河段各计算断面所用的糙率系数n，系参照现场调查的整个过水断面的平均糙率数值，而未对河槽与滩地分别选取。

(3)区间降雨径流计算

本计算对降雨径流采用了简化处理办法，除遂平断面(即第5断面)采用淮河流域标准单位线计算的区间径流过程外，其余各计算断面均按上述遂平断面区间径流过程，以流程线性分配方法算出其区间入流。

3. 天然溃坝洪水波的数学模拟

(1)计算断面划分

将从坝址断面至遂平水文站断面间的水流作为平面一维流来考虑，流程约38 km。自上而下分5个计算断面，断面间距离约9.5 km。见图3-7。

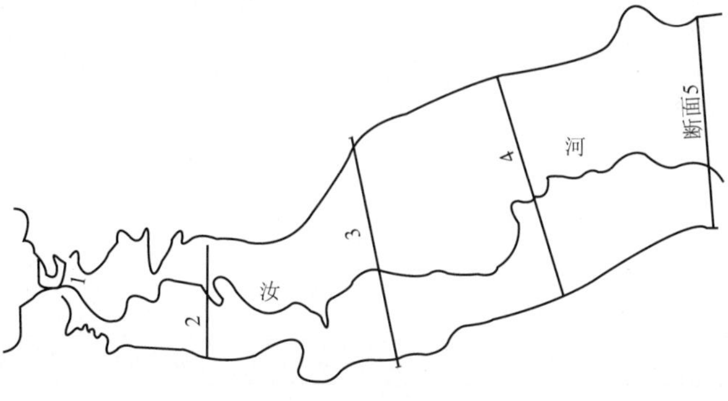

图3-7 计算区间

溃坝前下游河道水流流量$Q=4\ 000\ m^3/s$。各断面初始计算数据，见表3-12。

在数值计算中，上边界条件为流量过程线$Q(t)$，采用《“75.8”暴雨洪水调查报告》提供的板桥水库1975年8月5日～8日出库流量。下边界条件分别采用遂平水文站实测记录与插补的“75.8”溃坝洪水(包括区间降雨)水位过程线$Z(t)$和遂平水文站水位-流量关系$Q=f(Z)$。

表3-12 断面计算参数

断面号	Z(m)	Q(m^3/s)	B(m)	W(m^2)
1	94.84	4 000	858	3 814
2	87.82	4 000	1 455	7 102
3	78.68	4 000	6 493	9 338
4	70.73	4 000	7 217	12 476
5	66.17	4 000	8 363	8 190

(2)主要计算结果

①演进河段计算的水面线(各计算断面最高水位点的连线)与现场调查的洪水位点基本吻合,见图 3-8、图 3-9。

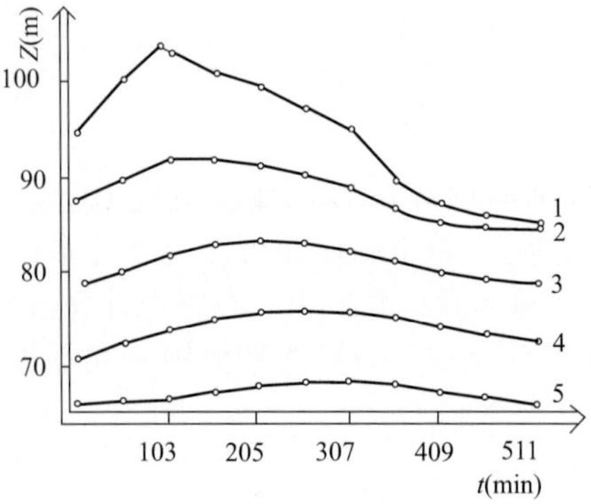

图 3-8　断面水位过程线

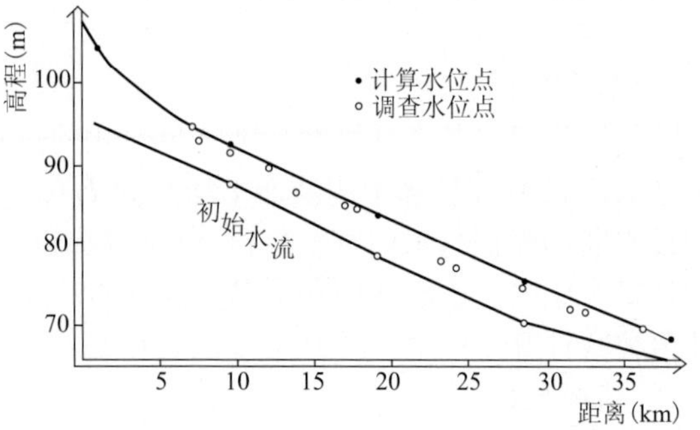

图 3-9　水位验证

②如果《"75.8"暴雨洪水调查报告》提供的板桥水库溃坝泄流过程及坝址最大流量合理,则溃坝洪水加上区间径流,经过沿程能量损失与河槽调蓄,到第 5 断面(即遂平断面)的计算流量为45 000～49 000 m^3/s。与上述报告中计算的遂平控制断面最大流量为53 400 m^3/s相差8%～16%,与板桥水库溃坝洪水试验研究物理模型测量的流量49 000 m^3/s比较,则甚为接近。各断面的计算流量过程线,见图 3-10。

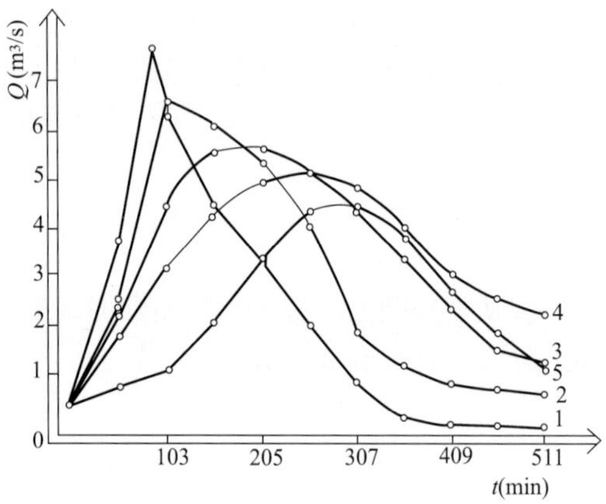

图 3-10　计算流量过程线

③计算的板桥溃坝洪水泛滥宽度与现场调查的淹没范围宽度对比见表 3-13,二者相当接近。

表 3-13　洪水泛滥宽度对比

断面号	1	2	3	4	5
计算的洪水宽度(m)	1 515	5 248	11 966	12 214	10 400
调查的淹没宽度(m)	1 650	6 100	11 500	12 100	11 100

三、自溃坝模型试验实例简介

铁道部科学研究院溃坝流量专题组曾携雷达测速装置及电容式水位计协助下列两项试验测量溃坝口门流速与水位(参阅本书第二章第三节),现将该两项试验简介如下。

(一)鸭河口水库自溃坝模型试验

该试验由河南省水利厅溃坝试验小组和河南省水利科学研究所共同完成。1977 年 7 月在鸭河口水库溢洪道下游进行一次引冲溃坝试验,1979 年～1980 年以鸭河口水库自溃坝为原型分别在室内进行了 18 次模型试验(比尺 1∶32),在野外进行了 6 组大比尺模型试验,包括在鸭河口水库电站、尾水渠做了 1∶2、1∶4、1∶8 不同比尺系列模型试验以及同一比尺 1∶4 时不同防渗体结构的模型试验,以探索自溃坝不同比尺的引冲槽下切率和坝体侧向冲刷率的相互关系,不同防渗体结构对引冲槽下切率和侧向冲刷率的关系和不同引冲槽衬砌对引冲槽下切率的关系。

1. 模型设计

试验坝以鸭河口水库自溃坝为原型，坝顶宽 5 m，坝高 11.2 m，黏土心墙砂壳坝。引冲槽深 2.1 m，宽 2 m，纵坡 3%。由于模型防渗体填筑材料为重粉质壤土，具有一定抗冲能力和抗弯曲能力，若按模型比尺缩小，势必延长溃坝历时。为此，设计者提出防渗体模拟厚度比为模型比的 1.5 次方关系，缩小了防渗体。模型砂壳材料与原型相同。1∶2 和 1∶4 坝坝前蓄水 2 万 m^3，坝下 150 m 接原河道，1∶8 坝坝前蓄水 0.6 万 m^3。为了能有效观测溃坝侧向冲刷历时，引冲槽位置都放在坝的一端。

2. 观测内容

(1)水文观测

1∶2 和 1∶4 坝体观测坝上下游水位、口门流速及相应口门流量和下泄流量。雷达测速见本书第二章照片 2-4。

(2)坝体观测

背水坡冲刷观测：利用试验坝下游坡，以引冲槽为界，向两侧绘制等距的横、竖网格，在冲刷过程中，摄影并记录各方格点的冲毁历时，点绘坝壳侧向冲刷等时线。

坝体内部观测：在坝体关键部位埋设金属片体(电接点)，随着坝体冲刷，电接点逐步被冲掉，电路中断，进而监测坝体冲刷情况。

3. 试验成果

(1)1∶32 模型引冲槽下切率(见表 3-14)

表 3-14　1∶32 模型下切率成果表

引冲槽形式	防渗体墙型	心墙与斜墙斜率	总下切率(cm/min)	坝壳材料
梯形	心墙	上下游 1∶0.25	5.41	模型砂
梯形	斜墙	下游 1∶0.5	3.25	模型砂
梯形	斜墙	下游 1∶1.0	2.61	模型砂
梯形	斜墙	下游 1∶1.5	1.79	模型砂
梯形	斜墙	下游 1∶2.0	0.90	模型砂
梯形	斜墙	下游 1>0.5	11.94	原型砂
梯形	斜墙	下游 1∶1.0	7.95	原型砂
梯形	斜墙	下游 1∶2.0	3.33	原型砂

(2)1∶4 模型引冲槽下切率(见表 3-15)

表 3-15　1∶4 模型下切率成果表

防渗体形状	引冲槽类型	引冲水文数值					净下切率(m/min)
		引冲水位(m)	高出引冲水位持续时间(min)	高出引冲水位最高值(m)	口门形成最大流速(m/s)	口门形成上下游水位差(m)	
1∶1 斜墙	简易矩形	150.52	8	0.37	6.1	1.68	0.62
1∶1 斜墙	永久矩形	150.52	12	0.27	5.86	1.78	0.67
1∶2 斜墙	简易矩形	150.52	13	0.32	5.65	1.08	0.245
1∶0.143 心墙	简易矩形	150.52	8	0.23	5.01	2.4	1.48

表 3-15 为野外 1：4 模型试验成果，验证了防渗体在同样断面面积下，心墙下切率大于斜墙，陡斜墙大于缓斜墙。

(3)1：1 斜率斜墙坝下切率(见表 3-16)

表 3-16　1：1 斜率斜墙坝下切率

模型比尺	净下切率(m/min)	模型比尺	净下切率(m/min)
1：4	0.62	1：20	0.192 4
1：8	0.318	1：32	0.164 2

(4)1：4 比尺 1：1 斜率斜墙坝引冲槽溃决历时(见表 3-17)

表 3-17　1：4 比尺 1：1 斜率斜墙坝引冲槽溃决历时

坝高(m)	引冲槽衬砌	引冲槽身分缝数量	槽身溃决历时(s)	槽身溃决时水泥砂浆抗压强度(kg/cm^2)
2.8	简易	5 条	290	2.5
2.8	永久	5 条	745	6.5

(5)相同比尺不同防渗体的侧向冲刷率

试验选择 1：4 比尺模型，对不同防渗体的侧向冲刷试验进行观测分析，结果见表 3-18。

表 3-18　1：4 模型不同防渗体侧向冲刷率

坝高(m)	防渗体与引冲槽结构	防渗体侧向冲刷率(m/min)		下游坝壳坝面冲刷率(m/min)
		上游点接点冲掉	下游点接点冲掉	
2.8	心墙简易引冲槽	1.14	1.04	0.95
2.8	1：1 斜墙简易引冲槽	1.67		1.28
2.8	1：1 斜墙永久引冲槽	1.15		0.81
2.8	1：2 斜墙简易引冲槽	1.26	1.04	0.92

从表 3-18 试验结果看，在侧向冲刷过程中，防渗体前的冲刷早于防渗体后，冲刷率亦是前大于后。下游坝壳面的侧向冲刷率，永久引冲槽小于简易引冲槽。口门形成后剩余坝段长度也不一样，但差别不大。从总体情况看，不同防渗体结构侧向冲刷率变化不大。

(6)不同比尺相同斜率斜墙坝侧向冲刷率

针对 1：1 斜率斜墙坝进行了 1：4、1：8 和 1：32 三组侧向冲刷率试验，结果见表 3-19。

表 3-19　1：1 斜率斜墙坝不同比尺侧向冲刷成果

模型比尺	引冲槽衬砌	防渗体侧向冲刷率(m/min)		下游坝壳侧向冲刷率(m/min)
		上游点接点冲掉	下游点接点冲掉	
1：4	简易	1.67		1.28
1：4	永久	1.15		0.81
1：8	简易	1.08	0.783	0.72
1：32	简易		0.39	0.36

根据表 3-19 数据看，模型比尺愈大，侧向冲刷率愈大，反之愈小。

4. 结论

(1)通过试验证明砂壳坝不同防渗体结构与下切率有一定的关系，即心墙下切率快于斜墙，较陡斜率的斜墙快于较缓斜率的斜墙。

(2)不同模型比尺相同防渗体的自溃坝，引冲槽净下切率和侧向冲刷率均随模型大小而增减。

(3)加快引冲槽身的坍塌，槽身分缝是可行的措施。槽身段坝壳亦选择粒径均匀、干净的砂料堆筑，易于冲刷。

(4)溃坝试验必须保证供水可靠，坝址宜选择在平顺的河道，泄水条件要与原型相似。选择可靠的测试方法和设备，以获取准确的测试结果。

(二)青山、南山水库自溃坝模型试验研究

该研究由浙江省水利水电科学研究所于 1978 年～1980 年在青山水库和南山水库进行，为黏土斜墙砂砾石坝无闸门引冲式自溃坝模型试验。

1. 研究内容

采用小比尺模型进行了以下问题的探讨。

(1)无闸门引冲自溃坝溃决过程的冲刷性能；

(2)模型冲刷率向原型引伸问题；

(3)影响冲刷率的其他有关问题。

2. 模型设计、制作及观测

(1)模型设计条件

①坝体的几何尺寸、引冲水头按比尺缩小；

②筑坝材料的几何尺寸及物理力学性能，原、模型基本相同；

③坝体压实程度及质量要求，原、模型大致相同；

④在各方面条件许可的情况下，模型比尺应尽量选大。要求引冲水头所形成的流速至少能充分地冲刷坝体填筑料。

(2)模型布置、制作及观测

模型试验在青山水库的大型试验槽(长 54.0 m，宽 7.0 m，深 0.8 m)里进行。模型水库库容 50～100 m^3(随坝高而变)。供水流量由试验槽主闸门及微调闸门相互配合控制。

试验坝的填筑材料选用当地天然级配砂砾石，坝壳填筑均达到中等密实度。防渗体则对每种比尺模型进行了两种干容重试验比较，γ_d 分别为 1.4 g/cm^3 及 1.53 g/cm^3(±0.01)。

观测方法：水位观测以分别布置在坝上游 4 m、6 m 及坝脚处的水尺进行；坝体冲刷率，在下游坝坡面绘制方格进行观测。

3. 试验成果

根据不同比尺模型冲刷试验资料(表 3-20)，建立了模型冲刷率 R_m 与模型比尺 L_r 的试验公式。

将表 3-20 试验数据，以模型比尺 L_r 为横坐标，冲刷率 R 为纵坐标，点会在对数纸上，状似曲线(图 3-11 实线部分)，经分析整理得出 R-L_r 数学关系式：

表 3-20　不同比尺模型的冲刷率

坝体形式	模型比尺 L_r	坝高 H (m)	$\gamma_d=1.4(\pm0.01)$			$\gamma_d=1.53(\pm0.01)$			备注
			h/H	冲刷率 R (m/min)	$\frac{R_{10(15)}}{R_{20(30)}}$	h/H	冲刷率 R (m/min)	$\frac{R_{10}}{R_{20}}$	
黏土斜墙砂砾石坝	10	0.63	0.89	0.86	1.87	0.90	0.77	2.48	h——坝体溃决水头 γ_d——斜墙干容重
	20	0.32	0.92	0.46		0.93	0.31		
	15	0.42	0.93	0.65	2.41	0.89	0.64		
	30	0.21	0.93	0.27					

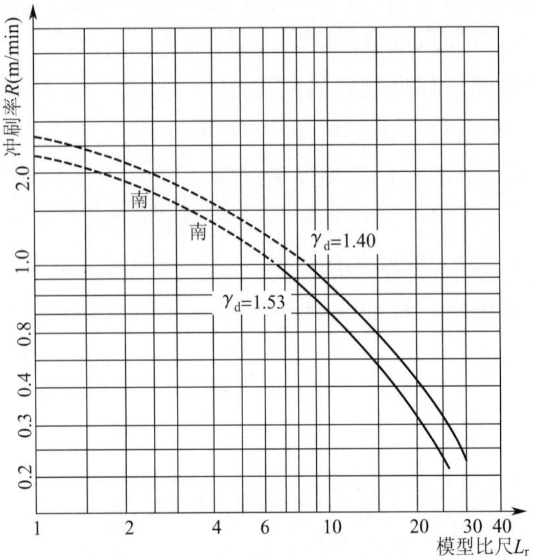

图 3-11　模型比尺与冲刷关系

$$R_m=\frac{15-0.2L_r}{L_r+4.6}\qquad(\text{m/min},\ \gamma_d=1.40)\tag{3-19}$$

$$R_m=\frac{12.8-0.22L_r}{L_r+4.5}\qquad(\text{m/min},\ \gamma_d=1.53)\tag{3-20}$$

式中　R_m——模型冲刷率(m/min)；

L_r——模型比尺。

为了便于模型冲刷率向原型引伸将以上资料整理成 $R_p=f(R_m、L_r^X)$ 的函数关系式。经简单数学运算得出坝体原型冲刷率 R_P 的试验公式：

$$R_P=R_mL_r^{(0.365+0.0109L_r)}\qquad(\text{m/min},\ \gamma_d=1.40)\tag{3-21}$$

$$R_P=R_mL_r^{(0.325+0.0137L_r)}\qquad(\text{m/min},\ \gamma_d=1.53)\tag{3-22}$$

上式适应范围：①坝体形式筑坝材料及填筑质量要求标准与本试验条件要基本接近；②模型比尺 $L_r\geqslant20$，模型坝高 $H\geqslant0.25$ m；③黏土斜墙 γ_d 分别为 1.40 及 1.55 左右；坝壳填料达到中等密实质；④原型坝高 $H\leqslant6.0$ m。

上式系由不同小比尺模型资料推得，其可靠性，还需要大比尺模型试验论证。

4. 试验公式的验证

为了验证小比尺模型试验成果的可靠性，继 1979 年小模型试验之后，1980 年 5 月又进行了两组较大比尺模型试验。

试验现场选定在南山水库溢洪道下游河道里，根据供水及下游河道允许泄流量等条件，模型比尺选用 1∶2.5 及 1∶4（几何形状与小比尺模型完全相似），相应坝高为 1.58 m 及 2.52 m。模型填筑材料采用卵石和砂质重壤土，实测斜墙 γ_d=1.59 左右，较小比尺模型 1.53 稍大，坝壳填料达到中等密实度，其相对密度为 0.65 左右。

坝体冲刷过程，大、小比尺模型也十分近似。引冲槽口门形成后的横向冲刷，也是下游坝坡填料先部分为急流带走，斜墙小块状倒塌，然后再逐步把下游填料全部冲走。试验实测坝体冲刷速率见表 3-21。

表 3-21　大比尺模型冲刷率实测与试验公式计算值比较

模型	模型比尺 L_r	坝高 H（m）	冲刷水头（m）	h/H	冲刷率（m/min）		
					实测值	试验公式计算值	$\frac{计算-实测}{实测}$（%）
黏土斜墙砂砾石坝	4	1.58	1.35	0.81	0.95	1.40	47.0
					（1.27）		（10.2）
	2.5	2.25			1.65	1.75	6.05
备注	表中带括号数值为修正值						

将表 3-21 冲刷速率数值点绘在图 3-11（点旁带有“南”字者），L_r=2.5 的点与小比尺模型试验曲线（试验公式曲线）的延长线（虚线）基本吻合；L_r=4 的点偏小，原因可能是冲刷水头太小（h/H 仅为 0.81）。若按小比尺模型试验测得的 h/H-R 关系式予以修正，得 R= 1.27 m/min，与试验公式计算值 1.4 比较接近。

由图 3-11 和表 3-21 看出，小比尺模型试验公式计算值与大比尺模型实测值比较接近。故认为在本试验条件下，可以探讨用小比尺模型试验值向原型引伸。但验证数据仅有两个点，同时使用的材料也不完全相同，故对试验公式尚有待今后进一步论证。

5. 其他问题

（1）不同引冲槽位置对冲刷的影响（表 3-22）

表 3-22　不同引冲槽位置的冲刷率

模 型	模型比尺 L_r	引冲槽位置	坝体冲刷速率 R（m/min）	$R_中/R_侧$	备注
黏土斜墙砂砾石坝	10	中	1.58	1.84	
	10	侧	0.86		
	20	中	0.94	2.04	
	20	侧	0.46		
黏土斜墙碎石坝	15	中	1.12	2.10	
	15	侧	0.53		
	10	中	1.27	1.98	
	10	侧	0.64		

（2）防渗体型式对冲刷的影响（表 3-23）

（3）不同水头对冲刷速度的影响

根据已有试验资料，分析整理出高水位与低水位冲刷（大于临界冲刷水位）之间的相互关系（不同水头的冲刷关系），见表 3-24。

表 3-23　不同防渗体型式的冲刷率

坝型	模型比尺 L_r	坝体尺寸(m)			防渗体尺寸(m)			h/H	坝体冲刷速率 R(m/min)	备注
		坝高(A)	底宽(C)	顶宽(B)	形式	底宽(E)	顶宽(D)			
黏土斜(心)墙砂砾石坝	20	0.32	1.49	0.15	心墙	0.1 ($H/3$)	0.02	0.91	0.35	h——冲刷水头 H——坝高
	20	0.32	1.49	0.15	斜墙	0.1 ($H/3$)	0.02	0.92	0.46	
	20	0.32	1.49	0.15	心墙	0.06 ($H/5$)	0.02	0.93	0.44	

表 3-24　不同水头的冲刷率

坝型	模型比尺 L_r	坝高 H(m)	冲刷水头 h(m)	h/H	冲刷速度 R(m/min)	备 注
黏土斜墙砂砾石坝	20	0.32	0.21	0.67	0.17	
	20	0.32	0.24	0.77	0.28	
	20	0.32	0.265	0.85	0.39	
	20	0.32	0.295	0.94	0.46	

假定 $h/H=0.94$ 为正常水位，冲刷速率为 R，任一水头 h_i 的冲刷率为 R_i，当下游水深浅不影响冲刷情况下，导出其关系式：

$$R=\frac{R_i}{2.4(h_i/H-0.5)}\qquad (\mathrm{m/min})\tag{3-23}$$

或

$$R_i=2.4R(h_i/H-0.5)\qquad (\mathrm{m/min})\tag{3-24}$$

式(3-23)、式(3-24)适用范围 $h>0.5\,H$、$0.32\leqslant H<6$ m，知道正常水位(或低水位)冲刷率，根据上式可粗略估算低水位(或高水位)的冲刷率。

6.结语

溃坝模型试验，过去多采用半理论、半经验大比尺模型法，其试验成果精度高，但试验费用昂贵。本次试验试用了不同比尺模型法对黏土斜墙砂砾石坝(天然级配)的坝体冲刷进行了试验观测，初步得出在特定条件下，原、模型之间冲刷速率引伸的试验公式。

根据初步试验成果分析，小比尺模型试验代替大比尺模型试验似有可能。但对模型最小尺寸及缩尺大小应有所限制。

第四节　溃坝模型试验研究发展方向*

由溃坝模型试验研究概况可知，随着世界各国对大坝安全问题的重视程度不断提高、人们对溃坝问题研究的不断深入以及试验测试手段的不断改进，溃坝模型试验研究从无到有，从简单到深入不断地发展，并已成为今后溃坝研究的重点。

一、研究内容方面

最初的溃坝模型试验主要针对溃坝波特性，其后模型试验的研究内容逐步扩大到溃坝洪

*　参阅："溃坝模型试验研究综述"，李云、李君，水科学进展，第 20 卷第 2 期，2009 年 3 月。

水演进、溃坝形成机理、溃口发展过程、溃坝过程中的泥沙运动及其对地形地貌的改变、洪水中建筑物的稳定性以及堵口水力学等研究领域。其中溃坝波的试验研究已处于较高水平，而其他方面尤其是溃坝机理、溃口发展及泥沙运动等方面的研究，尽管欧美国家已着力开展了研究工作，取得了较丰富的成果，但主要是针对均质土坝、堆石坝及土质心墙坝在漫顶情况下的溃坝研究，且由于筑坝材料种类繁多，筑坝工艺也不尽相同，目前所取得的实测资料相对而言较少。因此，今后仍需针对不同筑坝材料、不同坝型、不同坝体几何形状、不同溃决方式等进行大量研究，包括混凝土面板堆石坝及沥青混凝土心墙坝等新型坝型的溃坝机理研究，以及管涌情况下各种坝型的溃坝机理研究等，以不断充实溃坝实测资料，为进一步归纳分析以及为数学模型改进提供依据。

二、模型相似理论方面

溃坝模型试验除需满足几何相似及重力相似外，在研究溃坝过程时还需满足坝体材料相似；在研究溃坝洪水演进过程时还需满足下游河道的阻力相似；而在研究溃坝洪水冲刷时，更应满足泥沙起动相似及泥沙输移相似。由于溃坝过程涉及水力学、土力学、泥沙运动力学及结构力学等多方面相似问题的影响，因此在模型设计中难以完全满足坝体材料的相似。早期的试验中通常采用与原型相近的坝料、级配及坝体施工质量，或者利用系列模型试验逐步逼近法来达到坝体材料相似的目的。近期则将泥沙输移理论引入溃坝研究，认为坝体材料需满足泥沙输移相似，并且试验中应保证水流雷诺数及沙粒雷诺数分别大于1 500和70，以确保水流黏滞力不会对试验结果产生影响。泥沙输移相似的引入，进一步完善了溃坝试验相似理论，对提高溃坝试验的精度起到了较大作用。今后应在进一步完善已有相似理论的基础上，针对混凝土面板、沥青混凝土心墙等新型坝体结构进行相关的模拟研究。此外，还需对模型施工工艺加以研究，以减小施工工艺所带来的不确定因素。在研究溃坝洪水的演进过程时，由于需采用变态模型，且所选取的变态率一般较大，因此，河道糙率模拟成为试验的关键。国内学者通过研究提出了宽浅河道及窄深河道糙率的相似准则以及沿水深分段加糙的方法，但其精确度仍需大量实测河道糙率验证，国外则已对洪泛区内的森林以及建筑物的糙率进行了探索性研究。今后应着重开展不同地形条件下河道及洪泛区的糙率研究，并注重原型糙率资料的搜集整理。

三、模型比尺方面

对于溃决过程研究，国内外一般采取室外大比尺(1∶1～1∶2)模型试验及相应的室内小比尺(1∶10～1∶75)模型试验相结合的方法，例如国内的鸭河口水库自溃坝试验及欧盟的IMPACT 项目的溃决过程试验。但由于大比尺模型在制作成本及时间上的限制，目前该方面的成果较少，最大坝高在 12 m 左右。基于溃决过程的复杂性，试验中的缩尺效应将直接影响到研究成果的精确性，因此，今后需进一步开展大比尺溃坝模型的研究，同时发挥小比尺模型造价低、制作工艺简单的优点，重点研究各种坝体材料参数及水流参数对溃决过程的影响，同时借助大比尺模型的成果研究溃坝模型的缩尺效应。而对于溃坝洪水演进过程研究，一般均采用变态模型，水平比尺一般在 1∶500～1∶1 000 之间，垂直比尺在 1∶50～1∶125 之间，也有试验采用了正态模型(三峡 1∶500 模型，IMPACT 项目 Toce 河 1∶100 模型)。与溃决过程研究类似，今后应结合大比尺溃坝模型开展相应的大比尺溃坝洪水演进研究，并对模型的缩尺效应进行深入研究。

四、试验测试手段方面

最早的溃坝波试验仅依靠肉眼观察溃坝波的传播特性，之后则利用不同的水位测量仪器对典型断面的水位进行测量，并由最初的人工读取逐渐发展到计算机自动采集，同时利用摄像机来记录溃坝波传播过程。而随着现代流体测试技术的不断进步，在最近的试验中已采用了雷达测速技术、数字成像技术、VoronoC 成像技术、立体成像技术、界面成像技术、激光片光成像技术及粒子追踪技术等先进的测试手段对溃坝波和溃坝洪水中的泥沙运动进行观测研究。而在溃决过程研究中，除利用水尺、流量计（量水堰）、流速仪、测压计及摄像机外，IMPACT 项目还专门研制了用于记录溃口发展的专用传感器，此种传感器由倾覆传感器及微处理器组成，用于记录传感器被水流冲走的时间，待试验结束，工作人员将其从下游河道内捡回，再将其中记录的信号读取出来，用以分析坝体溃决时间及发展过程。尽管溃坝试验测试手段有了较大进步，但至今仍难以精确测定溃坝非恒定流流量过程，且对于溃口的发展过程的测定也不完善，因此，今后在这两方面仍需进行深入研究。

第四章　溃坝最大流量计算研究

溃坝洪水对人民生命财产和国民经济的危害极其严重，溃坝洪水分析计算可以预估大坝失事后坝址上下游的水流状态，为评估溃坝水流对上下游的影响和可能引起的损失以及拟定下游防护计划提供依据，其中推求溃坝洪水的最大流量是分析计算的关键。目前用于计算坝址最大流量的方法主要有里特尔—圣维南解法、正负波相交法和波额流量法等。里特尔—圣维南解法以往称圣维南公式或里特尔解，虽出自 1982 年，但长期被后世公认为经典公式。此式仅适用于大坝全部溃决和下游水深较小的情况，而正负波相交法和波额流量法在用于下游水深较小时，计算的波速和流量与实际情况和理论结果差别都很大，变化趋势也不正确。

京广线板桥水库溃坝整体模型试验研究完成后，铁道部科技司责成铁道部科学研究院开展水库溃坝最大流量计算的理论研究和试验研究。在此期间还进行了溃坝口门宽度的调查研究，现分别阐述于后。

第一节　国内外研究概况

一、国外研究情况

（一）德国里特尔得出的计算公式

国外对溃坝问题研究较早，1892 年德国里特尔（Ritter. A）根据圣维南（Saint Venant）方程建立了溃坝最大流量简化条件下的理论解。简化条件假定河槽平底、无阻力、断面为矩形的棱柱形，并假定坝体突然全部溃决，由此导出溃坝最大流量计算公式：

$$Q_{\max} = \frac{8}{27}\sqrt{g}BH^{3/2} = 0.928BH^{3/2} \tag{4-1}$$

式中　B——坝长；

H——坝高。

奥地利学者蔡特林格（Zeitlinger，A.）和肖克里契（Schoklitsch，A.）先后在格拉茨用水工试验对里特尔公式进行验证，铁道部科学研究院也以水工试验资料对其进行验证（详见后节）。

（二）肖克里契根据试验资料提出的计算公式

1. 坝体全溃

$$Q_{\max} = 0.9BH^{3/2} \tag{4-2}$$

2. 横向局部溃决（ $b < B, h = 0$ ）

$$Q_{\max} = 0.9\left(\frac{B}{b}\right)^{1/4} bH^{3/2} \tag{4-3}$$

3. 竖向局部溃决（ $h < H, b = B$ ）

$$Q_{\max} = 0.9\left(\frac{H-h}{H-0.827}\right)B(H-h)\sqrt{H} \tag{4-4}$$

式中　b——溃坝口门宽度；

h——坝体残留高度。

其余同前。

（三）德国弗兰克提出的计算公式

1951年德国弗兰克（Frank,J.）除了提出溃坝泄水曲线计算办法外，还开展了里特尔作出的假定，提出以下计算公式。

1. 横向局部溃决（$b<B,h=0$）

$$Q_{max}=\frac{2}{3}\frac{1}{\sqrt{3}}b\sqrt{2g}H^{3/2}\left(5-3\frac{Z_1}{H}-4\sqrt{1-\frac{Z_1}{H}}\right)^{3/2} \tag{4-5}$$

式中　Z_1——负波波高。$\frac{Z_1}{H}$按下式计算：

$$\frac{B}{b}=\frac{\sqrt{2}}{3\sqrt{3}}\frac{\left(5-3\frac{Z_1}{H}-4\sqrt{1-\frac{Z_1}{H}}\right)^{3/2}}{\left(1-\frac{Z_1}{H}\right)\left(1-\sqrt{1-\frac{Z_1}{H}}\right)} \tag{4-6}$$

弗兰克还认为，对于无限宽的渠道（河道堤防），$\frac{B}{b}\rightarrow\infty$，$\frac{Z_1}{H}\rightarrow 0$。则式(4-5)与宽顶堰计算公式相同：

$$Q_{max}=1.705bH^{3/2} \tag{4-7}$$

2. 竖向局部溃决（$h<H,b=B$）

$$Q_{max}=2BH^{3/2}\sqrt{g}\left(1-\frac{Z_1}{H}\right)\left(1-\sqrt{1-\frac{Z_1}{H}}\right)^{3/2} \tag{4-8}$$

式中，$\frac{Z_1}{H}$与$\frac{h}{H}$的关系如下：

$$\frac{\sqrt{2}}{3\sqrt{3}}\frac{\left(5-3\frac{Z_1}{H}-4\sqrt{1-\frac{Z_1}{H}}-\frac{h}{H}\right)^{3/2}}{\left(1-\frac{Z_1}{H}\right)\left(1-\sqrt{1-\frac{Z_1}{H}}\right)}=1 \tag{4-9}$$

当$\frac{B}{b}\rightarrow\infty$时：

$$Q_{max}=1.705\left(1-\frac{h}{H}\right)^{3/2}bH^{3/2} \tag{4-10}$$

（四）美国陆军工程兵团河道试验站得出的计算公式

1960年美国陆军工程兵团河道试验站（W. E. S）在宽1.22 m，长60 m的水槽内，进行了12组试验，溃决深0.03～0.31 m，相对宽$\frac{b}{B}$=0.1～1.0，相对高度$\frac{H-h}{H}$=0.1～1.0，得出以下计算公式：

$$Q_{max}=0.29\sqrt{g}\left(\frac{W_d}{W_b}\frac{Y_0}{D_b}\right)^{0.28}W_bD_b^{1.5} \tag{4-11}$$

式中　W_d——坝长；

W_b——口门宽；

Y_0——坝前水深；

D_b——原水面至溃决底部距离。

此式将坝体横向与竖向局溃统一在一个计算式内，在结构上比较合理。

（五）奥地利格拉茨工业大学获得的计算公式

1971 年奥地利格拉茨工业大学发表了有关溃坝试验的研究报告。试验库长6.06 m、宽 1.0 m、高 0.67 m，平底水泥砂浆抹面。溃坝闸门由弹簧提升，时间 0.186～0.308 s。库区设置 15 个电容式浪高仪，采用巡回检测和计算机数据处理装置。报告除对溃坝水流作了较详细的探讨外，还根据 H=30 cm、40 cm、50 cm 三组试验资料，整理了无因次泄水曲线，获得全溃时溃坝最大流量公式：

$$Q_{max} = 0.337\sqrt{g}bH^{3/2} \tag{4-12}$$

采用式(4-12)计算最大流量比里特尔公式约大 14%。

（六）《苏联铁路与公路桥渡勘测设计规程》中溃坝流量计算公式

《苏联铁路与公路桥渡勘测设计规程》(1972 年)中规定，溃坝流量按下式估算：

$$Q_n = B_n H_H{}^{3/2} K_{np} \tag{4-13}$$

式中　B_n——当水库极限蓄水时上游截水坝长(m)；

H_H——水头(截至溃坝为止上下游水位差，m)；

K_{np}——反映可能溃决宽度与坝长之比及溃坝时泄洪条件系数。

计算时 K_{np} 可粗略采用：①新的管理好的 5 级土坝取 0.5；②不列等级(小型和其他)的旧土坝，以及管理不良的 5 级坝取 0.75。

此外，南斯拉夫、法国、瑞士等国也曾分别在水槽内对溃坝波进行模型试验，所有这些试验都是采用闸门突然抽起的方式。

二、国内研究情况

国内对溃坝水流研究较晚，1959 年水利科学研究院曾对某大型水库溃坝进行了水工模型试验，该项试验主要侧重于溃坝模型相似准则及溃坝水流淹没范围的研究。其后，该院又对溃坝流量过程线进行了研究。

国内溃坝流量计算公式主要有以下几种。

（一）黄河水利委员会公式

1976 年，黄河水利委员会根据黄河小浪底水库溃坝洪水演进整体模型试验资料(试验范围 b/B=0.23～0.55，$(H-h)/H$=0.33～1.0)提出了以下计算公式：

1. 横向局部溃决

$$Q_{max} = \frac{8}{27}\sqrt{g}\left(\frac{B}{b}\right)^{0.4} bH^{3/2} \tag{4-14}$$

2. 竖向与横向局部溃决

$$Q_{max} = \frac{8}{27}\sqrt{g}\left(\frac{B}{b}\right)^{0.4}\left[\frac{11H-10(H-h)}{H}\right]^{0.3} b(H-h)^{3/2} \tag{4-15}$$

（二）辽宁省水利厅公式

1. 坝体瞬间全溃

$$Q_{max} = 0.206B\sqrt{2g}H^{3/2} \tag{4-16}$$

2.坝体瞬间局部溃决

$$Q_{max} = 0.206B\left(\frac{B}{b}\right)^{1/4} b\sqrt{2g}H^{3/2} \tag{4-17}$$

（三）王国安公式

2001年，黄河水利委员会勘测规划设计研究院王国安根据圣维南方程，假定河底为水平，略去摩阻，推出了在坝体瞬时全溃情况下计算溃坝最大流量通用公式。

$$Q_{max} = \frac{B}{g}\left(\frac{1}{1+2m}\right)^3 (2\sqrt{mgH} + v_0)^3 \tag{4-18}$$

式中　m——常数；

v_0——溃坝前库区水流流速。

1.对于矩形河槽，$m=1$

$$Q_{max} = \frac{1}{27}\frac{B}{g}(2\sqrt{mgH} + v_0)^3 \tag{4-18-1}$$

当 $v_0 = 0$ 时，$Q_{max} = \frac{8}{27}B\sqrt{g}H^{3/2}$，此即为里特尔解。

2.对于二次抛物线形河槽，$m=3/2$

$$Q_{max} = \frac{1}{64}\frac{B}{g}(\sqrt{6gH} + v_0)^3 \tag{4-18-2}$$

当 $v_0 = 0$ 时，$Q_{max} = \frac{3\sqrt{6}}{32}B\sqrt{g}H^{3/2}$。

3.对于三角形河槽，$m=2$

$$Q_{max} = \frac{1}{125}\frac{B}{g}(2\sqrt{2gH} + v_0)^3 \tag{4-18-3}$$

当 $v_0 = 0$ 时，$Q_{max} = \frac{8\sqrt{8}}{125}B\sqrt{g}H^{3/2}$。

4.对于四次抛物线形河槽，$m=5/4$

$$Q_{max} = \frac{8}{343}\frac{B}{g}(\sqrt{5gH} + v_0)^3 \tag{4-18-4}$$

当 $v_0 = 0$ 时，$Q_{max} = \frac{40\sqrt{5}}{343}B\sqrt{g}H^{3/2}$。

此外，水利部门还提出应用堰流、波流公式计算曲线相交的方法以及应用正负波额流量相等的方法计算溃坝最大流量。以上方法及在上述方法基础上提出的一些简化分析法都各有一定的适用条件和范围。

第二节　溃坝最大流量理论计算公式的推导

我国绝大部分水库为土坝，全溃情况很少，多数属于横向局部溃决情况，而里特尔解仅适用于全溃情况，为此本节将在里特尔关于全溃时理论解的基础上，探讨全溃及横向局部溃决情况均能适用的溃坝最大流量理论解。

一、溃坝洪水曲线的推导

设水库平面及断面均为矩形，库底水平，水深 H 均匀，略去阻力影响，坝体瞬时溃决。图 4-1中 H 为坝前水深，B 为坝长，b 为溃决口门宽度，假定挡水墙以速度 v 向下游移动，则在原有的水平面上就形成一个高度为 Z 的间断波，它以 ω 的速度向上游移动。

取断面①与②进行分析，当波动形成后水体向上游移动的动量为 $\frac{\gamma}{g}\omega ZB\omega$（其中 γ 为单位水体的质量），向下游移动的动量为 $\frac{\gamma}{g}v(H-Z)vb$ 。在溃决口门附近的动量变化为：

$$\frac{\gamma}{g}\omega^2 ZB+\frac{\gamma}{g}v^2(H-Z)b \tag{4-19}$$

又因 $v(H-Z)b=\omega ZB$ ，则 $v=\frac{\omega ZB}{(H-Z)b}$ ，代入式(4-19)，得：

$$\frac{\gamma}{g}\frac{\omega^2 ZB(H-Z)b+\omega^2 Z^2 B^2}{(H-Z)b} \tag{4-20}$$

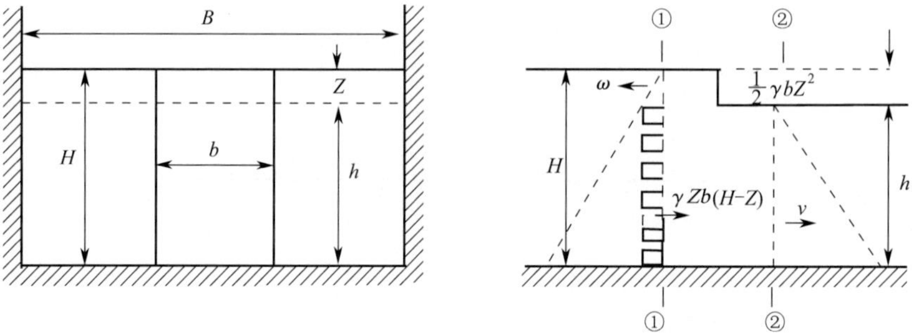

图 4-1　间断波断面示意图

根据动量原理，单位时间内动量变化应等于外力之和。从断面①与②上外力之和做如下分析：

按美国学者周文德(Ven Te Chow)关于河道收缩断面的水流现象的论述，动量方程中的外力应按以下两部分考虑：

其一为下游过流断面与上游相应范围的压力差：

$$\Delta P_1=\frac{1}{2}\gamma H^2 b-\frac{1}{2}\gamma(H-Z)^2 b=\gamma bZ\left(H-\frac{Z}{2}\right) \tag{4-21}$$

其二为下游非过流断面与上游相应范围的压力差：

$$\Delta P_2=\frac{1}{2}\gamma H^2(B-b)-\frac{1}{2}\gamma(H-Z')^2(B-b) \tag{4-22}$$

式中　Z' ——下游非过流断面与上游相应部分的水位差。

总压力差为：

$$\Delta P=\Delta P_1+\Delta P_2 \tag{4-23}$$

前苏联学者拉笛辛可夫(Латыщенов, A. M.)在研究河道上游壅水问题时，取 $\Delta P=\Delta P_1$。

水库坝体局部溃决时，负波的传播是相当复杂的，其动量变化与外力之关系可作如下简化分析。设坝体为瞬时溃决，此时口门处宽度为 b，水位下降 Z，两侧非过流断面水位近乎维持原状，因此溃坝前后的压差为：

$$\Delta P = \frac{1}{2}\gamma H^2 b - \frac{1}{2}\gamma(H-Z)^2 b = \gamma b Z\left(H - \frac{Z}{2}\right) \tag{4-24}$$

上式即为式(4-20)所示的水流动量变化的外力，则可得动量方程式如下：

$$\frac{\gamma}{g}\frac{\omega^2 ZB(H-Z)b + \omega^2 Z^2 B^2}{(H-Z)b} = \gamma b Z\left(H - \frac{Z}{2}\right) \tag{4-25}$$

求解上式，可得溃坝波的速度为：

$$\omega = \frac{\sqrt{gH\left(1-\frac{Z}{H}\right)\left(1-\frac{Z}{2H}\right)b^2}}{\sqrt{\left(Bb - \frac{Z}{H}Bb + \frac{Z}{H}B^2\right)}} \tag{4-26}$$

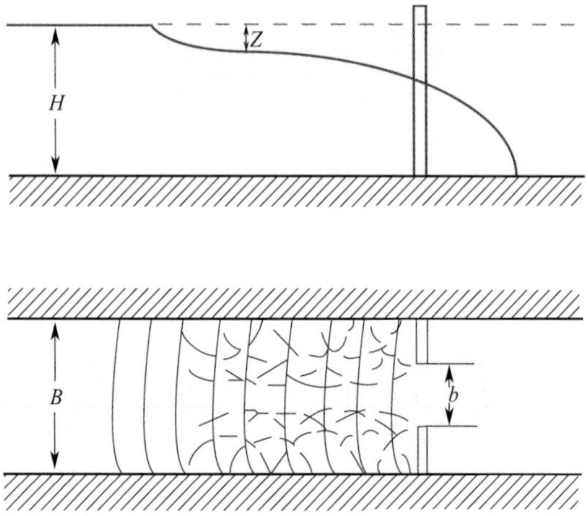

图 4-2　横向局溃时波形传播示意图

当 $b=B$(即全溃情况)时：

$$\omega = \sqrt{gH\left(1-\frac{Z}{H}\right)\left(1-\frac{Z}{2H}\right)} \tag{4-27}$$

式(4-27)即里特尔对圣维南方程在坝体全溃情况下，负波传播速度的理论解。里特尔在推导最大流量时为简化计算工作，将式(4-27)中 $\sqrt{1-\frac{Z}{2H}}$ 一项略去不计。根据本项试验资料，表明局溃时的 $\frac{Z}{H}$ 比全溃时为小，则 $\sqrt{1-\frac{Z}{2H}}$ 对局溃时的最大流量影响也更小，可忽略不计，于是由式(4-26)得：

$$\omega = \frac{\sqrt{gH\left(1-\frac{Z}{H}\right)b^2}}{\sqrt{Bb - \frac{Z}{H}Bb + \frac{Z}{H}B^2}} \tag{4-28}$$

关于 v 的求解，因 $\Delta v(H-Z)b = \omega\Delta ZB$，则有 $\mathrm{d}v = \frac{\omega B}{(H-Z)b}\mathrm{d}Z$，代入式(4-28)并整理得：

$$\mathrm{d}v=\frac{B\sqrt{gH}}{\sqrt{B^2-Bb}}\frac{\mathrm{d}Z}{\sqrt{\left(Z+\dfrac{BHb}{B^2-Bb}\right)(H-Z)}} \tag{4-29}$$

对上式积分后可得：

$$v=\frac{\sqrt{gH}}{\sqrt{1-\dfrac{b}{B}}}2\left[\arcsin\sqrt{\frac{Z}{H}\left(1-\frac{b}{B}\right)+\frac{b}{B}}-\arcsin\sqrt{\frac{b}{B}}\right] \tag{4-30}$$

根据式(4-28)和式(4-30)便可得出溃坝曲线及其外缘各点的速度值。

负波表面在时刻 t 的公式亦即溃坝曲线的公式为：

$$x=at \tag{4-31}$$

式中，a 为绝对速度，$a=-v+\omega$，由式(4-28)和式(4-30)可知，当 $Z=0$ 时，$v=0$，可得：

$$a=\sqrt{\frac{gHb^2}{Bb}} \tag{4-32}$$

令 $b=B$，则 $a=\sqrt{gH}$。

当 $Z=H$ 时，$\omega=0$，可得：

$$a=-v=\frac{\sqrt{gH}}{\sqrt{1-\dfrac{b}{B}}}2\left[\arcsin\sqrt{\left(1-\frac{b}{B}\right)+\frac{b}{B}}-\arcsin\sqrt{\frac{b}{B}}\right] \tag{4-33}$$

当 $\dfrac{b}{B}\rightarrow 1$ 时，以式(4-29)求极限(略去高阶项)得：

$$v=2\sqrt{gH}\left\{1+\frac{1}{8}\left(1-\frac{b}{B}\right)-\sqrt{1-\frac{Z}{H}}\left[1+\frac{1}{8}\left(1-\frac{b}{B}\right)\left(1-\frac{Z}{H}\right)\right]\right\} \tag{4-34}$$

当 $Z=H$，$b=B$ 时，由式(4-34)可得出与里特尔完全相同的解：

$$a=-v_{(Z=H)}=2\sqrt{gH} \tag{4-35}$$

由此可见，按式(4-28)和式(4-30)求得的溃坝曲线及其外缘各点的速度值，不仅适用于局溃情况，也可计算全溃情况。溃坝曲线示意图见图 4-3。

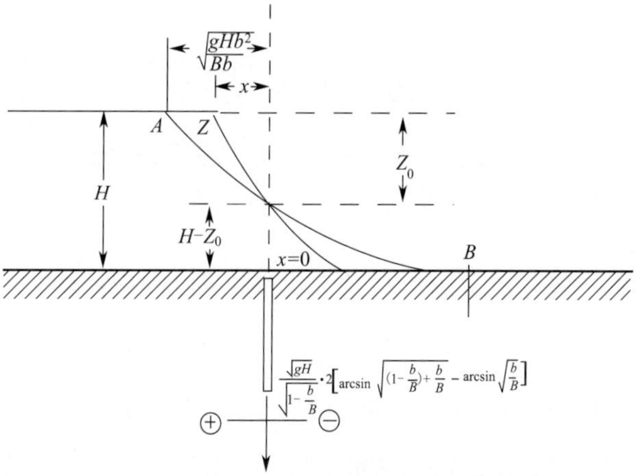

图 4-3　溃坝曲线示意图

二、溃坝最大流量理论计算公式推导

设溃坝最大流量时的波高为 Z_0，将其代入式(4-30)，可得：

$$Q_{max} = b(H - Z_0)v$$

$$= b(H - Z_0)\frac{\sqrt{gH}}{\sqrt{1-\frac{b}{B}}}2\left[\arcsin\sqrt{\frac{Z_0}{H}\left(1-\frac{b}{B}\right)+\frac{b}{B}} - \arcsin\sqrt{\frac{b}{B}}\right] \tag{4-36}$$

令 $K_1 = \dfrac{\left(1-\frac{Z_0}{H}\right)}{\sqrt{1-\frac{b}{B}}}2\left[\arcsin\sqrt{\frac{Z_0}{H}\left(1-\frac{b}{B}\right)+\frac{b}{B}} - \arcsin\sqrt{\frac{b}{B}}\right]$，则：

$$Q_{max} = K_1\sqrt{g}bH^{3/2} \tag{4-37}$$

式(4-36)中 $\dfrac{Z_0}{H}$ 为 $\dfrac{b}{B}$ 的函数，因此仅依据该式无法求出最大流量。又按能量方程：

$$Q_{max} = \frac{2}{3}\cdot\frac{1}{\sqrt{3}}\sqrt{2g}bE^{3/2} = \frac{2}{3}\cdot\frac{1}{\sqrt{3}}\sqrt{2g}b\left(H - Z_0 + \frac{v^2}{2g}\right)^{3/2}$$

$$= \frac{2}{3}\frac{\sqrt{2}}{\sqrt{3}}\sqrt{g}\left\{1-\frac{Z_0}{H}+\frac{2}{\left(1-\frac{b}{B}\right)}\left[\arcsin\sqrt{\frac{Z_0}{H}\left(1-\frac{b}{B}\right)+\frac{b}{B}} - \arcsin\sqrt{\frac{b}{B}}\right]^2\right\}^{3/2} bH^{3/2} \tag{4-38}$$

将式(4-38)改写成：

$$Q_{max} = K_2\sqrt{g}bH^{3/2} \tag{4-39}$$

联解式(4-37)和式(4-39)，即 $K_1/K_2 = 1$，则：

$$\frac{\dfrac{\left(1-\frac{Z_0}{H}\right)}{\sqrt{1-\frac{b}{B}}}2\left[\arcsin\sqrt{\frac{Z_0}{H}\left(1-\frac{b}{B}\right)+\frac{b}{B}} - \arcsin\sqrt{\frac{b}{B}}\right]}{\dfrac{2\sqrt{2}}{3\sqrt{3}}\left\{1-\frac{Z_0}{H}+\frac{2}{\left(1-\frac{b}{B}\right)}\left[\arcsin\sqrt{\frac{Z_0}{H}\left(1-\frac{b}{B}\right)+\frac{b}{B}} - \arcsin\sqrt{\frac{b}{B}}\right]^2\right\}^{3/2}} = 1 \tag{4-40}$$

根据式(4-40)解出相应于各种 $\dfrac{Z_0}{H}$ 和 $\dfrac{b}{B}$ 的值代入式(4-36)或式(4-38)即可求出溃坝最大流量。

当 $b=B$ 时，以式(4-34)代入式(4-36)，令 $Z = Z_0$，并考虑全溃时 $\dfrac{Z_0}{H} = \dfrac{5}{9}$，可得出与里特尔相同的解：

$$Q_{max} = \frac{8}{27}\sqrt{g}bH^{3/2} = 0.296\ 296\sqrt{g}bH^{3/2} \tag{4-41}$$

由此可见，式(4-36)或式(4-38)既可用于横向局溃，也可用于全溃情况。

为便于计算，利用计算机将式(4-40)的各种 $\dfrac{Z_0}{H}$ 和 $\dfrac{b}{B}$ 的值计算出来，见表 4-1 及图 4-4。也可根据表 4-1 和图 4-5 直接查出相应于 $\dfrac{b}{B}$ 的 K_1 值，代入式(4-37)就可非常方便地计算出溃坝最大流量。

表 4-1　溃坝最大流量系数表

$\frac{B}{b}$	$\frac{b}{B}$	$\frac{Z_0}{H}$	K_1	$\frac{B}{b}$	$\frac{b}{B}$	$\frac{Z_0}{H}$	K_1
1	1.000	0.555 6	0.296 3	14	0.071	0.330 2	0.544 5
2	0.500	0.484 0	0.368 7	15	0.067	0.326 8	0.549 8
3	0.333	0.446 0	0.410 1	16	0.063	0.322 8	0.554 1
4	0.250	0.421 0	0.438 2	17	0.059	0.319 6	0.558 4
5	0.200	0.406 0	0.460 3	18	0.056	0.316 7	0.562 5
6	0.167	0.388 4	0.475 9	19	0.053	0.313 7	0.566 0
7	0.143	0.376 7	0.489 5	20	0.050	0.310 6	0.569 2
8	0.125	0.367 0	0.500 8	21	0.048	0.308 5	0.572 6
9	0.111	0.358 7	0.510 5	22	0.045	0.305 2	0.575 0
10	0.100	0.355 2	0.520 6	24	0.042	0.301 7	0.581 0
11	0.091	0.345 6	0.526 6	26	0.038	0.300 4	0.587 4
12	0.083	0.339 7	0.533 1	28	0.036	0.297 8	0.592 4
13	0.077	0.338 6	0.541 0	30	0.033	0.294 0	0.596 0

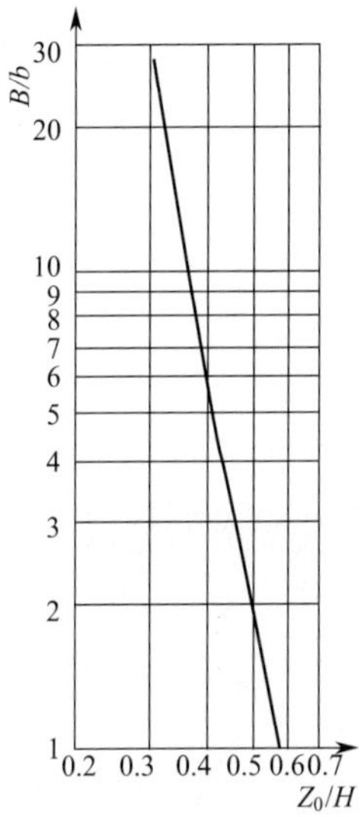

图 4-4　$\frac{Z_0}{H}$ - $\frac{b}{B}$ 曲线

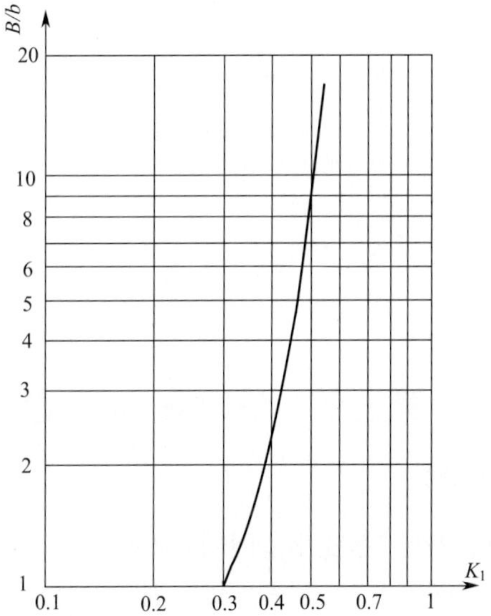

图 4-5　$\frac{b}{B}$ - K_1 曲线

为了验证以上推导的理论公式，将本项研究的试验资料（详见后节）、奥地利格拉茨工业大学公布的试验资料、板桥水库天然溃坝资料以及铁道部科学研究院在浙江南山水库自溃坝试验中用雷达测速仪测得的资料一并与公式计算值绘制于图 4-6 中，从图中可以看出，理论公式计算值与各项资料十分接近。

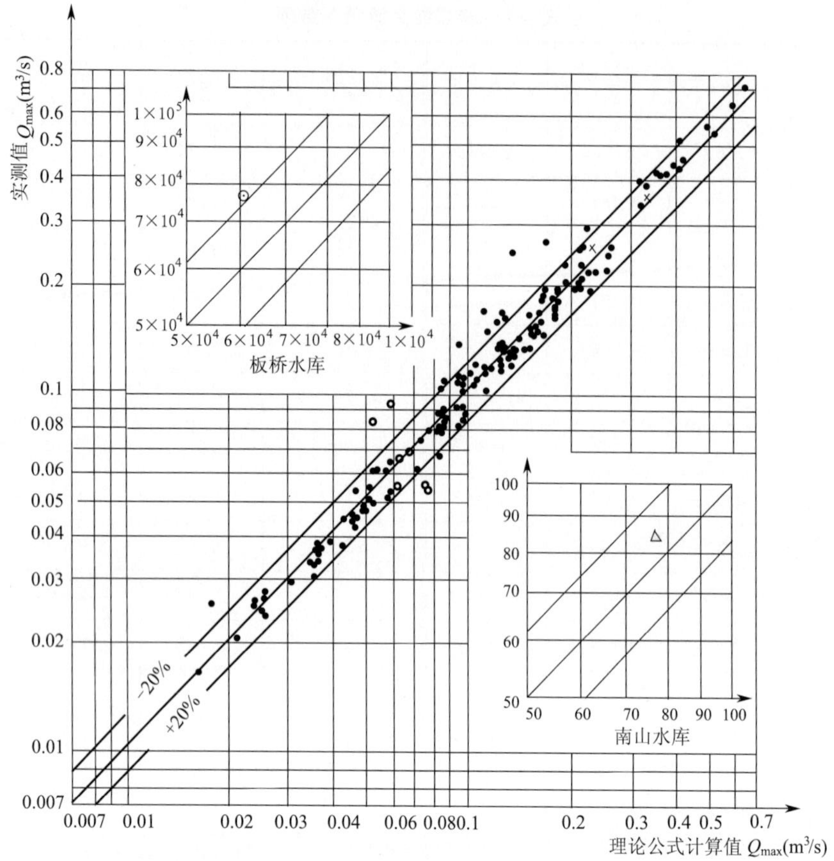

注：1. ○本项研究试验资料(每点代表 2 次以上试验)。

2. ×奥地利试验资料(每点代表 15 次试验)。

3. △南山水库自溃坝试验资料。

4. ⊙板桥水库资料。

5. 理论公式：$Q_{max} = K_1 \sqrt{g} b H^{3/2}$ 。

图 4-6　理论公式的验证

第三节　溃坝最大流量经验计算公式的建立

一、试验概况

(一)溃坝因素天然变化范围的调查分析

影响溃坝流量的主要因素大体有坝高(坝前水深)、坝长、库型、溃决口门尺寸、口门形状、溃决速度(坝壳坝体材质)、库区阻力以及溃坝前下游水深等。

为使试验中各项因素的变化范围能与天然条件大致符合，结合天然水库溃决口门宽度计算方法的研究(详见本章第四节)，先后到河南、辽宁等 13 个省调查搜集了 400 余座已溃水库(其中资料较全者 318 座)及 125 座未溃水库的有关资料。调查及分析结果如下：

(1)125 座未溃水库中，类似矩形的约占 55%，三角形约 8%，牛角形(双岔)约 11%，指形(多岔)约 14%，其他(如峡谷形、圆形、串状等)约 12%。在 68 座矩形水库中，库长 L 大于库宽 B 为 83.8%(57 座)，$L<B$ 为 16.2%(11 座)，具体见表 4-2。

表 4-2　矩形水库库长与库宽对比情况表

L/B	<1	1∶1	2∶1	3∶1	4∶1	5∶1	6∶1	>(6～10)∶1
数量	11	4	21	11	13	3	3	2
百分比(%)	16.2	5.9	30.9	16.2	19.1	4.4	4.4	2.9

(2)318 座已溃水库中，库容为 100 万 m^3 以上的 96 座，100 万 m^3 以下的 222 座。其相对溃决宽度(坝长 B 与口门宽度 b 之比)变化范围为 $B/b=1\sim20$。河南省 21 座已溃水库资料中有 10 座未全溃到底，其相对溃决深度(即溃坝后残留坝高 h 与坝高 H 之比)变化范围 $h/H=0\sim1/2$。

坝长 B 与坝高 H 之比一般为 3～30，个别有大于 100 者。溃决口门一般多为梯形或矩形(U 形)，以梯形居多。溃决前河道流量均较小，坝体材质以土坝最多，溃决时间基本无数据。

(二)试验条件的确定

根据上述调查资料确定试验条件如下：库型为矩形，$L/B=0.5\sim10$，$B/b=1\sim16.87$，$h/H=0\sim0.45$，$B/H=3\sim54.4$。各溃坝要素变化幅度(天然与模型)见表 4-3。

表 4-3　溃坝模型试验各要素变化表

要素比值	B/b	h/H	B/H	b/H	L/B
天然	1～20	0～1/2	3～30	0.55～17.7	0.5～10
模型	1～16.87	0～0.45	3～54.4	0.53～16.0	0.5～10

试验中各项要素的具体数值如下：

(1)库长 L=68 cm、136 cm、204 cm、272 cm、529 cm、544 cm、1 360 cm。

(2)坝长(库宽)B=68 cm、136 cm、272 cm、408 cm、544 cm。

(3)坝高 H=7 cm、10 cm、15 cm、20 cm、25 cm、30 cm、35 cm、40 cm。

(4)口门宽 b=18.5 cm、28.5 cm、38.5 cm、48.5 cm、68.5 cm、78.5 cm、88.5 cm、98.5 cm、101 cm、110 cm、136 cm、149 cm、189 cm、239 cm、272 cm。(所列尺寸为梯形断面 H=35 cm 时的平均宽度，H 变化时 b 也相应变化，不一一列出)。

(5)残留坝高 h=3.5 cm、4.0 cm、7.0 cm、8.0 cm、10.5 cm、12.0 cm、14.0 cm、16.0 cm。

(6)口门形状：梯形、矩形。

(7)溃决时间 t=0.3 s、1.0 s、1.2 s、1.5 s、1.7 s、3.0 s、3.5 s、4.7 s、5.0 s。

(8)库区底坡 i=1‰。

(9)库区底部及侧墙均为水泥砂浆抹面。

(10)大坝下游为干涸无水情况。

在上述各因素组合变化条件下，共进行了约 600 次试验。

(三)仪器设备及试验方法

1. 试验设备

试验先后在两个矩形水槽中进行，通过变更各种尺寸，代表多种水库情况。设计尺寸考虑能基本满足天然水库各种组合条件。第一个水槽是采用室内既有玻璃水槽。水槽全长约 25 m，试验段库区最大长度 5.29 m，槽宽 1.36 m，槽高 0.5 m，库区两侧为玻璃直墙，槽底为水泥砂浆抹面，底坡为 1‰。为扩大试验范围，1979 年专门为溃坝试验兴建了另一较大水槽，全长约 55 m，宽 5.44 m，最大库长 13.6 m，下游段近 40 m，槽高 0.5 m，两边直墙及槽底均为水泥砂浆抹面，底坡为 1‰。

考虑到坝体都是向下崩溃、水流由静止状态向下跌落的水流条件，坝门设计为下落式，改变了以往国内外惯用的向上提闸形式(后者在提升过程中类似闸下出流)。坝门为双层钣门结构，即由可变口门钣及下降闸钣组成，中间夹有橡胶以密封防漏。可变动口门设计为活动拼装式结构，以模拟不同尺寸的梯形或矩形溃决口门形式(图 4-7)。坝体破坏由外层升降闸钣予以实现。两座水槽的升降闸钣分别为 1.36 m×0.50 m 及 3 m×0.50 m，最大重量为 50 kg 和 200 kg。升降闸钣装有自动控制提升设备，其动力分别为 600 W 控制电机和 2.5 W 无级变速直流电机。闸门下降时间即坝体破坏时间借助于变更坝门的负重及电机变速控制实现，瞬时溃决由一定自重的闸门自由下落，时间为 0.25～0.3 s，逐步溃决时间为 0.3～5.0 s。

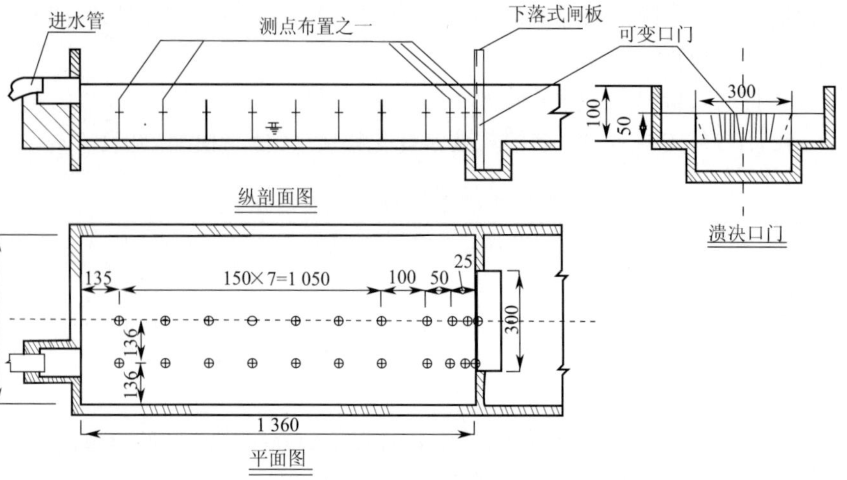

图 4-7　溃坝最大流量试验模型布置图(mm)

2. 测量仪器及试验方法

鉴于在溃坝口门处直接量测流量较为困难，因而在试验中以电测仪器连续记录水库内水位随时间的变化，由瞬时水位差算得每秒水体的差值，即得该时段的平均流量。根据此要求，试验应用了 KGY 电容式水池浪高仪及 YB—A 型液面仪，外接 SR—18，SR—16 型紫外线示波仪连续记录，并使各台仪器测量时间同步。溃坝时间测量是由坝门上安装的光源光敏三极管经频率计予以记录。

试验方法是首先通过电动截门向库区进水，使水位高于预定的试验水位，然后一方面等待水位逐步平稳，一方面微量排水，当水位降至预定试验水位时，由电测针通过电磁铁使外层升降闸钣自动脱勾下降形成溃坝。在达到预定水位之前，通过另一电测针控制各台示波仪，同步开始记录浪高仪测量的水位变化数据。全部试验操作基本实现自动控制。有关上述试验设备，仪器等情况另有专项报告予以介绍。

测量库区各点水深随时间变化的浪高仪布置见图 4-7。对于宽水槽试验，考虑到仅沿纵向中心断面一排浪高仪不能反映较大横向水面波动的变化，以致影响正确确定流量值。为此对横向水面变化进行了专门试验，以探讨浪高仪的合理布置方案，从而确定了图 4-7 中的两排浪高仪布置方案(最多时共计 21 台)。

为使试验次数及计算工作量尽量减少，而又保证试验值能达数理统计提供的置信限度，对试验要求及仪器运用上均采用了严格规定，控制仪器在灵敏度完全相同的条件下，一组试验重复 2～3 次，要求每组试验在重复时各台浪高仪所记录的随时间变化的水位显影后完全重合，否则重新试验。由于测试仪器设备基本实现自动化，因此在相同条件下重复试验测得的各条水位过程线连微小的波动也能完全吻合，从而表明试验资料稳定可靠。

（四）库区水流现象概述

水库大坝突然溃决时，以大坝坝址断面为分界点，有正反两个方向的波动分别向下游和上游传播，通常假定向下游传播为正波，即所谓溃坝洪水。向上游传播为负波。负波传播至水库上游端部后再向坝址断面反射回来。在此期间坝址断面保持最大水深 h_m 和最大流量 Q_{max} 。当负波由上游反射回来到达坝址断面时，坝址断面水深下降，流量亦相应减小。当然如果水库长度相当大，负波在传播过程中，能量逐步削弱，即使负波尚未反射回来，h_m 和 Q_{max} 也会有所减小，不能长期保持最大值不变。

水库突然全溃时，库区各瞬时水面线变化见图 4-8。图中所列水位资料为库区中轴纵断面各台自记浪高仪实测记录。试验条件为：库长 L=1 360 cm，库宽（坝长）B=272 cm，口门宽度 b=272 cm（矩形断面），坝高 H=35 cm（1979 年№183-1）。从各瞬时水面线的变化情况来看，库区水面有一明显负波向上游传播，而当负波向坝址断面反射回来时，并无直观波形传播的形象。试验资料表明，水库突然溃坝后，库区溃坝波波形并不是此起彼伏的传播。当负波向上游传播时是此（下游）伏彼（上游）不伏；而当负波向下游反射时是彼（上游）伏此（下游）不伏（也不起，口门水位不变），而且是上游并不低于下游这种类型的波浪传播。

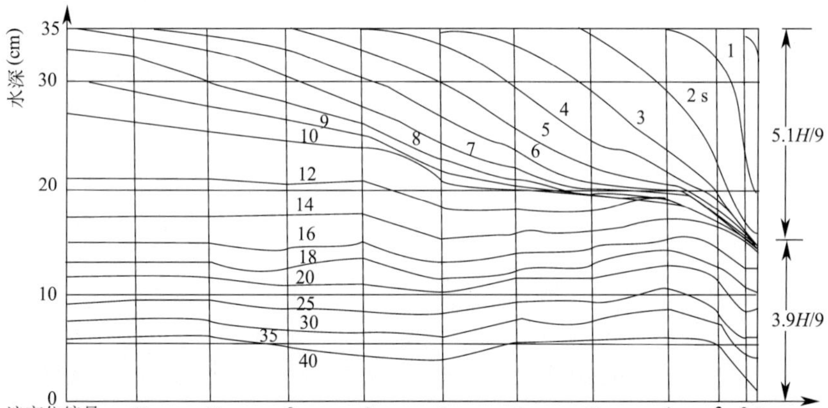

图 4-8　全溃时水面线变化图

试验资料证明，水库突然全溃（$B=b$）时，坝址断面最大水深 $h_m=\dfrac{3.9}{9}H$，接近或略小于理论解$\left(h_m=\dfrac{4}{9}H\right)$。由于水库全溃时最大水深及最大流量在负波传播与反射过程中保持不变，所以溃坝流量过程线在此情况下，峰形是比较平坦的（图 4-9）。

关于水库突然局部溃决时的水流现象，根据试验观察，此时在口门附近不仅有纵向（垂直于坝轴线）水面跌落，而且有横向（平行于坝轴线）的水面跌落。从而形成一个类似半圆形漏斗状的水面跌落。溃决宽度 b 越大，水面跌落的漏斗范围也越大。由于存在漏斗状水面跌落，因而不仅有纵向供水，同时也存在侧向供水(即三向供水)。严格地讲，应该是存在着呈半圆形漏斗状的供水。在这种情况下，溃坝后坝址断面的最大水深 h_m 就不能再以全溃时的理论值 $\frac{4}{9}H$ 来反映。而是大于 $\frac{4}{9}H$，而且 $\frac{B}{b}$ 越大，$\frac{h_m}{H}$ 也越大。其二者的关系见图 4-10。由于口门断面处流速较大，特别是溃坝一瞬间，水面变幅很大，水面波动也较大，h_m 试验值不易定准，仅能作定性参考。在瞬时局部溃决的情况下，库区各瞬时水面线以 1979 年№159-3 试验资料为例(图 4-11)，口门处 $h_m = \frac{7.26}{9}H$。由于局溃时侧向供水的影响，在坝址上游形成的漏斗状水面跌落，不仅使 h_m 值增大，而且在端部隆起较高。所以当负波反射回来时，上游端低于下游，这点也是与全溃时水面线不同的。

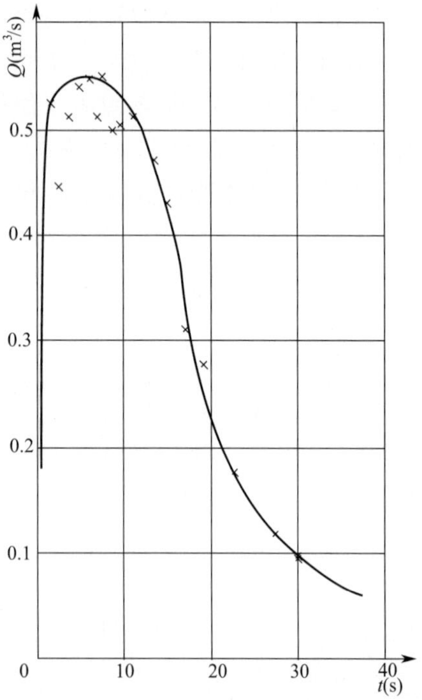

图 4-9　流量过程线

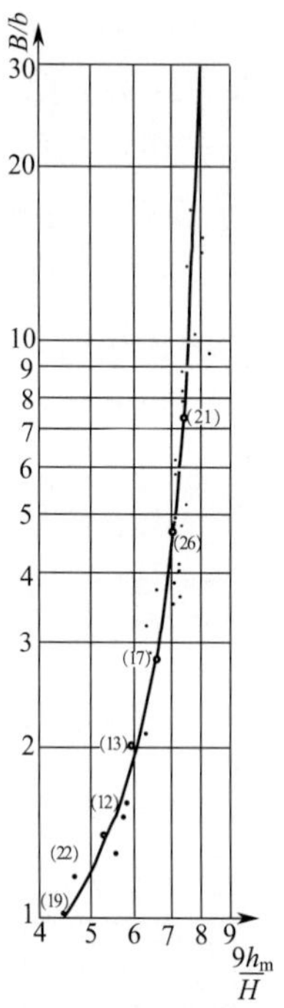

图 4-10　$\frac{B}{b}$-$\frac{9h_m}{H}$ 曲线

因此由于存在三向供水，过流断面最大水深 h_m 与最大流量 Q_{max} 显然随着 $\frac{B}{b}$ 的增大而增大。

二、资料分析及试验公式的建立

(一)全溃情况($b=B$)

里特尔在圣维南非恒定流方程组的基础上，假定水库库区为平底、无阻力、河槽为棱柱体及坝体为瞬时全溃的条件下，推导出溃坝最大流量计算公式(4-1)。公式表明，对 Q_{max} 影响最大的是坝前水深 H。因此在试验安排及资料分析中，对 H 的影响进行了大量的试验和分析。资料证明 H 对 Q_{max} 的影响是 3/2 次方的关系，见图 4-12。

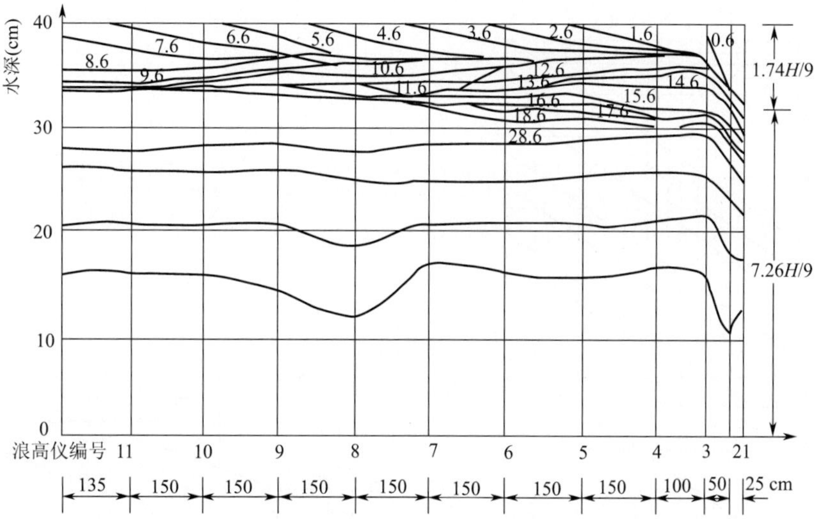

图 4-11　局溃时水面线变化图

在确定了 H 的因次与里特尔解一致以后，对其进行验证。结果表明，在全溃条件下，理论计算与试验资料是比较接近的(图 4-13)。只是存在 Q_{max} 较大时计算值略微偏小，而 Q_{max} 较小时略微偏大的趋势。

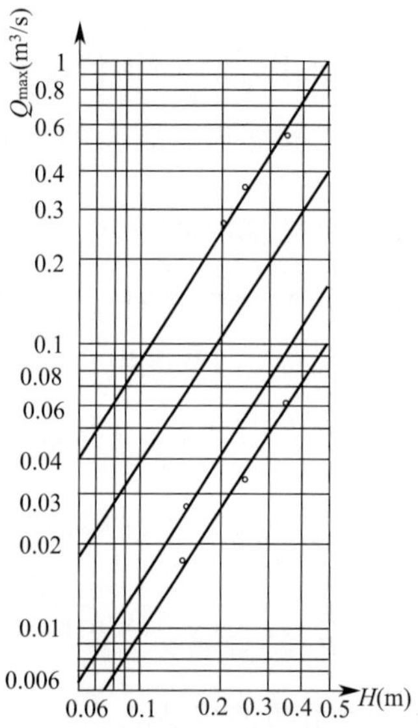

图 4-12　Q_{max} -H 曲线

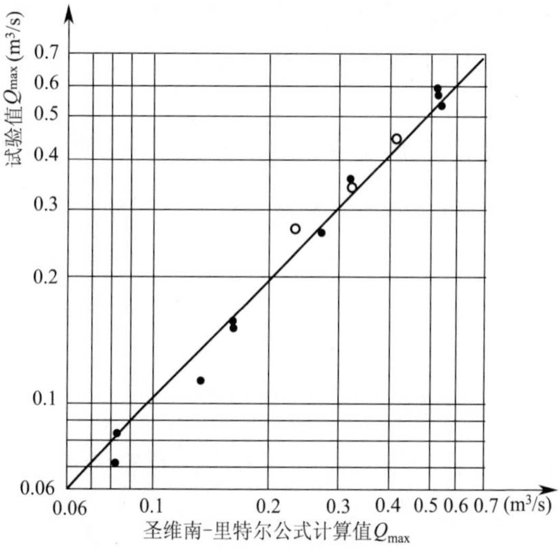

图 4-13　圣维南-里特尔公式验算

(二)横向局溃情况($b<B$)

如下所述，式(4-1)不能用于局溃，而天然情况下局溃特别是横向局溃最为普遍，因此，本项试验以横向局溃为重点。局溃有横向局溃($b<B$)与竖向局溃($h\neq 0$)两类。此处先研究横向局溃情况。试验资料表明，横向局溃时 Q_{max} 与 b 的关系已不是一次方的关系，而是 2/3 次方的关系，见图 4-14。同时，如前所述，由于局溃时呈三向供水状态，溃决口门过流断面的最大水深和最大流量均比坝长为 b 时的全溃情况为大，即 $Q_{max}/\sqrt{g}bH^{3/2}>0.296$，而且随着 $\frac{B}{b}$ 的增大而增大，见图 4-10 及图 4-15。

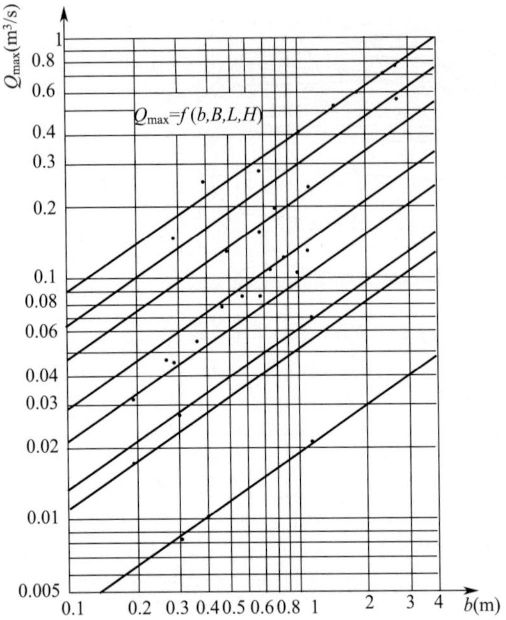

图 4-14　Q_{max}-b 曲线

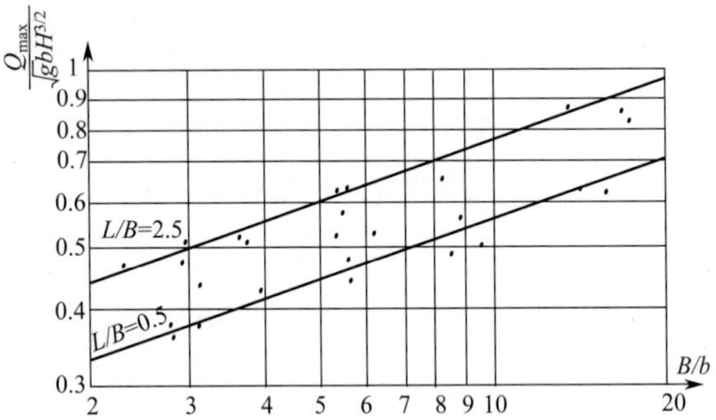

图 4-15　$\frac{Q_{max}}{\sqrt{g}bH^{\frac{3}{2}}}$-$\frac{B}{b}$ 曲线

此外，溃坝水流又类似宽顶堰过流，当有侧收缩时受断面形态阻力的影响，流量应有所减小，即 Q_{max} 与 $\frac{B}{b}$ 成反比的关系。然而由于侧向供水的影响大于断面形态阻力的影响，实际 Q_{max} 与 $\frac{B}{b}$ 仍以正比的关系出现。为了排除其他因素的影响，单独验证此两者之关系，于 1978 年及 1979 年分别安排了各种对比试验。试验的条件是令坝高、口门宽度及库容均为常数，对于不同库长 L 与坝长 B 为一组对比资料，然后分别就不同的坝高和口门宽度组合了多组对比试验。各组试验资料一致表明，当 b 一定时，Q_{max} 随着 $\frac{B}{b}$ 的增大而增大，其指数 $n=1/3$（图 4-15）。尽管 $Q_{max}\propto\frac{B}{b}$，但并不能因而认为 $Q_{max}\propto\frac{1}{b}$，因为上述试验的前提是 b 为常数。这只能理解为在局部溃决（$b<B$）时，对全溃情况下 Q_{max} 与 $\frac{B}{b}$ 为一次方关系的修正，即：$Q_{max}=f\left[\left(\frac{B}{b}\right)^{1/3}b\right]$ 或 $\frac{Q_{max}}{b}=f\left[\left(\frac{B}{b}\right)^{1/3}\right]$。这与 Q_{max}-b 单因次分析的结果 $Q_{max}=f(b^{2/3})$ 是一致的。当然 $\frac{B}{b}$ 对 Q_{max} 的影响是有一定限度的，Q_{max} 不可能随 $\frac{B}{b}$ 的增大而无限增大。但从试验资料来看，当 $\frac{B}{b}=17$ 时，Q_{max} 仍处于继续按 $n=1/3$ 的增长范围之内。据天然 318 座已溃水库的调查资料，$\frac{B}{b}>17$ 的情况是为数极少的，而且有的还是由于小型水库上人工扒口（b 很小，所以 $\frac{B}{b}$ 值较大）等特殊情况所形成。

试验资料表明，Q_{max} 除与 H、b、$\frac{B}{b}$ 的变化有关以外，还与库区长宽比（即库长 L 与库宽 B

之比)有关。在资料分析过程中,曾将各种不同的 H 与 b 情况下,相应于两种 L/B(0.5 与 2.0)的流量值进行对比。发现 $L/B=0.5$ 的 Q_{max} 一致比 $L/B=2.0$ 的大,似乎 L/B 对 Q_{max} 的影响是反比关系。但这是一种虚假现象,因为这两组资料中 B 不相同,这里面包含了 $\frac{B}{b}$ 的影响。也正如前面所介绍,如果未认清口门 b 对 Q_{max} 的影响较大,而单独分析 Q_{max} 与 $\frac{B}{b}$ 的关系,也会得出 Q_{max} 与 b 成反比的错误结论。

关于 L/B 的影响可作如下分析,当 H 为一常数时,大体可对以下三种典型情况进行讨论:

(1) $\frac{L_1}{B_1}>\frac{L_2}{B_2}$, $\frac{B_1}{b_1}>\frac{B_2}{b_2}$ 时, $Q_1>Q_2$;

(2) $\frac{L_1}{B_1}>\frac{L_2}{B_2}$, $\frac{B_1}{b_1}<\frac{B_2}{b_2}$ 时, $Q_1<Q_2$;

(3) $\frac{L_1}{B_1}>\frac{L_2}{B_2}$, $\frac{B_1}{b_1}=\frac{B_2}{b_2}$ 且 $b_1=b_2$ 时, $Q_1>Q_2$ 。

上述三种情况中,第一种情况 $\frac{L_1}{B_1}$ 与 $\frac{B_1}{b_1}$ 都大于 $\frac{L_2}{B_2}$ 与 $\frac{B_2}{b_2}$,因而 Q_1 大于 Q_2 是很容易理解的。第二种情况虽然 $\frac{L_1}{B_1}>\frac{L_2}{B_2}$,可是由于 $\frac{B_1}{b_1}<\frac{B_2}{b_2}$ 的影响大于前者,所以流量受 $\frac{B}{b}$ 的支配而呈现 $Q_1<Q_2$ 。唯有在第三种情况 $\frac{B_1}{b_1}=\frac{B_2}{b_2}$ 且 $b_1=b_2$ 时, Q_{max} 与 $\frac{L}{B}$ 的关系才能真正反映出来。在此基础上或者事先计入了 $\frac{B}{b}$ 的关系以后即可定出 $Q_{max}=f\left[\left(\frac{L}{B}\right)^{1/10}\right]$,见图 4-16。同时从图上也可看出,当 $\frac{L}{B}\geqslant 5$ 时 Q_{max} 有不继续增长的趋势,因此 $\frac{L}{B}>5$ 时即按 $\frac{L}{B}=5$ 计算。关于 $\frac{L}{B}$ 对 Q_{max} 的影响,除可视为库形长宽比之影响以外,也可作如下的理解:当 H 与 B 一定时, $\frac{L}{B}$ 的不同在一定程度上反映了库容 V 的不同,也反映了库区水体重心与坝轴之距 $\overline{L}$ 的不同。南斯拉夫雷加(Rajai,R.)曾认为坝址最大流量 Q_{max} 应为 H、B、$\overline{V}$ 及 $\overline{L}$ 诸变数的函数。即 $Q_{max}=f(H,B,\overline{V},\overline{L})$ 。

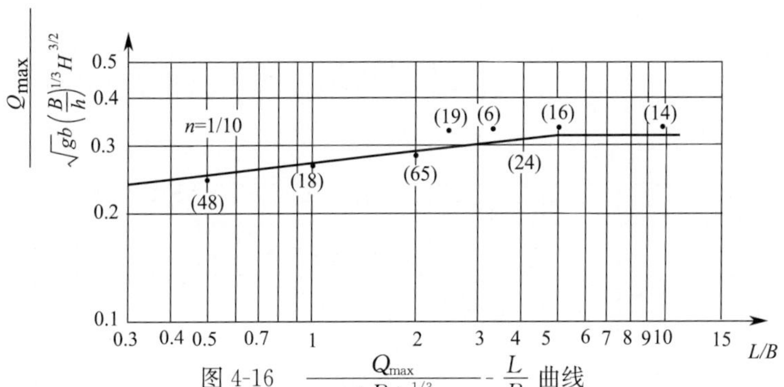

图 4-16 $\frac{Q_{max}}{\sqrt{gb}\left(\frac{B}{b}\right)^{1/3}H^{3/2}}-\frac{L}{B}$ 曲线

注:图列括号内数据表示试验的组数。

然而,关于 Q_{max} 与 $\overline{V}$ 及 $\overline{L}$ 的函数关系,迄今尚无研究成果。$\overline{V}$ 与 $\overline{L}$ 究竟对 Q_{max} 产生何种影响,显然尚有待深入研究。

（三）竖向局部溃决（$h \neq 0$）

竖向局部溃决指大坝并非一溃到底，而存在一残留高度 h。此时形成负波的能头显然不能再以 H 来反映，而应计入 h 的影响。可是 h 对 Q_{max} 的影响不能简单地以（$H-h$）的形式来表示，也就是说当坝高为 H，仅溃决（$H-h$）部分时的 Q_{max} 与原来坝高就是（$H-h$）而一溃到底时的 Q_{max} 是不同的。因为当坝高为 H 仅溃决（$H-h$）时，（$H-h$）这部分运动的水体必然带动其下部水体参与运动，于是动能的增加（原来克服固体底部磨损的能量转换为下部水体运动的能量以及运动质量的增加）便导致 Q_{max} 的增大。同样，如果在竖向局溃的同时尚存在横向局溃，则侧向（$B-b$）范围的（$H-h$）的运动水体也带动其下部水体参与运动。坝体残留高度 h 范围内的水体，由于上游及口门两侧的（$H-h$）部分运动水体的带动，使 Q_{max} 增大的现象，也可形象地理解为一种口门底部供水现象。因此连同上游及口门两侧的供水就形成了四面供水的条件。在这种情况下能头既不是 H，也不能简单地以（$H-h$）来反映，应对 h 采用一修正系数来调整，以式表之为：

$$Q_{max} = f(H - kh) \tag{4-42}$$

关于系数 k 值的变化可作如下讨论：由于四面供水条件的影响，使 Q_{max} 有增大的趋势，因此 k 应为一小于 1.0 的数值。在包括横向局溃的情况下，当由于 h 的存在而增加的拦截面积（非过流面积）bh 一定时，溃坝前总拦截面积（或称总供水面积）BH 越大，则相对而言四面供水的条件越充分（供水能力较大），此时 Q_{max} 应略大，即 k 值应较小。反之亦然。但是因 k 始终小于 1.0，所以即使 k 值较大，按 $Q_{max} = f(H - kh)$ 求得的最大流量仍然比按 $Q_{max} = f(H - h)$ 计算的结果为大。综上所述，可以认为 k 值应与相对拦截面积 $\frac{bh}{BH}$ 成正比，

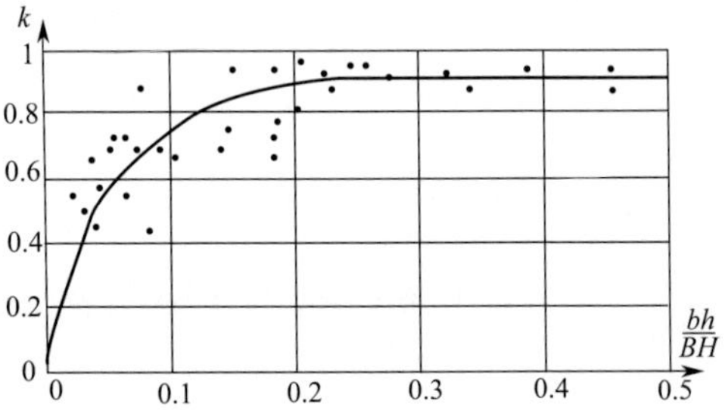

图 4-17　k-$\frac{bh}{BH}$曲线

即 $k = f\left(\frac{bh}{BH}\right)$。根据试验资料求得的 k 与$\frac{bh}{BH}$的函数关系见图 4-17。k 值可由图上曲线查得。

如果要计算 k 值，可按图 4-18 所示简化公式计算，即：

$$k = 1.4\left(\frac{bh}{BH}\right)^{1/3} \tag{4-43}$$

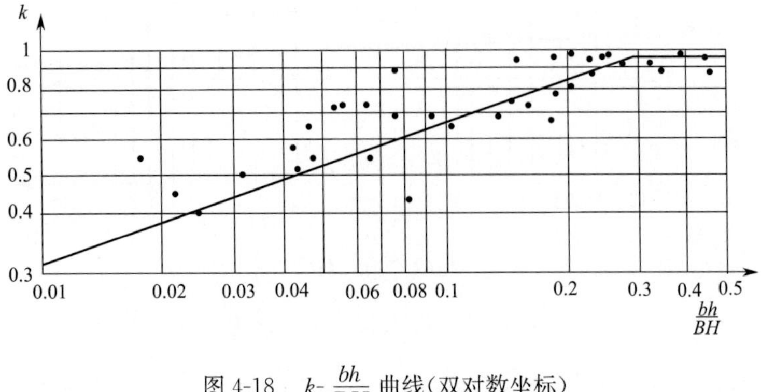

图 4-18　k-$\frac{bh}{BH}$ 曲线（双对数坐标）

由图 4-17 或图 4-18 可见，当 $\frac{bh}{BH}>0.3$ 时，$k=0.92$。表明底部供水影响已非常微弱，Q_{max} 接近于按($H-h$)计算的数值。但也表明只要有 h 的存在，就有底部供水影响。

关于口门形状的影响，曾在其他因素相同的情况下，对梯形口门与矩形口门进行比较，发现两者差别并不很明显。根据理论分析，抛物线形与矩形两者流量系数之比(0.316/0.296)也只差 7%左右。在试验测量及流量计算过程中误差的影响下，两者是不易区分的。在天然情况下溃坝口门多半是梯形断面，因此试验后期也均采用梯形断面。

关于溃坝时间 t 的影响，曾安排了多组不同溃坝时间 t 对 Q_{max} 影响的试验，可以明显看出溃坝时间越长 Q_{max} 也越小，但鉴于天然情况下，溃坝时间极难调查，从而无法预估，使用上非常困难。在资料分析上，如何考虑时间比尺，或如何以无量纲数以代替比尺关系尚存在一些问题，因而对此未进行深入研究，而暂按瞬时溃决考虑，这样计算结果在实际应用上是偏安全的。

(四)汇总公式

综上分析，根据图 4-16，当 $\frac{L}{B}=1$(且 $h=0$)时，可求得系数值：$Q_{max}/\left[\sqrt{g}\left(\frac{B}{b}\right)^{1/3}bH^{3/2}\right]=0.27$。然后计入 $\frac{L}{B}$ 及 kh 的影响，即可得到溃坝最大流量计算公式如下：

$$Q_{max}=0.27\sqrt{g}\left(\frac{L}{B}\right)^{1/10}\left(\frac{B}{b}\right)^{1/3}b(H-kh)^{3/2} \tag{4-44}$$

式中 g——重力加速度(m/s^2)；

L——库区长度(m)；

B——库区宽度或坝长(m)；

b——坝体溃决口门平均宽度(m)；

H——溃坝前坝前水深(m)；

h——溃坝后坝体残留高度(m)；

k——修正系数，可查图 4-17 上曲线或按式(4-43)计算。

上式适用于全溃($b=B,h=0$)、横向局溃($b<B,h=0$)、竖向局溃($b=B,h>0$)以及同时存在横向竖向局溃($b<B,h>0$)等各种情况。

(五)公式使用说明

(1)关于库长 L：一般可采用坝址断面至库区上游端部淹没宽度突然缩小处的距离，或近似地按 $L=\frac{\overline{V}}{BH}$ 计算(式中 $\overline{V}$ 为库容)。其中以坝前水深代替库区平均水深使计算值偏小，而以坝长 B 代替库区平均宽度将使计算偏大，两者可相互抵消或抵消一部分；因 $\frac{L}{B}$ 对 Q_{max} 影响较小，故可作如此近似计算。当 $\frac{L}{B}>5$ 时均按 $\frac{L}{B}=5$ 计算。

(2)关于库宽 B：如果在坝址断面库区水面宽大于坝长，则计算时应采用库区水面宽度。如果库区水面虽宽，但不在坝址断面，则只能采用坝长进行计算。因 $\frac{B}{b}$ 对 Q_{max} 的影响较大，采

用 B 值时应慎重。本项试验 $\frac{B}{b}$ 的变化范围为 1.0～16.87。

(3)关于坝前水深 H:对已溃水库推算最大流量时,应采用溃坝前坝前实际水深。而对于未溃水库检算其溃坝最大流量时,可采用坝高值。

(4)关于坝体残留高度 h:目前尚缺乏可供系统分析 h 的天然资料。对于已溃水库,h 值是不难确定的。至于如何预估天然情况下坝体残留高度,尚有待今后对大量天然溃坝资料的积累和分析。在无确切的 h 估算值的情况下,可假定 $h=0$ 以策安全。

(5)当 $\frac{bh}{BH}>0.3$ 时,$k=0.92$。

(6)关于口门宽度 b:为了确定 b 值,参阅本章第四节对国内现有水库溃坝口门尺寸进行的调查研究,初步拟定的以下计算办法:

①当库容 $\bar{V}\geq 100$ 万 m^3 时

$$b = K\bar{V}^{\frac{1}{4}}H^{\frac{1}{2}}B^{\frac{1}{7}} \tag{4-45}$$

式中 B——坝长(m);

H——坝高(m);

K——坝体材质系数;对黏土类、黏土心墙或斜墙和土、石、混凝土等,$K=1.19$;对均质壤土,$K=1.98$。

②当库容 $\bar{V}<100$ 万 m^3 时

$$b = K(\bar{V}H)^{1/4} \tag{4-46}$$

式中 K——坝体材质系数,质量好的用 6.6,质量差的用 9.1。

其他符号同前。

三、各家公式的验算及理论计算式的修正

(一)试验资料的验算

(1)本项研究理论公式:验算结果见图 4-6。

(2)本项研究试验公式:计算值与试验值的符合程度见图 4-19。从图上可见全部试验资料(共 251 组)与计算结果误差基本上都在±20%范围之内。其中有些资料密集重叠而难以点绘。根据奥地利格拉茨工业大学仅公布的三组 45 次试验资料验算,本项研究试验公式计算值小 2.7%～3.9%。

(3)圣维南-里特尔公式:如前所述,此式只适用于全溃情况。格拉茨工业大学曾对此式进行了验算,试验值比计算值约大 14%。本项研究对全溃情况也只安排了少量验证试验,验算结果见图 4-13。表明试验资料与计算结果差别不大,并略有 $\frac{L}{B}$ 较大时计算值偏小,$\frac{L}{B}$ 较小时计算值偏大的趋势。

(4)肖克里契公式:肖氏公式实际上包括两个不连续的计算式,一个是计算全溃与横向局溃的,另一个是专为计算竖向局溃的。现将其一并点绘于图 4-20 上。在总共 211 组(因公式不能计算同时有横向及纵向局溃情况的 40 组资料)试验资料的验算中,计算值较试验值大 20%者为 5 组,小 20%者为 31 组。

(5)美国陆军工程兵团河道试验站(W.E.S)公式:验算结果见图 4-21。在总共 251 组(下同)试验资料的验算中,其中计算值较试验值大 20%者为 6 组,小 20%者为 31 组。

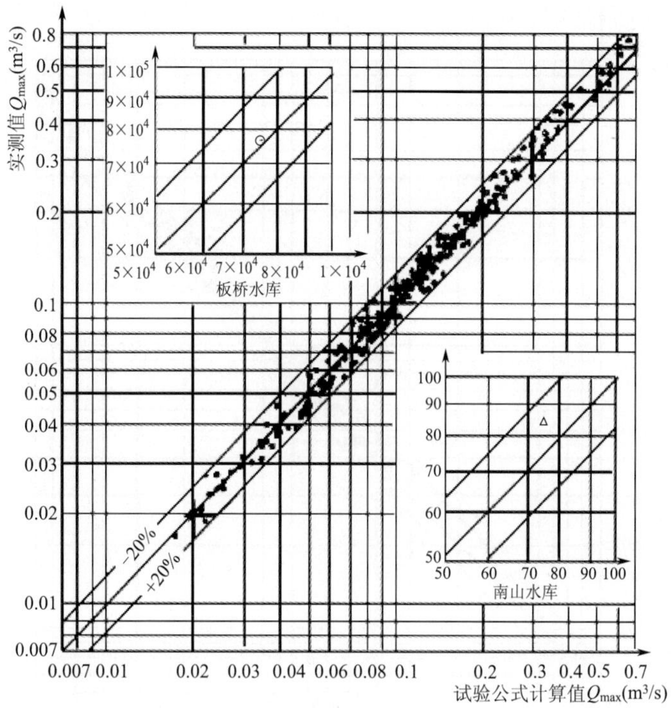

注：1. O本项研究试验资料（每点代表两次以上试验）。

2. ×奥地利试验资料（每点代表十五次试验）。

3. △南山水库自溃坝试验资料。

4. ⊙板桥水库资料。

5. 本项研究试验公式：

$$Q_{max}=0.27\sqrt{g}\left(\frac{L}{B}\right)^{1/10}\left(\frac{B}{b}\right)^{1/3}b(H-kh)^{3/2}\text{，}k=1.4\left(\frac{bh}{BH}\right)^{1/3}$$

图 4-19 试验公式的验算

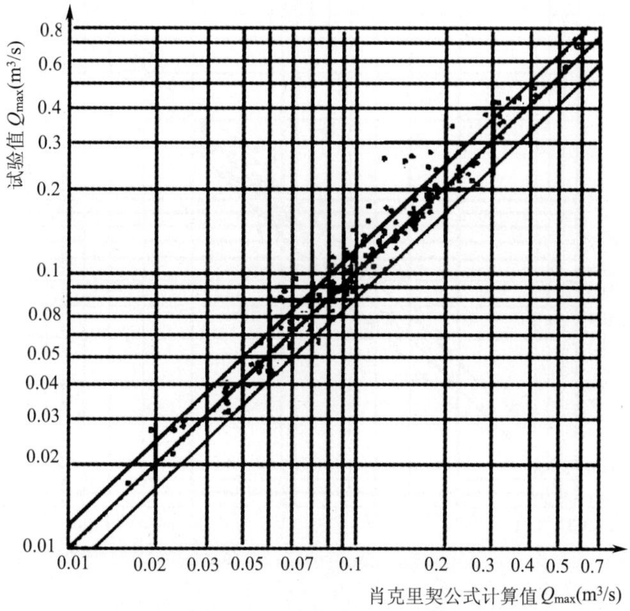

图 4-20 肖克里契公式的验算

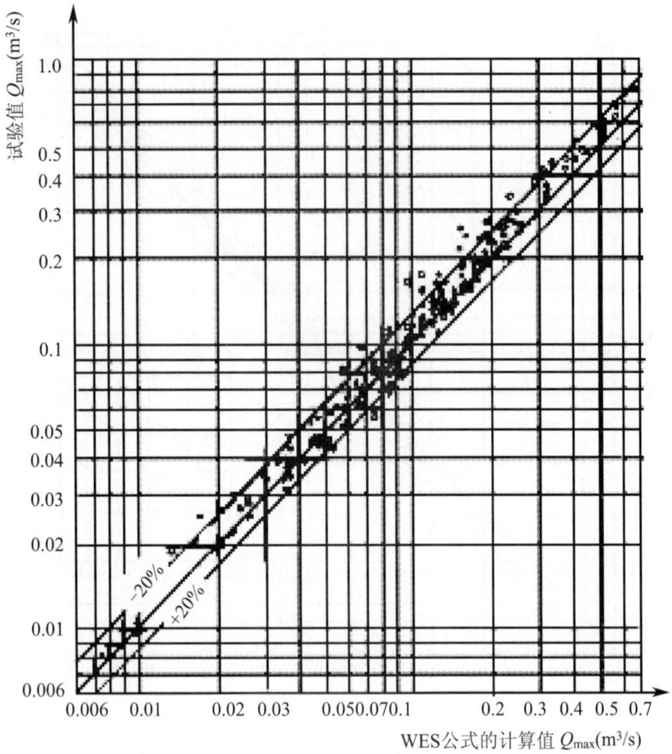

图 4-21　WES 公式的验算

(6)弗兰克公式:验算结果见图 4-22。其中计算值大 20%者 14 组,小 20%者 31 组。

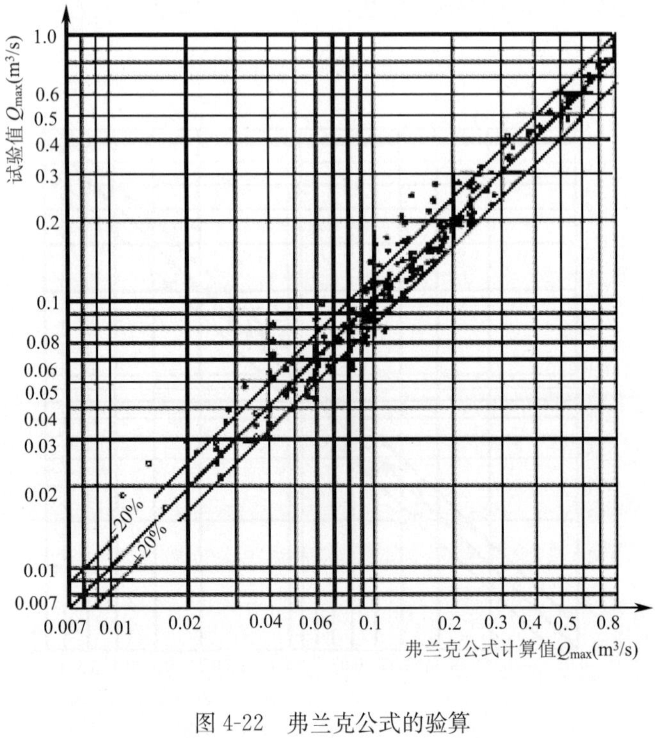

图 4-22　弗兰克公式的验算

(7)黄委会公式:验算结果见图 4-23。其中计算值大 20%者 89 组,小 20%者 1 组。

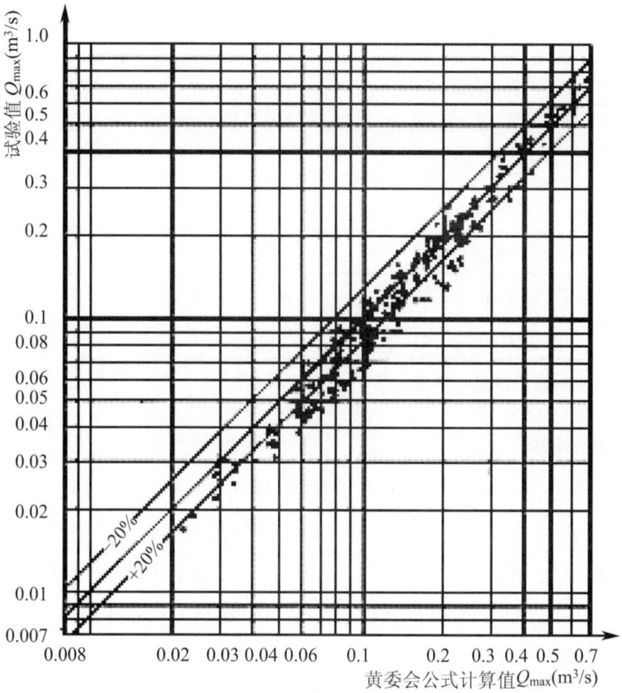

图 4-23　黄委会公式的验算

其余公式,如前苏联规范引用公式、辽宁省水文总站公式等,实际上与圣维南—里特尔公式仅有系数之差别,不一一列举。从图 4-13 上或根据公式系数 K 值的不同也可大体看出其与试验资料符合情况。

(二)天然资料的验算

1. 天然溃坝资料

虽已搜集到一些已溃水库的溃坝最大流量的调查资料,但其中只有板桥水库溃坝资料可以引用。因板桥水库溃坝时,在坝址断面及上游水文站有实测水位过程线,据此而推算的 Q_{max} 是比较可靠的。而且此项计算是由水利部门组织了多方面的专业人员,经历了长时间的研究分析而后确定的,因而是可信的。其余水库都是按公式推算的 Q_{max},而不是实测资料,故不能引用。另外也搜集到一些大坝下游若干公里的调查资料,这些资料一方面溃坝洪水是否能按曼宁公式计算以及水面比降与糙率如何确定都是很大的问题。另一方面还要把下游若干公里以外的溃坝流量利用洪水演进公式反推至坝址断面,而溃坝洪水演进的研究还很不成熟,计算精度还很差,如此推算本身就失去了天然资料的含义,不足以作为验算的标准。因此只能暂以板桥水库溃坝资料验算。

板桥水库溃坝时库容 $\bar{V}=6.06$ 亿 m^3,$H=26.5$ m,$B=2\,020$ m,$b=291$ m,$Q_{max}=77\,400$ m^3/s(以上为水利部门提供铁道部科学研究院板桥水库溃坝水工模型试验引用的基本数据)。则 $L=\dfrac{\bar{V}}{BH}=\dfrac{6.06\times10^8}{26.5\times2\,020}=11\,320$ m,$L/B=11\,320/2\,020=5.6$。各家公式验算结果见表 4-4。

表 4-4　各家溃坝公式的验算结果

序号	公式类别	计算 Q_{max}	计算误差(%)
1	本项研究理论公式	60 880	−21.0
2	本项研究试验公式	76 300	−1.4
3	肖克里契公式	58 000	−25.0
4	美国 W. E. S 公式	62 000	−20.0
5	圣维南-里特尔公式	36 800	−52.0
6	前苏联规范公式	29 800	−61.5
7	黄委会公式	79 900	+3.2
8	辽宁省水文站公式	36 100	−53.0
9	本项研究理论修正公式	71 230	−7.8

注：关于本项研究理论公式的修正详见本章第三节。

2. 自溃坝天然试验资料

1980 年 5 月曾以铁道部科学研究院通信信号研究所研制的雷达测速仪在浙江省南山水库自溃坝试验中测得一组溃坝流量资料。南山水库自溃坝试验是有引冲槽类型的自溃坝，这与天然溃坝情况是不同的。但是在 1980 年 5 月第二次试验中，由于上游来水控制不当，库区水位猛涨，终于全部漫顶形成坝体瞬时全溃情况，因此这组资料对于验算 Q_{max} 是很可贵的。溃坝前各水文要素及实测资料如下：

坝前水深 $H=2.58$ m，库长 $L=60$ m，库宽 $B=40$ m，溃坝口门宽度(即坝体长度)$b=15$ m。在雷达测速仪实测流速过程线中，相应于 Q_{max} 的流速$=4.42$ m/s，此时过水断面水深 $h=1.28$ m，$h/H=0.496=4.46/9$。此次试验虽然坝体瞬时全溃，但坝长为 15 m，库宽为 40 m，所以仍为横向局溃情况。如前所述，试验资料表明当局溃时 h/H 不再等于 4/9，而是大于 4/9，上述实测资料也证明了此现象。

实测 $Q_{max}=vbh=4.42\times15\times1.28=84.7\ \mathrm{m^3/s}$。

按本项研究理论公式计算：$\dfrac{B}{b}=2.7$，$K_1=0.398$，$Q_{max}=K_1\sqrt{g}bH^{3/2}=0.398\times\sqrt{9.8}\times15\times2.58^{3/2}=77.4\ \mathrm{m^3/s}$。

按理论修正公式(详后)计算：$Q_{max}=K_1\sqrt{g}b\left(\dfrac{L}{B}\right)^{1/10}H^{3/2}=80.6\ \mathrm{m^3/s}$。

按本项研究试验公式计算：

$$Q_{max}=0.27\sqrt{g}\left(\frac{L}{B}\right)^{1/10}\left(\frac{B}{b}\right)^{1/3}b(H-kh)^{3/2}$$

$$=0.27\sqrt{9.8}\left(\frac{60}{40}\right)^{1/10}\left(\frac{40}{15}\right)^{1/3}\times15\times2.58^{3/2}=75.9\ \mathrm{m^3/s}。$$

需要说明的是，雷达测速仪测得的是溃坝口门处的表面流速，可能较断面平均流速略大。

综合以上验算表明，本项研究提出的理论计算公式及试验公式的计算值与试验资料及天然资料相比，获得较为满意的结果。

(三)理论计算式的修正

鉴于在试验资料的分析中，发现库区长度比 $\dfrac{L}{B}$ 对溃坝最大流量 Q_{max} 有一定影响，而在理论推导过程中，未计入此因素，因此试以资料分析中确定的 $Q_{max}=f\left[\left(\dfrac{L}{B}\right)^{1/10}\right]$，对理论公式进行修正。即以理论计算的最大流量乘以 $\left(\frac{L}{B}\right)^{1/10}$ 等于所求得溃坝最大流量。

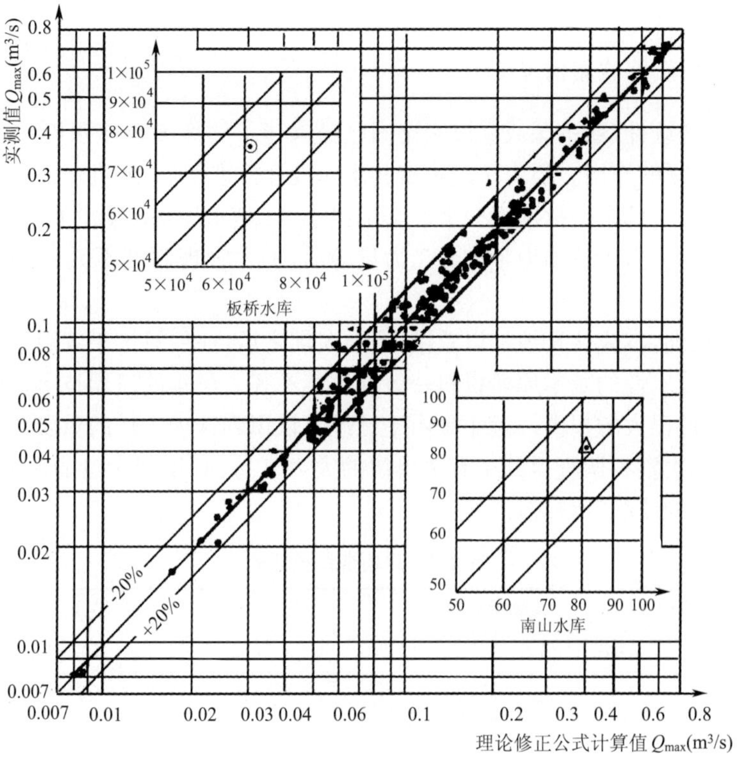

图 4-24　理论修正公式的验算

同样以各项试验资料与天然资料验算结果点绘见图 4-24。由图可见，修正后的计算结果与试验资料、天然资料更为符合，其中有关 L 及 B 的引用参阅“公式使用说明”一节。

第四节　溃坝口门宽度调查研究

以往国外在计算溃坝最大流量时，常采用溃坝口门宽 b 与坝长 B 相等，口门深 h 与坝高 H 相等。即假定大坝溃决时，坝体基本全部冲毁。法国大坝委员会副主席谢尔. 卡尔利埃 1979 年 10 月访华时，研究组曾向他请教此问题。据他介绍，国外处理这一问题多采用上述假定，并认为这是最危险的情况，计算的流量是最大的，也是最安全的。根据我国和世界各国发生过的大量溃坝实例，水库大坝溃决时所形成的实际溃坝口门宽度 b 值，往往较全溃宽度 B 值小很多，而溃坝口门深 h 值，则往往是一溃到底占多数，即口门深等于或大于坝高 H 值，只有少数口门深小于坝高的实例。一般说来，如果水库坝长较短，坝高较大，如山区经常遇到的高水头深谷带型水库，采用溃坝口门宽度近似于坝长的假定计算溃坝流量，误差还是不大的。但具体到铁路沿线有关的大量土质材料修筑的中小型水库，以坝身长、坝高低者居多，因此采用 b 值与 B 值相等，往往导致计算的溃坝最大流量远远大于实际。所以合理估算溃坝口门宽是提高溃坝最大流量计算精度的重要课题。国内水利部门对这一问题做了不少工作，并提出了各种不同的计算公式。研究组在这些工作的基础上又进行了大量资料收集、调查与分析研究，得出了一些成果，但限于资料及认识的局限性，有待今后补充修正，以臻完善。本项研究由铁道部科学研究院和铁道部第三勘测设计院于1980年共同完成。

一、溃坝口门宽资料收集情况

根据1980年的统计，新中国成立以来全国已经兴建了约8.5万座水库，在促进国民经济发展方面起到了很好的作用。但由于过去有些水库设计标准偏低，或洪水计算成果偏小，或工程质量欠佳，造成每年都有一批水库失事。其中以小(2)型水库占多数。此类水库大多由县、社、队一级部门兴建。由于技术力量和施工力量薄弱，加之管理制度不健全，水库失事的比例也比较大。

溃坝的经验教训，本应认真地加以总结；但在溃坝之后，往往只忙于善后处理，仅调查一些损失情况，对一些技术性的基本原始资料一般都收集不齐。早年的溃坝技术资料，时过境迁查找更加困难，是一件很大的损失。近年来由于已逐步认识到这项工作的重要性，溃坝技术资料整理较为及时。本次资料调查得到了有关单位的大力支持，收集到大量的溃坝资料。现将收集各省、市、自治区的溃坝资料统计列于表4-5。

表4-5 溃坝资料统计表

序号	地区	资料完整性				资料采用情况		
		齐全	较齐	差	共计	库容≥100万 m^3	库容<100万 m^3	共采用数
1	河北	22	21	18	61	14	29	43
2	山东	66		7	73	8	58	66
3	河南	64	4	18	86	18	48	66
4	安徽	13		17	30	3	9	12
5	浙江	6	3	6	15	5	4	9
6	江西	3	87	24	114	6	84	90
7	湖南	70	2	3	75	7	65	72
8	广东	9	6	36	51	6	9	15
9	湖北		1		1	1		1
10	四川	2	1	12	15	3		3
11	陕西	11	5	11	27	1	15	16
12	辽宁	10	1		11	11		11
13	黑龙江	8	2	24	34	10		10
14	吉林	1		2	3			
15	贵州		1		1	1		1
16	内蒙古	3	1		4	4		4
17	青海	1		1	2	1		1
18	甘肃	2		35	37	1	1	2
19	山西	18	22	60	100	12	28	40
20	北京	1			1	1		1

续上表

序号	地区	资料完整性				资料采用情况		
		齐全	较齐	差	共计	库容≥100 万 m^3	库容<100 万 m^3	共采用数
21	新疆		2	41	43	2		2
22	宁夏			14	14			
23	福建			1	1			
24	云南			8	8			
25	广西			24	24			
26	国外	7	6	2	15	12	1	13
总　计		317	165	364	846	127	351	478

从统计资料可以看出，河北、河南、湖南、山西、辽宁、黑龙江等 6 省的资料，其内容较多较全，其余一些省的资料，除了作过专门的调查外，资料的准确性欠佳。尤其是小(2)型水库，据了解多为回忆或目估数字，少数是进行测量的，因此其精度相当差。

这批资料遍及全国各地，小(2)型水库溃坝虽然可信度低，但仍具有一定的代表性。而大中型和小(1)型水库溃坝，一般都作了不同程度的调查，所以资料可信度较高。

二、现有溃坝口门公式简介

水利部门现在使用的溃坝口门宽 b 计算公式主要有以下几种：

(一)黄委会 1977 年公式

$$b = K(V^{\frac{1}{2}}B^{\frac{1}{2}}H)^{\frac{1}{2}} \tag{4-47}$$

式中　b——溃坝口门平均宽(m)；

K——系数，对黏土类(包括黏土心墙，土石坝等)，$K=0.65$，对壤土类 $K=1.3$；

V——库容(万 m^3)；

B——坝长(m)；

H——水头或坝高(m)。

(二)水电部第十一工程局公式

$$b = 3.7(H^2V)^{0.26} \tag{4-48}$$

式中符号同前。

(三)山西省水电勘测设计院公式

$$b = \frac{VKH}{3E} \tag{4-49}$$

式中　K——冲刷系数(%)，$K=\phi V^{-0.577}$；

ϕ——与坝身材料密度有关的系数，质量差的取 1.25，质量好的取 0.5，其他情况按实际插值；

E——坝横断面面积(m^2)。

三、大中型及小(1)型水库适用溃坝口门宽度经验公式

本次收集资料总数虽达 846 处，但资料齐与较齐的仅有 318 处与 165 处，是本次进行资料分析、制定经验公式的基础。而其中可信度较好的大中型和小(1)型水库计 127 座，据以分析

得出的结果是较可靠的。

(一)溃坝口门宽度公式形式探讨

土、石坝溃决时,库水冲蚀溃口,最后形成口门宽。因此口门宽度 b 的形成,是库水冲蚀作用与坝体材质抗力作用的综合结果。首先考虑库水的作用,如果溃坝时上游基流的作用忽略不计(有时这个作用是不宜忽略的)。则上游水流的能量,就是一满库的水所具有的位能,在溃坝时转变为水流的动能,对溃口进行冲刷,冲刷时从实际观测资料得知,往往首先进行自上而下的冲蚀(包括冲刷与溃口的坍方),然后再逐渐向两侧扩宽,一直达到最大的溃口宽度。

显然,库水具有的能量愈大,形成的口门宽也愈大。不妨表达为:$b \propto V^m H^n$,式中 m、n 为适当的指数,V、H 代表库水位所具有的位能。

此外,库形也是一个因素。从研究组在水槽中所进行的试验证实:在相同的库容与水深条件下,较宽的水库与狭长的水库相比,溃坝时宽阔水库溃口的负波可向各个方向传播,比起负波只能从单向传播的狭长水库来,溃口在短时间内能通过较大的流量,造成较大的集中冲刷,从而使口门宽较大。在天然河流上的水库中,库形的因素比较复杂,但大致亦可分为宽阔与狭长两类。一般说来,坝长 B 可以用来作为一个粗略反映库形的指标。B 值大,则库较宽;B 值小,则库较窄。这样则有如下关系:$b \propto B^p$,式中 p 值是某一适当的指数。

关于大坝的材质,断面面积对溃坝口门宽的影响,由于资料太少,只能进行一些粗略的考虑。从实际资料看,黏质、壤质土比砂砾土抗冲;带有黏土心墙、斜墙的坝、堆石坝亦较抗冲。对此可以抗冲系数或叫材质系数 K 来表示,即可将溃坝口门宽 b 值的基本形式写成:$b \propto KV^m H^n B^p$,此形式与黄委会、十一局公式的基本形式是一致的。

(二)公式中各因次的推求

上述溃坝口门宽公式的基本形式,其因次尚难用理论方法进行推求,因此仍然采用现有的调查资料,对假定各种因次形式进行适线而取其较佳者。

首先分别绘出 b 与 V、H,B 诸值的单因素关系图,其点据虽然较散乱,但大致分布在一个与 V 的因次为 1/3～1/4 的条形带中,可以作为 V 的因次基础。b 与 H、B 的单因素关系点据较为杂乱,难以据此判定因次。因此采用假定 V、H、B 的不同因次来进行适线,逐步试算接近来求取较佳的因次,这样做虽然工作量较大,但结果却是比较可信的。

在处理实际的调查溃坝口门宽数值时,首先分析所取得的口门宽数值,究竟是一个精确的数值,还是一个带有偏差的样本。天然情况下,一个水库一般只能溃决一次,似乎只有一个溃坝口门宽 b 的数值。但是可以设想,如果在水槽中进行模拟的土、石坝溃坝试验,设想对同一条件下(即 V、H、B 相同,坝的材质都尽量做到一致),进行多次相同的溃坝试验,显然每一次得到的口门宽 b 值不会是一个常量,而且会是一个以一定偏差围绕其均值 b 变动的随机变量或随机样本。天然溃坝情况下,各种随机的因素更多,更复杂。因此有理由认为,所调查到的大量溃坝口门宽数值 b,不管现场调查工作如何精细,也仅仅是一个带有偏差的随机样本而已。换一个方式来说:假如在理论上存在一个精确的计算溃坝口门宽 b 值的公式 $b = f(V、H、B、K)$,收集到的大量实际口门宽 b 值,不会也不应当刚好落在这一条理论曲线上,而只会以一定误差范围落在这曲线的周围。因此,判断某个公式是否较好地符合实际,不仅以有多少点恰好落在线上作为判别标准,还应以一定的偏差范围来进行考虑。在这次工作中,考虑了不同的偏差范围:$\sigma \leqslant \pm 25\%$,$\sigma \leqslant \pm 50\%$及$\sigma \leqslant \pm 100\%$。用落在不同误差范围内点据的多少作为公式优劣的判别标准,这种做法对目前的研究对象比较合适。

以下即用这种判别法对黄委式、十一局式及研究组提出的各种口门宽计算公式进行比较。

其成果见表 4-6。

表 4-6　库容大于等于 100 万 m^3 的各种溃坝口门公式比较

编号	口门宽 b 计算公式	编制单位	占某段误差范围数 σ				最优排序
			≤±25%	≤±50%	≤±100%	>±100%	
一、具有 V、B、H、F 四项资料共 75 处							
1	$b=0.65\sim1.3(V^{\frac{1}{2}}B^{\frac{1}{2}}H)^{\frac{1}{2}}$	黄委会	38	56	70	5	五
2	$b=3.7(VH^2)^{0.26}$	十一局	30	48	67	8	八
3	$b=0.774\sim1.29V^{\frac{1}{4}}B^{\frac{1}{7}}H^{\frac{2}{3}}$	本研究	46	60	69	6	二
4	$b=1.19\sim1.98V^{\frac{1}{4}}B^{\frac{1}{7}}H^{\frac{1}{2}}$		48	63	70	5	一
5	$b=4.2\sim5.3V^{\frac{1}{4}}B^{\frac{1}{8}}H^{\frac{1}{8}}$		33	56	73	2	六
6	$b=4.7\sim6.4V^{\frac{1}{4}}B^{\frac{1}{12}}H^{\frac{1}{6}}$		39	58	73	2	四
7	$b=6.6\sim9.1(VH)^{\frac{1}{4}}$		45	58	70	7	三
8	$b=7.2(V^2FH)^{\frac{1}{9}}$		34	46	64	11	七
二、具有 V、B、H 三项资料共 95 处							
1	$b=0.65\sim1.3(V^{\frac{1}{2}}B^{\frac{1}{2}}H)^{\frac{1}{2}}$	黄委会	48	67	86	9	五
2	$b=3.7(VH^2)^{0.26}$	十一局	35	57	83	12	七
3	$b=0.774\sim1.29V^{\frac{1}{4}}B^{\frac{1}{7}}H^{\frac{2}{3}}$	本研究	55	72	86	9	二
4	$b=1.19\sim1.98V^{\frac{1}{4}}B^{\frac{1}{7}}H^{\frac{1}{2}}$		58	74	90	5	一
5	$b=4.2\sim5.3V^{\frac{1}{4}}B^{\frac{1}{8}}H^{\frac{1}{8}}$		44	76	89	6	六
6	$b=4.7\sim6.4V^{\frac{1}{4}}B^{\frac{1}{12}}H^{\frac{1}{6}}$		47	69	89	6	四
7	$b=6.6\sim9.1(VH)^{\frac{1}{4}}$		53	69	85	10	三
三、具有 V、B、H 三项资料并增加黄委会曾利用 $V<100$ 万 m^3 资料，共 108 处							
1	$b=0.65\sim1.3(V^{\frac{1}{2}}B^{\frac{1}{2}}H)^{\frac{1}{2}}$	黄委会	51	71	94	14	四
2	$b=3.7(VH^2)^{0.26}$	十一局	38	62	90	18	七
3	$b=0.774\sim1.29V^{\frac{1}{4}}B^{\frac{1}{7}}H^{\frac{2}{3}}$	本研究	59	76	95	13	二
4	$b=1.19\sim1.98V^{\frac{1}{4}}B^{\frac{1}{7}}H^{\frac{1}{2}}$		59	78	98	10	一
5	$b=4.2\sim5.3V^{\frac{1}{4}}B^{\frac{1}{8}}H^{\frac{1}{8}}$		46	82	96	12	六
6	$b=4.7\sim6.4V^{\frac{1}{4}}B^{\frac{1}{12}}H^{\frac{1}{6}}$		49	75	98	10	五
7	$b=6.6\sim9.1(VH)^{\frac{1}{4}}$		56	76	96	12	三
四、具有 V、H 二项资料共 127 处							
2	$b=3.7(VH^2)^{0.26}$	十一局	44	68	103	24	二
7	$b=6.6\sim9.1(VH)^{\frac{1}{4}}$	本研究	62	81	106	21	一
五、具有 V、F、H 三项资料共 86 处							
2	$b=3.7(VH^2)^{0.26}$	黄委会	33	53	75	11	三
7	$b=6.6\sim9.1(VH)^{\frac{1}{4}}$	本研究	48	60	75	11	一
8	$b=7.2(V^2FH)^{\frac{1}{9}}$		40	53	74	12	二

从表 4-6 中可以看到，按各种资料最全的点据，共 75 处具有溃坝时的 V、H、B、F 值（F 是水库上游汇水面积，以 km^2 计），或是只具有 V、B、H 三项资料的点据 95 处进行比较的结果，

均以下列公式较佳：

$$b = KV^{\frac{1}{4}} H^{\frac{1}{2}} B^{\frac{1}{7}} \tag{4-50}$$

式中 K——坝体材质系数，对圬工坝、堆石坝、黏土心墙、斜墙坝及黏土匀质坝，$K=1.19$，对壤土及砂壤土、砂砾质坝，$K=1.98$。

其余符号意义同前。

本式采用的资料变化范围：$V=100$ 万～65 000 万 m^3；$H=3\sim8$ m；$B=45\sim12\ 500$ m。式(4-50)即是本项研究推荐用于大中型及小(1)型水库的溃坝口门宽经验公式。

四、小(2)型水库溃坝口门宽公式探讨

这类水库溃决的数量较多，但资料的质量差，其中还有 37%的资料连坝长都没有，只能利用统计的观点，寻找其共性，估算或制定溃坝口门宽公式。

(一)按数理统计分析法估算

在 356 个资料中，首先将 b 按 10 m 一级分类，计算其出现次数和累计频率，绘出与 b 的关系图(图 4-25)，其次计算平均坝宽 B 均方差 σ，算术平均误差 δ 等。按误差理论根据可疑数值的舍弃标准，将大于 $4\delta+\sigma=4\times16.4+29.3=94.9$ 的调查资料予以含弃，经比较计有 5 处。然后按 351 个资料再求 $4\delta+\sigma=90.1\approx94$，此时可认为合适。去掉的 5 个样品，占 1.4%。

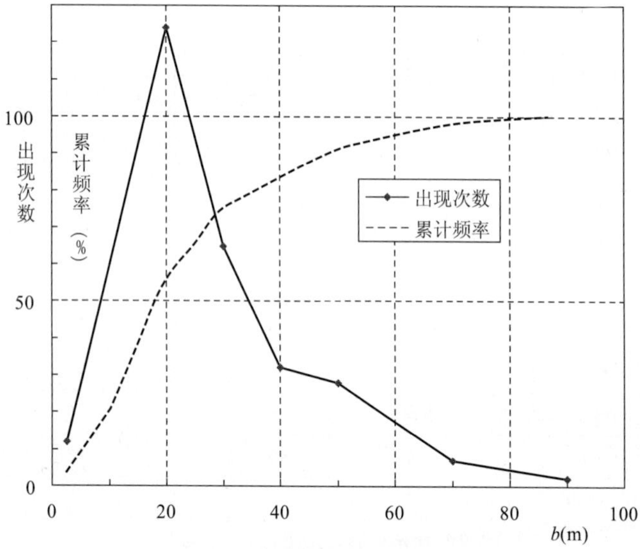

图 4-25 $b_{实}$-出现次数累计频率图

(1)图 4-25 中 b 值的出现，是属于略呈偏态分布，且具有 $K=n-1$ 的自由度 K^2 分布规律曲线。设置信概率 $\alpha=0.98$，则应有

$$P(K^2>K_1^2)=0.99, P(K^2>K_2^2)=0.01$$

查 K^2 数值表得：$K_1^2=2.09$，$K_2^2=21.7$。

所以均方差的置信区间为：

$$\frac{(n-1)S_1^2}{K_2^2}<\sigma^2<\frac{(n-1)S_1^2}{K_1^2}$$

$$\frac{9 \times 19.4^2}{21.7} < \sigma^2 < \frac{9 \times 19.4^2}{2.09}$$

即：$154 < \sigma^2 < 1\ 600$。

均方差的置信区间为

$$12.4\ \text{m} < \sigma < 40\ \text{m}$$

(2)如果用 t_α 的分布计算，查 t_α 数值表，当 $\alpha = 0.99$ 时，$t_\alpha = 3.25$，则

$$\frac{S_1}{\sqrt{n}} t_\alpha = \frac{19.4 \times 3.25}{\sqrt{10}} = 19.9$$

故数学期望值 a 的置信区间为：

$$\overline{X} - \frac{S_1}{\sqrt{n}} t_\alpha < a < \overline{X} + \frac{S_1}{\sqrt{n}} t_\alpha$$

$$28.1 - 19.9 < a < 28.1 + 19.9$$

$$8.2\ \text{m} < a < 48\ \text{m}$$

上面两种计算结果，核算 351 个资料 b 值的置信区间 K^2 分布 223 处，占 63.5%；t_α 分布则有 263 处，占 75%。建议用 t_α 分布并适当放大约 10%，故置信区间为 10～54 m。应用时土坝质量差的用大数，质量好的用小数，但毕竟会因人而异，不易掌握。

(二)溃坝口门宽公式

从考虑大多数资料出发，经过比选制订下式：

$$b = K(VH)^{\frac{1}{4}} \tag{4-51}$$

式中 K——坝体质量系数，质量好的用 6.6，质量差的用 9.1，介乎两者之间允许插值。

其他符号意义同前。

公式采用资料的变化范围：V=0.7 万～95 万 m^3，H=2.2～26.6 m，B=15～560 m。

用上式计算的溃坝口门宽小于实际调查值一倍的只占 4%，小于实际调查值 25%～1 倍的占 16%。换而言之，约 80%的计算值与调查相近或略大，从安全的角度是合适的，也是合理的。

将各种溃坝口门公式分别计算列于表 4-7。表中编号 7[即公式(4-51)]适应性较好，编号 6、5 两式次之。

表 4-7　库容小于 100 万 m³ 的各种溃坝口门宽度公式比较

编号	口门宽 b 计算公式	编制单位	占某段误差范围数 σ				最优排序
			≤±25%	≤±50%	≤±100%	>±100%	
一、具有 V、B、H 三项资料共 217 处							
1	$b = 0.65 \sim 1.3(V^{\frac{1}{2}} B^{\frac{1}{2}} H)^{\frac{1}{2}}$	黄委会	65	98	144	73	四
2	$b = 3.7(VH^2)^{0.26}$	十一局	51	93	140	77	七
3	$b = 0.774 \sim 1.29V^{\frac{1}{4}} B^{\frac{1}{7}} H^{\frac{2}{3}}$	本研究	60	97	149	68	六
4	$b = 1.19 \sim 1.98V^{\frac{1}{4}} B^{\frac{1}{7}} H^{\frac{1}{2}}$		62	100	148	69	五
5	$b = 4.2 \sim 5.3V^{\frac{1}{4}} B^{\frac{1}{8}} H^{\frac{1}{8}}$		67	98	154	63	三
6	$b = 4.7 \sim 6.4V^{\frac{1}{4}} B^{\frac{1}{12}} H^{\frac{1}{6}}$		70	104	157	60	二
7	$b = 6.6 \sim 9.1(VH)^{\frac{1}{4}}$		68	105	164	53	一

续上表

编号	口门宽 b 计算公式	编制单位	占某段误差范围数 σ				最优排序
			≤±25%	≤±50%	≤±100%	>±100%	
二、具有 V、H 两项资料共 351 处							
2	$b=3.7(VH^2)^{0.26}$	十一局	85	163	242	109	二
7	$b=6.6\sim9.1(VH)^{\frac{1}{4}}$	本研究	110	176	265	86	一
三、具有 V、F、H 三项资料共 249 处							
2	$b=3.7(VH^2)^{0.26}$	十一局	59	112	164	85	三
7	$b=6.6\sim9.1(VH)^{\frac{1}{4}}$	本研究	81	125	189	60	一
8	$b=7.2(V^2FH)^{\frac{1}{9}}$		68	115	179	70	二

如果将全部 478 处水库溃坝资料汇总排队，即将表 4-6、表 4-7 中的误差范围分别累计后进行比较，则表中编号 7[即式(4-51)]适应性最好。在外业资料少的情况下，仍不失为一个简单易行的估计公式，建议与公式(4-50)并行试用。

总体而言，上述各项公式都不够理想。主要原因还是原始资料欠佳的问题。这批资料分布全国各地，由于时过境迁，要全部搜集齐全并逐项订正，困难极大，难以实现。

五、问题讨论

(一)关于土质坝体溃坝口门形成过程的探讨

(1)大坝溃决过程一般分为两类：一类是漫决，主要是发生超标准洪水。当水库水位溢出大坝，首先在坝顶薄弱处或低洼处溢流，随即冲刷坝顶和下游坝坡而形成冲刷槽，然后逐渐冲深扩宽，最后形成口门；另一类是在土坝本身裂缝或坝基薄弱处渗水造成管涌或流土，水流由管涌处不断淘刷四壁而变成很大的洞穴，或在坝体薄弱处直接崩塌，并经水流淘刷扩宽，最后导致坝体坍陷而形成溃坝口门。

(2)溃坝口门宽是溃坝水流不断冲刷的结果。目前采用的溃坝最大流量计算公式，如经典的里特尔公式，或是由此派生的半经验公式如肖克里契公式等，都假定溃坝口门宽是瞬时形成的。但实际上溃坝口门宽的形成需要一段冲刷的过程，对小的坝而言，这段过程需几分钟到半个小时，对较大的坝(如板桥水库等)口门宽的形成则长达 1～2 h。这就提出了一个问题，即溃坝口门宽形成时，是否溃坝流量 Q_i 也恰好达到最大值 Q_M 的问题。也就是溃坝最大计算流量公式 $Q_M=f(H、B、b)$ 中，b 的取值问题。

黄委会“溃坝水流计算方法的初步探讨”一文中认为溃坝最大流量 Q_M 与口门宽 b 之间存在一致性。山西水利设计院谢任之在“水库垮坝流量的探讨”一文中假定峰顶流量 Q_M 时口门已达最大宽度 b_M，认为在峰后口门仍会有所扩大，但扩大较少。研究组认为在缺乏天然资料的条件下，上述二文的观点(即 Q_M 与 b 基本一致)是可取的，当然这一问题今后尚有待深入调查研究。

(二)溃坝口门宽计算公式中坝长 B 的影响

根据分析发现，总能量中除库容 V 和坝高 H 所反映的以外，坝长 B 的影响是较小的。本项研究提出的公式，与黄委会公式相比，已将 B 的指数从 1/4 改为 1/7，使其对资料的适应性好一些；又如本文提出的小(2)型水库溃坝口门宽计算公式，根本不考虑坝长因素。若用全部 478 个资料与各种公式进行对比，其适应程度也还属于领先地位。由此说明，计算溃坝口门宽公式中，坝长总的影响确实是比较微弱的。

（三）如何重视溃坝技术资料的收集工作

1. 本次资料调查的体会

这次调查是在 1978 年赴各省调查的基础上进行的。首先将已调查的各地的资料分别寄往原有关单位，请予核实和补充，计有 2/3 的单位对其进行了详细的审查和核实。其次对重点地区派人核查部分资料，并增补近年的资料。最后在整编时再复查了个别突出不合理的资料。如查阅了山西高林水库溃坝调查报告，而改正了口门宽 b 值；又如湖南有四座水库，经深入基层访问了当事人，改正了一些数据和坝体材质，从而提高了编制经验公式的精度。如有一定的人力和时间，尚有可能弄清一部分质量不高的资料。

2. 希望能重视对溃坝资料的积累

过去对水库溃决事故主要是调查损失，善后处理和总结经验等项工作，而对有关技术数据一般不全或不准确，大量小型水库连坝长都没有。自河南“75.8”洪水后，各方面比较重视，所以这次收集资料是比较顺利的，但仍感不足。因此建议并呼吁有关部门制订统一的调查内容和要求，要对溃坝本身的技术资料做到全面准确无误；如有可能还应要调查溃坝过程、时间和下游不同地点的洪水资料。可为以后重新修订溃坝口门宽计算公式，对提高溃坝最大流量的估算精度及水库的科学管理奠定基础。

第五章　缅甸仰光—丁茵大桥桥墩潮汐冲刷试验研究

本项试验研究是 1986 年铁道部科学研究院受铁道部大桥工程局勘测设计院委托，为缅甸仰光—丁茵大桥工程的设计和施工提供科学依据而进行的水工模型试验。按照委托单位的要求，试验确定了该桥施工期间在特定组合的潮汐水流过程作用下，沉井周围的冲刷深度，以及桥墩建成后在设计频率与其他潮汐过程组合重复作用下的最大局部冲刷值。

鉴于潮汐两向非恒定流试验的特殊性，除需探讨潮汐水流模型相似理论外，关键问题在于设计研制一套能进行两向非恒定流试验的设备及相应的控制与量测系统。为此，本项试验研究首先设计、研制了一套全部由计算机控制，能模拟任何不规则线型的潮汐两向水流的试验水槽，在此套设备上完成设计条件(100 年一遇的潮汐过程)和施工条件(连续 100 次不同大小、不同线型的潮汐过程)下桥墩局部冲刷试验研究。此项研究为铁道部科学研究院开拓了非恒定水流作用下桥墩局部冲刷试验研究领域，也为其后成功地模拟钱塘江涌潮水流奠定基础。

第一节　试验任务与要求

一、沉井施工冲刷试验

设计部门要求确定在已坐落于地面的钢沉井(D=16.0 m)上加接混凝土沉井(D=15.6 m)施工期间的冲刷深度。河床质为粉沙 d_{50}=0.11 mm 和 0.17 mm，原型及模型级配曲线见图 5-2(a)及图 5-2(b)。水流条件为三种潮汐系列，每一系列都按天然实测的不同大小和线型潮波组成的潮流过程进行试验。其正负潮波流速的最大值分别为 v_{pmax}=+2.0 m/s 和−1.5 m/s；+1.7 m/s 和−1.3 m/s；+1.4 m/s 和−1.1 m/s。换算为模型的潮流过程见图 5-3(a)、(b)、(c)。相应潮水位的变幅 H_{pmax}=4.2 m 和−2.5 m。冲刷时间为 50 d，即 100 个潮汐过程。

此外，对于沉井旁施工吊机基础桩群(桩径 D=55 cm)与沉井冲刷之间的影响也进行了试验。

二、桥墩局部冲刷试验

本项试验任务为确定下列条件桥墩周围所形成的最大局部冲刷深度：①桥墩的沉井外径 D=15.6 m，墩身为园端形，宽 5 m，长 9 m(图 5-1)。②水流与桥轴线正交及与墩轴线斜交 15°两种情况。③两种河床泥沙粒径级配曲线同前。④在桥址断面上形成两组由不同潮汐系列组成的水流条件。第一组潮汐系列中涨落潮的最大流速分别为 v_{pmax}=+2.5 m/s 和−2.0 m/s[图 5-3(d)]，第二组则为+2.2 m/s 和−1.8 m/s[图 5-3(e)]。相应潮水位的变幅为+4.7～−2.8 m。冲刷时间均考虑以冲刷达到稳定为准。

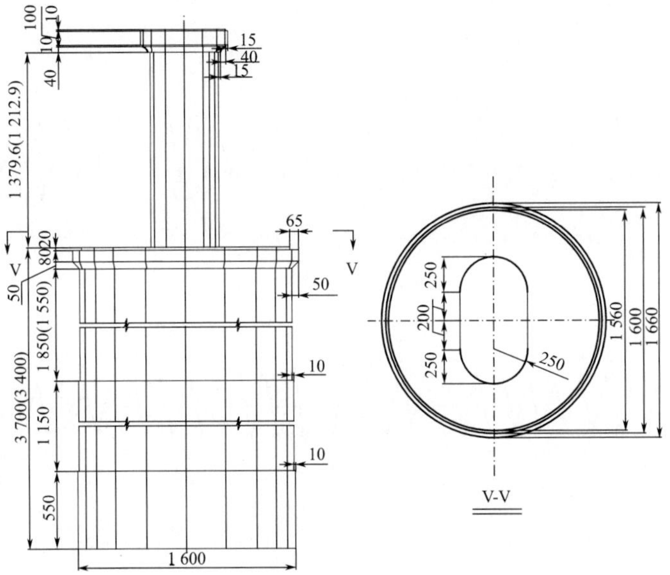

图 5-1　缅甸仰光—丁茵大桥 3、15 号墩

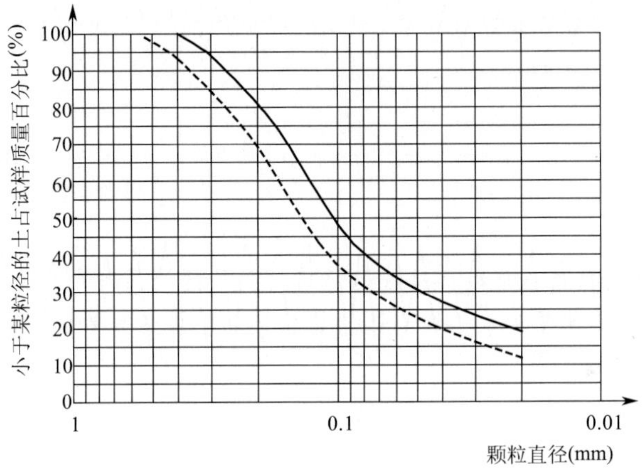

（a）　原型泥沙级配

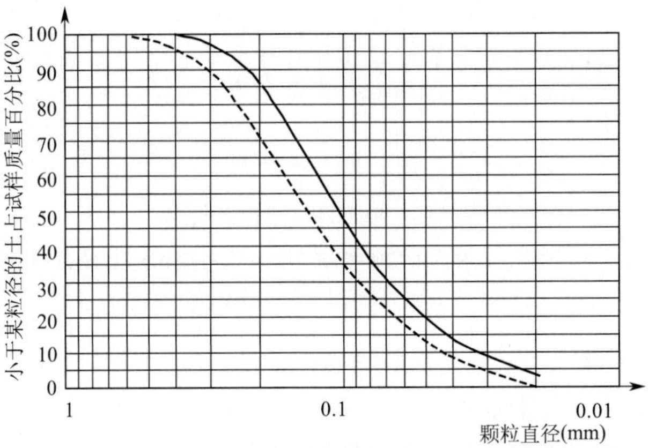

（b）　模型泥沙级配

图 5-2　原型与模型泥沙级配

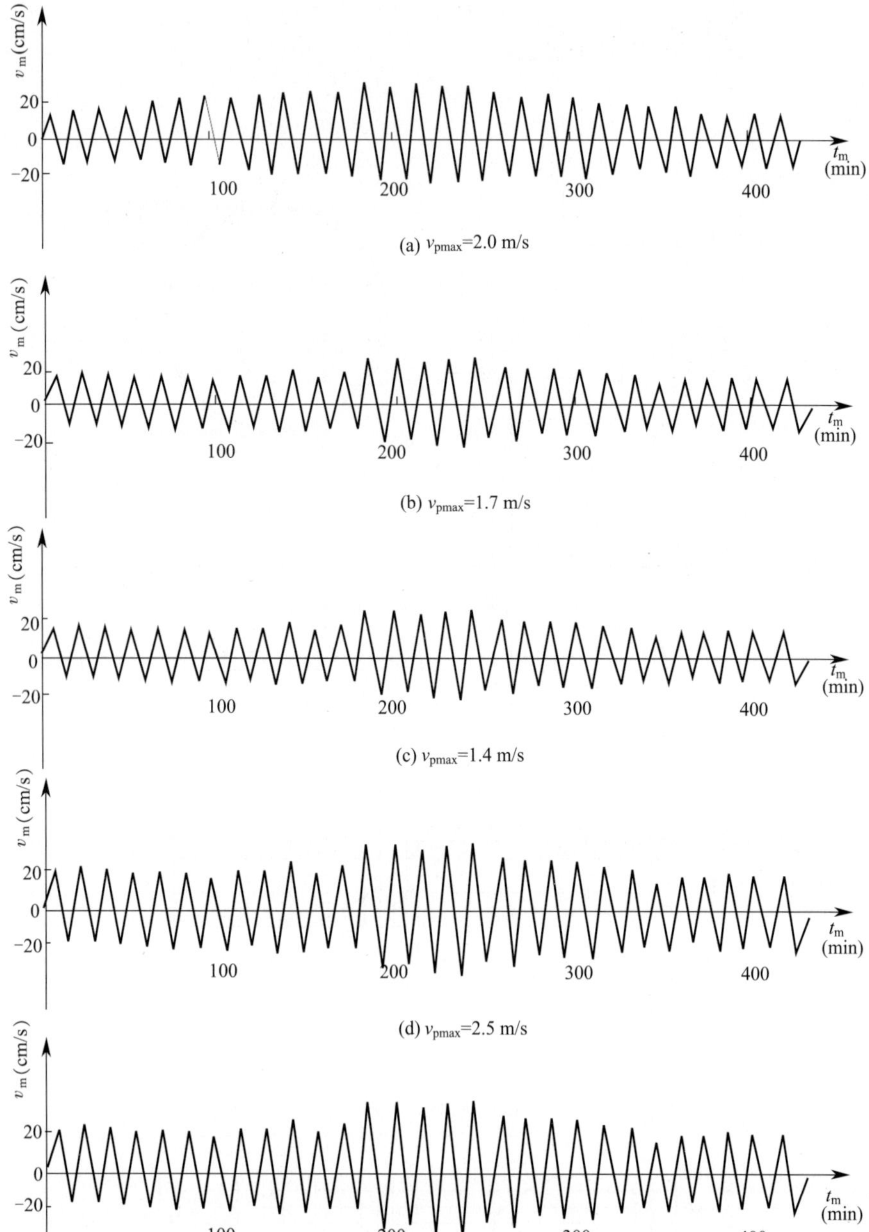

图 5-3　模型潮流过程示意图

注：天然实测潮汐过程为任意曲线，模型试验采用流量水位自控系统完全按照天然潮汐过程施放，见图 5-5。此图仅以直线连接示意。

上述各种潮波的形状、大小、重复次数均按设计部门提供的按实测资料统计概化确定，在概化的同时，尽量保持了天然潮汐水流的实际变化情况。

此外，无论是沉井施工冲刷还是桥墩局部冲刷，除上述试验外，都进行了恒定流条件下的冲刷试验，以探讨在潮汐水流与一般单向恒定流条件下，桥墩局部冲刷的差异，也为今后的研究积累资料。

第二节　试验方法与模型设计

考虑到缅甸仰光—丁茵大桥的以下具体条件：①上游来水实测最大流量 $Q=1\ 400\ m^3/s$，远小于按潮汐水流推算的设计流量 $Q=25\ 700\ m^3/s$，故可略去不计。②桥址断面水面宽阔，单宽流量分布较均匀，水流斜交不大。③桥址断面历年河床冲淤变化较小，一般变化幅度在 2 m以内。④桥渡对河道基本无压缩，桥下一般（普遍）冲刷甚小，桥渡建筑物修建前后，对全桥范围内的水流条件改变不大等等。因此本项试验可直接在玻璃水槽内，通过断面模型单墩试验确定桥墩局部冲刷深度。试验采用以天然沙进行试验的系列比尺模型延伸法。

模型设计首先考虑潮汐波的水流相似条件，按照 M.S.Yalin 的推导，由流体运动微分方程

$$u\frac{\partial u}{\partial X}+\frac{\partial u}{\partial t}=-\frac{1}{\rho}\frac{\partial p}{\partial X}+\frac{1}{\rho}\frac{\partial \tau}{\partial Y} \tag{5-1}$$

考虑到瞬间压力梯度 $-\partial p/\partial X$ 和自由水面的瞬时坡度 $-\partial h/\partial X$ 的关系为：$-\frac{1}{\rho}\frac{\partial p}{\partial X}=-g\frac{\partial h}{\partial X}$，代入式(5-1)得

$$u\frac{\partial u}{\partial X}+\frac{\partial u}{\partial t}=-g\frac{\partial p}{\partial X}+\frac{1}{\rho}\frac{\partial \tau}{\partial Y} \tag{5-2}$$

为便于建立比尺关系，将式(5-2)写成无因次形式，并引进以下无因次量

$$\xi=\frac{X}{L},\eta=\frac{Y}{h},\theta=\frac{t}{T} \tag{5-3}$$

及无因次函数

$$\phi_u=\frac{u}{U},\phi_h=\frac{h}{h_0},\phi_\tau=\frac{\tau}{\tau_0} \tag{5-4}$$

式中　L——波长；

T——波浪周期；

U——平均流速；

h_0——静水深度；

τ_0——河床平均剪应力。

于是式(5-2)可表达为：

$$\left[\frac{U^2}{L}\right]\phi_u\frac{\partial \phi_u}{\partial \xi}+\left[\frac{U}{T}\right]\frac{\partial \phi_u}{\partial \theta}=-\left[\frac{gh_0}{L}\right]\frac{\partial \phi_h}{\partial \xi}+\left[\frac{\tau_0}{\rho h_0}\right]\frac{\partial \phi_\tau}{\partial \eta} \tag{5-5}$$

以(U/T)除之得：

$$\left[\frac{UT}{L}\right]\phi_u\frac{\partial \phi_u}{\partial \xi}+\frac{\partial \phi_u}{\partial \theta}=-\left[\frac{UT}{L}\right]\left[\frac{U^2}{gh_0}\right]^{-1}\frac{\partial \phi_h}{\partial \xi}+\left[\frac{UT}{h_0}\right]\left[\frac{\tau_0}{\rho U^2}\right]\frac{\partial \phi_\tau}{\partial \eta} \tag{5-6}$$

由式(5-6)可知，无因次变量水深、流速和剪力（ϕ_h，ϕ_u 和 ϕ_τ）之间的关系，依变于下列三个无因次组合：

$$\left[\frac{U^2}{gh_0}\right],\left[\frac{UT}{L}\right]\text{和}\left[\frac{UT}{h_0}\right]\left[\frac{\tau_0}{\rho U^2}\right] \tag{5-7}$$

只有当以上的无因次组合的数值相同时，模型和原型两者之中的 ϕ_h，ϕ_u 和 ϕ_τ 之间的关系式才能相同。把这些组合的模型值和原型值相等起来，即可得到

$$\lambda_U=\sqrt{\lambda_g\lambda_h} \tag{5-8}$$

$$\lambda_T = \sqrt{\lambda_g \lambda_h} \cdot \frac{\lambda_L}{\lambda_g \lambda_h} \tag{5-9}$$

$$\lambda_\tau = \lambda_\rho (\lambda_g \lambda_h) \frac{\lambda_h}{\lambda_L} \tag{5-10}$$

以上三式证明潮汐水流模型相似条件与恒定流是一致的。

以下讨论系列模型设计条件，已知桥墩局部冲刷深度 h_b 为一般（普遍）冲刷后的流速 v_s 、水深 h_p 、墩宽 B、桥墩形状 ξ 、泥沙粒径 d 以及泥沙起动流速 v_0 等因素的函数。假定其函数关系可用指数方程表示：

$$h_b = K v_s^{n1} B^{n2} \xi^{n3} h_p^{n4} d^{n5} v_0^{n6} \tag{5-11}$$

根据重力相似即式(5-8)

$$\lambda_U = \lambda_h^{1/2} \tag{5-12}$$

试验采用正态模型，则

$$\lambda_h = \lambda_L = \lambda_B = \lambda_{hp} \tag{5-13}$$

系数比尺 λ_k 是一个未知量，沙玉清教授认为它主要是由于模型缩小的关系而引起的，并假定它与深度比尺成指数关系，即

$$\lambda_k = C \lambda_h^{n_0} \tag{5-14}$$

式中，C 为常数，当 $\lambda_h = 1$，即模型等于原型时，$\lambda_{hb} = 1$，所以 $C=1$。由于试验采用天然原型沙，则泥沙因素变量比尺均化为 1，即

$$\lambda_d = \lambda_{\gamma s} = \lambda_{(\gamma s - \gamma)/\gamma} = \lambda_\omega = \lambda_h^0 = 1 \tag{5-15}$$

在正态模型条件下，可设

$$\lambda_\xi^{n_3} = \lambda_h^{n_3'} \tag{5-16}$$

最后式(5-11)可简化为

$$\lambda_{hb} = \lambda_h^{n_0} \cdot \lambda_h^{n_1'} \cdot \lambda_h^{n_2} \cdot \lambda_h^{n_3'} \cdot \lambda_h^{n_4} \cdot \lambda_h^{n_6'} = \lambda_h^n$$

或

$$\frac{(h_b)_y}{(h_b)_m} = \lambda_h^n \tag{5-17}$$

式中　$(h_b)_y$ ——原型局部冲刷深度；

$(h_b)_m$ ——模型局部冲刷深度。

在式(5-17)中仅有 $(h_b)_\gamma$ 与 n 二个未知数，因此从理论上证明只需采用二个不同的模型比尺 λ_{h1} 和 λ_{h2} ，分别试验其相应的局部冲刷深度 $(h_b)_{m_1}$ 与 $(h_b)_{m_2}$ ，然后在对数纸上进行延伸或按式(5-17)计算，即可求出原型的桥墩局冲冲刷深度 $(h_b)_y$ 。

关于泥沙运动相似及冲淤时间比尺问题，因本河段泥沙运动以推移质为主，且输沙量甚小，所以模型设计仅按推移质输沙相似确定冲淤时间比尺。考虑到梅叶-彼得公式有大量试验资料为基础，故按其公式通过转化而导得推移质输沙率比尺。

$$\lambda_{gb} = \frac{\lambda_{\gamma s} \lambda_d^{1/2} \lambda_U^3}{\lambda_{[(\gamma s - \gamma)/\gamma]} \cdot \lambda_h^{1/2}} \tag{5-18}$$

因采用原型沙，则

$$\lambda_{gb} = \lambda_h \tag{5-19}$$

$$\lambda_t = \lambda_L \cdot \lambda_h / \lambda_{gb} = \lambda_L \tag{5-20}$$

试验选择断面模型法在试验水槽内进行，故可不计入阻力相似条件。

第三节　试验设备与仪器

本试验与以往局部冲刷试验方法的显著差异，不仅在于非恒定两向流与单向恒定流的不同，而且是由各种不同的大小潮波重复组成的长系列潮汐水流过程的试验。为此不仅需要一套能形成两向流的水槽试验设备，还必须借助于计算机控制系统，才能模拟上述复杂多变的往复水流条件，并实现全部自动控制。针对潮汐试验的特点和要求，本项研究在开展试验之前，专门设计了一座两端都能进水和排水的玻璃试验水槽，以及流量水位自动控制系统。试验水槽长 30 m，宽 1.5 m，高 0.8 m。为便于观察水流及冲刷现象，水槽中段为长 14 m 的玻璃段。考虑到桥墩局部冲刷坑的形成与发展的需要，在水槽中部设有长 2 m、宽 1.5 m、深 0.5 m 的冲刷池(图 5-4)。

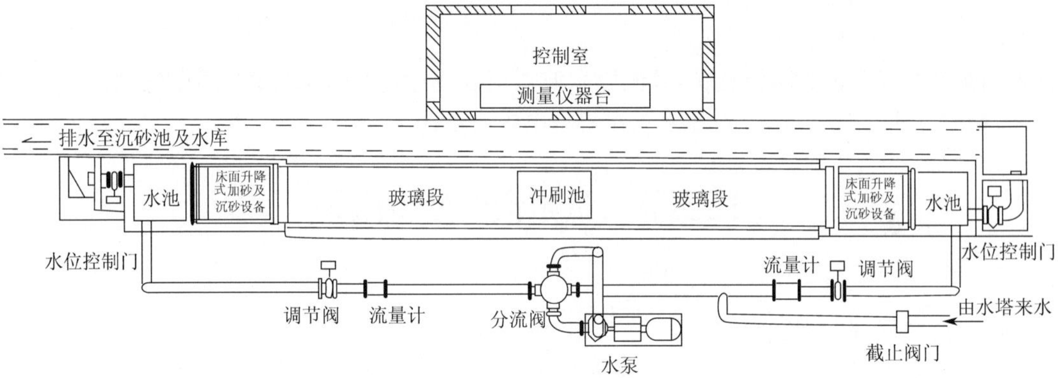

图 5-4　试验设备

为了使本试验水槽能具备多功能试验条件，在试验段两端还各设计了一套宽 1.5 m×长 2.0 m可自动升降，由钢框架组成的活动床面，通过电动升降设备和控制升降速度装置，实现由河床表面自动加沙和沉沙，以满足推移质输沙率相似要求。

试验水槽同时装备了两种类型潮汐自动控制设备。一种是以两套流量、水位自控系统在水槽两端控制潮汐水流，此套系统是仪器组为研究溃坝非恒定流水工试验而研制的流量自控装置的进一步开发，解决了潮汐流量和尾水水位控制。该系统包括：程序给定器、肯特电磁流量计、液面仪、调节器、伺服放大器、电动执行器、调节阀、操作器及计算机控制监视仪表等，其工作原理采用 PID 闭环调节。流量自控系统的研制详见本书第二章。在水槽两端各设置了一套与水平塔及蓄水池相连的循环管道，并由计算机自动控制两端交替供水与排水的装置，其供水流量大小是根据试验建筑物附近断面流量(包括流速及水位)过程，经调试好的潮波程序输入计算机来控制，同时按照调试好的水位程序输入另一计算机，并由流向时控制器实现涨落潮自动转换流向，因此全部潮汐系列的水流过程完全由计算机自动控制。此套装置可以模拟任何不规则线型的两向非恒定水流条件。为保证试验的断面流速及水位过程相似，采用了两套计算机控制系统。经过反复调试，在试验中测到的桥址断面流速与水位变化过程与天然条件极为吻合，见图 5-5。

另一种装置是考虑潮汐试验多为长系列组合、试验时间长的特点，为了不受平水塔、蓄水池工作条件所限及其他试验的干扰，而设计研制了一套能转向分流自循环潮汐水流装置。这种换向分流装置是依靠槽内水体及两端水箱供水，由专用水泵直接运转，通过旋转分流阀以自循环方式形成两向潮流过程(图 5-4)。分流阀旋转 90°即可形成一次正反向变化的非恒定流过程，用自动控制调节系统控制分流阀门旋转速度，模拟潮汐过程。分流阀门电机采用宽调速直流电机，由大功率管脉冲调速装置控制，这套装置只适用于流量较小而且流量变化缓慢的两向非恒定流试验研究。

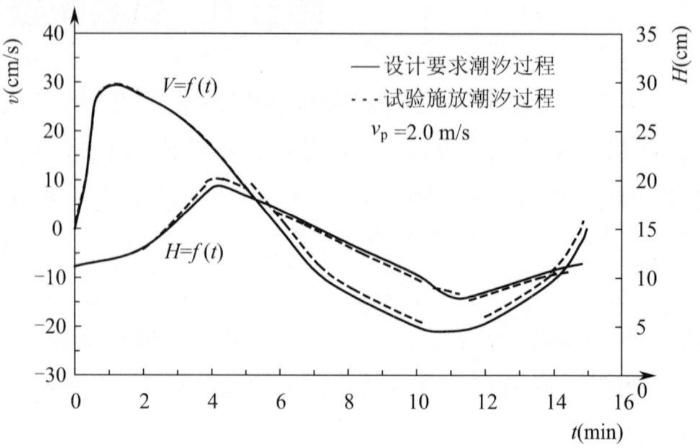

图 5-5　设计与试验潮汐过程对照

冲刷深度及床面地形测量采用实验室超声波地形仪。流速测量采用螺旋桨式光电微型流速仪，并配以示波器记录流速过程。水位以精密数字水位仪显示记录，精度可达 0.05 mm，流量测量采用肯特电磁流量计。

第四节　试验资料分析成果

一、第一种粉沙(d_{50} =0.11 mm)

(一)沉井局部冲刷试验

铁道部科学研究院以往开展恒定流条件下桥墩局部冲刷试验研究较多，对于潮汐水流条件下桥墩局部冲刷试验尚系首次进行。因此作为探索性试验，首先安排了几组恒定流试验。试验条件是以潮汐水流过程中的最大流速作为恒定水流的流速值进行冲刷试验。此项试验资料也可供与非恒定流冲刷资料对比研究。恒定流($Q=C$)的试验条件为沉井直径 $D=16$ m(沉井下部尺寸)，床面高程－6 m，最高水位±0 m。试验资料见图5-6。按数解法式(5-17)或图解法可得出相应于各种流速当 $\lambda_H=1$ 时的局部冲刷值 $(h_b)_y$ 见表 5-1。

表 5-1　相应于各种流速当 $\lambda_H=1$ 时的局部冲刷值

v_{max} (m/s)	2.0	1.7	1.4
$(h_b)_y$(m)	20.0	13.5	9.0

其中最重要的是设计流速 $v_p=2.0$ m/s 时的冲刷值，对此数据进行了验证。验证资料采用我国某大桥 4 号及 5 号沉井下沉时实测的数据，沉井为方形，墩宽为 18.22 m。4 号沉井当 $v=0.94$ m/s 时，$h_b=14.7$ m；5 号沉井当 $v=0.72$ m/s 时，$h_b=13.6$ m。为便于比较，将以上数据进行了换算。因为两条河流泥沙粒径甚为接近，而墩宽、墩形和流速不同。根据国内外以往的研究，假定 $h_b=f(B^{0.5}v^{0.6})$，墩形系数圆形与方形之比为 1∶1.18，由此得出按某大桥 4 号沉井实测资料换算出相应于本桥条件的局部冲刷值 h_b 应为 19.60 m；5 号沉井实测资料换算出相应于本桥的 h_b 应为 19.94 m，以上数据与本项试验结果是相当接近的。

本项试验主要是确定仰光—丁茵大桥在潮汐水流设计条件下的冲刷深度，但是为了比照及参考的目的，也进行了恒定流设计条件下及部分小流速的试验(图 5-6)。表 5-1 所列数据是按该图以平行线延伸而得，从延伸结果来看，小流速的冲刷值可能偏小(可能是天然小流速资料反映在模型上流速太小，使试验资料偏小所致）。在图 5-6 上也可以看到试验资料分布似乎存在当流速不同时，其延伸线的斜率略有差异的趋向，如果按不同流速其延伸的斜率应不同的概念定线，则对应于不同流速 v_p＝2.5 m/s、2.0 m/s、1.7 m/s、1.4 m/s 时的冲刷深度分别为 h_b ＝26 m、21 m、17 m、13 m。关于系列模型不同流速条件下的冲刷深度是应按平行线或非平行线（变斜率）的途径延伸是一个尚待深入研究的问题。从仰光桥具体情况来看，无论是否按平行线定线对设计条件下的冲刷值都影响甚微。如前所述，进行恒定流不同流速试验的目的在于辅助非恒定流设计条件下试验资料的系列延伸定线，至于系列模型延伸规律的研究与定论，则尚待今后大量试验及天然资料的积累。因此本项试验列入的设计条件以外的试验资料，仅供今后进一步研究之参考。

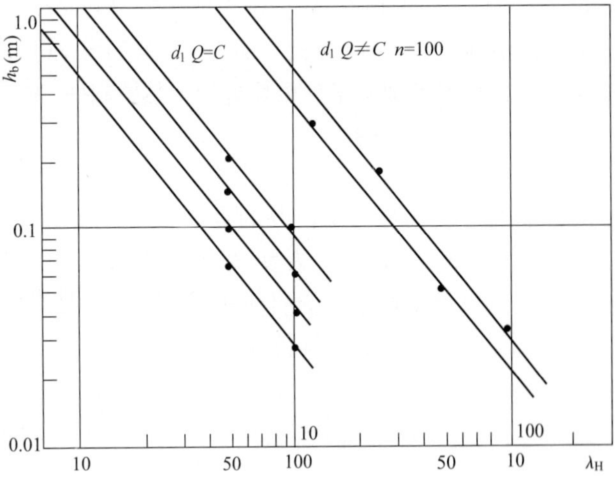

图 5-6　沉井局部冲刷试验资料

潮汐水流（$Q \neq C$）施工冲刷试验在于探讨沉井施工期间（50 d 内）的局部冲刷值。除水流条件外其余条件皆与恒定流试验相同。水流条件是采用不同潮汐组合条件试验。潮汐水流过程见图 5-5，不同潮汐系列组合情况的示意见图 5-3(a)、(b)、(c)。局部冲刷随不同大小潮汐冲刷次数的变化规律见图 5-7。

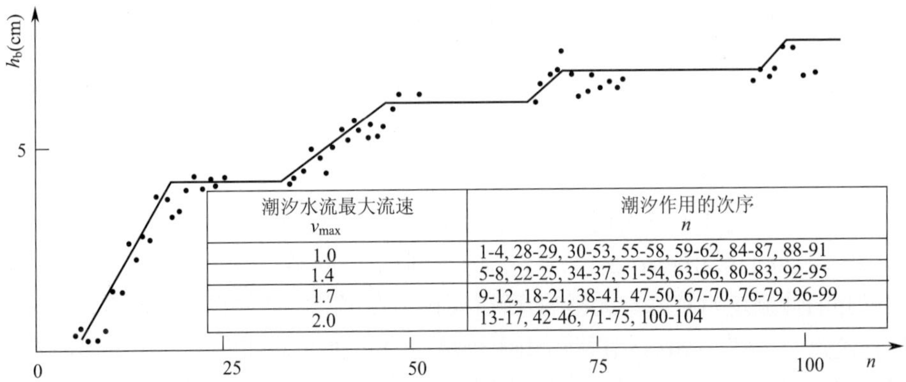

潮汐水流最大流速 v_{max}	潮汐作用的次序 n
1.0	1-4, 28-29, 30-53, 55-58, 59-62, 84-87, 88-91
1.4	5-8, 22-25, 34-37, 51-54, 63-66, 80-83, 92-95
1.7	9-12, 18-21, 38-41, 47-50, 67-70, 76-79, 96-99
2.0	13-17, 42-46, 71-75, 100-104

图 5-7　局部冲刷随组合潮波作用次数的变化

由于潮波系列中含有较小的潮汐（最大流速等于＋1.4 m/s 及＋1.0 m/s），它对 v_{max} ＝2.0 m/s及 v_{max} ＝1.7 m/s 已形成的局部冲刷坑几乎没有影响，或略有回淤，所以冲刷的发展成阶梯状。根据 λ_H ＝100 及 λ_H ＝50 的试验资料推算出沉井施工期间（50 d，潮汐次数 n＝100）v_{max} ＝2.0 m/s 及 1.7 m/s 的局部冲刷值见表 5-2。

与此同时也进行了 $v_{max} \neq$＝1.4 m/s 的潮汐冲刷试验，因 h_b 值甚小，无参考价值故未列入表内。

关于 $Q \neq C$, $v_{max}=2.0$ m/s 沉井局部冲刷验证：日本京都大学中川博次教授曾在潮汐河段上进行了桥墩局部冲刷现场观测，桥墩为圆型 $D=9.0$ m，最大潮流速 $v_p=3.5$ m/s，$d_{50}=50$ mm，102 d($n=204$)后，$h_b=4.5$ m。如上所述，设 $h_b=f(B^{0.5}, v^{0.6})$，泥沙粒径按 Lacey 公式 $h_b=f(d^{-1/6})$ 换算，根据中川博次教授的研究 $h_b=f(t^{0.22})$。按照以上各项条件换算，对于本桥条件当 $v_{max}=2.0$ m/s 时 $h_b=10.17$ m，此结果与本桥试验资料接近。上述推算验证是在得不到与本项试验条件更接近的天然资料时，而采用的近似验证方法。

(二)桥墩局部冲刷

本项试验的任务是确定沉井下沉完毕，且桥墩已经建成后，在设计水流条件作用下的极限冲刷深度。最高一节沉井的直径 $D=15.6$ m，顶面高程 -3.5 m，床面高程 -9.0 m，设计水位 -1.0 m，桥墩为圆端型，宽 5 m，长 9.6 m。先后进行水流与桥轴线正交($\theta=0°$)，水流为恒定流以及潮汐水流条件下的冲刷试验，潮汐系列组合过程见图 5-3(d)、(e)。如前所述，试验资料按系列比尺延伸得 h_b 值见表 5-3。表中 ε_Q 为 $Q \neq C$ 与 $Q=C$ 局部冲刷深度之比值。

表 5-2　局部冲刷深度

v_{max} (m/s)	潮汐作用次数			
	100	75	50	25
2.0	10.5	9.5	8.3	5.4
1.7	7.2	6.7	5.9	3.6

表 5-3　试验资料按系列比尺延伸得 h_b 值

	$Q=C$		$Q \neq C$	
v_{max} (m/s)	2.5	2.2	2.5	2.2
h_b (m)	27.0	22.0	20.0	16.5
ε_Q	0.741	0.750		

其次，进行了水流与桥墩轴线交角 $\theta=15°$时的冲刷试验。由于沉井的直径 D 远大于桥墩宽度 B，且沉井顶面高出河床高程 5.5 m(水深仅 8 m)。根据著者以往的研究，影响局部冲刷主要是床面以上 1/3～1/2 水深的水流，当沉井高出床面 5.5 m 时，冲刷深度主要受沉井影响，而沉井为圆形无水流交角差异。仅进行了 $\lambda_H=50$ 的冲刷试验以兹验证，验证结果表明，$\theta=15°$与 $\theta=0°$时的 h_b 值无明显差别。为此，不再进行大量水流斜交试验。设 $\varepsilon_\theta=h_b(\theta=15°)/h_b(\theta=0°)$，当 $Q=C$ 及 $Q \neq C$，$v_{max}=2.5$ 及 2.2 m/s 时的 ε_Q 的值为 0.949～1.048，其微小的差别可能主要是复杂的往复水流脉动随机性及容许的试验误差所至，为安全计建议 $\theta=15°$时取 $h_b=1.05h_b(\theta=0°)$。

(三)沉井及桩群冲刷

当沉井施工时在沉井临海侧设有施工栈桥，其基础为桩基。桩基由 4 根 ϕ55 cm 基桩组成，栈桥基桩与沉井的最小间距 $\Delta=9.4$ m。考虑到沉井冲刷较大，冲刷坑的平面尺寸也较大，为了确定沉井的冲刷坑对桩基有无影响，所以安排了在沉井临海侧设置栈桥群的冲刷试验，在施工期设计流速 $v_p=2.0$ m/s 情况下，由于桩群本身对沉井的冲刷尚有一定消能作用，冲刷坑的深度及宽度均有减小，冲刷坑在沉井前沿的宽度约为 7 m，小于桩基与沉井的最小间距($\Delta=9.4$ m)。故对桩基无影响。

二、第二种粉沙($d_{50}=0.17$ mm)

(一)桥墩的冲刷

结构尺寸及与床面的相对高程以及水流条件均同第一种粉沙。这种粉沙也进行了 $\lambda_H=100$ 及 $\lambda_H=50$ 两组试验。每种比尺又分 $Q=C$ 及 $Q \neq C$ 两类。试验资料见图 5-8，按比尺延伸得 $\lambda_H=1$ 时的 h_b 值见表 5-4。由表 5-1、表 5-2、表 5-4 即可求得对应于泥沙粒径 $d_{50}=0.11$ mm和 $d_{50}=0.17$ mm 的冲刷深度的比值 ε_d。根据本次试验求得的平均值 $\bar{\varepsilon}_d=0.821$。

表 5-4　试验资料按比尺延伸得 $\lambda_H=1$ 时的 h_b 值

	v_{max} (m/s)	2.5	2.2
$Q=C$	h_b(m)	21.0	17.5
$Q\neq C$	h_b(m)	16.5	13.5
ε_Q	$h_b(Q\neq C)/h_b(Q=C)$	0.786	0.771
ε_d	$Q\neq C$ $h_b(d_2)/h_b(d_1)$	0.825	0.818

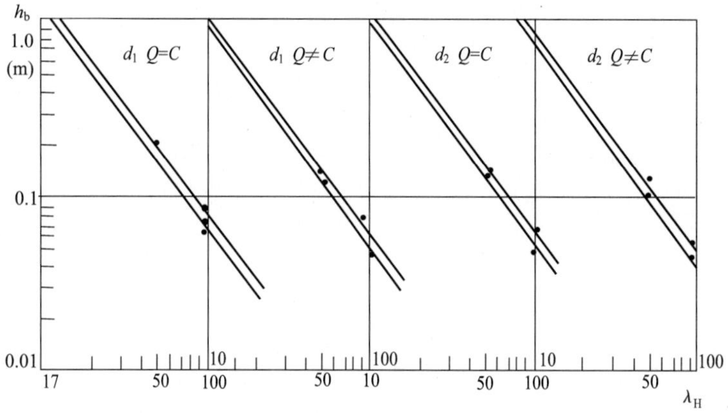

图 5-8　试验资料按比尺延伸得 $\lambda_H=1$ 时的 h_b 值

（二）沉井冲刷

试验条件与第一种粉沙相同，因此其冲刷深度与第一种粉沙的差别应与桥墩两种粉沙的差异相似。根据前节求得的 $\bar{\varepsilon}_d$ 及第一种粉沙的沉井冲刷值可获得对应于 $d_{50}=0.17$ mm 时的 h_b 值见表 5-5。

表 5-5　对应于 $d_{50}=0.17$ mm 时的 h_b 值

v_{max} (m/s)	潮汐作用次数			
	100	75	50	25
2.0	8.6	7.8	6.8	4.3
1.7	5.9	5.4	4.8	2.9

第五节　结论与认识

1. 实践证明本项试验所设计研制的一套可供两向任意线形非恒定流试验的装置是成功的，是开展本项试验及今后深入试验研究的基本条件。

2. 试验结果表明，在本桥的具体条件下，潮汐水流往复冲淤形成的局部冲刷约为恒定流条件下局部冲刷的 75%～80%。

3. 试验资料再次证明以往的研究结论，即沉井顶面若在一般冲刷床面或稍高于床面时可起一定消能作用，如果高出床面较多时，由于影响 h_b 值的主要因素是床面以上 1/3～1/2 的下降旋辊水流，则因沉井的直径比桥墩宽度大，冲刷直接受其影响而使 h_b 值增大。

4. 本试验尽管天然验证资料较少，但从沉井在恒定流及潮汐水流作用下的验证结果，以及各种不同条件下各项 h_b 值相互间的比值及变化规律来看，可以认为在设计条件下的各项试验结果是合理的。本项试验研究提出施工期桥墩沉井局部冲刷深度为 10.5 m，设计者认为试验结果偏大，提出沉井施工冲刷深度为 7 m。实际施工时出现 9 m 的冲刷，沉井被冲歪，抛投了防护体后才保障了沉井的安全。可以认为试验研究结果是接近天然实际冲刷的。

5. 在恒定流作用下 h_{bmax} 多发生在 0°或 45°附近，在潮汐水流作用下，由于水流往复冲淤变化（正与负、最大与最小），冲刷的随机性增加，h_{bmax} 出现的位置并不固定，其中以 90°或 270°附近较多。

第六章　钱塘江涌潮压力及冲刷试验研究

第一节　钱塘江河口基本情况及涌潮的形成

涌潮是一种特殊的潮汐现象，也是一种特殊的波动现象。当潮汐水流进入到入海河流的河口段时，在特定的边界和地形等外部条件下，于运动过程中形成潮水暴涨，以破碎立波的形式向河口段上游推进。其所形成的涌潮宛如一道由白色泡沫组成的立墙向前推进，犹如万马奔腾，汹涌咆哮，排山倒海，势不可挡。

钱塘江涌潮由于其地势条件特殊，所形成的涌潮潮高巨大，气势更为雄伟壮观，为世人所仰慕。近代虽受人为因素及自然条件改变影响，涌潮高度相对有所减小，但仍然是观赏胜景。

涌潮虽然也属涌波，但与水库溃坝形成的溃坝波和闸门突然开启时形成的闸下涌波不同。溃坝波和闸下涌波是边界条件突然改变而形成的波动水流；而涌潮则是在特定的边界条件下，边界固空不变但却在水流运动的沿程逐渐改变，从而使水流急骤变化而形成的涌波。

钱塘江有兰江、新安江南、北两源，均发源于安徽省黄山市休宁县。两江流至梅城汇合，经七里泷峡谷、富春江电站，进入受潮汐影响的河口区。富春江电站处流域面积 31 800 km^2，占全流域面积的 57.3%。

杭州湾是典型的漏斗状河口湾。湾口水面辽阔，宽近 100 km，湾顶澉浦处宽仅近 20 km。东海潮波传入海湾后，潮差迅速增大，潮流速不断增加，澉浦实测最大潮差达 9 m，是我国潮差最大的海域之一。每潮经此进入河口段的潮量在 35 亿～50 亿 m^3 间，流域多年平均径流量 300 亿 m^3/年，仅为澉浦平均涨潮流量的 1/200。径流潮流的比值 0.01 左右（钱宁等，1964）。

钱塘江上游少沙，年输沙量 600 万～800 万 t。河口区的泥沙主要是通过杭州湾口进入的海域来沙。每潮进出澉浦的泥沙在 1 000 万 t 上下，已大于上游一年的来沙量。

杭州湾漏斗状的平面形状、潮汐强径流弱、泥沙来自海域这三个特点使钱塘江河口河床具有特殊的形态。潮波在杭州湾溯源传播的过程中，涨潮流速不断增强，湾顶附近河床经受冲刷，泥沙被潮流输送到上游河段。上游流量较小，泥沙无法被落潮流尽数冲刷，因此，总体看来，河口段下冲上淤。这种局面形成了钱塘江特殊的地貌：从杭州湾一直延伸到河口段下部的涨潮冲刷槽以及堆积在河口段的钱塘江沙坎。

由涨潮流冲刷形成的冲刷槽闭合线的尖端指向上游。因潮流强劲，钱塘江河口的涨潮冲刷槽规模巨大，从杭州湾傍北海域，进入尖山河段，强时可延伸到盐官以上，槽形宽阔，宽深比最大可达 60，平面上迅速收缩。涨槽冲刷槽是杭州湾及河口段下部的主要地貌形态。

河口段以内的大规模淤积形成庞大的钱塘江沙坎，自闻家堰一直到时乍浦长 130 km，顶部在七堡、仓前一带游移，此处河床比闻家堰至乍浦的河床连线高出约 10 m。河床由分选好的细粉砂组成。

从近代过程看，钱塘江沙坎已经处于平衡状态（钱宁等，1964），但是，一天两次潮涨潮落，泥沙不断上下来回搬运。潮强流弱时，沙坎淤积，潮弱流强时冲刷。随着潮汐、径流强弱的变化，河口段成为演变剧烈频繁的地段，下游河口湾的河床相对比较稳定。

径流潮流比值左右了一段时间内钱塘江沙坎的位置和形态。潮强流枯，径流潮流比值减小，河口段上游下冲，沙坎顶部抬升、位置上移；潮弱流丰，径流潮流比值增大，则河口段上冲下淤，沙坎顶部下降，位置下移。沙坎顶部高程变化幅度很大，洪水前后可相差 8～10 m。

钱塘江潮势强劲，在河口段堆积成规模巨大的河口沙坎，河道宽浅，致使成为典型的游荡型河口，河道自古变动频繁激烈。长期以来，将现在的赭山湾一线视为出海口，史称“海门”。其中，分成南大门、中小门及北大门。江流海潮从这三门中的一两个门出入。每次出入位置的变动，都改变了钱塘江以及涌潮的面貌（图 6-1）。

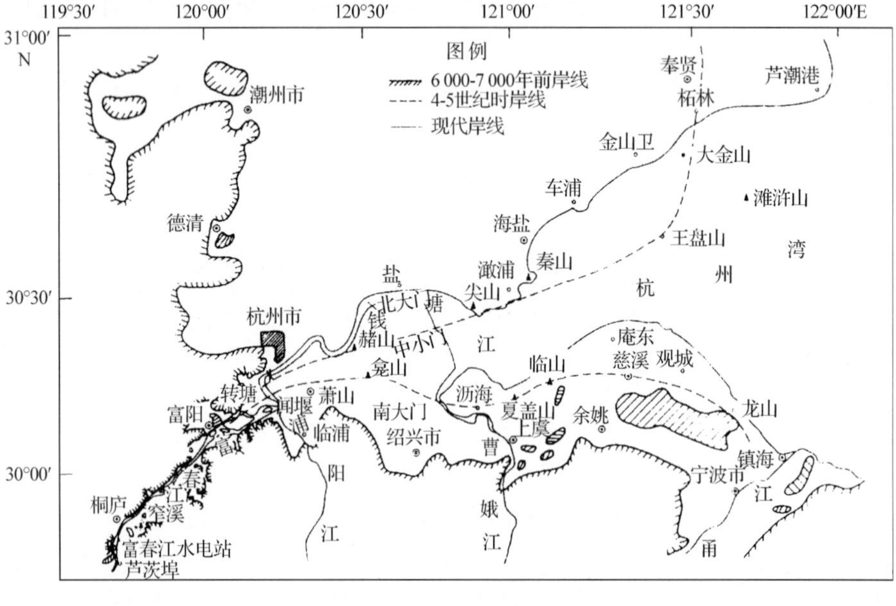

图 6-1　钱塘江历史变迁（韩曾萃等，2003）

20 世纪 60 年代后期开始的大规模围涂工程实施之后，大潮期，涌潮大致在高阳山附近已清晰可见，并以 3～5 m/s 的速度向上游推进到尖山河段。

尖山河段河道宽浅，主槽摆动多变，或顺直走北，或弯曲走南。顺直走北期间，江中多有沙洲出现。因河势影响，尖山河段存在南、东两支涌潮。不同时期，或存在两支中的一支，或两支同在。东支潮的潮头紧靠尖山山脚西上沿北岸海塘推进，称“东股潮”（图 6-2）；南支潮的潮头沿南岸围堤上溯，推进方向与北岸海塘夹角较大，称为“南股潮”（图 6-3）。如果两股同时存在，则东、南两股涌潮在八堡、新仓一带沙洲上游端汇合。汇合前，东、南两股涌潮分别沿着江心洲边缘行进，相碰瞬间，激起水柱高者可达十余米，俗称“碰头潮”，而后，相互交叉，各自行进，形成“交叉潮”，或呈十字形，或呈人字形（图 6-4）有时，东、南两股潮并不交汇，东股潮先至，南股潮随之而来，当地称为“二度潮”。

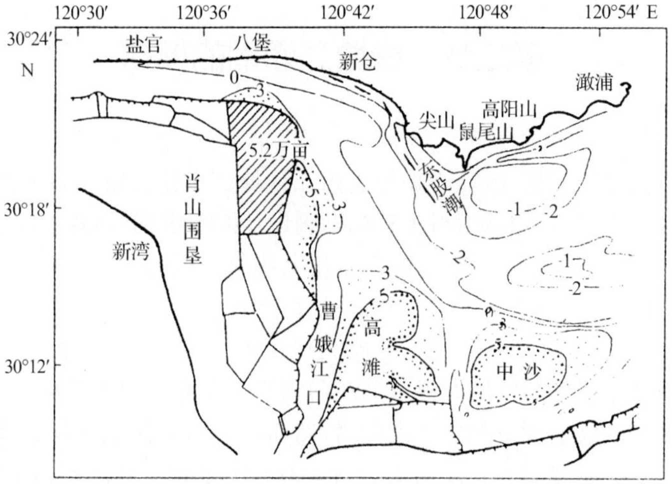

图 6-2　尖山河段主槽走北，仅存在东股潮（林炳尧，2008）

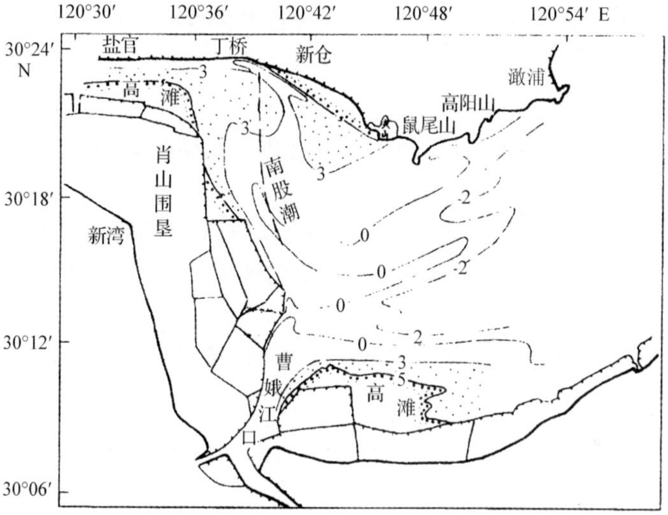

图 6-3　尖山河段主槽走南，形成南股潮（林炳尧，2008）

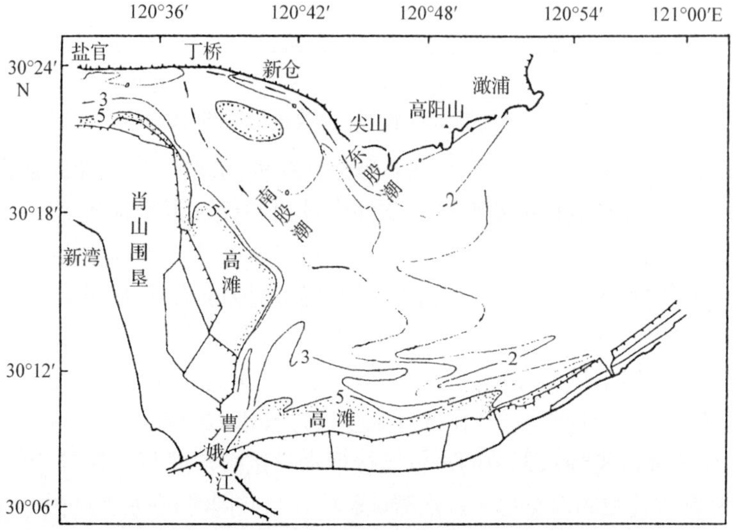

图 6-4　尖山河段出现沙洲，同时存在东、南两股潮，沙洲上游往往形成交叉潮（林炳尧，2008）

第二节　钱塘江涌潮的模拟

20 世纪 80 年代末，铁道部鉴于杭州地区铁路运输事业的发展，原建于 20 世纪 30 年代的钱塘江大桥已不能满足运输要求，而必需另建第二钱塘江大桥。第二钱塘江大桥由铁道部大桥工程局负责设计及施工，铁道部大桥工程局勘测设计院考虑到"涌潮对江中结构物具有很大的破坏力，尤其是在施工过程中如果处理不当，便会造成工程的失败。钱塘江一桥在施工中涌潮曾两次将沉井冲溃，足具涌潮的威力，四堡桥位在老桥下游 13 km 处，更是处在涌潮区内"。(《陈新院士的创新之路》，中国桥梁专家，公路科协编辑 10-01-25)。为此，铁道部大桥工程局勘测设计院委托铁道部科学研究院开展钱塘江涌潮压力及涌潮冲刷试验研究。

虽然钱塘江独特壮观的涌潮现象举世闻名，然而以往对涌潮的作用力及其与建筑物的关系，多系感观认识，缺乏定量研究。采用水工物理模型定量确定涌潮对桥墩的作用力，在国内还是初次进行，由于影响涌潮压力变化的随机因素很多，试验研究需要探索模型相似条件，涌潮现象的形成，涌潮压力的测试方法等等都需要进行新的探索。而在诸多复杂困难的问题之中，首要的关键问题就是涌潮现象的模拟。如果不能模拟出能与天然相似的涌潮现象，就不可能开展涌潮压力和涌潮冲刷的试验研究。

鉴于涌潮试验的特殊性，而且桥墩局部冲刷采用断面模型试验，所以将此项试验安排在能两端进水和排水的玻璃水槽上进行。水槽长 30 m，宽 1.5 m，高 0.8 m，水位及流量均能由计算机自动控制。试验初始阶段，虽然采用了多种施放流量的方法，即或施放水槽最大的出流量，均不能形成破碎波状的涌潮。其后考虑到钱塘江涌潮形成的两大主要因素：其一是海潮进入河口段的喇叭口；其二是河口段近海区的拦门沙。于是将玻璃水槽内部进行了相应的改造，在玻璃水槽内用隔板将水槽宽度适当缩小，并在水流入口处做成喇叭口见图 6-5，同时在入口前端增设沙坎。

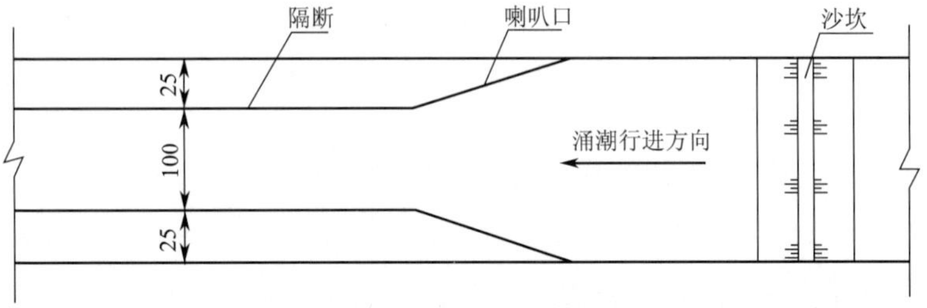

图 6-5　涌潮试验水槽平面改造示意图(cm)

通过上述改造，在试验水槽上已能呈现有破碎波状涌潮现象，但是即或施放出水槽本身所具备的最大流量，也不能形成根据原型设计条件推算出的模型涌潮高度。其原因虽然此套试验水槽配备有水位流量自控系统，可通过计算机直接迅速提升进水管路截门，使试验流量迅速增至最大，但由于管路和水槽静水池的调节，特别是静水池的调节，使进入试验段的水流变化缓慢，达不到涌潮澎湃的势头。经过反复试验探索，最后利用此套试验水槽的特性—水槽两端均能进水和排水，采用以下试验方法：首先在水槽施放流量过程中，当流量尚未达到最大流量时，适当打开流量进口端的排水截门，使部分水量通过排水截门排走而不进入试验段。当流量已达最大流量，水槽进口段静水池中的水位已接近水槽试验段底部高程时，突然关闭进口端的排水截门，从而将最大流量瞬时全部逼入水槽试验段。与此同时，在水槽的另一端施放小流量以促进涌潮高度的增加，天然条件下上游也有来水。另一方面同时试调进口拦门沙的高度和宽度，终于形成了与原型设计涌潮高度 2.4 m 相似的涌潮现象。模型中的涌潮现象虽然远远小于天然状态，但其向前推进的破碎波形与气势同样具有破碎波状立墙的壮观，见照片 6-1～照片 6-3。

照片 6-1　涌潮压力传感器桥墩模型

照片 6-2　涌潮到达桥墩前

照片 6-3　涌潮正冲击桥墩

第三节　钱塘江涌潮压力及冲刷试验研究

一、桥址位置及地质概况

第二钱塘江大桥位于既有钱塘江大桥下游 13 km，距杭州湾出海口的扬子角约 185 km，桥址江面原来较宽，经围垦抛石筑堤后，桥址两岸大堤间距缩至 1 300 m。堤顶高程超过 +8.0 m，可以防御百年一遇的洪潮水位。桥位河段处于潮汐及山洪共同作用下，但涨潮历时短(约 1 h)而落潮历时长(约 11 h)，河床冲淤变化在非汛期以潮汐作用为主，并且潮水含沙量大。汛期时以山洪为主，山水含沙量较小，形成洪冲潮淤现象特别明显。从历年实测资料可知主槽冲淤大于滩地，最高可达 9 m。又桥址上下游河宽变幅很大，该河段在平面上常显游荡性摆动，桥位处深泓线摆动幅度在 500 m 左右，主槽偏于杭州岸。

由于潮汐、洪水、河道特征等因素影响，潮位、流量及流速的最大值并不对应，据河口海岸研究所推算各种组合数据：(1)设计潮流 +7.85 m，相应流量为 21 300 m^3/s，相应流速为 2.0 m/s；(2)设计流量为 29 800 m^3/s，相应潮位 +6.49 m，相应流速为 3.36 m/s；(3)设计流速为 3.46 m/s(断面平均)，相应潮位为+6.07 m，相应流量为 28 800 m^3/s；(4)最大潮流量为 −17 600 m^3/s，相应流速为−2.19 m/s，相应潮位为+6.20 m。

涌潮为钱塘江河口段突出特点，它成为本桥工程十分关注的水文问题。由于强海潮经杭州湾进入钱塘江喇叭口门缩窄影响后，并受水下淤积沙坎的抬升作用，使潮波急剧变形，并向上游推进变形加剧，在桥下游 60 km 的尖山附近破碎，形成壮观的钱塘江涌潮。1974 年 8 月出现最大涌潮位+7.28 m(黄海)，涌潮高约 3.2 m，桥位处推算设计涌潮高 2.4 m。

地质情况，桥址断面大面积覆盖的松散沉积物厚度超过 50 m，河床表层基本为粉细沙，平均粒径约为 0.12 mm，覆盖层下部为黏土、沙黏土、中细沙及圆粒土层，其下为砂岩层。

二、试验任务与要求

本项试验研究是铁道部科学研究院受铁道部大桥工程局勘测设计院委托，通过水工模型试验研究第二钱塘江大桥在涌潮作用下的桥墩压力，以及径流与潮流不同组合作用下产生的桥墩局部冲刷深度，供设计部门参考应用。

设计部门具体委托试验项目为：

(1)设计条件下涌潮作用于主槽、边滩及滩地桥墩上的压力的试验研究；

(2)在上游最大、最小径流分别与大潮、小潮不同组合遭遇条件下，主槽、边滩及滩地桥墩局部冲刷试验研究；

(3)施工期间围堰冲刷对栈桥桩基影响试验；

(4)边墩防护形式与尺寸试验研究。

试验水流、床沙条件及床面标高要求如下(第二钱塘江大桥为沿水流方向公铁并行双桥墩，其水下部分的形式与尺寸见图 6-6，施工围堰及栈桥位置关系与尺寸见图 6-7)。

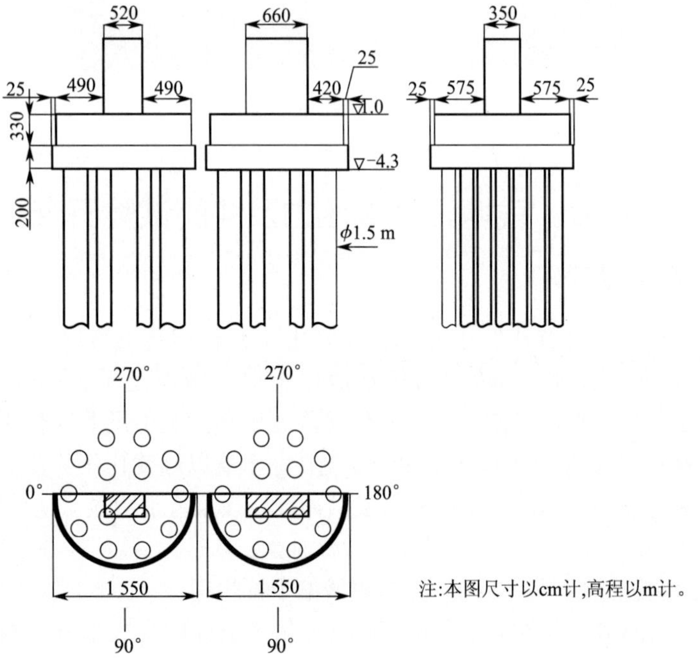

图 6-6　水下部分的形式与尺寸

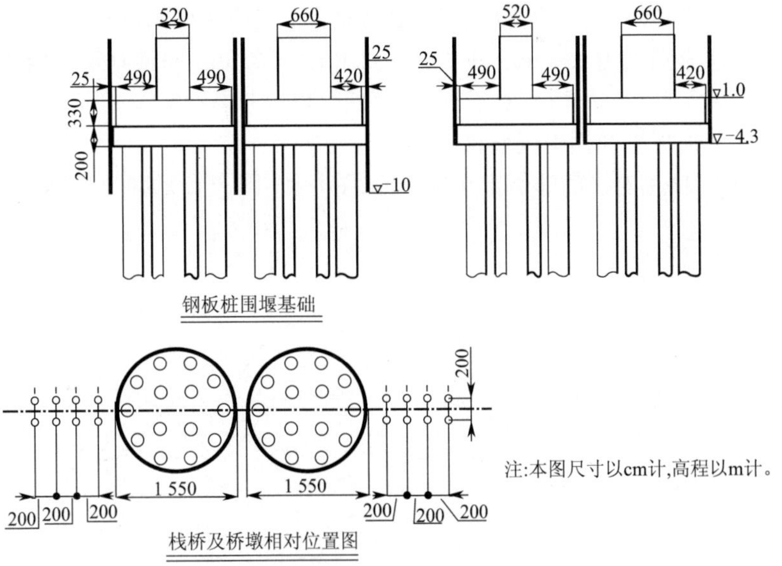

图 6-7　施工围堰及栈桥位置关系与尺寸

①涌潮压力及冲刷试验

以水工模型试验确定设计涌潮高度为 2.4 m 的桥墩总压力及桥墩局部冲刷深度。

②恒定流条件下桥墩局部冲刷试验，各种组合水流条件，流速、水深及一般冲刷后床面标高见表 6-1。

③恒定流条件下施工栈桥及钢壳围堰冲刷试验条件数据见表 6-2。

表 6-1　恒定流条件下桥墩局部冲刷试验条件

	洪潮组合情况	部位	主槽		边滩	滩地
		床面高程(m)	−8.0	−11.0	−5.0	−1.0
上游径流来量 25 000 m^3/s 与下游大潮遭遇	洪潮组合最高水位状态	q_{max}(m^2/s)	27.21	39.18	19.89	10.67
		h(m)	15.85	18.85	12.85	8.85
		v(m/s)	1.72	2.08	1.55	1.21
	洪潮组合最大流速状态	q_{max}(m^2/s)	41.07	59.14	28.00	12.10
		h(m)	13.95	16.95	10.95	6.95
		v(m/s)	2.94	3.49	2.56	1.74
上游径流来量 350 m^3/s 与下游大潮遭遇	最大涨潮流量状态	床面高程(m)	−4.0	−6.0	−2.4	+0.5
		q_{max}(m^2/s)	−25.66	−36.95	−17.35	−7.35
		h(m)	10.20	12.20	8.60	5.70
		v(m/s)	−2.52	−3.03	−2.02	−1.29

表 6-2　恒定流条件下施工栈桥及钢壳围堰冲刷试验条件

主槽（钢板桩围堰底标高为−10 m）	q(单宽流量，m^2/s)	24.3	21.6	20	17.5
	h(水深，m)	10.5	9.8	9.4	8.7
	E_p(床面高程，m)	−4.8	−4.1	−4.0	−3.6
	v(流速，m/s)	2.31	2.20	2.13	2.01
滩地（钢壳围堰底标高为−4.3）	q(单宽流量，m^2/s)	4.4	3.8	3.1	2.3
	h(水深，m)	3.8	3.5	3.1	2.6
	E_p(床面高程，m)	2.0	2.2	2.3	2.4
	v(流速，m/s)	1.16	1.09	1.00	0.89

根据工程实际需要，并使试验资料系统化，试验将上表中主槽水深均定为 10 m，床面标高定为一4.2 m，流速分别采用 1.0 m/s、1.5 m/s、2.0 m/s、2.5 m/s；滩地部分因实际水深较浅，模型缩尺后的水深太小，不易进行，对于有围堰墩形情况，考虑到水深对局部冲刷影响较小，为此统一按 8 m 计。钢板桩及钢壳围堰直径均为 15.5 m。

④与上述②、③项相对应的非恒定水流条件(图 6-8～图 6-10)的冲刷试验。

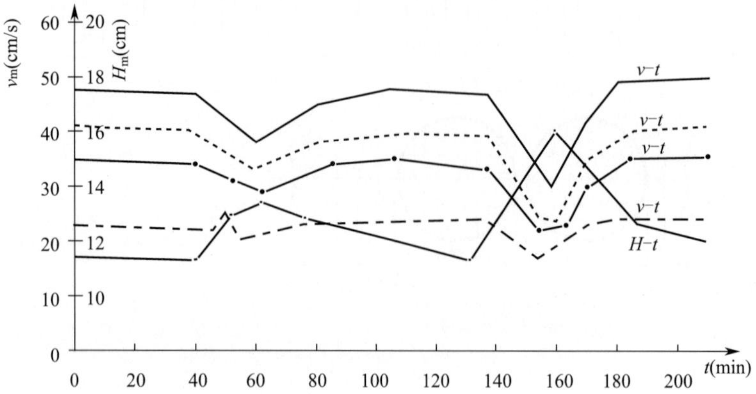

(a) 非恒定流模型水位流速过程(λ_h=50,Q=25 000 m^3/s+下大潮)

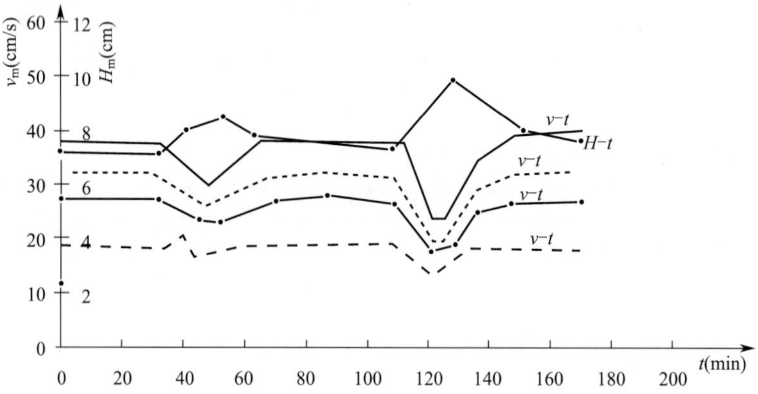

(b)非恒定流模型水位流速过程(λ_h=80,Q=25 000 m^3/s+下大潮)

图 6-8　非恒定流模型水位流速过程(Q=25 000 m^3/s+下大潮)

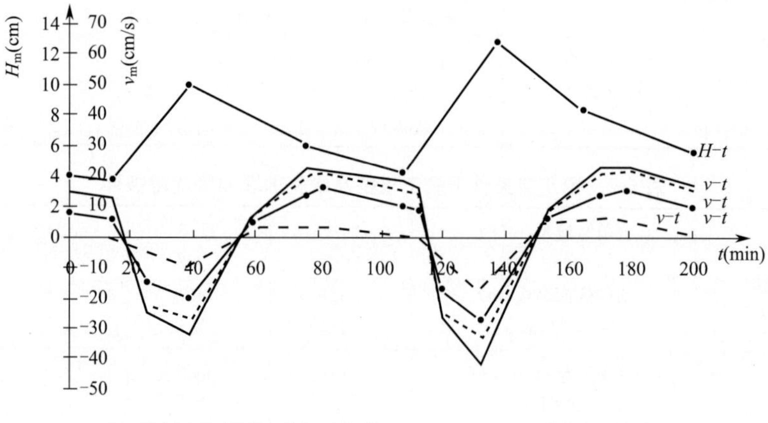

(a) 非恒定流模型水位流速过程(λ_h=50,Q=350 m^3/s+下大潮)

图　6-9

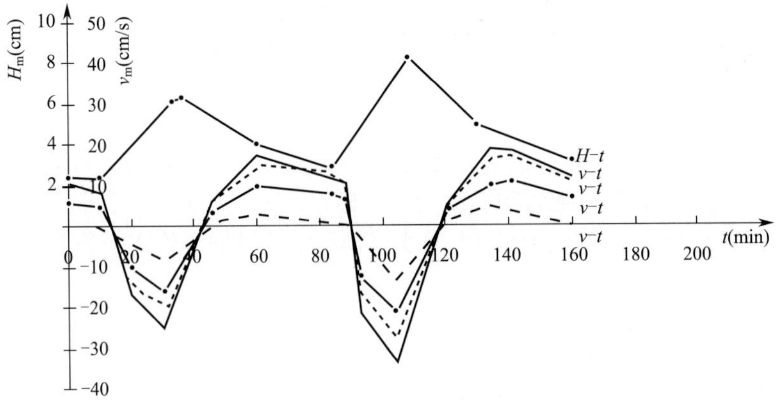

(b)非恒定流模型水位流速过程($\lambda_h=80$,$Q=350\ m^3/s$+下大潮)

图 6-9 非恒定流模型水位流速过程($Q=350\ m^3/s$+下大潮)

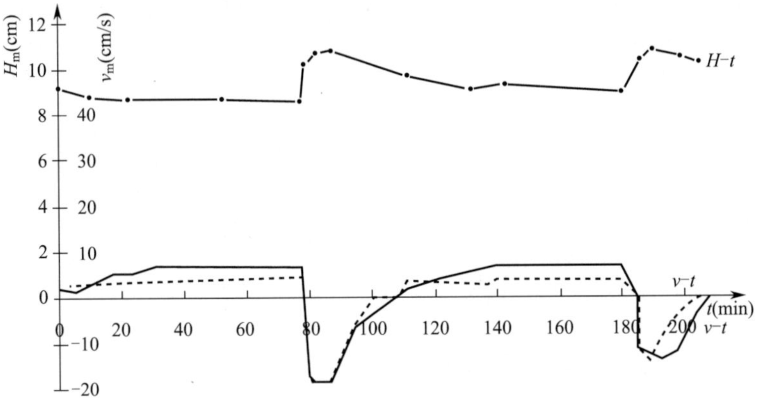

图 6-10 1987 年 5 月 27～28 日桥址水位流速过程(施工冲刷试验)

⑤上述各组试验天然河床以粉细沙 $d_p=0.12$ mm 为主,并适当扩展试验范围,为设置在较粗粒径的河床内的桥墩埋置深度提供参考。

三、试验方法与模型设计

(一)试验方法

根据委托单位提出的试验任务,本项试验采用在玻璃水槽内,通过断面模型以单墩试验方法确定涌潮压力及各种水流条件下的桥墩局部冲刷深度。

涌潮压力试验根据钱塘江涌潮生成原理,在水槽中设计了喇叭形入口及反坡抬升段,控制快速起涨流量及调节反向底水高度形成涌潮波,涌潮高度按模型相似比尺换算模拟。桥墩是由航天部 701 所协助新研制设计的二分量(压力及力矩)压力天平式传感模型,当桥墩受水流撞击后,由传感压力天平输出改变了平衡的桥路电压值,再由计算机采集记录。压力与电压值关系经过高精度静校标定。

(二)模型设计相似条件

1. 关于涌潮压力模型相似准则

涌潮作为流量波,可按波浪模型设计原理考虑,根据建筑物前不破碎波浪的波动水体运动方程:

$$\frac{1}{\rho}\frac{\partial P}{\partial X_0}=-\frac{\partial X^2}{\partial t^2}\frac{\partial X}{\partial X_0}+\left(g-\frac{\partial^2 Z}{\partial t^2}\right)\frac{\partial Z}{\partial X_0}$$

$$\frac{1}{\rho}\frac{\partial P}{\partial Z_0}=-\frac{\partial X^2}{\partial t^2}\frac{\partial X}{\partial Z_0}+\left(g-\frac{\partial^2 Z}{\partial t^2}\right)\frac{\partial Z}{\partial Z_0} \tag{6-1}$$

式中 Z_0, X_0——某质点在水面静止状态时初始坐标位置，Z 轴垂直向下，Z、X 为质点在水面波动状态时，随时间而改变的坐标。

由上式可以导出建筑物上波浪作用力及建筑物稳定性模型试验比尺关系。设原型中波动水位运动方程可表示为：

$$\left(\frac{1}{\rho}\frac{\partial P}{\partial Z_0}\right)_{\mathrm{H}}=-\left(\frac{\partial^2 X}{\partial t^2}\right)_{\mathrm{H}}\left(\frac{\partial X}{\partial Z_0}\right)_{\mathrm{H}}+\left(g-\frac{\partial^2 Z}{\partial t^2}\right)_{\mathrm{H}}\left(\frac{\partial Z}{\partial Z_0}\right)_{\mathrm{H}} \tag{6-2}$$

将各物理量比尺代入式(6-2)，并整理，得

$$\frac{\lambda_{\mathrm{P}}}{\lambda_\rho\lambda_{Z_0}}\left(\frac{1}{\rho}\cdot\frac{\partial P}{\partial Z_0}\right)_{\mathrm{m}}=\frac{\lambda_{\mathrm{X}}}{\lambda_{\mathrm{t}}^2}\cdot\frac{\lambda_{\mathrm{X}}}{\lambda_{Z_0}}\left(-\frac{\partial^2 X}{\partial t^2}\frac{\partial X}{\partial Z_0}\right)_{\mathrm{m}}+\lambda_{\mathrm{g}}\frac{\lambda_{\mathrm{Z}}}{\lambda_{Z_0}}\left(g\frac{\partial Z}{\partial Z_0}\right)_{\mathrm{m}}-\frac{\lambda_{\mathrm{Z}}}{\lambda_{\mathrm{t}}^2}\frac{\lambda_{\mathrm{Z}}}{\lambda_{Z_0}}\left(\frac{\partial^2 Z}{\partial t^2}\frac{\partial Z}{\partial Z_0}\right)_{\mathrm{m}}$$

对于几何相似正态模型，$\lambda_{\mathrm{L}}=\lambda_{\mathrm{X}}=\lambda_{\mathrm{Z}}=\lambda_{Z_0}$ 代入上式，则得：

$$\frac{\lambda_{\mathrm{P}}}{\lambda_\rho\lambda_{\mathrm{L}}}\left(\frac{1}{\rho}\cdot\frac{\partial P}{\partial Z}\right)_{\mathrm{m}}=\frac{\lambda_{\mathrm{L}}}{\lambda_{\mathrm{t}}^2}\left(-\frac{\partial^2 X}{\partial t^2}\frac{\partial X}{\partial Z_0}-\frac{\partial^2 Z}{\partial t^2}\frac{\partial Z}{\partial Z_{0\mathrm{m}}}\right)_{\mathrm{m}}+\lambda_{\mathrm{g}}\left(g\frac{\partial Z}{\partial Z_0}\right)_{\mathrm{m}}$$

两边各项除 λ_{g}，则得：

$$\frac{\lambda_{\mathrm{p}}}{\lambda_\gamma\lambda_{\mathrm{L}}}\left(\frac{1}{\rho}\cdot\frac{\partial P}{\partial Z_0}\right)_{\mathrm{m}}=\frac{\lambda_{\mathrm{L}}}{\lambda_{\mathrm{t}}^2\lambda_{\mathrm{g}}}\left(-\frac{\partial^2 X}{\partial t^2}\frac{\partial X}{\partial X_0}-\frac{\partial^2 X}{\partial t^2}\frac{\partial Z}{\partial Z_0}\right)_{\mathrm{m}}+\left(g\frac{\partial Z}{\partial Z_0}\right)_{\mathrm{m}} \tag{6-3}$$

要使方程(6-3)与原型运行方程(6-2)相似，则要求

$$\frac{\lambda_{\mathrm{p}}}{\lambda_\gamma\lambda_{\mathrm{L}}}=1;\frac{\lambda_{\mathrm{L}}}{{\lambda_{\mathrm{t}}}^2\lambda_{\mathrm{g}}}=1$$

式中 λ_γ——流体容重比尺。因为时间比尺 $\lambda_{\mathrm{t}}=\dfrac{\lambda_{\mathrm{L}}}{\lambda_{\mathrm{v}}}$，则

$$\left.\begin{aligned}\frac{\lambda_{\mathrm{L}}}{(\lambda_{\mathrm{L}}^2/\lambda_{\mathrm{v}}^2)\lambda_{\mathrm{g}}}&=1\\ \lambda\left(\frac{v^2}{gL}\right)&=1\end{aligned}\right\} \tag{6-4}$$

因为$\dfrac{v^2}{gL}$为弗劳德数，所以波浪对建筑物作用的模型必须服从重力相似准则。

又因 $\lambda_\gamma=1$ 则 $\lambda_{\mathrm{P}}=\lambda_{\mathrm{L}}$，波速 $\lambda_{\mathrm{v}}=\lambda_{\mathrm{L}}^{1/2}$。

2.桥墩局部冲刷模型设计相似条件

在水工模型试验中，水流运动满足重力相似(即弗劳德定律)和阻力相似，即：

$$\lambda_{\mathrm{v}}=\lambda_{\mathrm{h}}^{1/2} \tag{6-5}$$

$$\lambda_{\mathrm{v}}=\frac{1}{\lambda_{\mathrm{n}}}\cdot\lambda_{\mathrm{h}}^{2/3}\cdot\lambda_{\mathrm{i}}^{1/2} \tag{6-6}$$

此外研究局部冲刷要满足泥沙起动相似，即：

$$\lambda_{\mathrm{v}}=\lambda_{\mathrm{v}_0} \tag{6-7}$$

根据起动流速的一般形式 $v_0=K\cdot\left[g\left(\dfrac{\gamma_s-\gamma}{\gamma}\right)d\right]^{1/2}\left(\dfrac{h}{d}\right)^{1/6}$，其中 K 为系数，则有比尺形式：

$$\lambda_{\mathrm{v}_0}=\lambda_{\mathrm{h}}^{1/6}\lambda_{\mathrm{d}}^{1/3}\lambda_{\gamma_{\mathrm{s}}'}^{1/2} \tag{6-8}$$

式中 λ_{h}——几何比尺；

λ_{v}——流速比尺；

λ_n——糙率比尺；

λ_d——粒径比尺；

$\lambda_{\gamma'_s}$——泥沙水下容重比尺，$\gamma'_s=\frac{\gamma_s-\gamma}{\gamma}$。

对于桥墩局部冲刷试验，可不计水流沿程阻力相似，即式(6-6)可以忽略不计，则联解上列各式，可得：

$$\lambda_h = \lambda_d \lambda_{\gamma'_s}^{3/2} \text{ 或 } \lambda_d = \lambda_h / \lambda_{\gamma'_s}^{3/2} \tag{6-9}$$

上式即为计入重力相似，并满足推移质起动相似的模型几何比尺与泥沙特性比尺间的关系。

3. 关于非恒定潮汐水流的相似条件，根据 M. S. Yalin 的推导证明潮汐水流模型相似条件与恒定流是一致的。

4. 关于试验中采用系列比尺模型设计的推导参阅本书第五章。

(三)模型比尺及模型沙

1. 天然水流床沙条件及试验沙选取原则

根据各墩地质钻孔柱状图资料及委托单位意见，桥址处天然床沙上层为 d=0.12 mm 粉细沙，粉细沙层以下为砂黏土、淤泥质沙黏土、或黏沙土层，且各层垂线分布厚度各墩不一。本次试验是根据河床质 d=0.12 mm 作为基本条件考虑试验沙的选取。

另外由于主槽、滩地、边滩设计流速范围变幅较大，主槽流速一般在 2～3.5 m/s，边滩及滩地为 1.0～2.0 m/s，考虑模型试验比尺与泥沙起动条件关系，本次试验主槽、滩地及边滩分别采用两种模型沙进行试验。主槽采用 d=0.12 mm 原型天然沙试验，其模型起动流速为 23～24 cm/s；滩地及边滩采用 d=0.31 mm 轻质电木粉(γ_s=1.51 t/m^3)试验，模型起动流速为 16～17 cm/s。上述两种沙的试验均以 λ_h=50 及 80 两个比尺，以系列比尺模型延伸法进行，分别延伸至其相应相似比尺得到天然条件冲刷深度。根据系列比尺模型原理，对于采用 d_m=0.12 mm 天然原型沙的试验，则由 λ_h=50 及 80 比尺以对数坐标延伸至 λ_h=1 时，求得相应原型的冲刷深度。对于 d_m=0.31 mm 轻质电木粉试验，根据式(6-9)当相似比尺 λ_{h_0}=2.43 时，为满足 $\lambda_v=\lambda_{v_0}$ 条件的冲刷深度比尺。因此需按比尺系列延伸法，延伸至 λ_{h_0}=2.43，并按 λ_h=2.43 比尺将冲刷深度换算为相似于原型的天然冲刷值。

本次试验除考虑上述天然土层 d_p=0.12 mm 为主的试验条件外，为照顾其他较粗土层的冲刷深度的确定，还选用了 d_m=0.42 mm 天然沙，以 λ_h=80 比尺进行了少量比尺模型试验(试验天然流速为 v_p=2.31 m/s 及 v_p=2.56 m/s 两组)，按比尺换算天然 d_p=33.6 mm。采用 d_p=0.12 mm 及 33.6 mm 在相同水流条件下的冲刷深度，以粒径内插或延伸方法，可以推算相同水流条件下其他粒径范围单层土壤冲刷深度的参考值。关于多层土壤冲刷深度的计算方法，可参阅本书第十章。

2. 模型比尺

(1)涌潮压力比尺

由相似条件推导，根据水槽设备及供水条件，本次涌潮压力试验几何比尺定为：$\lambda_L=\lambda_h$=50，则 $\lambda_v=\lambda_h^{1/2}$=7.07，涌潮合力 $\lambda_N=\lambda_L^3$=125 000。

(2)桥墩局部冲刷模型比尺

桥墩局部冲刷试验为正态模型试验，即 $\lambda_h=\lambda_L$，选定的几何比尺为：λ_h=50 及 80，根据表 6-1，表 6-2 所要求的水流条件及天然床沙 d_p=0.12 mm 条件，按照式(6-5)～式(6-9)求得有关模型比尺数据并综合表 6-1,表 6-2 条件数据得表 6-3。

表 6-3 桥墩局部冲刷模型比尺

	天然值	模型比尺			模型值 $\lambda_h=50/80$	采用方法
Ⅰ	主槽 $d_p=0.12$ mm $\gamma_s=2.7$ t/m^3 $h_p=8\sim18$ m $v_p=2\sim3.5$ m/s 桩基墩宽 $b_p=3.5$ m 钢板桩围堰直径 $D_p=15.5$ m	水深比尺 λ_h 流速比尺 $\lambda_v=\lambda_h^{1/2}$ 单宽流量 $\lambda_q=\lambda_h\cdot\lambda_v$ 水流时间 $\lambda_t=\lambda_L/\lambda_v$ 泥沙粒径 λ_d	50 7.07 353.6 7.07 1.0	80 8.94 715.2 8.94 1.0	$d_m=0.12$ mm 原型沙 $\lambda_s=2.7$ t/m^3 $v_m=28.3\sim49.5$ /22.4～39.2 cm/s $v_m=16\sim36$ /10～22.5 cm/s $b_m=7.0/4.3$ cm $D_m=31/19.4$ cm	以系列比尺 延伸法延伸至 $\lambda_{h_0}=1$ $\lambda_v=\lambda_{v_0}$
Ⅱ	边滩及滩地 $d_m=0.12$ mm $\gamma_s=2.7$ t/m^3 $h_p=6\sim12$ m $v_p=1\sim2$ m/s 桩基墩宽 b 及钢壳围 堰直径同Ⅰ	水深比尺 λ_h 流速比尺 $\lambda_v=\lambda_h^{1/2}$ 单宽流量 $\lambda_q=\lambda_h\cdot\lambda_v$ 水流时间 λ_t 粒径比尺 λ_d 泥沙水下容重 $\lambda_{\gamma_s'}$ 冲深相似比尺 $\lambda_{h_0}=\lambda_d\lambda_{\gamma_s'}^{3/2}$	50 7.07 353.6 7.07 0.4 3.33 2.43	80 8.94 715.2 8.94	$d_m=0.3$ mm(电木粉) $\gamma_s=1.51$ t/m^3(电木粉) $v_m=12.0\sim24$ /7.5～15 cm/s $v_m=14.1\sim28.3$ /11.18～22.4 cm/s $b_m=7.0/4.3$ (cm) $D_m=31/19.4$ (cm)	系列比尺 延伸法延伸至 相似比尺 $\lambda_{h_0}=2.43$ $\lambda_v=\lambda_{v_0}$
Ⅲ	当天然粒径 d_p 较大 $d_p=33.6$ mm $v_p=2.31$ m/s $v_p=2.56$ m/s $h_p=10.95$	水深比尺 λ_h 流速比尺 $\lambda_v=\lambda_h^{1/2}$ 粒径比尺 $\lambda_d=\lambda_h$	80 8.94 80		$d_m=0.42$(天然沙) $\gamma_s=2.7$ tm^3 $v_m=28.6$ cm/s $h_m=13.7$ cm	比尺模型相应 原型:$\lambda_d=\lambda_h$ $d_p=d_m\cdot\lambda_d=33.6$ $\lambda_v=\lambda_{v0}$
Ⅳ	延伸其他粒径					由Ⅰ或Ⅱ与Ⅲ粒径系列,延伸相同水流条件其他粒径冲刷深度

四、试验仪器与设备

本项试验是在一座长 30 m,宽 1.5 m,高 0.8 m 玻璃水槽中进行。试验水槽除能满足一般单向恒定水流试验外,对于不同天然组合的各种非恒定水流条件(不同水位,流速,单宽流量等)可以通过水槽上装备的两套流量自控系统进行自动控制模拟。

为试验钱塘江涌潮对桥墩的压力,按照钱塘江河口特点,在上述水槽中修建了有喇叭入口及反坡坎的装配式缩窄水道模型装置,涨潮流量采用电动控制肯特流量计的调节阀门以形成快速涨潮流量,并同时控制调试另一端来水量与底水高度与涨潮流量波组合,按比尺形成天然设计涌潮高 2.4 m 的模型涌潮,涌潮高度及桥墩涌潮冲击爬高的测量采用浪高仪配以示波器记录其随时变化过程,见图 6-11～图 6-12。

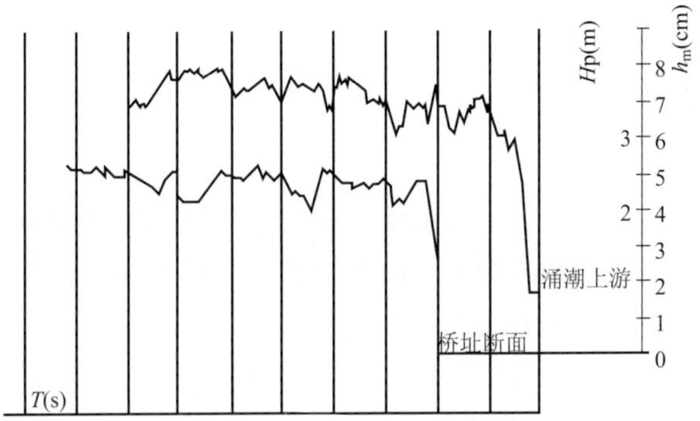

图 6-11　模型涌潮水位记录

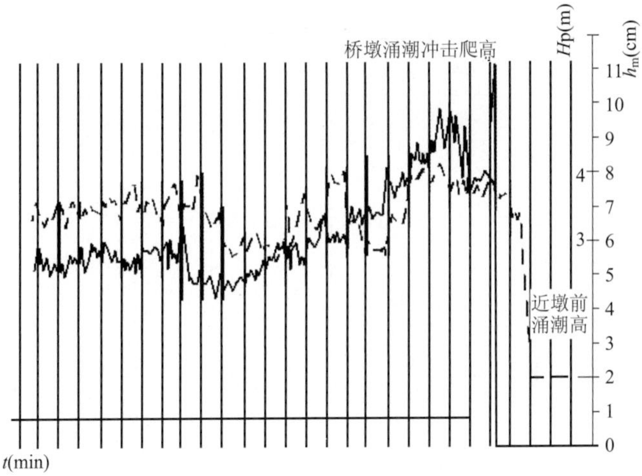

图 6-12　涌潮冲击桥墩爬高

测量涌潮对桥墩的压力，由特别研制加工的二分量压力天平桥墩传感模型，并配专门电源接口，以 IBM 微机自动采集记录涌潮作用于桥墩的总压力及合力力矩，见照片 6-4。

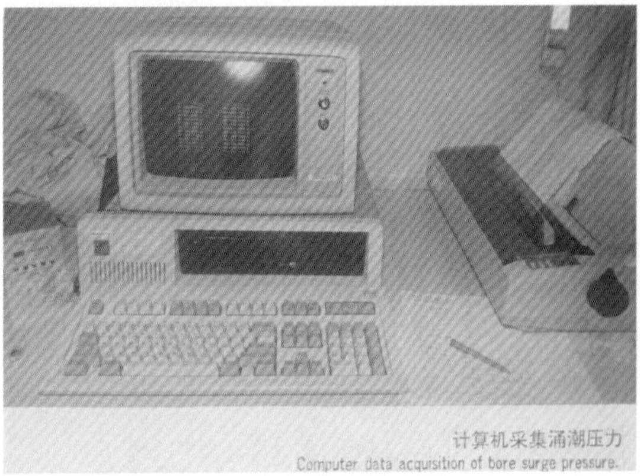

照片 6-4　计算机采集涌潮压力

天平式压力桥墩模型原理采用应变片接成平衡桥路，在有压力情况改变平衡桥路的平衡，即有桥压输出，输出电压经静校标定。静校使用公式：

$$N=0.1690\Delta N+0.0203[-M_z]$$

$$M_z=0.036257\Delta M_z+0.0110[+N]$$

式中，ΔN，ΔM_z 都是信号电压毫伏数值，N 是合力，M_z 是力矩。作用在桥墩上微小压力可以精确反应。其静校精度 $\delta_N=2.61‰$，$\delta_{M_z}=3.22‰$。

试验中冲刷深度及床面地形采用实验室日本超声波地形仪及铁道科学研究院研制的电阻式地形仪。流速采集用旋桨式光电微型流速仪，水位以精密数字水位仪记录，精度可达 0.05 mm。流量控制采用肯特流量计。

除涌潮冲刷试验以外，其余桥墩局部冲刷试验都是在宽 1.5 m 的水槽中进行的。

五、试验结果及资料分析

(一)桥墩涌潮压力及冲刷试验结果

1.涌潮压力试验

天然桥墩为矩形,墩宽为 3.5 m。试验根据几何比尺 $\lambda_h=50$ 设计研制的桥墩压力传感模型墩宽 7 cm。桥址断面设计涌潮高为 2.4 m,按比尺推算模型设计涌潮高度 4.8 cm。试验中涌潮高度随时间变化曲线以浪高仪配以示波器显示记录。经多次调试终于在水槽中成功地模拟了与原型极为相似的高 2.4 m 涌潮的形成、推进及涌波破碎的水流状态。试验测得桥址断面模型涌潮高为 4.8 cm(涌潮上游断面的涌潮高 7~8 cm,见图 6-11)时涌潮合力、力矩及其随时间变化过程,由计算机以每秒采集 8 个数据速度记录,见表 6-4。

表 6-4 涌潮压力试验

t(s)	N(g)	M(g·m)	t(s)	N(g)	M(g·m)
潮前初始值	−7.827 986 −1.349 648	4.864 496 3.474 646	5	303.132 0 303.132 0 290.175 3 290.175 3 303.132 0 316.088 7 296.653 7 316.088 7	−82.696 15 −81.306 30 −75.746 90 −82.696 15 −78.526 59 −77.136 73 −82.696 15 −84.086 01
1	5.1286 91 18.085 36 37.520 35 342.002 303.132 264.262 270.740 3 290.175 3	14.593 46 9.034 057 −4.864 466 −84.086 01 −93.814 96 −88.255 56 −72.967 2 −72.967 2	6	342.002 322.567 342.002 354.958 7 348.480 4 387.350 4 393.828 7 406.785 4	−85.475 85 −92.425 12 −86.865 70 −88.255 56 −92.425 12 −89.645 42 −102.151 4 −110.493 2
2	290.175 3 270.740 3 238.348 7 270.740 3 244.827 264.262 283.697 290.175 3	−68.797 64 −67.407 8 −72.967 2 −71.577 35 −71.577 35 −72.967 2 −72.967 2 −82.696 15	7	419.742 419.742 419.742 439.177 445.655 4 432.698 7 139.177 445.655 4	−104.938 8 −102.154 1 −104.933 8 −107.713 5 −116.052 6 −116.052 6 −109.103 3 −116.052 6
3	303.132 0 290.175 3 290.175 3 290.175 3 303.132 0 296.653 7 329.045 3 329.045 3	−78.526 59 −74.357 04 −81.306 30 −84.086 01 −79.916 45 −82.696 15 −84.086 01 −77.136 73	8	445.655 4 484.525 4 445.655 4 445.655 4 452.133 7 419.742 0 419.742 0 432.698 7	−116.052 6 −114.662 7 −116.052 6 −116.052 6 −109.103 3 −114.662 7 −110.493 2 −107.713 5
4	303.132 0 316.088 7 316.088 7 296.653 7 329.045 3 316.088 7 303.132 0 290.175 3	−82.696 15 −84.086 01 −82.696 15 −82.696 15 −84.086 01 −82.696 15 −81.306 30 −84.086 01	9	413.263 7 419.742 0	−114.662 7 −110.493 2

表 6-4 所列数值为模型上经多次涌潮试验采用的平均较大试验值的变化过程。t 为模型施测时间(s)，N 为桥墩模型压力合力，M_z 为合力力矩，表中列出设计涌潮到达桥墩 9 s 内试验实测数据。模型实测到涌潮潮头初瞬压力最大值 $N=0.3420$ kgf，按比尺推算天然状态下的总压力约为 43×10^3 kgf，其合力作用点均在涌潮到达前水面以上 $0.9H$ 左右位置处(H 为涌潮高度)，但从表列力矩数据及多次试验中观察可以看到此位置随涌浪大小、压力变化、墩前冲击高及其他随机因素有明显脉动变化。试验中在涌潮到达桥墩后若干秒内，在保持相同的涌潮高度 H 值水流条件下，表列数据 7～8 s 测量的最大压力 $N=0.4845$ kgf，换算天然状态总压力约为 60.5×10^3 kgf，此值为多次试验测得的最大涌潮压力值。

根据 1988 年 8 月～11 月在第二钱塘江大桥涌潮压力观测资料分析所得经验公式计算(参阅本书第二章)，当涌潮高度为 2.4 m 时，涌潮潮头范围压力及涌潮潮头冲击高部分的压力二者合力应为 52.3×10^3 kgf，此数值可作为本试验结果的验证参考值。因为 52.3×10^3 kgf 虽然是根据天然实测资料建立的经验公式计算而得，但毕竟绝大多数的实测涌潮高度均小于 1 m，且公式的线性并不良好。而 60.5×10^3 kgf(5.929×10^5 N)为涌潮高度为 2.4 m 多次试验的最大值，偏于安全。

试验中所测压力、力矩随时间变化均有较强的脉动性和随机性，最大值似乎不一定出现在潮头初到瞬间，一般在潮头到后几秒内出现，其出现时间各次试验并不完全一致。这种现象与 1988 年在第二钱塘江大桥进行涌潮压力实地观测及浙江省河口海岸研究所以往涌潮实地观测所得结果相符。

由于涌潮是一个很复杂的流体运动，有关规律与某些单因素定量关系尚需要进一步试验、分析探讨才能有较深入的认识，这将有待于今后进行专题研究。另外涌潮是否完全遵循一般潮波模型相似理论也尚待进一步研究认定。

2. 本项试验还采用浪高仪测取了涌浪在墩前的冲击爬高，行近涌潮高度及墩前冲击高随时间变化过程由示波器记录(图 6-12)。经多次试验，在本桥方墩模型上测得设计涌潮高($H_p=2.4$ m)在墩前最大瞬间冲击高为涌潮高 1.2～1.4 倍，其最大值均出现在涌浪撞击桥墩最初瞬间，随后冲击高值就逐渐减小。根据试验观察，最大瞬间冲击爬高水头，并非全部布满桥墩迎水面，而是急剧脉动地局部冲击桥墩迎水面。这也说明桥墩承受(实测)的涌潮压力存在脉动和随机的因素。

3. 在试验水槽中还对相应于设计涌潮高 $H_p=2.4$ m 的波头传播速度进行了测量，测得模型上波速为 1.17 m/s，按比尺换算至天然为 8.27 m/s，此值大于 1988 年 8 月在第二钱塘江大桥实地观测涌潮高约 1 m 左右时，涌潮波头传播速度 7.14 m/s 的数值，虽然两者涌潮高度不相同，但此值可作为比较模型涌潮与天然相似的定性印证参考。

4. 涌潮桥墩冲刷试验

本项试验按照设计涌潮高 $H_p=2.4$ m 的水流条件进行桥墩冲刷试验。在此条件下共进行了两组不同床面高程条件的冲刷试验，一组为起始床面高程 $E_p=-2.0$ m 桩基桥墩冲刷；另一组为 $E_p=-9$ m 纯桩基冲刷；试验采用 $d_m=0.12$ m 天然沙，按 $\lambda_h=50$ 进行，试验结果见表 6-5、表 6-6。

表 6-5　$E_p=-2.0$ m(桩基桥墩涌潮冲刷模型值)

t_m	涌潮到达始测	～	1′25″	～	2′40″	3′39″	4′39″	6′	8′	10′
h_{bm}(cm)	1.4	1.8	5.5	7.2	6.9	7.4	8.3	7.6	8.1	8.3
最深位置	135°	135°	270°	90°	270°	135°	225°	135°	225°	225°

表 6-6　$E_p=-9$ m(桩基桥墩涌潮冲刷模型值：桩数 $n=14$；$\phi=1.5$ m)

t_m	涌潮到达始测	～43″	1′29″	2′15″	3′58″	6′6″	10′
h_{bm}(cm)	0.6	1.4	3.7	5.2	5.6	5.7	6.4
最深位置	135°	135°	135°	270°	270°	270°	270°

表内时间 t_m 为模型时间，试验连续测量了墩周冲刷深度变化。因为涌浪冲刷试验尚系首次进行，对涌浪冲刷性质缺乏认识，本次试验仅采用 $\lambda_h=50$ 比尺模型进行了部分探索性试验。在设计涌潮高度条件下，进行了多次冲刷试验，每次试验施测潮头抵达桥墩 10 min 以内的墩周深度变化，按时间比尺换算相当于天然约 70 min 以内的冲深变化情况。

天然冲刷深度按照稍后所述一般水流条件下，桥墩局部冲刷系列延伸法所确定的冲刷深度比尺与模型比尺间的指数关系 $n=1.17$ 计算延伸至 $\lambda_h=1$，$d_p=0.12$ mm 天然条件下 h_{bp} 值见表 6-7 及表 6-8。桥墩在设计涌潮高 $H_p=2.4$ m 的冲刷深度约 8 m，管柱桩基为 5～6 m。

表 6-7　$E_p=-2.0$ m(桩基桥墩涌潮冲刷原型值)

t_p	涌潮到达始测	～	10′57″	～	18′51″	25′49″	32′53″	42′25″	56′34″	70.7′～77.4′
h_{bp}(m)	1.36	1.75	5.35	7.0	6.71	7.19	8.07	7.39	7.87	8.07
最深位置	135°	135°	270°	90°	270°	135°	225°	135°	225°	225°

表 6-8　$E_p=-9$ m(桩基涌潮冲刷原型值：桩数 $n=14$；$\phi=1.5$ m)

t_p	涌潮到达始测	～6′04″	10′29″	15′55″	28′03″	43′08″	70′42″
h_{bp}(m)	0.58	1.36	3.6	5.06	5.45	5.54	6.2
最深位置	135°	135°	135°	270°	270°	270°	270°

根据 1988 年 8 月～11 月在第二钱塘江大桥桥址对朔望大潮潮期 43 次涌潮冲刷实地观测资料分析，天然情况下涌潮水面流速脉动很强，且流速变化迅速，大流速持续时间很短，多次观测 1 h 左右涌潮局部冲刷深度随时间变化(1 h 以后冲深变化不大)，其最深点出现时间先后不一，天然观测资料表明，当涌潮高 $H\leqslant 1.2$ m 时，最大瞬时表面流速 $v=4\sim 7$ m/s(雷达测速装置测量)，$\phi=1.62$ m 管柱局部冲刷深度 $h_b=3.3\sim 4.5$ m。

以上数据与试验资料虽然两者涌潮高度不同，但作为定性印证，表明试验结果可供设计参考。

(二)恒定流桥墩局冲刷试验结果及资料分析

本项试验以表 6-1 中所要求的各项水流条件及原始床面标高，按前述表 6-3 所列试验比尺及方法进行了各种组合状况的试验。并要求每一种组合条件均进行条件相同的重复试验，以使试验结果稳定可靠。

如前所述因主槽与滩地(包括边滩)流速范围变化较大，试验中采用两种不同试验沙，对应主槽部分的 6 种流速及不同床面标高的试验选用 $d_m=0.12$ mm 天然沙进行；对于滩地及边滩 6 个流速及床面高程情况采用 $d_m=0.31$ mm 电木粉试验。此外，还进行了一组起始床面 $E_p=-5$ m，$v_p=2.56$ m/s，$h_p=10.95$ m 天然沙的试验，目的是为了对天然沙和轻质沙的冲刷结果作相互验证。两种沙均以 $\lambda_h=50$ 及 80 两个比尺试验，分别系列延伸至其相应的相似比尺得天然条件下 $d_m=0.12$ mm 土层的冲刷深度。

试验数据及系列延伸见图 6-13、图 6-14，延伸天然冲刷深度见表 6-9。

从表列数据可以看出主槽桥墩除个别较小流速由原始床面(−8 m)冲至−15 m 左右高程

处外，其余流速分别冲刷至－20～－28 m(冲刷深度9～17 m)；滩地部分在流速1.3 m/s以内的冲刷深度为5 m左右，边滩局部冲刷深度在10～14 m。上述数值是相应于$d_p=0.12$ mm的土层，对其他较粗土层则需相应修正减小。

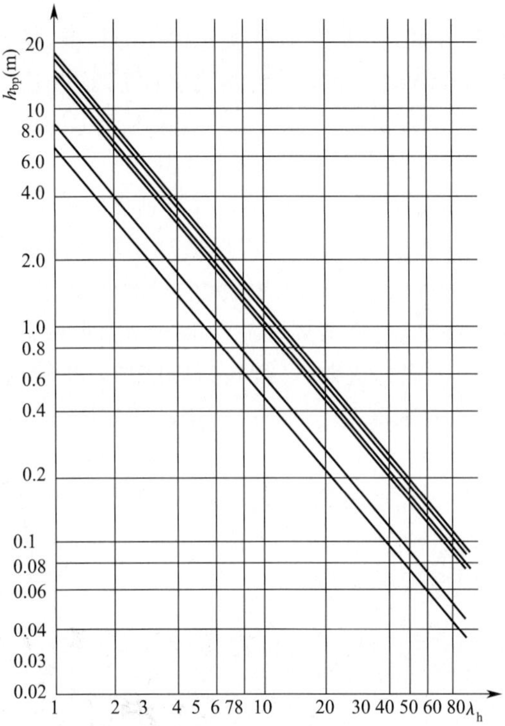

编号	1	2	3	4	5	6	7
v_p(m/s)	1.72	2.08	2.52	2.56	2.94	3.03	3.49
h_p(m)	15.05	18.88	10.2	10.95	13.95	12.2	16.95
E_p(m)	-8	-11	-4	-5	-8	-6	-11
注：图中直线编号从下往上排列							

图6-13　天然沙试验($d_m=0.12$ mm)桩基桥墩

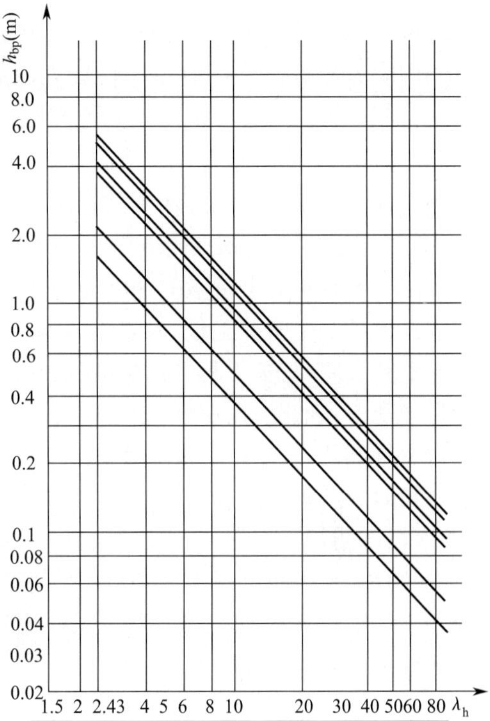

编号	1	2	3	4	5	6
v_p(m/s)	1.21	1.29	1.55	1.74	2.02	2.56
h_p(m)	8.85	5.7	18.85	6.95	8.6	10.96
E_p(m)	-1.0	+0.5	-5.0	-1.0	-2.4	-5.0
注：图中直线编号从下往上排列						

图6-14　电木粉试验($d_m=0.31$ mm)桥墩

表6-9　恒定流桥墩局部冲刷试验结果汇总表(h_b为局部冲刷深度)

水流状态	部位	主槽		边滩	滩地
	床面高程E_p	−8.0	−11.0	−5.0	−1.0
洪潮组合最高水位状态 $H=7.85$ m $Q=21\ 300\ m^3/s$	h_p(m) v_p(m/s) h_b(m)	15.85 1.72 6.9	18.85 2.08 8.6	12.8 1.55 9.3	8.85 1.21 5.3
洪潮组合最大流速状态 $H=5.95$ m $Q=28\ 210\ m^3/s$	h_p(m) v_p(m/s) h_b(m)	13.95 2.94 17.7	16.95 3.49 17.4	10.95 2.56 13.3～14.9	6.95 1.74 9.9
最大涨潮流量状态	床面高程E_p	−4.0	−6.0	−2.4	+0.5
	h_p(m) v_p(m/s) h_b(m)	10.20 −2.52 15.5	12.20 −3.03 17.1	8.60 −2.02 12.3	5.7 −1.29 4.2

试验资料表明除局部冲刷随流速增大而明显加深以外，并因承台设置高程差异有显著不同。为比较承台设置高程对局部冲刷的影响，试验在相同水深条件下（$h_m=20$ cm，相应天然 $h_p=10$ m）进行了床面高程 $E_p=-4.2$ m（承台底为 -4.3 m，顶面为 $+1.0$ m）及 $E_p=-0.15$ m两种床面高程（反映承台不同外露条件）随不同流速冲刷深度变化的对比试验，其结果见图 6-15。从图上显然可以看出当床面高程较高，或者说承台顶高程相对较低，接近一般冲刷床面如 $E_p=-0.15$ m 时，局部冲刷可以大为减小；相反承台露出床面较多如 $E_p=-4.2$ m时，则冲刷加大。对于承台高程相对较低者（如床面 $E_p=-0.15$ m）除因产生冲刷的阻水面积减小外，同时承台顶面也起到局部防护工程的作用而使冲刷值大为减小。根据以往对桥墩局冲刷及防护措施的调查试验研究，一般情况下，水流冲击桥墩后，仅有地面以上1/3～1/2 水深的水流在墩前垂直向下与水平水流组成冲刷漩辊，从而在墩周形成冲刷坑。因此当承台或沉井的直径大于桥墩的宽度，且其顶面高程设置较低时，承台或沉井的顶面就如同在桥墩周围设置了一个防护工程，以阻止或削弱墩前冲刷漩辊对桥墩周围泥沙的冲刷。大量调查及试验资料表明，防护工程的顶面高程直接关系防护工程的成败，高程较低则防护效果较好。对 $E_p=-4.2$ m情况，在 10 m 水深时，形成墩前(1/2)h 水深范围内下降漩辊的阻水物体变成是承台宽度部位，等于桥墩尺寸变大，所以冲刷显著加大。对 $E_p=-0.15$ m 组试验，当流速继续增长时 h_b 增长甚快，出现不同于通常 h_b 的发展规律的反弯现象，这是因为当流速增大时，要求局部防护工程的平面尺寸也要加大，而现有承台宽度已不足以继续发挥其充分消能和减小 h_b 的作用，因而出现 h_b 增值较大的现象，从而使 h_b-v 的关系形成反弯曲线。综上所述，可见在实际工程中，在可能条件下可以尽量降低桩基承台顶面的高程，并根据不同的流速、水深形成的下降漩辊流的作用范围，设计一定平面尺寸的承台，使承台能起到抗冲防护作用，以达到减小局部冲刷的目的。与此类似，适当降低沉井顶面高程，使其接近一般冲刷高程也能减少局部冲刷。照片 6-5 为床面高程较低、流速较小时冲刷后的地形。

照片 6-5　桥墩局部冲刷地形

另外本次试验也针对桩基条件下，水深对局部冲刷的影响作了少量比较性试验，试验采用 $d_m=0.12$ mm 天然沙，以 $\lambda_H=50$ 比尺，在 $v_m=28.3$ cm/s（相应天然 $v_p=2.0$ m/s）、$E_p=-4.2$ m固定因素下，共进行了四个模型水深：$h_m=15$ cm、20 cm、25 cm、30 cm 的试验，其结果见图 6-16。水深因素对局部冲刷的影响是较为复杂的，它涉及起动流速 v_0 及垂线流速分布等复杂综合影响，以往国内外试验资料表明，即或阻水墩宽相等的单一桥墩也常具有不同形状马鞍形变化，也有文献介绍局部冲刷随水深的增加而递增。本次桩基桥墩试验结果，出现模型水深 20 cm 时冲刷最大，水深 30 cm 比 15 cm 的冲刷值小的情况，为分析图 6-16，了解冲刷与桩基承台和水深位置相对关系，将本组试验有关的相应数据列于表 6-10。

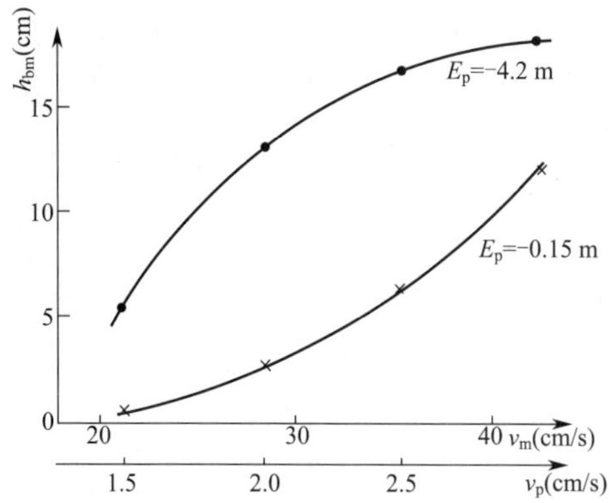

图 6-15 桩基桥墩不同承台高度对局部冲刷影响
(d_m=0.12 mm,h_m=20 cm,h_p=10 m,λ_h=50)

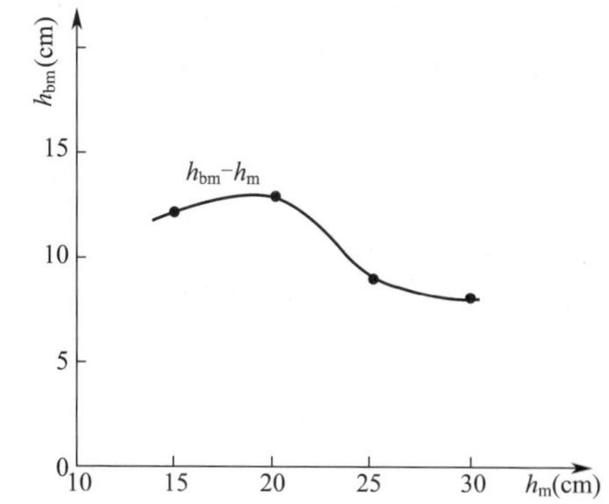

图 6-16 桩基桥墩不同水深对局部冲刷影响
(d_m=0.12 mm,v_m=28.3 cm/s,E_p=−4.2,λ_h=50)

表 6-10 试验数据

	v_m=28.3 cm/s(v_p=2.0 m/s)、E_p=−4.2 m			
试验水深 h(cm)	15	20	25	30
计算墩宽 $\frac{h_1b_1+h_2b_2}{h}$ (cm)	23.6	19.48	16.98	15.32
1/2 有效水深(cm)	7.5	10.0	12.5	15.0
1/2 有效水深部位阻水计算墩宽(cm)	31.0	31.0	26.9	23.6
模型局部冲刷深度(cm)	12.1	13.1	8.8	8.0

从表 6-10 看出,冲刷深度除与其他因素影响有关外,还与 1/2 有效下降漩辊水深及其相应部位的阻水墩宽有较密切关系。对于相同阻水墩宽(b=31 cm)的 15 cm 及 20 cm 水深,其冲刷最大峰值点为 20 cm 水深,略大于 15 cm 水深冲刷,随后随着水深的增加由于有效水深部位墩宽减小,虽然水深增大,但冲刷值减小,这反映在桩基承台中局部冲刷因水深形成的相对位置关系带来的影响,比单一桥墩增添了复杂的因素。

上述试验是一般冲刷起始床面高程 E_p 与承台底面高程相同时,冲刷随水深相对高度变化的初步比较分析,对于其他 E_p 值及承台底面高于一般冲刷线的不同相对高度、不同水深、流速等对冲刷深度的影响,本次仅按具体要求进行了试验,其结果见表 6-9 中所列数据。至于水深、桩基承台标高位置及流速变化对桩基桥墩冲刷的深入认识将需要根据全面系统地比较试验资料分析得出。

此外从试验中观察到桩基冲刷在小流速时,沿水流方向后墩比前墩冲刷深度大,前墩中也是在偏后方向桩基处冲刷大,这表现了在柱基冲刷中因为桩基排列关系,在其中形成多次相互影响的绕流,而在小流速时这种绕桩而过的紊动水流的冲刷能力大于前墩向下漩辊水流的冲刷能力,因此后桩的局部冲刷大于前桩。

(三)恒定流条件下钢板桩围堰、施工栈桥与钢壳围堰冲刷试验结果

1. 主槽钢板桩围堰直径 15.5 m,围堰底部高程为−10 m(图 6-7)。一般冲刷后床面标高 E_p=−4.2 m,在床面以下 5.8 m 处出露 ϕ=1.5 m 桥墩桩基。试验天然流速分别为 1.5 m/s、2.0 m/s、2.5 m/s,水深均按 10 m 计。本组试验采用 d_m=0.12 mm 天然沙,以模型比尺 λ_h=50 及 λ_h=80 并采用比尺系列模型延伸法确定天然局部冲刷深度。根据试验资料系列延伸至

$\lambda_h=1$ 得到相应于原型 $d_m=0.12$ mm土层的局部冲刷深度 h_{bp} 值。试验数据及延伸详见图 6-17。所得钢板桩围堰冲刷深度见表 6-11。

表 6-11 中 h_{bp} 值为粉细沙 $d_p=0.12$ mm 土层的冲刷深度，鉴于主槽各墩地质土壤状况不一，土层高程不同，对具体桥墩尚需根据不同土壤情况对冲刷深度进行相应的修正。

2. 滩地栈桥及钢壳围堰的冲刷试验结果

钢壳围堰直径为 15.5 m，围堰底部高程为 −4.3 m，栈桥桩基直径 $\phi=0.55$ m、双排共 8 根，桩间距与桥墩位置关系见图 6-7。床面起始冲刷高程 $E_p=+2.2$ m 试验天然流速分别为 1.0 m/s、1.5 m/s、2.0 m/s、2.5 m/s，水深取为 8 m。本组试验采用轻质材料电木粉 $d_m=0.31$ mm，$\gamma_s=151$ t/m^{3}进行试验。以 $\lambda_h=50$ 及 $\lambda_h=80$ 比尺应用系列模型延伸法，系列延伸至相似比尺 $\lambda_{h_0}=2.43$ 得到相应于原型 $\gamma_s=2.65$ t/m^3，$d_p=0.12$ mm土层局部冲刷深度。本组试验资料见图 6-18、图 6-19、图 6-20，根据延伸所得要求的数据见表 6-12。

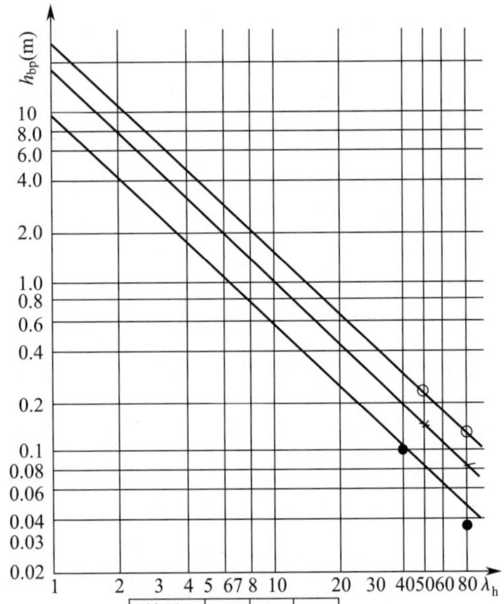

符号	●	×	○
v_p(m/s)	1.5	2.0	2.5
h_p(m)	10	10	10
E_p(m)	-4.2	-4.2	-4.2

图 6-17 钢板桩围堰（堰底−10 m，$d_m=0.12$ mm）

表 6-11 钢板桩围堰冲刷深度

v_p(m/s)	1.5	2.0	2.5
h_{bp}(m)	9.7	17.7	25.5

表 6-12 钢壳围堰冲刷深度

v_{pmax}(m/s)	1.0	1.5	2.0
h_{bp}(m)	4.9	13.0	17.0

由上述试验结果，在床面起始高程+2.2 m，钢壳围堰（具有栈桥条件）在设计流速 1.0～1.5 m/s，水深 8 m 时局部冲刷高程为−3～−11 m。

在栈桥与钢壳围堰关系的试验中，设计流速约 1 m/s 时，围堰基础冲刷对栈桥没有明显影响，但因本桥栈桥基桩与钢壳围堰间距仅 3.1 m，当流速增大至 1.5 m/s，冲刷已超过钢壳围堰底部，栈桥基桩已在围堰局部冲刷坑内。此时栈桥桩基最大冲刷深度为 8～10 m，在工程施工中，应考虑栈桥基础安全（特别是流速继续增大的情况）。另外还就设置栈桥与没有栈桥的钢壳围堰（相同起始床面高程）的冲刷深度差别进行了试验，试验表明有栈桥条件下钢壳围堰局部冲刷深度要减小约 3 m 左右，见图 6-20。这是因为栈桥桩基对围堰起到墩前消能防护的效果。

上述（三）中 1、2 两项试验因采用不同的两种试验沙进行，对于 $d_m=0.12$ mm 天然沙，在小流速 $v_p=1.5$ m/s 以下，由于模型缩尺后的流速较小，同时也因粉细沙本身黏性的板结影响，土壤抗冲能力较大，局部冲刷值小于轻质沙试验结果，为此本项试验滩地小流速部分均按轻质沙推求，主槽大流速试验均按天然沙推求。对于流速在 2.0～2.5 m/s 时，两种沙试验所得结果接近。现以桥墩冲刷资料说明，如 $v_{max}=2.56$ m/s，$h_{max}=10.95$ m，起始床面 $E_p=-5$ m的相同条件桥墩局部冲刷两种沙系列延伸后得 $d_p=0.12$ mm土层冲刷值：电木粉所得为 13.3 m，天然沙为 14.9 m。试验资料详见图 6-13，图 6-14。

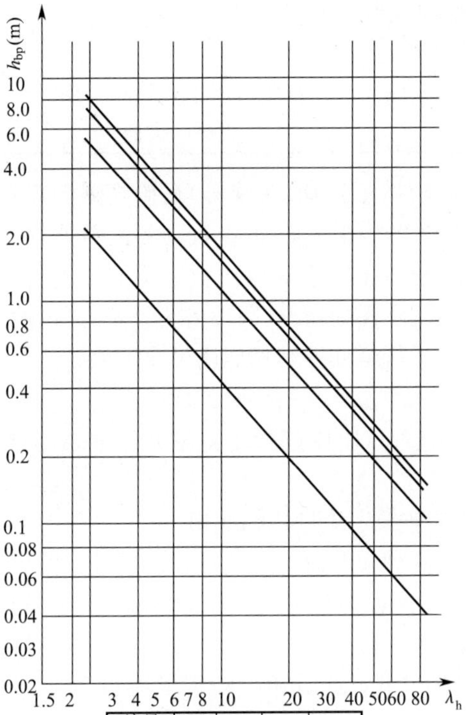

编号	1	2	3	4
v_p(m/s)	1.0	1.5	2.0	2.5
h_p(m)	8.0	8.0	8.0	8.0
E_p(m)	+2.2	+2.2	+2.2	+2.2
注：图中直线编号从下往上排列				

图 6-18　栈桥＋围堰

（电木粉试验，d_m＝0.31 mm）

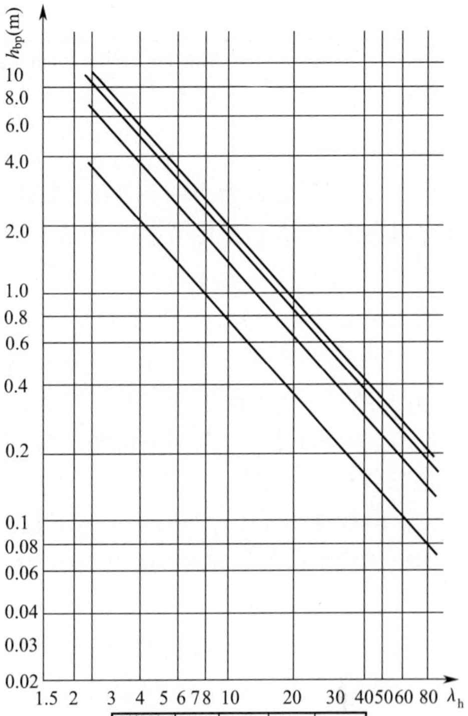

编号	1	2	3	4
v_p(m/s)	1.0	1.5	2.0	2.5
h_p(m)	8.0	8.0	8.0	8.0
E_p(m)	+2.2	+2.2	+2.2	+2.2
注：图中直线编号从下往上排列				

图 6-19 围堰（无栈桥）

（电木粉试验，d_m＝0.31 m）

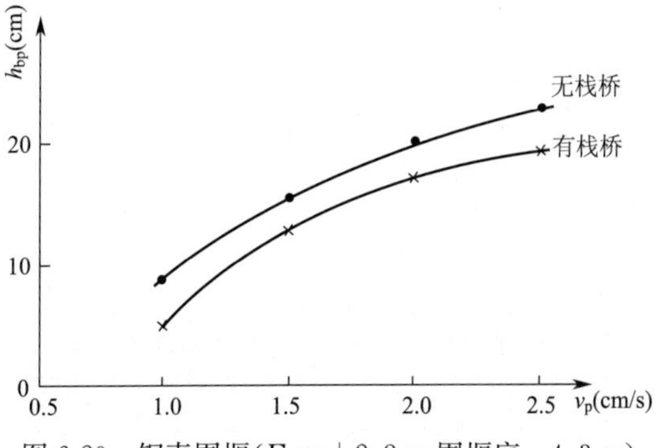

图 6-20　钢壳围堰（E_p＝＋2.2 m 围堰底－4.3 m）

（电木粉试验，d_m＝0.31 mm）

（四）天然相似比尺的冲刷深度值计算公式

上述（二）、（三）两项试验资料除在双对数纸上以 $\lambda_h=50$ 及 $\lambda_h=80$ 的实测数据点图 6-13～图6-19 系列延伸得到相应天然相似比尺的冲刷深度值，也可按式（6-10）计算推求。

$$\frac{(h_b)_p}{(h_b)_m}=\lambda_h^n \tag{6-10}$$

式中　n——根据两个比尺试验资料计算的双对数延伸斜率，其余符号同前。本次根据各组试验资料推求得各种试验条件的双对数延伸线平均斜率见表 6-13。

表 6-13　双对数延伸线平均斜率

试验沙条件	电木粉 d_m=0.31 mm		天然沙 d_m=0.12 mm	
桥墩结构	桩基桥墩	桩基钢壳围堰(围堰底高程－4.3 m)	桩基桥墩	桩基钢板桩围堰(围堰底高程－10 m)
n	1.06	1.10(无栈桥)	1.17	1.23

表 6-13 所列数值为该项条件下，多种不同水流条件(如流速、水深等)试验结果的双对数延伸线斜率的平均值，从图 6-13～图 6-19 或按资料计算的斜率值，可以看到各组数值均接近各平均值，为此对于试验中仅作一个比尺条件的试验可以采用上述双对数定线的平均斜率推求相似比尺的冲刷深度。本次试验对于个别大流速、大水深的情况，因设备流量不足仅做其中一个大比尺试验，再采用上述平均斜率计算或在图上平行延伸得其相似比尺要求值。

(五)非恒定水流条件下桥墩局部冲刷试验

为与恒定流($Q=C$)条件下桥墩局部冲刷进行比较，试验中选择了主槽几组非恒定($Q\neq C$)水流条件进行了试验。

1. 上游径流来量 25 000 m^3/s 与下游大潮遭遇的非恒定流过程的冲刷

本组试验组合后的水流为单方向非恒定流过程，两种天然非恒定流过程以其最大值表示：

(1)v_{pmax}=3.49 m/s，相应水深 h_p=16.95 m，起始床面高程 E_p=－11.0 m；

(2)v_{pmax}=2.94 m/s，相应水深 h_p=13.95 m，E_p=－8 m。

模型中以上述(1)、(2)条件进行了 λ_h=80 比尺的试验。设计单位给定了天然 24 h 水位、流速过程，按比尺换算成模型要求的过程与模型试验调试测得的水位、流速过程拟合情况详见图 6-21 中(h_m、v_m-t_m)关系。桥墩冲刷随时间变化过程见图 6-21 中(h_{bm}-t_m)。为直观比较，h_{bm}-t_m 图中实线与虚线分别为恒定流与非恒定流条件下冲刷深度随时间变化过程，模型上施测到的两者最大冲刷深度的比值以 ε_Q 表示，其具体数值见表 6-14。

从上述试验 ε_Q 比值可以看出，在本桥设计天然大洪水 25 000 m^3/s 遭遇下游大潮时，所形成的单向非恒定过程的桥墩局部冲刷比其最大流速恒定流冲刷有不同程度的减小，但从组合后的非恒定过程(图 6-21)可以看出有较长的平均峰滞时间冲刷，当流速 v_{pmax}=3.49 m/s 时 ε_Q=0.92 接近于 1.0 而当 v_{pmax}=2.94 m/s 时 ε_Q=0.80，这是因为大流速经历较短时间就可达到平衡冲刷深度，所以对于非恒定流过程冲刷与恒定流冲刷深度折减大小不能简单一概而论，除与洪水峰形中的平均峰滞时间有关外，还与流速大小有密切关系。另外本桥桩基桥墩冲刷除上述影响因素外，由于起始冲刷床面标高不同、流速、水深的差异，使冲刷深度比值 ε_Q 有更复杂的影响。

表 6-14　非恒定流与恒定流冲刷深度比值

部位		主　槽			
床面高程 E_p(m)		－8.0		－11.0	
		天然	模型	天然	模型
试验水流条件(非恒定过程)	h_p	13.95(m)	15.3(cm)	16.95(m)	21.2(cm)
	v_{max}	2.94(m/s)	33.9(cm/s)	3.49(m/s)	39.0(cm/s)
$h_{bm(max)}$	$Q\neq C$		8.4(cm)		9.5(cm)
	$Q=C$		10.5(cm)		10.3(cm)
$\varepsilon_Q=\dfrac{h_{bm}(Q\neq C)}{h_{bm}(Q=C)}$			0.80		0.92

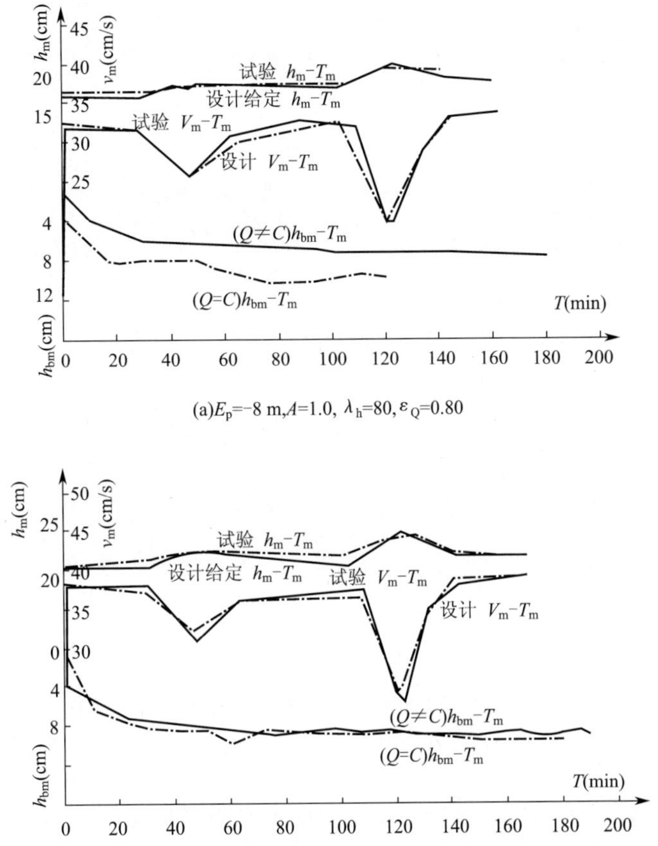

(a)E_p=−8 m,A=1.0, λ_h=80,ε_Q=0.80

(b)E_p=−11 m, A=1.44,λ_h=80,ε_Q=0.92

图 6-21　24 h 流量过程冲刷深度变化与最大流速恒定流冲刷比较
（上游来量 25 000 m^3/s+下游大潮）

2. 上游径流来量 350 m^3/s 与下游大潮遭遇时非恒定流桥墩冲刷试验结果

本组试验组合水流为正负两向潮波的冲刷试验，两种天然非恒定流过程条件以其最大值表示：

(1) $v_{pmax}=3.03$ m/s，相应水深 $h_p=12.2$ m，起始床面高程 $E_p=-6.0$ m；

(2) $v_{pmax}=2.52$ m/s，相应水深 $h_p=10.2$ m，$E_p=-4.0$ m。

对上述两条件分别进行了 $\lambda_h=50$ 及 $\lambda_h=80$ 两个比尺非恒定流试验。设计给定的天然 24 h两个正负潮波经模型比尺换算要求的水位、流速过程，与实际模型调控测得的过程拟合情况见图 6-22(a)。图 6-22(b)同时给出模型上施测的恒定流及非恒定流墩周冲刷深度随时间的变化过程。相应上述设计条件天然 24 h 潮波非恒定流最大冲刷深度与恒定流极限冲刷深度之比值见表 6-15。

上述比值 ε_Q 仅是设计条件 24 h 潮波非恒定两向流($Q\neq C$)冲刷与恒定流($Q=C$)冲刷的比值，显然可知在本次试验的具体条件下非恒定流形成的冲刷尚未达到最终平衡冲深，为探讨非恒定潮汐两向流冲刷终止深度，试验中以上述(1)设计条件 24 h 潮波多次重复冲刷，进行了 $\lambda_h=50$ 及 $\lambda_h=80$ 两个比尺的试验，其冲刷过程及最终深度 ε_Q 的比值见图 6-23 及表 6-16。

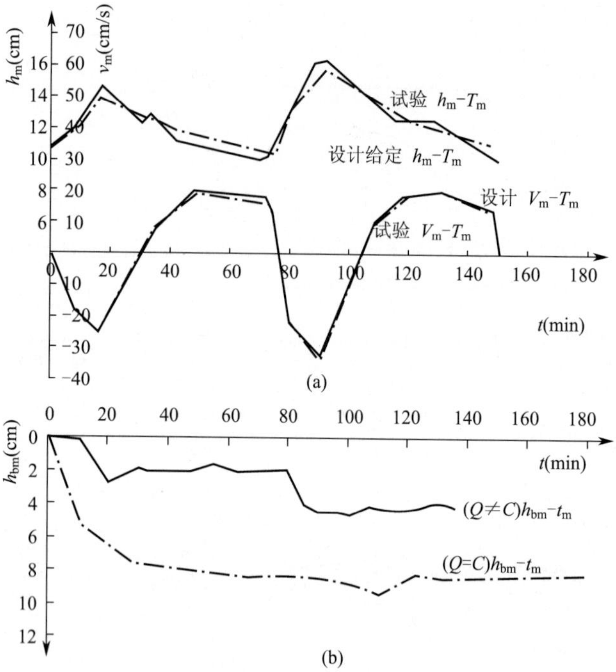

图 6-22　24 h 潮波冲刷与最大流速恒定流冲刷深度比较

（上游来量 350 m^3/s＋下游大潮，$\lambda_h=80$、$E_p=-6$ m、$v_{pmax}=3.03$ m/s、$h_p=12.2$ m）

表 6-15　24 h 潮波非恒定流最大冲刷深度与恒定流极限冲刷深度之比值

试验条件 / ε_Q / λ_h	$E_p=-6$ m，$v_{pmax}=3.03$ m/s，$h_p=12.2$ m 24 h 潮波过程	$E_p=-4.0$ m，$v_{pmax}=2.52$ m/s $h_p=10.2$ m 24 h 潮波过程
80	0.48	0.37
50	0.59	0.52

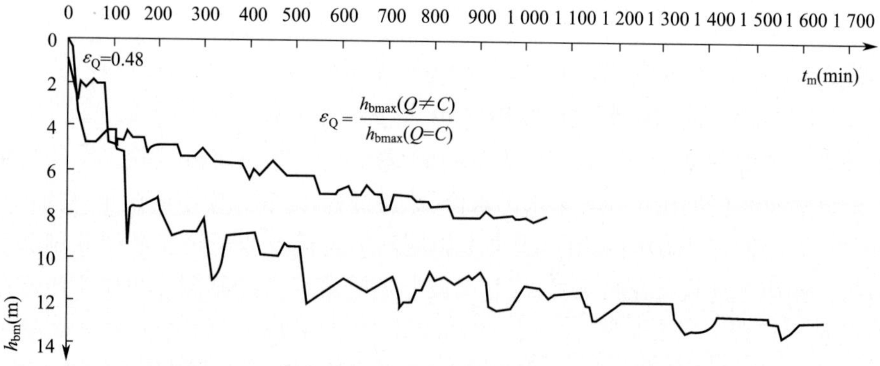

图 6-23　设计 24 h 潮波连续冲刷深度变化过程及 ε_Q

（上游径流来量 350 m/s 与下游大潮遭遇，$E_p=-6$ m、$A=1.44$）

对于 $\lambda_h=80$ 组次试验的 ε_Q 由初始 0.48 发展至最终比值约 0.81 左右；$\lambda_h=50$ 比尺潮波重复冲刷的 ε_Q 最终为 0.77 左右。其结果与以往进行的缅甸仰光—丁茵大桥潮汐往复冲淤形成的局部冲刷与恒定流条件下局部冲刷最终比值 75％～80％相吻合。本次试验桥墩为桩基方桥墩，而仰光—丁茵大桥则为带有大沉井基础的圆端形桥墩，虽然两者结构形式完全不同，但其比值 ε_Q 接近一致，由此看出在潮汐河口段非恒定两向流形成的局部冲刷小于相应最大流速恒定流冲刷 20％～25％，并且有较稳定的比值。

表 6-16　充分发展的非恒定流与恒定流冲刷深度比值

试验条件	(1)	
λ_h / h_{bm}(cm)	50	80
$Q\neq C$	13.4	8.2
$Q=C$	(17.5)	10.1
$\varepsilon_Q=\dfrac{h_{bm}(Q\neq C)}{h_{bm}(Q=C)}$	0.76	0.81

（六）边墩防护试验

本桥 1 号墩位于河岸边缘，考虑桥墩局部冲刷可能造成堤岸边坡冲刷，影响河岸稳定。为此大桥工程局要求在试验中探讨对 1 号墩采取适当防护措施，以保障堤岸的安全。

试验在玻璃水槽的一侧按天然河岸边坡以 1∶50 的缩尺模拟天然堤岸，并在相应位置设置 1 号墩，然后进行冲刷试验。试验资料表明，在设计流速作用下，由于桥墩承台阻水及局部冲刷的影响，使堤岸边坡沿水流方向在桥墩承台上下游各 5～6 m 范围内，被水流冲刷掏空，堤岸坡脚下塌。

为了防护堤岸边坡不被冲刷，必需设法消除或削弱绕墩水流的冲刷能力。首先根据以往对各铁路局桥墩冲刷防护的调查总结，针对本桥的具体条件，提出了 1 号墩铅丝石笼（或柴排）防护方案，铅丝石笼单个长 10 m，直径 80 cm，以桥墩承台为中心向外按放射形排列（图 6-24 及照片 6-6）。然后针对上述防护方案按 1∶50 缩尺进行冲刷试验。铅丝石笼模型是用纱布缝制的小袋内装小石子以模拟铅丝石笼外缘下沉的柔性，由于防护高程及尺寸设计合理，因此在设计流速作用下，堤岸边坡不再发生冲刷下塌现象。

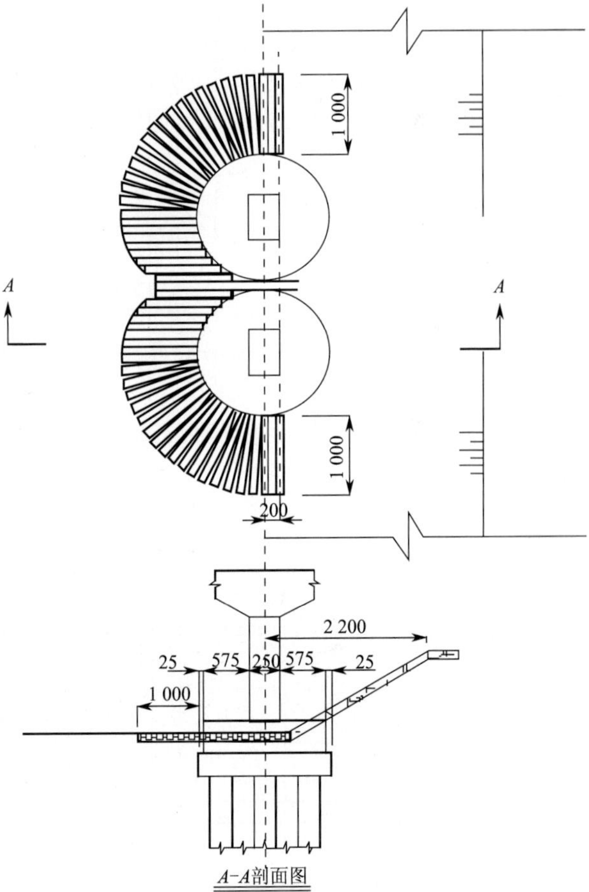

图 6-24　第二钱塘江大桥 1 号墩防护图（铅丝石笼或柴排方案）
注：高程为 m，其余均为 cm。

（七）其他粒径土层冲刷深度的延伸试验

本次试验是考虑以河床质为0.12 mm及 33.6 mm 为基本条件，进行了上述 $d_m=0.12$ mm

天然沙及 $d_m=0.31$ mm电木粉轻质沙系列模型试验，为照顾其他土层的冲刷，还选用了 $d_m=0.42$ mm 天然沙，以 $\lambda_h=80$ 比尺进行了少量比尺模型试验，试验天然流速为 $v_p=2.31$ m/s及 $v_p=2.56$ m/s 两组，根据 $d_m=0.42$ cm，$\lambda_d=\lambda_h$ 比尺模型换算天然 $d_p=33.6$ mm。根据以往的试验研究，影响局部冲刷的粒径因素，也可以指数关系表示，为此由系列模型原理，可将前述 $d_m=0.12$ mm试验结果对应于原型土壤粒径 $d_p=0.12$ mm相应的冲刷深度 h_{bp}，在双对数纸上进行粒径系列延伸见图 6-25、图 6-26 或按上述点据求得的双对数延伸线斜率以式(6-10)进行推算。试验资料及延伸斜率见表 6-17。

照片 6-6　第二钱塘江大桥 1 号墩防护

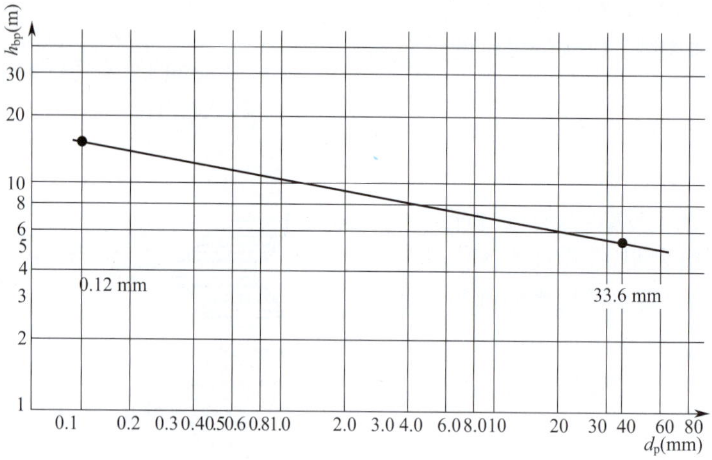

图 6-25　桩基桥墩(粒径延伸)

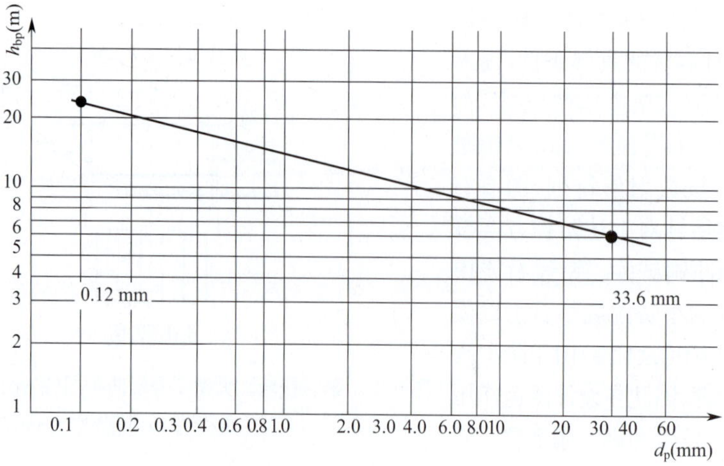

图 6-26　围堰(粒径延伸)

表 6-17 延伸斜率

冲刷深度 h_b ＼ 水流条件 ／ 试验粒径	桩基桥墩	围堰
	v_p=2.56 m/s　h_p=10.95 m E_p=−5 m v_m=28.6 cm/s　h_m=13.7 cm	v_p=2.31 m/s　h_p=8.0 m E_p=−4.8 m v_m=25.8 cm/s　h_m=13.1 cm
d_m=0.12 mm(d_p=0.12 mm)	h_{bm}=8.8 cm(h_{bp}=14.9 m)	h_{bm}=10.7 cm(h_{bp}=23.1 m)
d_m=0.42 mm(d_p=33.6 mm)	h_{bm}=6.7 cm(h_{bp}=5.36 m)	h_{bm}=7.9 cm(h_{bp}=6.32 m)
双对数延伸线斜率 n	0.181	0.230

注：表中括号内的冲刷数据为按相应的延伸曲线延伸至 λ_h=1 时的冲刷数值。

从图上根据粒径系列延伸线可以得到相同流速、水深等条件下其他粒径的参考冲刷值。

上述粒径延伸的双对数斜率：桩基桥墩条件 v_p=2.56 m/s 组为 n=0.181，围堰 v_p=2.31 m/s组为 n=0.230。这两条线可作为其他水流条件单层土层不同粒径延伸冲刷深度的参考，应用前述各种水流条件延伸得 d_p=0.12 mm 的 h_{bp} 值点据及以此两条线的平行线近似推求其他水流条件延伸线，这些平行延伸线相应的各种粒径冲刷深度为该水流条件单层土壤冲深。关于各墩不同土层的冲刷深度，可按分层土壤局部冲刷公式计算（详见本书第十章第二节）。以上提供的延伸曲线及建议的平行线方法仅作为粗略的估算办法，因试验资料较少，提出仅供参考。

六、认识与结论

根据铁道部大桥工程局勘测设计院的委托，本次以水工断面模型试验，模拟研究了涌潮水流，并定量确定了涌潮对桥墩作用力、局部冲刷深度，以及桥址断面在上下游不同径流与潮流组合作用下主槽、边滩、滩地的桩基桥墩局部冲刷及施工围堰冲刷深度和有关试验资料分析并通过天然涌潮实地观测资料对比分析验证，得出以下几点认识与结论：

(1)尽管采用水工物理模型，模拟涌潮及定量确定涌潮对建筑物的压力值在水工试验研究领域内还是一项新的探索课题，但由本次试验资料及分析结果证明，在铁道科学研究院自行设计的潮汐水流试验水槽内，根据涌潮生成原理已成功地模拟出相似于设计条件涌潮的形成、推进及涌波破碎的水流状态。新研制的桥墩压力传感模型及所建立的计算机采集记录装置以及配套的其他电测仪器为定量测定涌潮压力及合力力矩提供了科学的手段。

(2)试验测得的设计涌潮作用于桥墩的总压力、涌潮传播速度、瞬间冲击爬高值及涌潮水流作用下桥墩、桩基局部冲刷深度等数值，经与天然实际观测资料对比印证，可以认为试验数据基本合理，可供工程设计参考应用。

(3)试验提出了多种特定组合水流条件下主槽、边滩及滩地桩基桥墩局部冲刷深度，其中包括最大值恒定流极限冲刷深度、天然设计条件 24 h 非恒定流过程冲刷深度、及非恒定流长时段冲刷最终平衡局部冲刷深度。同时提出了钢板桩围堰冲刷、施工栈桥与钢壳围堰在恒定流条件下的极限冲刷深度及其相互影响。上述结果尽管尚无合适天然资料验证，但从各种不同条件下各项 h_b 值变化规律、相互间的比值以及长期以来对 h_b 试验研究的认识，可以认为试验结果是合理的。

试验中还就桩基承台不同标高位置，不同水流条件（流速、水深）关系作了一些探讨，试验结果表明桩基桥墩与一般单一桥墩相比，因承台位置高低（指承台位于一般冲刷床面上下范围内）

与不同水流条件组合后对局部冲刷有更为复杂的影响。此问题尚可进一步作专项探讨研究。

(4)试验结果表明单向非恒定流过程的桥墩局部冲刷比与其最大流速相应的恒定流冲刷有不同程度的减小，其比值大小除与非恒定流洪水峰形中平均峰滞时间长短有密切关系外，还与洪水峰值流速大小有关，对于不同条件将有不同的比值。

(5)对于潮汐两向非恒定流桥墩局部冲刷与相应于最大流速的恒定流冲刷比值 ε_Q，本次桩基方桥墩冲刷结果为 0.76～0.81，其值与以往进行的缅甸仰光—丁茵大桥带有大沉井基础的圆端型桥墩在潮汐往复冲淤形成的局部冲刷与恒定流局部冲刷最终比值 75%～80%为相吻合，试验再次证明在潮汐河口段非恒定两向流形成的局部冲刷小于恒定流冲刷 20%～25%，并具有较稳定的比值。

第七章　京沪高速铁路长江上元门桥位整体河工模型试验研究

京沪高速铁路是我国东部联络南北城镇的重要铁路干线，而长江南京越江工程上元门方案是京沪高速铁路的关键工程之一。建好越江工程，既关系当地的社会经济发展，也关系到铁路自身作用的发挥。为此，铁道部大桥工程局勘测设计院委托铁道部科学研究院铁道建筑研究所于1998年3月开始进行京沪高速铁路南京上元门越江工程桥梁整体河工模型试验。研究上元门桥址断面在设计洪水条件下，河床可能出现的最低高程及河床深泓的摆动范围；建桥后对八卦洲洲头和八卦洲两汊的流速以及河床冲淤变化可能产生的影响；同时研究建桥前后上元门桥上下游水面线的变化及桥上游可能产生的最大壅水高度的位置及影响范围。

本试验中高程系统为黄海高程系统。

第一节　模型设计

一、试验河段概况

长江南京上元门试验河段上游起自大胜关，下游至八卦洲尾，总长约42 km。河段自上向下，分别有梅子洲、潜洲和八卦洲。其中八卦洲处河宽最大达到9.5 km（包括八卦洲）。八卦洲左汊弯曲，右汊相对顺直。拟建越江工程位于八卦洲上游上元门断面，距八卦洲头2.3 km左右，距既有南京桥2 km，上元门断面河宽约2 km，见图7-1。

上元门河段位于长江下游感潮区，水流为单向流，河床演变主要受上游径流控制。试验河段内无正规水文站，距南京上游约230 km的大通水文站为长江下游水文控制站。多年平均流量28 600 m^3/s，多年平均含沙量为0.507 kg/m^3，1954年发生历史最大洪水，流量为92 600 m^3/s。1998年大水，最大日平均流量81 300 m^3/s，平均含沙量为0.302 kg/m^3。

长江下游干流的来沙均以悬移质泥沙为主，推移质泥沙仅占极少的比例。悬移质中大部分为冲泻质，起造床作用的床沙质泥沙约占10%左右，这部分临底床沙质悬沙对长江中下游细沙河床变化起着主要作用。上元门桥位附近床沙粒径为：$d_{50}=0.18$ mm，$d_5=0.04$ mm，$d_{95}=0.35$ mm。八卦洲左汊中值粒径$d_{50}=0.16$ mm，八卦洲右汊中值粒径$d_{50}=0.205$ mm。

二、动床模型设计

（一）设计原则

（1）如前所述，长江下游河段水流挟带的泥沙虽然以悬移质泥沙为主，但对河床变化起作用的泥沙主要是临底床沙质悬沙，悬移质泥沙中的冲泻质，随水流下泻，不参与悬沙和床沙的交换。因此动床模型设计可重点考虑对河床泥沙运动起重要作用的悬移质泥沙中的临底床沙质。另外对桥渡冲刷及河道变化有重要作用的沙质推移质，也应予以重视。

（2）依据天然泥沙粒径资料，试验河段河床质中值粒径d_{50}为0.18 mm，悬移质中床沙质与冲泻质分界粒径采用0.05 mm，则床沙质中值粒径 d_{50} 为0.08 mm，考虑这两类泥沙的运动，可同时反映床沙质悬沙与沙质推移质对河道演变及桥渡冲刷的影响。

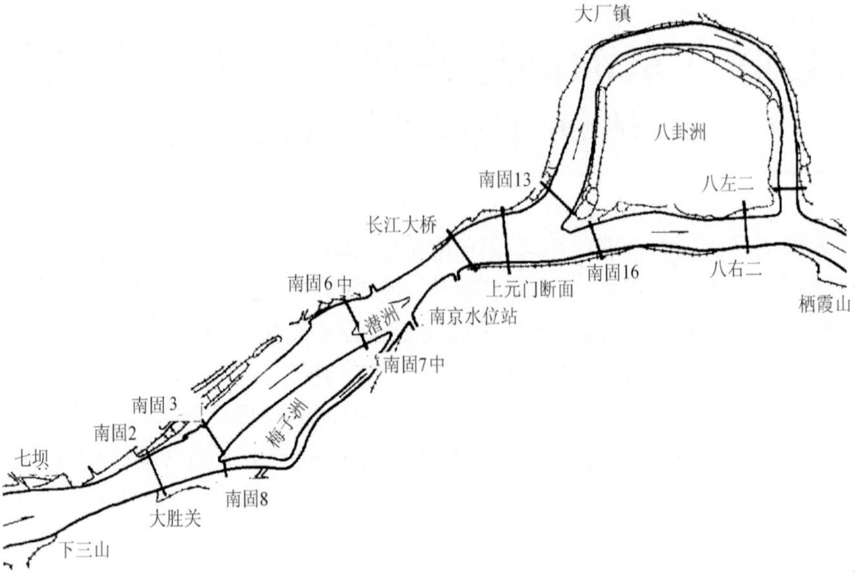

图 7-1　南京长江上元门河段平面图

(3)上元门河段系属感潮河段，但潮差不大，汛期更小，由于河床变化及桥渡冲刷在洪水期较为剧烈，因此不考虑潮汐影响。

(二)相似条件

水流运动相似：

$$\lambda_v = \sqrt{\lambda_H} \tag{7-1}$$

$$\lambda_v = \frac{1}{\lambda_n}\lambda_H^{1/6}\sqrt{\frac{\lambda_H\lambda_H}{\lambda_L}} \tag{7-2}$$

河床冲淤相似：

$$\lambda_v = \lambda_{v_0} \tag{7-3}$$

$$\lambda_\omega = \lambda_v \frac{\lambda_H}{\lambda_L} \tag{7-4}$$

或

$$\lambda_\omega = \lambda_{v_*} = \lambda_v \left(\frac{\lambda_H}{\lambda_L}\right)^{\frac{1}{2}} \tag{7-5}$$

$$\lambda_s = \lambda_{s_*} \tag{7-6}$$

$$\lambda_{t_2} = \frac{\lambda_L\lambda_H\lambda_{\gamma'}}{\lambda_{qs}} \tag{7-7}$$

式中　λ_{v_0} ——起动流速比尺；

λ_s ——含沙量比尺；

λ_{s_*} ——挟沙力比尺；

λ_ω ——沉速比尺；

$\lambda_{\gamma'}$ ——干容重比尺；

λ_{v_*} ——摩阻流速比尺；

λ_{t_2} ——第二时间比尺；

λ_{qs}——输沙率比尺。

(三)河床质起动相似

1. 起动流速公式

原型沙的起动流速计算采用沙玉清公式:

$$v_{0p}=\left[0.43d^{3/4}+1.1\frac{(0.7-\varepsilon)^4}{d}\right]^{1/2}h^{1/5} \tag{7-8}$$

2. 计算条件

上元门断面,百年流量时水位为 8.95 m,床面最低高程按 −24 m 计,则百年流量时原型河道最大水深约为 33.0 m,平均水深约 20 m,计算水深采用 20 m 和 30 m,河床质泥沙 $d_{50}=0.18$ mm。

3. 起动相似

天然河床质泥沙 $d_{50}=0.18$ mm 的起动流速,当原型 30 m 水深时,采用沙玉清公式计算得 $v_{0p}=0.81$ m/s;原型 20 m 水深时,计算得 $v_{0p}=0.747$ m/s。在选择模型沙时,曾以特制木粉参与比选,这种特制木粉是专为本项试验而研制的。它是直接将选定的木材粉碎,然后加入化学物品以调节比重及防腐处理。特制木粉的比重为 1.22 t/m^3,中值粒径为 0.12 mm,颜色接近天然泥沙,颗粒的可动性良好,无明显板结现象。用该种模型沙做水槽起动流速试验,得到表 7-1的结果。

表 7-1　特制木粉起动流速试验结果

水 深(cm)	15	20	25
起动流速(cm/s)	6.7	6.9	7.1

当垂直比尺为 120 时,天然水深采用 30 m,模型水深为 0.25 m,由表 7-1 得模型沙起动流速为 0.071 m/s,按沙玉清公式计算,天然沙起动流速为 0.81 m/s,则 $\lambda_v=0.81/0.071=11.41$,略大于 $\lambda_v=\lambda_H^{1/2}=120^{1/2}=10.95$;天然水深采用 20 m,模型水深为 0.167 m,由表 7-1得模型沙起动流速为 0.067 7 m/s,按沙玉清公式计算,天然沙起动流速为0.747 m/s,则 $\lambda_v=0.747/0.0677=11.03$,接近于 $\lambda_v=\lambda_H^{1/2}=120^{1/2}=10.95$。以上计算结果表明,如模型垂直比尺采用 120,则特制木粉模型沙基本能够满足起动相似。

综上计算,如垂直比尺选择 120,模型铺沙可采用比重 $\gamma_{sm}=1.22$ t/m^3、中值粒径 0.12 mm的特制木粉,起动相似粒径比尺 $\lambda_d=0.18/0.12=1.5$。模型沙的粒径级配是在加工过程中按照天然沙的级配比例进行配置的,河床质级配曲线见图 7-2。

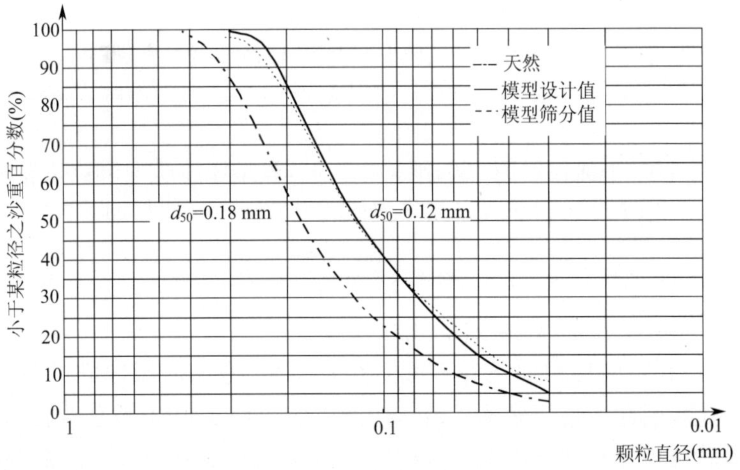

图 7-2　河床质级配曲线

（四）动床水流运动相似条件

本河段的天然糙率 n_p 基本上为 0.022。由上面的计算分析中可知，特制木粉模型沙中值粒径 0.12 mm，由于模型中细沙河床将会出现沙波，根据以往经验，本试验河段动床模型的模型沙糙率 n_m 在 0.018 左右，则：

$$\lambda_n = 0.022/0.018 = 1.22$$

代入相似条件式(7-2)，得：

(1)当 $\lambda_L = 450, \lambda_H = 120$

$$\lambda_v = \frac{1}{\lambda_n}\lambda_H^{1/6}\sqrt{\frac{\lambda_H\lambda_H}{\lambda_L}} = \frac{1}{\lambda_n}\lambda_H^{7/6}\lambda_L^{-1/2}$$

$$= \frac{1}{1.22}120^{7/6}450^{-1/2} = 10.3 \approx \sqrt{120}$$

(2)当 $\lambda_L = 480$，$\lambda_H = 120$

$$\lambda_v = \frac{1}{\lambda_n}\lambda_H^{1/6}\sqrt{\frac{\lambda_H\lambda_H}{\lambda_L}} = \frac{1}{\lambda_n}\lambda_H^{7/6}\lambda_L^{-1/2}$$

$$= \frac{1}{1.22}120^{7/6}480^{-1/2} = 9.97 < \sqrt{120}$$

从上面计算可知，当垂直比尺确定后，随着平面比尺的加大，模型流速比尺将减小，因此为保证水流运动相似，平面比尺应取小一些。但考虑到模型沙用量及模型试验的工作量，平面比尺则不宜过小，综合考虑，拟取平面比尺为 450，垂直比尺为 120。

（五）床沙质运动相似

床沙质与冲泻质分界粒径采用 0.05 mm，则床沙质部分中值粒径为 0.08 mm。由于长江下游的悬移质泥沙比较细，因而可以认为原型沙基本处于滞流区内，则模型沙沉速一般也位于滞流区内，可以选用滞流区内的沉速公式：

$$\omega = 0.039\frac{\rho_s - \rho}{\rho}g\frac{d^2}{\nu} \tag{7-9}$$

写成比尺关系式为：

$$\frac{\lambda_\omega\lambda_\nu}{\lambda_{\frac{\rho_s-\rho}{\rho}}\lambda_d^2} = 1 \tag{7-10}$$

式中　λ_ν——黏滞系数比尺，一般取为 1。

(1)由相似条件式(7-4)可得到满足沉降相似的模型沙粒径比尺如下：

$$\lambda_d = \frac{{\lambda_h}^{3/4}{\lambda_v}^{1/2}}{\lambda_{\frac{\rho_s-\rho}{\rho}}^{1/2}{\lambda_L}^{1/2}} \tag{7-11}$$

因垂直比尺为 120，平面比尺为 450，则 $\lambda_d = 0.62$，模型床沙质中值粒径应为 0.13 mm。

(2)由相似条件式(7-5)可得到满足悬浮相似的模型沙粒径比尺如下：

$$\lambda_d = \frac{{\lambda_h}^{1/2}{\lambda_v}^{1/2}}{\lambda_{\frac{\rho_s-\rho}{\rho}}^{1/2}{\lambda_L}^{1/4}} \tag{7-12}$$

则 $\lambda_d = 0.87$，模型床沙质中值粒径为 0.09 mm。

由于上述(1)和(2)两种相似条件不可能同时满足，考虑河床冲刷过程中，水流通过较强的紊动挟带泥沙，因此取偏于紊动扩散作用的中值粒径 0.09 mm 作为模型设计床沙质中值粒径，则悬移质粒径比尺为 $\lambda_d = 0.87$，相应地沉速比尺 $\lambda_\omega = = 5.7$。床沙质级配曲线见图 7-3。

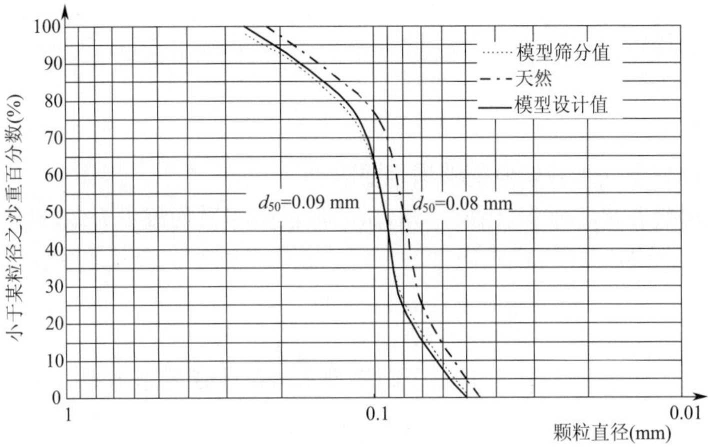

图 7-3　床沙质级配曲线

(六)挟沙相似及河床冲淤变形相似

1. 挟沙相似条件 $\lambda_s = \lambda_{s_*}$

引进表征悬移质挟沙能力的水流挟沙力公式：

$$S_* = \frac{\rho_s}{8C_1 \frac{\rho_s - \rho}{\rho}}(f - f_s)\frac{v^3}{gR\omega} \tag{7-13}$$

对上式进行转换，并由 $\lambda_v = \sqrt{\lambda_H}$ 和式(7-5)得到悬移质含沙量比尺：

$$\lambda_s = \lambda_{s_*} = \frac{\lambda_{\rho_s}}{\lambda_{\frac{\rho_s - \rho}{\rho}}}\left(\frac{\lambda_H}{\lambda_L}\right)^{\frac{1}{2}} \tag{7-14}$$

由式(7-14)可得到悬移质单宽输沙率比尺：$\lambda_{q_s} = \lambda_s \lambda_v \lambda_H$。当 $\lambda_L = 450$，$\lambda_H = 120$ 时，按照上面公式计算 $\lambda_s = \lambda_{s_*} = 0.56$，$\lambda_{q_s} = 736$。

2. 河床变形相似

由河床变形方程可得河床变形时间比尺：

$$\lambda_{t_2} = \frac{\lambda_L \lambda_H \lambda_{\gamma'}}{\lambda_{qs}}$$

式中　γ'——床沙干容重，原型沙 γ'_p 采用 1.46 t/m³，模型沙 $\gamma'_m = 0.25$ t/m³。$\lambda_{\gamma_s} = 2.65/1.22 = 2.17$，$\lambda_{\gamma'} = \frac{\gamma'_p}{\gamma'_m} = 1.46/0.25 = 5.84$，$\lambda_{\frac{\gamma_s - \gamma}{\gamma}} = 7.5$，当 $\lambda_L = 450$，$\lambda_H = 120$，$\lambda_{t_2} = 428$。

由于现有输沙能力公式远非完善，含沙量比尺及第二时间比尺需通过冲於地形验证试验进行修正和确定。

三、定床模型设计

由前述动床模型设计结果，拟选定模型平面比尺 $\lambda_L = 450$，垂直比尺 $\lambda_H = 120$，变率 $\eta = 3.75$。

定床模型应同时满足前述相似条件式(7-1)和式(7-2)。由此确定相应比尺如下：

流速比尺：$\lambda_v = \sqrt{\lambda_H} = 10.95$

流量比尺：$\lambda_Q = \lambda_L \lambda_H \lambda_v = 591\ 540$

水流时间比尺：$\lambda_{t_1}=\frac{\lambda_L}{\lambda_v}=41.1$

则模型要求糙率：

$$n_m \approx 0.019$$

采用梅花形排列卵石加糙基本能够满足要求。

模型最小雷诺数及最小水深：由前述知，试验河段多年平均流量为 28 600 m^3/s，模型上元门断面 $\bar{v}_m=0.1$ m/s，$H_m=0.17$ m，$\nu=1.0\times10^{-6}$ m^2/s(20 ℃)，则模型雷诺数：

$$Re_m=\frac{\bar{v}_m H_m}{\nu}=17\ 300>2\ 300$$

模型最小水深 0.17 m，大于 1.5 cm。则模型水流位于紊流阻力平方区，可保证模型达到阻力相似要求。

四、模型比尺表(表 7-2)

表 7-2　上元门模型试验比尺表

内 容	比尺名称	符号	数值
几何相似	水平比尺	λ_L	450
	垂直比尺	λ_H	120
水流运动相似	水流流速比尺	λ_v	10.95
	糙率比尺	λ_n	1.22
	流量比尺	λ_Q	591 540
	水流时间比尺	λ_{t1}	41.1
泥沙运动相似	河床质起动流速比尺	λ_{v_0}	11.1
	河床质粒径比尺	λ_d	1.5
	床沙质沉速比尺	λ_ω	5.7
	床沙质粒径比尺	λ_d	0.87
	含沙量比尺	λ_s	0.56(0.58)
	冲淤时间比尺	λ_{t2}	428(580)

注：括号内数值为验证试验确定的比尺。

第二节　定床试验

一、定床验证试验

为保证模型试验的可靠性，在进行正式试验前，制作好的模型必须进行相似性验证。验证试验是检验模型能否与天然河道水流流态相似、阻力相似的重要环节，只有通过验证试验，达到模型与原型相似后，才可进行设计洪水条件下各工程方案预报试验，从而获得正确合理的试验成果。定床验证试验的主要内容包括水面线验证、流速分布验证、分流比验证等。

(一)验证试验原型实测资料

验证天然资料采用长江下游水文水资源勘测局实测的试验河段 3 次水文资料。

1. 地形资料

模型地形制作依据长江下游水文水资源勘测局 1997 年 10 月 19 日～22 日实测的水下地形及 1989 年陆上地形。模型地形断面间距 0.8 m(相当于天然 360 m),断面编号为 S1～S120,见图 7-4。

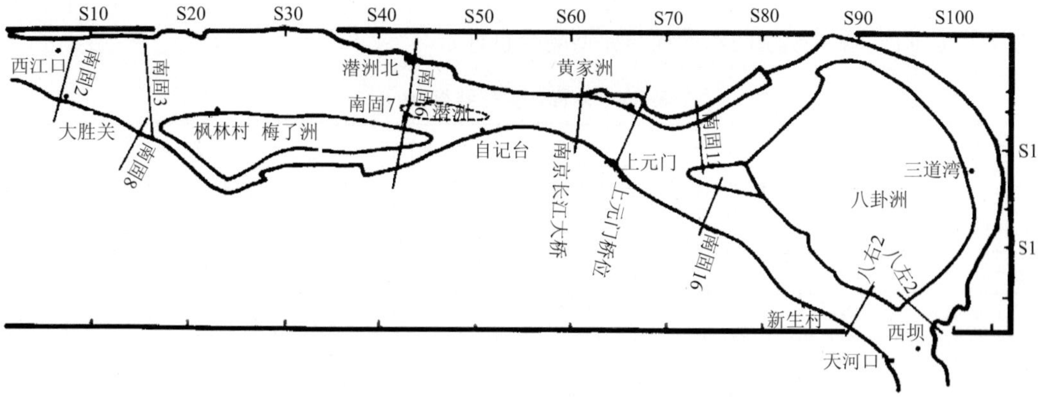

图 7-4　南京长江上元门大桥河工模型试验模型平面布置图

2. 流量资料

从 1998 年 3 次实测水文资料看,各测流断面所实测流量并不完全相同,见表 7-3。

表 7-3　测流断面 1998 年 3 次测流流量(m³/s)

测流断面	第一批资料			第二批资料			第三批资料		
	流量	日期	全流量	流量	日期	全流量	流量	日期	全流量
南固 2	38 500	3.24	38 500	78 800	7.11	78 800	43 500	10.10	43 500
南固 3	37 800	3.24	39 600	74 100	7.11	78 290	42 600	10.10	45 260
南固 8	1 800	3.24		4 190	7.11		2 660	10.10	
上元门	38 000	3.23	38 000	78 000	7.12	78 000	42 400	10.9	42 400
南固 13	5 450	3.23	35 950	14 500	7.12	78 100	8 220	10.9	44 720
南固 16	30 500	3.23		63 600	7.12		36 500	10.9	
八左二	6 030	3.22	35 530	13 500	7.13	74 700	7 620	10.9	42 320
八右二	29 500	3.22		61 200	7.13		34 700	10.9	

从上表看,由于各测流断面的测量日期不同,其流量有一定的差别,最大相差 4 100 m³/s。本试验取与南固 2、南固 3 和南固 8、上元门、南固 13 和南固 16 四个全断面流量的均值接近的实测流量作为模型施放的流量,具体如下:

(1)1998 年 7 月 11 日实测流量 78 290 m³/s 为洪水验证流量;

(2)1998 年 3 月 23 日实测流量 38 000 m³/s 为洪前验证流量;

(3)1998 年 10 月 10 日实测流量 43 500 m³/s 为洪后验证流量。

3. 各级流量下的水位、流速分布资料

流速采用下游局实测流速,水位采用相应流量下的日平均水位。

(二)定床验证试验结果

定床模型验证试验包括水面线、垂线平均流速分布及汊道分流比的验证。施放流量为 1998 年实测流量:7 月 11 日实测流量 78 290 m³/s、3 月 23 日实测流量 38 000 m³/s 和 10 月

10 日实测流量 43 500 m^3/s。测流断面及水位测点的布设按原型观测位置设置(图 7-4)。

1. 水面线验证

验证试验结果见表 7-4，表 7-4 括号内左、右代表左岸和右岸。从表 7-4 可以看出，各级流量下，模型各水位点水位与原型符合较好，最大差值为 9 cm，相当于模型值 0.75 mm，在测量允许误差范围内，说明模型的水面线与原型吻合良好。

表 7-4　水面线验证结果(m)

水位测点	78 290 m^3/s			38 000 m^3/s			43 500 m^3/s		
	原型	模型	差值	原型	模型	差值	原型	模型	差值
枫林村(右)	7.94	8.03	+0.09	4.25	4.28	+0.03	5.36	5.38	+0.02
潜洲北(左)	7.89	7.95	+0.06	4.21	4.19	−0.02	5.31	5.32	+0.01
自计台(右)	7.71	7.72	+0.01	4.08	4.12	+0.04	5.17	5.22	+0.05
黄家洲(左)	7.64	7.61	−0.03	4.07	4.09	−0.02	5.17	5.14	−0.03
上元门(右)	7.57	7.53	−0.02	4.02	4.03	+0.01	5.13	5.10	−0.03
三道湾(右)	7.37	7.39	+0.02	3.90	3.92	+0.02	5.00	5.02	+0.02
新生村(右)	7.31	7.32	+0.01	3.85	3.85	0.00	4.91	4.92	+0.01
西　坝(左)	7.26	7.20	−0.06	3.83	3.80	−0.03	4.88	4.84	−0.04
天河口(右)	7.12	7.15	+0.03	3.76	3.77	+0.01	4.80	4.78	−0.02

2. 流速分布验证

根据原型测流断面布置，在模型上共布设了 9 个测流断面(南固 3、南固 8、南固 6、南固 7、上元门、南固 13、南固 16、八左二和八右二)作为模型流速分布验证测流断面。

流速验证试验结果表明，各断面垂线平均流速分布与原型实测资料基本符合，断面测点的流速最大差值均在 0.20 m/s 以内，相当于模型 1.8 cm/s，表明模型流速分布与原型基本相似。

3. 汊道分流比及流量闭合的验证

试验河段为分汊河道，因此必须对汊道分流比进行验证。验证断面采用与原型一致的南固 3 和南固 8、南固 6 和南固 7、南固 13 和南固 16 以及八左二和八右二作为各汊道测流断面，分别对流量 78 290 m^3/s、38 000 m^3/s 和 43 500 m^3/s 的汊道分流比进行验证，试验结果见表 7-5。

表 7-5　分流比验证结果(%)

测流断面	78 290 m^3/s			43 500 m^3/s			38 000 m^3/s		
	原型	模型	差值	原型	模型	差值	原型	模型	差值
南固 3	94.6	94.3	0.3	94.1	94.5	0.4	95.4	95.3	0.1
南固 8	5.40	5.70		5.90	5.50		4.60	4.70	
南固 6	84.9	84.3	0.6	83.9	84.6	0.7	88.4	88.0	0.4
南固 7	15.1	15.7		16.1	15.4		11.6	12.0	
南固 13	18.6	18.8	0.2	18.4	17.5	0.9	15.2	16.0	0.8
南固 16	81.4	81.2		81.6	82.5		84.8	84.0	
八左二	18.1	18.6	0.5	18.0	17.3	0.7	17.0	16.3	0.7
八右二	81.9	81.4		82.0	82.7		83.0	83.7	

由表 7-5 结果看，各断面在各级流量下，模型实测分流比与原型符合较好，最大差值为 0.9%。表 7-6 所列的模型实测流量与施放流量的比较，南固 3 和南固 8 断面的流量闭合差为 0.84%～1.34%，上元门断面的流量闭合差为 0.43%～1.51%，南固 13 和南固 16 的流量闭合差为 0.46%～1.89%，八左二和八右二的流量闭合差为 0.43%～0.80%。均在误差允许范围内，表明模型流量施放及水位流速测量是准确的。

表 7-6　流量闭合检验

流量 \ 断面		南固 3 南固 8	上元门	南固 13 南固 16	八左二 八右二
38 000 m^3/s	实测流量	37 681	38 298	38 175	38 162
	闭合差(%)	−0.84	+0.78	+0.46	+0.43
78 290 m^3/s	实测流量	77 243	78 624	77 372	77 816
	闭合差(%)	−1.34	+0.43	−1.17	−0.61
43 500 m^3/s	实测流量	43 144	42 840	44 320	43 151
	闭合差(%)	−0.82	−1.51	+1.89	−0.80

4. 流向验证

铁道部大桥工程局 1998 年汛期及汛后先后两次对上元门河段的水流流向进行了观测，其中汛后流向观测日期为 10 月 22 日，流量约 34 000 m^3/s 时的流线分布见图 7-5。验证试验中在施放流量 38 000 m^3/s 时对其流向进行了观测，试验结果见图 7-6。天然实测流向范围上游距上元门断面约 2 km，下游至八卦洲头，模型中观测范围加大，上游距上元门以上 2.8 km，下游到八卦洲两汊内。由图 7-6 可以看出，南京桥附近流线分布比较均匀，经过上元门后，水流主流沿河段深槽逐渐向右偏转，到八卦洲头，主流迅急转向八卦洲右汊。从天然实测流向范围与模型实测相应范围对比看，流向总体趋势一致，流线分布也基本相似。

综上所述，定床模型验证试验表明，在大中小三级流量下，试验河段内的水面线、各测流断面的流速分布、汊道分流比以及流向等与原型实测结果相比都基本一致，说明模型制作是准确的，可以保证模型水力要素与原型相似。

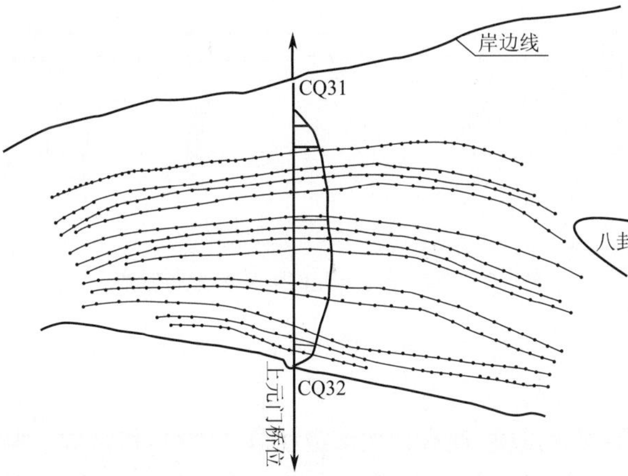

图 7-5　天然实测流向图(34 000 m^3/s)

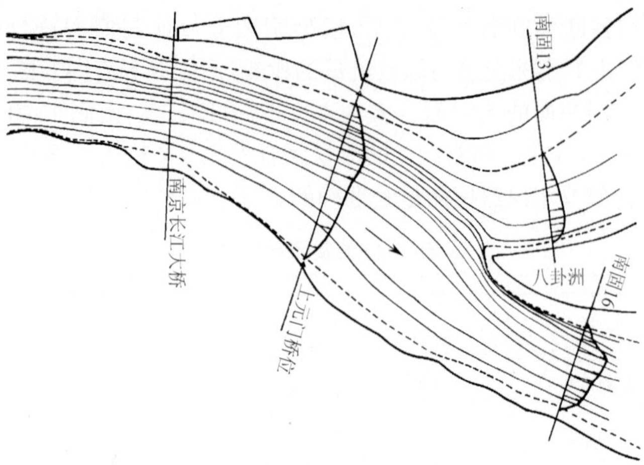

图 7-6　模型实测流向图(38 000 m³/s)

二、定床方案试验

定床方案试验主要研究以下内容。

(1)建桥后桥前产生的壅水高度及其影响范围,桥前壅水对该河段防洪的影响;

(2)建桥对水流流向、流速可能产生的影响及范围;

(3)建桥对八卦洲洲头流速分布及两汊分流比的影响。

上元门桥桥式方案有两种:主跨 640 m 双塔斜拉桥和主跨 488 m 三塔斜拉桥,桥式布置见图 7-7。

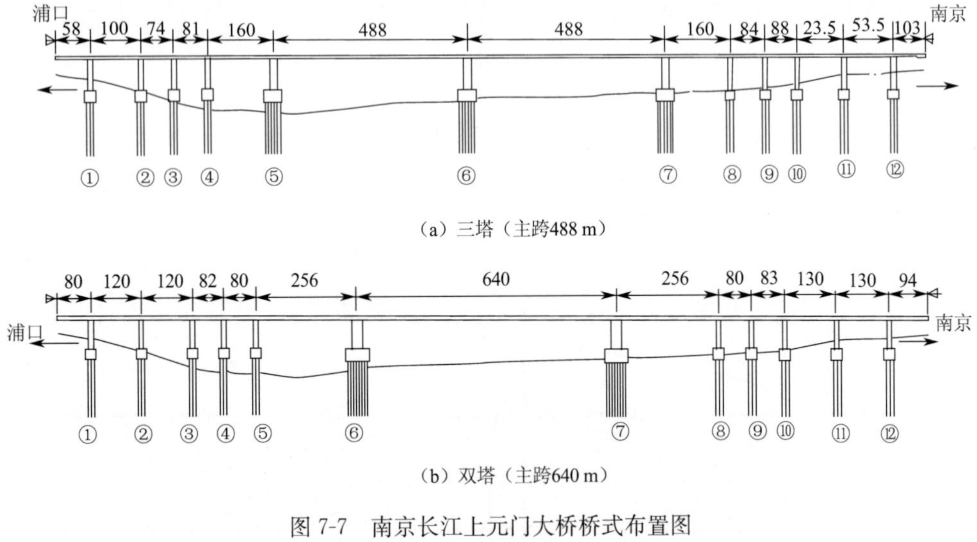

图 7-7　南京长江上元门大桥桥式布置图

试验流量为三级:二十年一遇洪水流量 83 000 m³/s、百年一遇洪水流量 95 000 m³/s 和三百年一遇洪水流量 102 500 m³/s。

试验方案为三种:①现状试验:现有天然河道状态;②双塔桥试验:现状条件下上元门工程断面架设双塔斜拉桥;③三塔桥试验:在现状条件下上元门工程断面架设三塔斜拉桥。各方案条件下分别施放三级流量进行试验,观测对比相关水力要素。

（一）沿程水位变化

试验对二十年一遇、百年一遇和三百年一遇三级洪水流量不同方案下的各测点水位进行了观测，试验结果见表 7-7。

表 7-7　方案试验各级流量下沿程水位变化(m)

流量(m^3/s)	方 案	自计台	南京桥	黄家洲	上元门	南固 13	南固 16	新生村
83 000	建桥前	8.13	8.08	8.06	7.99	7.90	7.89	7.74
	双塔桥	8.13	8.08	8.07	7.99	7.90	7.89	7.74
	三塔桥	8.13	8.08	8.07	8.00	7.90	7.89	7.74
95 000	建桥前	9.00	8.93	8.91	8.83	8.79	8.76	8.52
	双塔桥	9.00	8.93	8.92	8.84	8.79	8.76	8.52
	三塔桥	9.00	8.93	8.92	8.84	8.79	8.76	8.52
102 500	建桥前	9.46	9.38	9.36	9.27	9.15	9.11	8.94
	双塔桥	9.46	9.38	9.37	9.27	9.15	9.11	8.94
	三塔桥	9.46	9.38	9.38	9.28	9.15	9.11	8.94

从表 7-7 看出，建桥后除桥位附近的黄家洲、上元门水位点的水位略有升高外，南京桥及桥位上游 5.5 km 左右的自计台以及桥位下游 3 km 左右的南固 13 和南固 16 的水位没有变化，已不受建桥的影响。

（二）桥前壅水及影响范围

建桥后，由于桥渡建筑物压缩过水断面，引起能量转换，这种能量转换反映到桥渡上游，引起水面线升高形成壅水。试验对百年一遇洪水和三百年一遇洪水条件下的两种桥式方案的桥前壅水进行了观测，见图 7-8～图 7-9。结果表明，桥前壅水值不大，且两种桥式方案同一流量下，桥前壅水差别并不明显，在百年一遇流量下，双塔桥桥前最大壅水 4.6 cm，三塔桥桥前最大壅水 5.2 cm；三百年一遇流量下，双塔桥桥前最大壅水 5.7 cm，三塔桥桥前最大壅水6.2 cm，最大壅水峰位置，百年流量下在桥上游 350～400 m 左右；三百年流量下在桥上游420～480 m 左右。最大壅水值及最大壅水峰位置受南京铁路桥的影响，壅水的影响范围在南京桥以下。

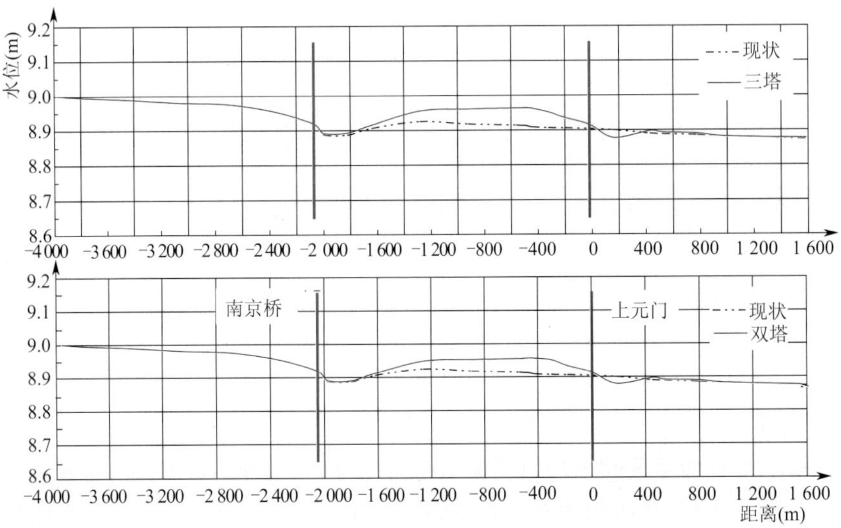

图 7-8　定床试验 Q=95 000 m^3/s 壅水曲线

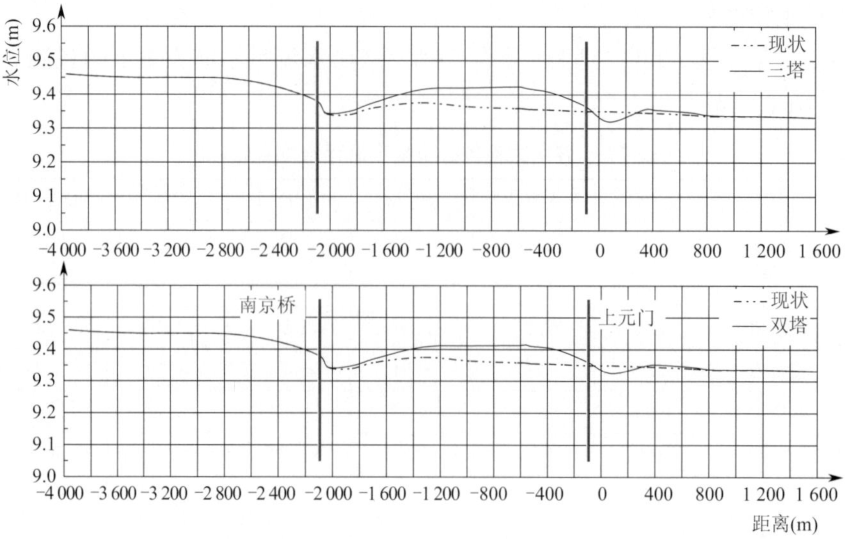

图 7-9　定床试验 Q=102 500 m³/s 壅水曲线

（三）建桥前后流速分布的变化

为了分析建桥前后上元门工程断面上下游以及八卦洲头流速的变化，试验中对不同流量下南京桥、上元门、南固 13 和南固 16 断面进行了流速观测，并在上元门断面至八卦洲头之间加设了测流断面和测点，下面对试验结果一一分析。

1. 固定断面流速分布的变化

建桥前后上元门断面流速分布观测结果见表 7-8。

表 7-8　上元门断面流速变化表

流量(m³/s)	方案	断面平均流速(m/s)	最大垂线平均流速(m/s)	平均单宽流量[(m³/(s·m)]	最大单宽流量[(m³/(s·m)]
83 000	现状	1.96	2.58	40.20	78.70
	双塔	2.06	2.66	41.15	81.25
	三塔	2.07	2.68	41.37	81.81
95 000	现状	2.16	2.82	43.94	87.92
	双塔	2.27	2.94	46.17	92.03
	三塔	2.29	2.96	46.42	92.52
102 500	现状	2.36	2.98	48.39	93.02
	双塔	2.48	3.10	51.16	97.82
	三塔	2.49	3.12	51.75	98.58

由表 7-8 可以看出，建桥后，由于桥墩的阻水作用，桥址断面过流面积有所减小，桥下流速和单宽流量相应增加。百年一遇流量下，桥位断面平均流速增加 0.11～0.13 m/s，最大垂线平均流速增加 0.12～0.14 m/s，平均单宽流量增加 2.23～2.48 m³/(s·m)；三百年一遇流量下，平均流速增加 0.12～0.13 m/s，平均单宽流量增加2.77～3.36 m³/(s·m)。而从不同桥式看，三塔桥较双塔桥平均流速和平均单宽流量略有增加，但差别并不明显，这主要是由于两种桥式方案同一流量下的阻水面积相差不大，例如，百年一遇流量下，双塔桥阻水面积占断面面积的 5.53%，而三塔桥阻水面积占过流断面面积的6.32%，两者相差约 0.8%。

建桥前后南固16断面流速分布观测结果见表7-9，南固13断面流速分布观测结果见表7-10。

从试验结果看，各级流量下，不同试验方案时，南固13和南固16断面流速分布形态、断面平均流速和平均单宽流量变化均不大，平均流速变化在0.01～0.02 m/s，最大垂线平均流速变化不超过0.04 m/s。而平均单宽流量变化一般在0.6 $m^3/(s \cdot m)$以内，最大单宽流量变化范围一般也在3 $m^3/(s \cdot m)$以内，变化幅度仅2.76%。而垂线平均流速变化一般都在0.05 m/s内(限于篇幅，未列出测点垂线平均流速数值，以下同)。

表7-9　南固16流速变化表

流量(m^3/s)	方案	断面平均流速(m/s)	最大垂线平均流速(m/s)	平均单宽流量[$m^3/(s \cdot m)$]	最大单宽流量[$m^3/(s \cdot m)$]
83 000	现状	2.06	2.85	60.28	93.92
	双塔	2.05	2.89	59.99	95.23
	三塔	2.07	2.82	60.57	92.93
95 000	现状	2.24	3.12	65.65	104.76
	双塔	2.23	3.11	65.36	104.42
	三塔	2.25	3.14	65.94	105.43
102 500	现状	2.34	3.24	69.28	111.15
	双塔	2.36	3.28	69.87	112.52
	三塔	2.33	3.23	68.99	110.81

表7-10　南固13流速变化表

流量(m^3/s)	方案	断面平均流速(m/s)	最大垂线平均流速(m/s)	平均单宽流量[$m^3/(s \cdot m)$]	最大单宽流量[$m^3/(s \cdot m)$]
83 000	现状	1.13	1.74	13.01	22.38
	双塔	1.14	1.76	13.12	22.64
	三塔	1.14	1.71	13.12	21.99
95 000	现状	1.29	1.96	15.39	25.60
	双塔	1.30	1.95	15.51	25.47
	三塔	1.27	1.93	15.15	25.21
102 500	现状	1.39	2.04	16.12	28.41
	双塔	1.38	2.06	16.00	28.69
	三塔	1.40	2.08	16.24	28.97

建桥前后南京桥断面流速分布观测结果见表7-11。

表7-11　南京桥流速变化表

流量(m^3/s)	方案	断面平均流速(m/s)	最大垂线平均流速(m/s)	平均单宽流量[$m^3/(s \cdot m)$]	最大单宽流量[$m^3/(s \cdot m)$]
83 000	现状	2.28	2.71	67.02	112.24
	双塔	2.29	2.73	67.31	113.07
	三塔	2.26	2.67	66.43	110.58

续上表

流量(m^3/s)	方案	断面平均流速(m/s)	最大垂线平均流速(m/s)	平均单宽流量[$m^3/(s \cdot m)$]	最大单宽流量[$m^3/(s \cdot m)$]
95 000	现状	2.57	3.14	73.39	132.23
	双塔	2.56	3.10	73.10	130.55
	三塔	2.58	3.12	73.68	131.38

从试验结果看,南京桥流速分布及单宽流量在建桥前后未发生较大变化,断面平均流速变化不超过0.02 m/s,最大垂线平均流速变化不超过0.04 m/s;平均单宽流量变化在0.6 $m^3/(s \cdot m)$以内,最大单宽流量变化范围则在3 $m^3/(s \cdot m)$以内。

2. 上元门至八卦洲头河段建桥前后流速分布变化

试验中在上元门断面下游至八卦洲头之间布设了5个测流断面(图7-10),对各断面的流速进行观测。各断面距上元门桥距离为:C1=350 m,C2=680 m,C3=1 340 m,C4=2 000 m,C5=2 330 m,试验结果见表7-12。

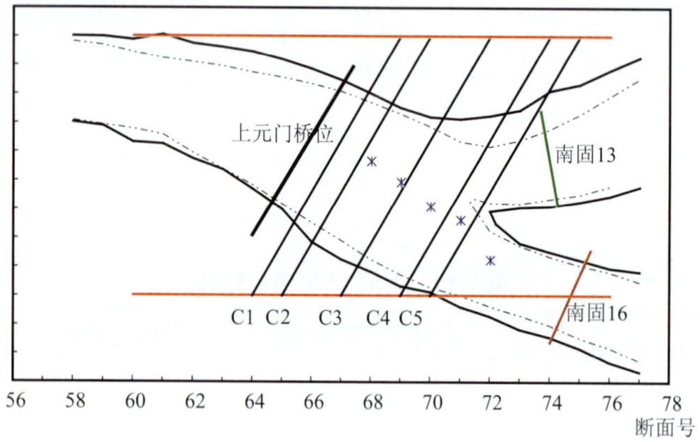

图7-10 上元门至八卦洲头测流断面布置图

表7-12 C1～C5断面平均流速变化(m/s)

流量(m^3/s)	方案	C1	C2	C3	C4	C5
83 000	现状	1.94	1.97	1.83	1.84	1.93
	双塔	1.96	1.98	1.84	1.84	1.92
	三塔	1.97	1.99	1.84	1.82	1.94
95 000	现状	2.14	2.17	2.14	2.07	2.14
	双塔	2.16	2.17	2.15	2.08	2.13
	三塔	2.17	2.18	2.14	2.09	2.14

结果表明,C1断面建桥后流速有所增加,百年一遇流量下,垂线平均流速最大增加0.14 m/s,断面平均流速增加0.02～0.03 m/s,这主要是由于建桥后,桥位下游一定范围内存在水面下降,而C1断面在一定程度上受到跌水的影响。其他断面流速变化不大,C2～C5断面平均流速建桥前后差值在0.02 m/s左右变化,垂线平均流速一般在0.04～0.07 m/s内变化。说明桥墩对流速的影响范围是有限的,由于桥墩的影响,在桥位上下游局部范围内产生的

水流变化经过一定距离的调整，水流又恢复到建桥前的自然情况。另外从C1到C5断面的流速分布看，C1及C2断面主流偏向左岸，到C4(八卦洲头)断面主流开始向右岸偏转，到C5断面，主流开始进入八卦洲右汊。

3. 八卦洲头岸边流速变化

试验中在八卦洲头两岸设置了十个测点(图7-11)，观测各方案试验条件下测点垂线平均流速变化，结果见表7-13。从试验结果看，建桥前后八卦洲头各测点流速基本变化不大，最大0.12 m/s，表明建桥后，对八卦洲头岸边流速基本没有影响。

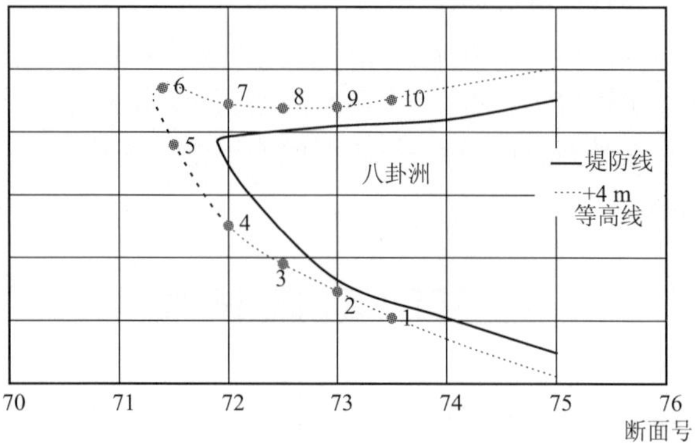

图7-11　八卦洲头流速测点布置

表7-13　八卦洲头岸边测点垂线平均流速变化表(m/s)

流速测点	83 000 m^3/s			95 000 m^3/s			102 500 m^3/s		
	现状	双塔	三塔	现状	双塔	三塔	现状	双塔	三塔
1	1.31	1.32	1.30	1.39	1.36	1.44	1.61	1.64	1.62
2	1.35	1.43	1.37	1.52	1.59	1.59	1.77	1.73	1.68
3	1.58	1.60	1.62	2.01	1.98	2.02	2.06	2.09	2.06
4	1.67	1.69	1.66	1.83	1.79	1.79	2.10	2.08	2.11
5	3.14	3.12	3.15	3.34	3.37	3.33	3.43	3.43	3.43
6	3.05	3.07	3.06	3.20	3.18	3.21	3.35	3.36	3.35
7	1.61	1.63	1.63	1.91	1.94	1.93	2.20	2.19	2.17
8	1.06	0.99	1.04	1.21	1.14	1.23	1.25	1.35	1.33
9	1.25	1.17	1.30	1.38	1.34	1.41	1.45	1.57	1.52
10	1.65	1.59	1.59	1.92	1.86	1.95	1.97	2.02	2.04

综合前述1、2、3项试验结果分析，表明建桥后对水流产生的影响，仅在桥位附近和桥位下游短距离内存在，水流经过自身的调整，逐步过渡到下游河流的自然情况。从整体看，建桥对上下游河道的整体流态并无明显影响，主流未发生变化。

(四)建桥前后八卦洲两汊分流比变化

试验中对建桥前及建桥后不同桥式八卦洲汊道的分流比进行了观测分析，结果见表7-14。

从表7-14可看出，随着流量的增加，八卦洲左汊分流比(南固13)逐渐增加，右汊(南固16)分流比逐渐减小，在百年一遇流量下，左汊分流在20%左右。就某级流量而言，建桥前后，八卦洲左右汊分流比变化不到1%，属于误差范围之内。因此，上元门大桥的兴建，对八卦洲汊道分流比不产生影响。

表 7-14　八卦洲汊道建桥前后分流比变化表(%)

断面	83 000 m^3/s			95 000 m^3/s			102 500 m^3/s		
	现状	双塔	三塔	现状	双塔	三塔	现状	双塔	三塔
南固 16	80.81	80.60	80.74	79.52	79.32	79.85	78.62	78.88	78.42
南固 13	19.19	19.40	19.26	20.48	20.68	20.15	21.38	21.12	21.58

(五)建桥前后上元门河段流向变化

试验过程中对百年流量下,不同方案的流向进行了观测,试验结果表明,在百年一遇流量下,上元门河段流线分布比较均匀,主流自上游经过南京桥,沿靠近左岸深槽通过上元门断面,到八卦洲头后,急转进入八卦洲右汊,沿右汊左岸流向下游。建桥前后,流向变化不大,主流与上元门桥位中线基本正交。

第三节　动 床 试 验

动床模型范围以能反映上元门工程上下游河势特点及对河床演变的影响为前提。根据以往资料分析,南京河段上游大胜关、梅子洲洲头及洲头附近汊道河势较为稳定,梅子洲尾的潜洲对河势影响起重要作用,因此动床模型选定为潜洲上游 4.5 km 至八卦洲尾,全长约 31 km。此外河道两岸+4 m 高程以上及有护岸工程的地方仍作成定床。

一、动床验证试验

动床模型验证试验,除对水流(水面线、汊道分流比及断面流速分布)进行验证外,还需进行河床地形的验证,通过验证试验调整模型的含沙量比尺及冲淤时间比尺以达到模型与天然水流及河床变形的相似。验证试验起始地形为 1997 年 10 月 19 日～22 日天然实测水下地形。

(一)水面线验证

动床模型对三级流量(78 290 m^3/s、38 000 m^3/s 和 43 500 m^3/s)的天然实测瞬时同步水面线进行验证,试验结果见表 7-15。

表 7-15　水面线验证结果(m)

水位测点	78 290 m^3/s			38 000 m^3/s			43 500 m^3/s		
	原型	模型	差值	原型	模型	差值	原型	模型	差值
枫林村(右)	7.94	8.06	+0.12	4.25	4.29	+0.04	5.36	5.42	+0.06
潜洲北(左)	7.89	7.98	+0.09	4.21	4.20	−0.01	5.31	5.34	+0.03
自计台(右)	7.71	7.74	+0.03	4.08	4.13	+0.05	5.17	5.16	−0.01
黄家洲(左)	7.64	7.63	−0.01	4.07	4.08	+0.01	5.17	5.14	−0.03
上元门(右)	7.57	7.60	+0.03	4.02	4.01	−0.01	5.13	5.11	−0.02
三道湾(右)	7.37	7.35	−0.02	3.90	3.94	+0.04	5.00	5.03	+0.03
新生村(右)	7.31	7.32	+0.01	3.85	3.87	+0.02	4.91	4.90	−0.01
西　坝(左)	7.26	7.19	−0.07	3.83	3.79	−0.04	4.88	4.87	−0.01
天河口(右)	7.12	7.14	+0.02	3.76	3.73	−0.03	4.80	4.83	+0.03

从表 7-15 可以看出，模型各测点水位与原型基本符合，最大差值为 12 cm，相当于模型值 1 mm，说明模型水流的水面线与原型水面线是相似的。

(二)流速分布验证

在进行流速分布验证试验中，验证流量为 78 290 m^3/s 和 38 000 m^3/s。考虑到 $Q=$ 43 500 m^3/s与 $Q=$38 000 m^3/s 相差较小，因此动床验证试验中未再进行 $Q=$43 500 m^3/s 的流速测量。流速验证结果表明，各断面垂线平均流速分布与原型实测资料基本符合，垂线平均流速最大差值 0.34 m/s(南固 6 断面)，一般均在 0.20 m/s(模型为 1.8 cm/s)以内，表明模型流速分布达到了与原型相似的要求。

(三)汊道分流比验证

验证断面采用南固 3 和南固 8、南固 6 和南固 7、南固 13 和南固 16 作为测流断面，分别对流量 78 290 m^3/s、38 000 m^3/s 的汊道分流比进行验证，试验结果见表 7-16。

表 7-16　分流比验证结果(%)

测流断面	78 290 m^3/s			38 000 m^3/s		
	原型	模型	差值	原型	模型	差值
南固 3	94.6	94.1	0.5	95.4	95.1	0.3
南固 8	5.4	5.9		4.6	4.9	
南固 6	84.9	85.8	0.9	88.4	87.8	0.6
南固 7	15.1	14.2		11.6	12.2	
南固 13	18.6	18.2	0.4	15.2	15.9	0.7
南固 16	81.4	81.8		84.8	84.1	

由表 7-16 结果看，各断面在各级流量下，模型实测分流比与原型基本符合，误差均在 1.0%以内。

(四)河床冲淤变形验证

动床模型地形的验证，是以 1997 年 10 月实测河床地形为起始地形，以 1998 年 10 月天然实测地形为汛后验证地形。此外，上元门工程断面 1998 年实测最低点高程(−33.91 m)则是验证的关键资料。

鉴于大通站与南京上元门试验河段间无较大支流汇入，大通站控制流域面积占南京站控制流域面积的 98%，在缺少上元门河段实测水沙资料的情况下，借用大通站逐日流量过程线和逐日输沙量过程线作为南京河段流量过程线和输沙量过程线。点绘大通站 1997 年 11 月 1 日～1998 年 10 月 31 日逐日平均流量过程线，并概化成模型施放的 5 个梯级流量(图 7-12)(输沙量随同流量作相应处理)进行河床地形验证。

经过多组次的预备试验和验证试验，对模型的含沙量比尺及冲淤时间比尺进行调整，最后得出模型含沙量比尺($\lambda_s=0.58$，冲淤时间比尺 $\lambda_{t_2}=580$ 时，模型与原型的冲淤变形达到相似。各梯级流量的施放历时及模型加沙量见表 7-17。

河床冲淤变形验证结果：

验证试验共进行两组，第二组为重复性试验。

1. 汛后地形冲淤验证

(2)双塔桥试验:现状条件下上元门工程断面架设双塔斜拉桥;(3)三塔桥试验:在现状条件下上元门工程断面架设三塔斜拉桥。流量过程为百年和三百年洪水过程以及 1963 年(少水丰沙)和 1977 年(中水中沙)典型年水文过程。

(一)百年和三百年洪水试验

百年和三百年洪水试验主要研究上元门工程断面可能出现的最低河床高程以及摆动范围、建桥后对八卦洲两汊冲淤变化的影响等。百年和三百年流量过程系由 1998 年洪水放大得到,输沙量过程线按流量放大方法放大到百年和三百年。试验施放的概化流量过程见表 7-20 及图 7-17。

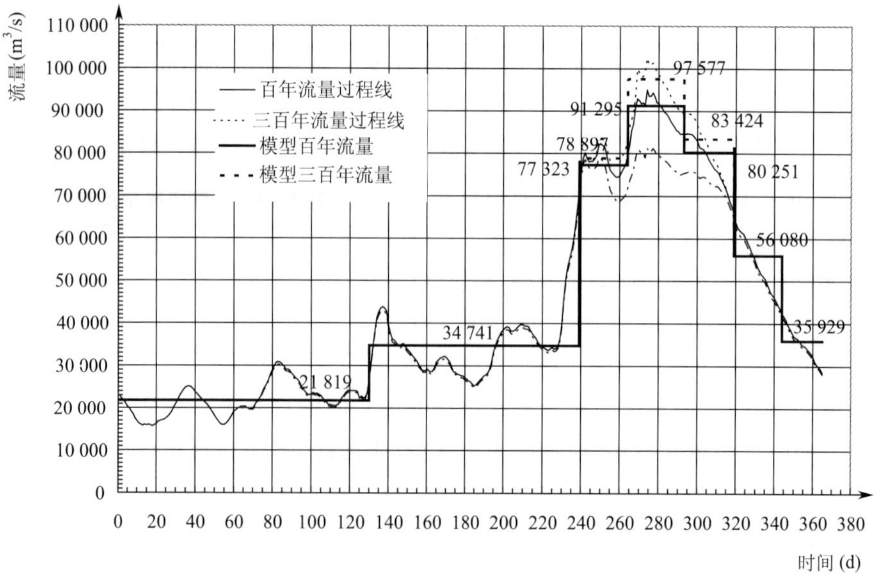

图 7-17　上元门河段 1998 年洪水放大到百年、三百年流量过程线

表 7-20　百年和三百年水文年水沙过程

序　号	历　时		流　量(m^3/s)		模型加沙量(kg)	
	原型(d)	时间(分)	百年	三百年	百年	三百年
1	130	323	21 819	21 819	27.3	27.3
2	106	263	34 741	34 741	28.6	28.6
3	30	74	77 323	78 897	46.0	47.9
4	21	52	91 295	97 577	34.5	36.8
5	29	72	80 252	83 424	40.1	42.3
6	25	62	56 080	56 080	22.2	22.2
7	24	60	35 929	35 929	9.20	9.20

1. 水位观测资料

试验中观测了百年和三百年水文过程中部分流量下的水位,见表 7-21。由定床试验资料表明,建桥前后试验河段除上元门附近水位略有变化外,其他各水位测点水位基本不变,动床

(2)双塔桥试验:现状条件下上元门工程断面架设双塔斜拉桥;(3)三塔桥试验:在现状条件下上元门工程断面架设三塔斜拉桥。流量过程为百年和三百年洪水过程以及1963年(少水丰沙)和1977年(中水中沙)典型年水文过程。

(一)百年和三百年洪水试验

百年和三百年洪水试验主要研究上元门工程断面可能出现的最低河床高程以及摆动范围、建桥后对八卦洲两汊冲淤变化的影响等。百年和三百年流量过程系由1998年洪水放大得到,输沙量过程线按流量放大方法放大到百年和三百年。试验施放的概化流量过程见表7-20及图7-17。

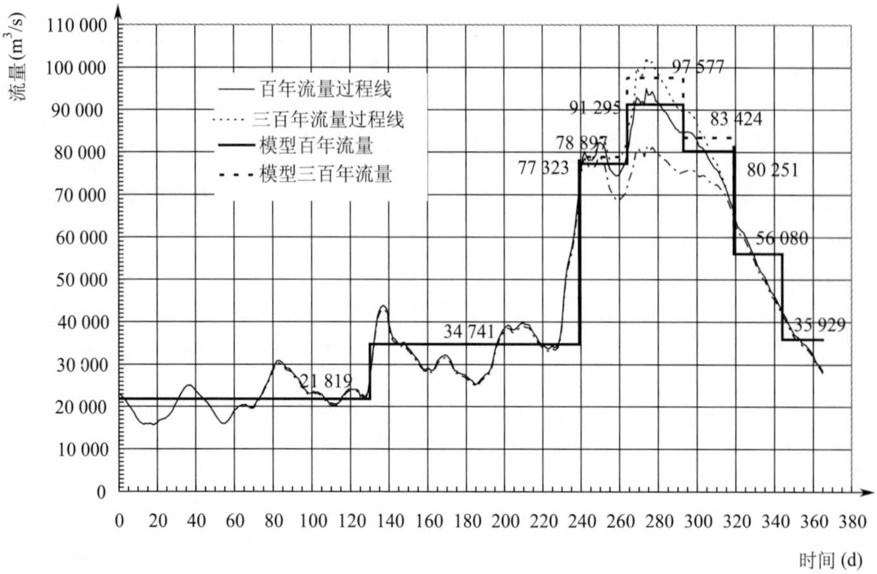

图7-17　上元门河段1998年洪水放大到百年、三百年流量过程线

表7-20　百年和三百年水文年水沙过程

序　号	历　时		流　量(m^3/s)		模型加沙量(kg)	
	原型(d)	时间(分)	百年	三百年	百年	三百年
1	130	323	21 819	21 819	27.3	27.3
2	106	263	34 741	34 741	28.6	28.6
3	30	74	77 323	78 897	46.0	47.9
4	21	52	91 295	97 577	34.5	36.8
5	29	72	80 252	83 424	40.1	42.3
6	25	62	56 080	56 080	22.2	22.2
7	24	60	35 929	35 929	9.20	9.20

1.水位观测资料

试验中观测了百年和三百年水文过程中部分流量下的水位,见表7-21。由定床试验资料表明,建桥前后试验河段除上元门附近水位略有变化外,其他各水位测点水位基本不变,动床

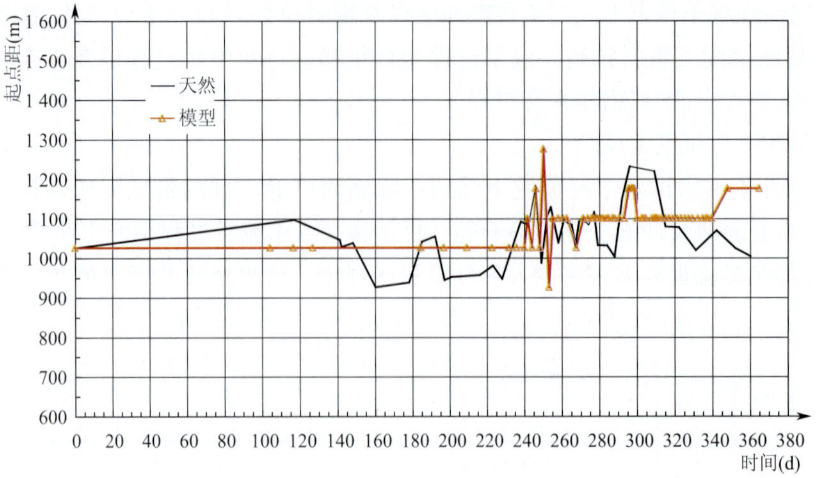

图 7-15　上元门断面 1998 年洪水河床最低高程对应起点距变化过程线

表 7-19　深槽河床宽度变化(m)

高程(m)	原型(m)	模型
−25	370	360
−30	125	110

图 7-16 给出了上元门断面天然与模型最低高程对应断面地形，由图中分析得到−25 m 和−30 m 高程的河床宽度范围(不考虑摆动)，见表 7-19。从表中看出，模型中−25 m及−30 m高程河床宽度与天然值基本一致。

由上结果，上元门断面最低河床高程和深槽宽度与原型是基本一致的。

综合以上的验证成果和分析，模型的水力条件(水面线、流速分布和分流比)与原型基本吻合。当采用含沙量比尺为 0.41，时间比尺为 580 以后，模型的河床冲淤包括纵横部位和各断面的冲淤面积，以及上元门断面的河床最低高程与原型情况基本一致。因此，模型具备了复演和预报试验河段河床演变的能力。

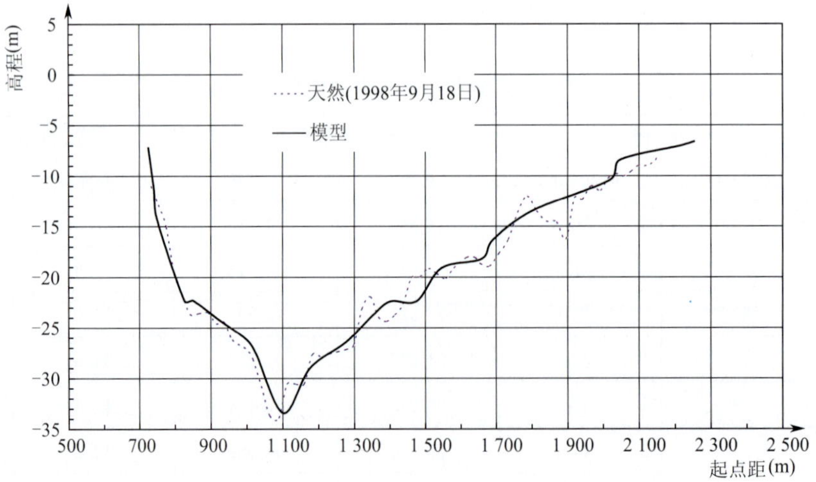

图 7-16　上元门断面 1998 年洪水最低河床高程对应断面图

二、动床方案试验

动床方案试验内容与定床方案试验相同：(1)现状试验：现有(建桥前)天然河道状态；

河床最低高程的验证，直接反映模型与原型的关键数据是否相似。

1998 年对上元门工程断面进行全年断面地形观测。从观测结果分析，经过 1998 年大水，上元门断面发生了较大的变化。以 3 月 21 日和 10 月 8 日两次断面相比，断面发生较大冲刷，高程 0 m 以下的冲刷面积达 1 607.9 m^2。特别是在 1998 年汛期上元门断面冲刷变化较大。从观测资料可以看出：上元门断面汛期开始河床就发生冲刷，断面最深点从 6 月下旬开始就降到－25 m 以下，整个汛期有 8 个测次的最深点在－30 m 以下，其中两次出现－33 m 以下高程，一次为－33.57 m(7 月 31 日)，另一次为－33.91 m(9 月 18 日)。两次最低河床高程出现在两次洪峰之后，第一次洪峰为 7 月 7 日，日平均流量为 78 900 m^3/s，第二次洪峰为 8 月 1 日，日均流量为 81 300 m^3/s。上元门断面最深点的摆动范围为 287 m，相当于起点距 945 m(5 月 16 日)至 1 232 m(8 月 23 日)之间。

试验中对上元门越江工程断面进行实时地形观测。从最低河床高程对比结果看，模型两次验证试验最低河床高程分别为－31.77 m 和－33.41 m，其中第二次与天然实测最低河床高程－33.91 m 比较接近，仅相差 0.5 m(模型仅 4.2 mm)。为了对比天然和模型最低河床高程全年变化过程，点绘了天然实测和模型实测的最低河床变化过程线，结果见图 7-14。从全年最低高程变化看，模型与原型有些差异，天然条件下出现两次十分突出的最低高程，模型则出现一次最低高程，可能与模型流量过程概化引起的差异有关，天然情况流量为两次洪峰，两次最低高程在两次洪峰落峰过程中出现，与两个洪峰应有一定的关系，而模型对流量过程进行了概化，原有的洪峰变为一个恒定洪峰流量，且峰值降低，历时加长，因此河床高程的变化过程相对也简单一些。另外，以直线台阶式模拟洪峰峰形，也影响冲淤变化，使本应在洪峰上涨过程中逐步发展的冲刷，呈现短暂的回淤(流量天然增大，使上游断面冲起的泥沙最大本断面的挟沙量)，从短期最大冲刷值来看，模型与原型是相当接近的。天然及模型最低高程对应起点距的变化过程线见图 7-15。天然起点距变化在 927～1 232 m 之间，模型实测起点距变化在 925～1 275 m 之间，与天然情况接近。

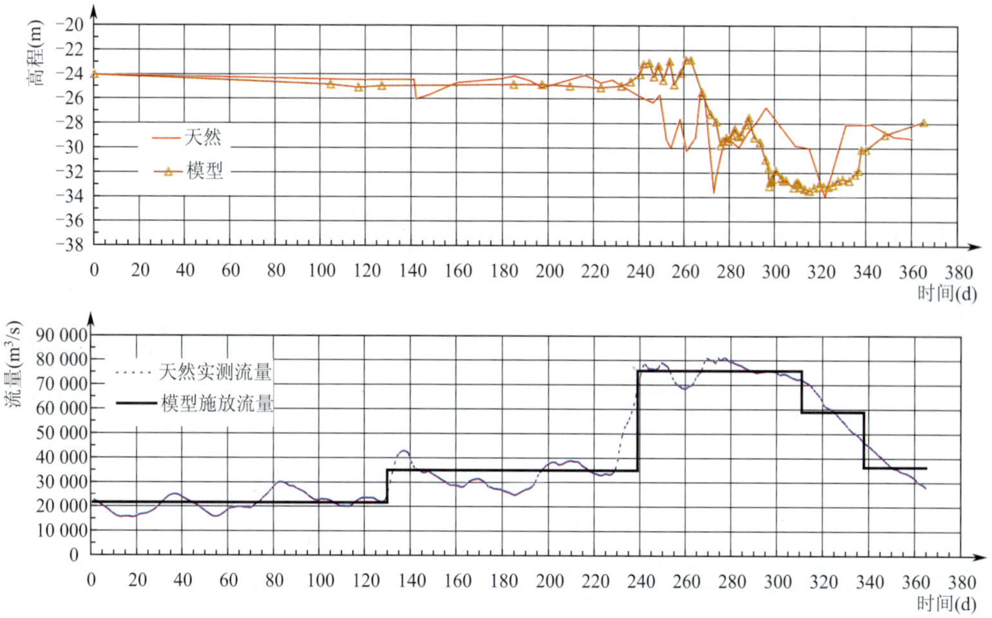

图 7-14　上元门断面 1998 年洪水河床最低高程变化过程线

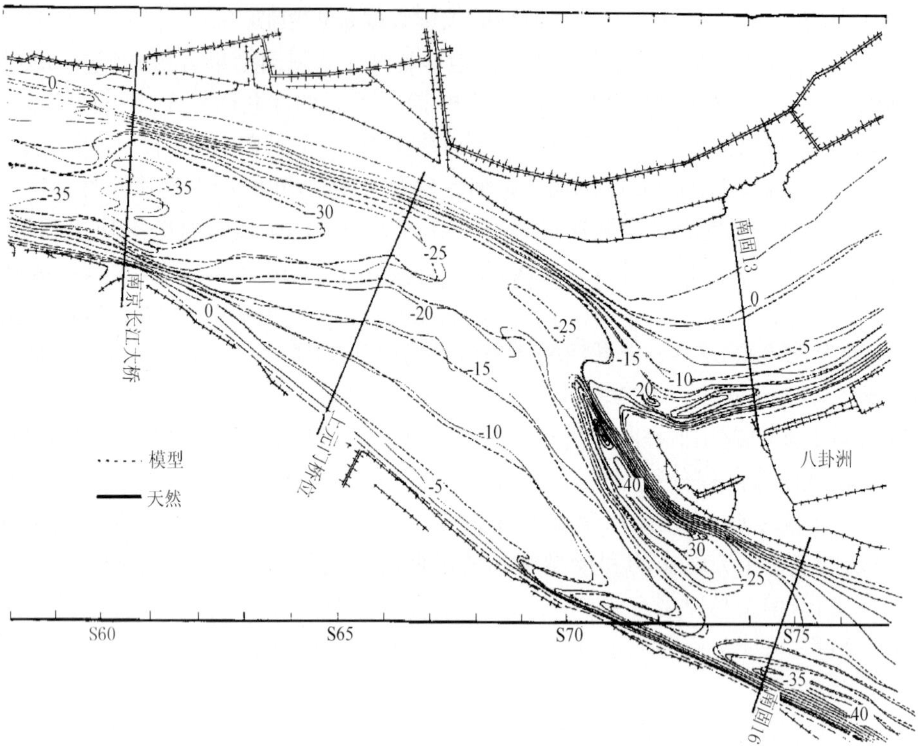

图 7-13　动床试验汛后地形验证

表 7-18　上元门河段汛前汛后断面冲淤验证

断面号	断面面积冲淤变化		误差（%）	断面号	断面面积冲淤变化		误差（%）
	天然	模型			天然	模型	
S39	4 734	5 380	13.65	S82 右	374	387	3.48
S42	2 671	2 279	14.68	S86 右	1 957	2 146	9.66
S45	1 086	1 127	3.78	S87 右	2 339	1 959	16.25
S48	−1 143	−1 020	10.76	S88 右	−491	−420	14.46
S52	−1 076	−968	10.04	S72 左	237	269	13.50
S55	111	122	9.91	南固 13	133	145	9.02
S59	979	878	10.32	S79 左	−960	−908	5.42
S63	2 258	2 087	7.57	S82 左	−889	−1 031	15.97
S67	2 014	2 048	1.69	S86 左	148	166	12.16
S69	330	357	8.18	S88 左	−291	−262	9.97
上元门	1 317	1 245	5.47	S90 左	896	998	11.38
南京桥	1 706	1 733	1.58	S92 左	−458	−420	8.30
S72 右	1 449	1 651	13.94	S104 左	222	233	4.95
南固 16	−1 570	−1 430	8.92	S106 左	713	653	8.42
S79 右	−938	−925	1.39	S108 左	622	662	6.43
S81 右	−836	−879	5.14	S110 左	279	248	11.11

2. 上元门 1998 年河床最低高程验证

桥渡设计中最为关键的数据就是在经历洪水冲刷后，桥址断面处河床的最低高程，因此，

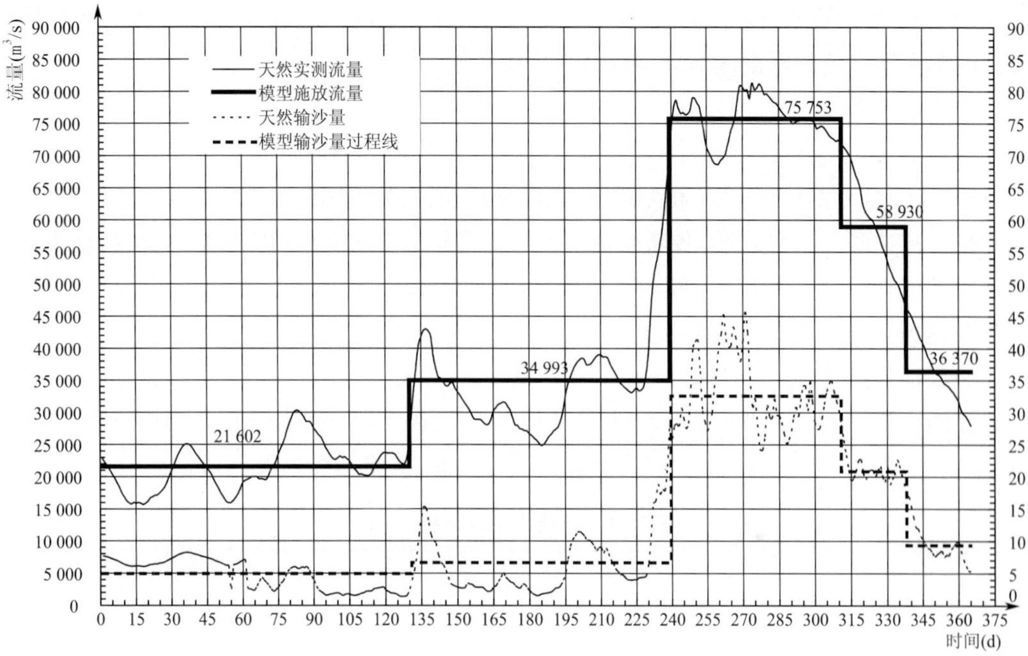

图 7-12　大通站 1997 年 11 月 1 日～1998 年 10 月 31 日水沙过程线

表 7-17　验证试验流量过程

序　号	历　时		流　量		模型加沙量(kg)
	原型(d)	模型(min)	原型(m^3/s)	模型(L/s)	
1	130	323	21 602	36.51	27.1
2	109	271	34 993	59.15	31.0
3	72	179	75 753	127.97	102.4
4	27	67	59 830	101.26	24.5
5	27	67	36 370	62.04	11.0

注：流量比尺 $\lambda_Q=591\ 540$，冲淤时间比尺 $\lambda_{t_2}=580$，含沙量比尺 $\lambda_s=0.58$。

河床地形验证结果见图 7-13。图 7-13 为上元门河段经历一个水文年水沙过程冲淤后，模型实测汛后河床地形与 1998 年 10 月天然实测汛后地形的对比。试验结果表明，模型冲淤后的河床平面形态与天然基本相似，河床中滩槽位置也与天然接近。另外从汛后沿程各断面的冲淤变化看，模型冲淤部位以及冲淤趋势与天然基本一致，主槽河床高程及位置也与天然相近。表 7-18 为天然实测与模型实测各断面汛后较汛前冲淤面积（+3 m 以下）变化的对比结果，表中负值表示淤积。从实测资料看，经过 1998 年洪水，整个河段基本都表现为冲刷，且各断面冲淤趋势模型与原型相同。各断面模型冲淤面积变化与原型相比，相对误差一般都在 15%以内，最大误差为 16.25%，其中南京桥和上元门断面的冲淤面积误差仅分别为 1.58%和 5.47%。此外从断面冲淤面积累积变化看，潜洲至八卦洲头段（S39～S69）天然冲刷 14 987 m^2，模型冲刷 15 268 m^2；八卦洲左汊（S72 左～S110 左）天然冲刷 652 m^2，模型冲刷 753 m^2；八卦洲右汊（S72 右～S88 右）天然冲刷 2 284 m^2，模型冲刷 2 489 m^2，各段冲淤性质及冲淤面积比较接近。如将表中全部断面冲淤面积累加，则天然为冲刷 17 923 m^2，模型为 18 510 m^2，相对差值为 3.28%。因此可以认为，模型冲淤的纵向分布及其各断面的冲淤数量与原型情况接近。

图 7-23 和图 7-24 给出了上元门断面百年和三百年洪水条件下，出现最低河床高程时的断面地形。由图中分析可得到不同高程下的河床宽度（表 7-23）。百年洪水时，－25 m 高程的宽度为 450 m，三百年洪水时达到 750 m；－30 m 高程宽度，百年洪水时为 200 m，而三百年洪水时为 420 m。从图中还可看出，三百年洪水时，上元门断面最低河床高程与百年洪水时相比，数值并未降低很多，但值得注意的是，三百年洪水时，上元门断面出现两处深槽，一处最低河床高程为－36.8 m（起点距 1 026 m），另一处最低河床高程也达到了－32 m（起点距 1 400 m），在两个深槽之间的河床高程也在－27 m 以下，如考虑两处深槽之间的河床存在冲刷下切的可能，上元门断面－30 m 高程宽度将达到 630 m 左右。同时也表明，在大洪水时，上元门断面的深泓有可能向右岸摆动。

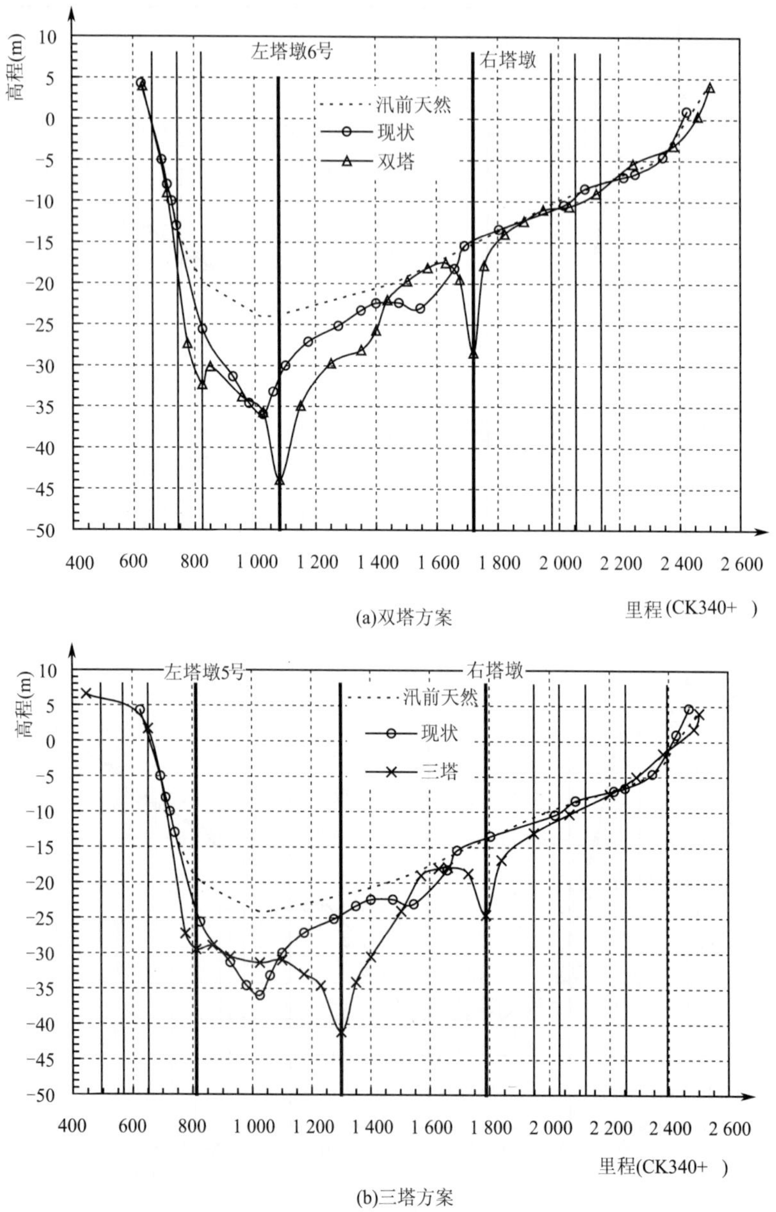

图 7-23　上元门断面百年洪水建桥后最低河床高程对应断面图

图 7-23 和图 7-24 给出了上元门断面百年和三百年洪水条件下，出现最低河床高程时的断面地形。由图中分析可得到不同高程下的河床宽度(表 7-23)。百年洪水时，－25 m 高程的宽度为 450 m，三百年洪水时达到 750 m；－30 m 高程宽度，百年洪水时为 200 m，而三百年洪水时为 420 m。从图中还可看出，三百年洪水时，上元门断面最低河床高程与百年洪水时相比，数值并未降低很多，但值得注意的是，三百年洪水时，上元门断面出现两处深槽，一处最低河床高程为－36.8 m(起点距 1 026 m)，另一处最低河床高程也达到了－32 m(起点距 1 400 m)，在两个深槽之间的河床高程也在－27 m 以下，如考虑两处深槽之间的河床存在冲刷下切的可能，上元门断面－30 m 高程宽度将达到 630 m 左右。同时也表明，在大洪水时，上元门断面的深泓有可能向右岸摆动。

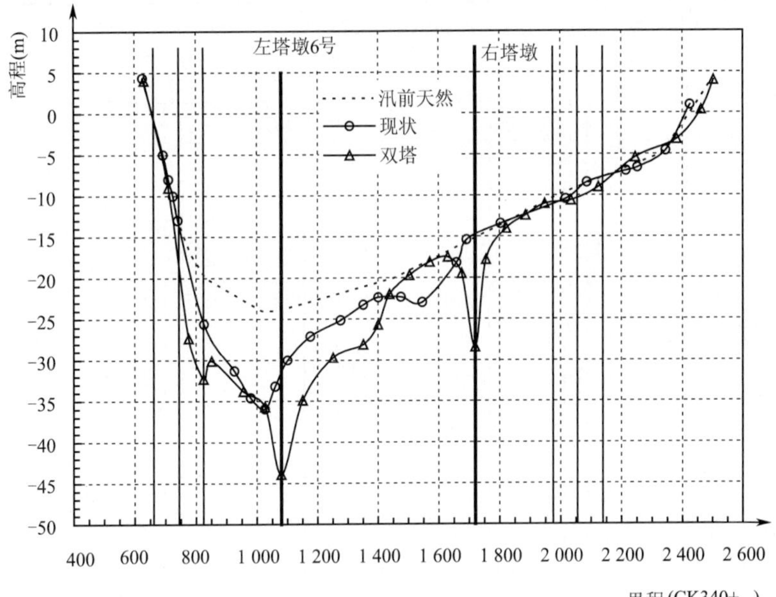

(a)双塔方案

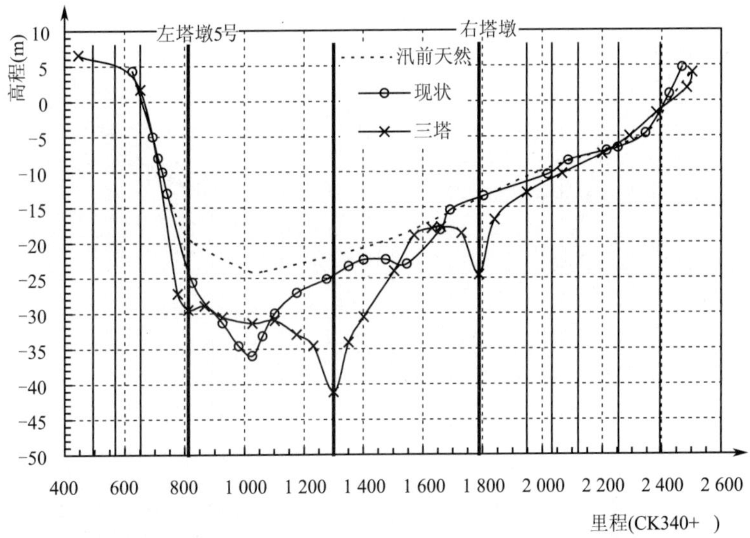

(b)三塔方案

图 7-23 上元门断面百年洪水建桥后最低河床高程对应断面图

表 7-23　百年三百年洪水上元门断面各高程对应河床宽度及里程(m)

流量过程	内容	−25 m	−28 m	−30 m	−32 m
百年	宽度	450	280	200	140
	里程	CK340+823～ CK341+273	CK340+852～ CK341+132	CK340+900～ CK341+100	CK340+938～ CK341+078
三百年	宽度	750	330+235	280+140	195+100
	里程	CK340+820～ CK341+570	CK340+839～ CK341+169 CK341+290～ CK341+525	CK340+862～ CK341+142 CK341+357～ CK341+497	CK340+905～ CK341+100 CK341+390～ CK341+490

注:上元门断面左岸大堤控制点 CQ31 对应里程为 CK340+335.878。

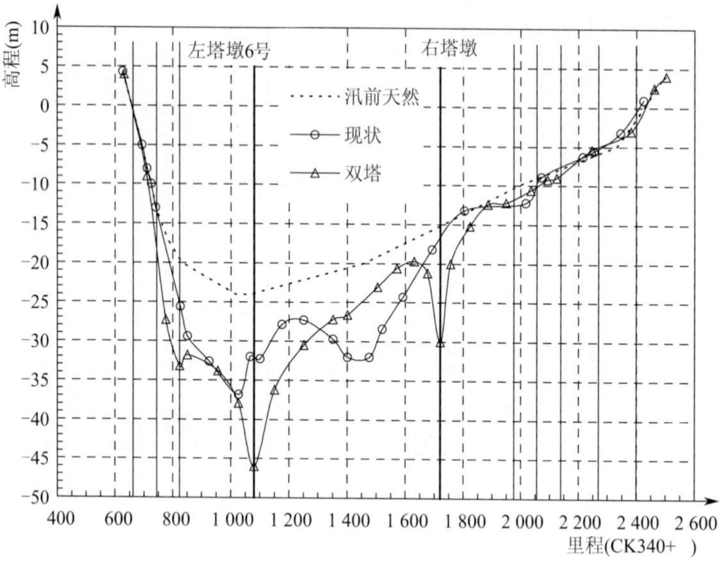

(a)双塔方案

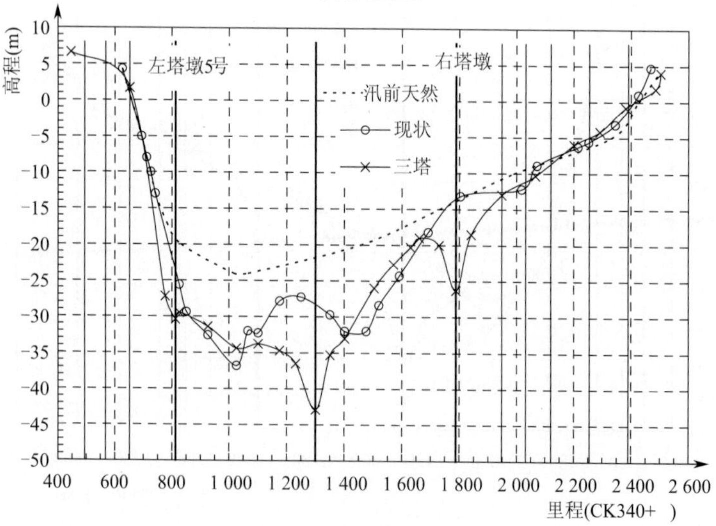

(b)三塔方案

图 7-24　上元门断面三百年洪水建桥后最低河床高程对应断面图

(2)建桥后上元门断面的冲淤变化

由上元门断面建桥后，在遭遇百年和三百年洪水条件下，出现最低河床高程时的断面地形图中可以看出，建桥后，上元门断面在河床冲刷下切的同时，位于主流区的桥墩附近出现较大的冲刷，这主要是由于水流绕过桥墩，在桥墩周围形成复杂的水流结构所致。模型实测桥墩周围的冲刷深度如下：百年洪水条件下，双塔桥 6 号塔墩墩前冲刷深度为 19.9 m，三塔桥 6 号塔墩墩前冲刷深度为 19.4 m。三百年洪水条件下，双塔桥 6 号塔墩墩前冲刷深度为 22.0 m，三塔桥 6 号塔墩墩前冲刷深度为 21.2 m。需要说明的是，墩前冲刷深度应是桥渡一般冲刷和桥墩局部冲刷后的深度，上述各项深度值是在比尺较大且为变态的整体模型上测得的包含一般冲刷和局部冲刷的深度。但桥墩局部冲刷应以小比尺正态模型在玻璃水槽内试验研究确定。根据以往大量试验资料表明，在整体模型上测得的墩前局部冲刷深度比水槽局部冲刷试验结果偏小甚多，桥墩周围最大冲刷深度应以水槽试验结果为准，这里所列数值仅供参考。

此外，桥墩之间的河床高程(即一般冲刷高程)与现状条件下相比，数值比较接近：百年洪水时，双塔桥 5 号～6 号墩之间最低河床高程为－35.7 m，6 号～7 号墩之间靠近 6 号墩最低河床高程为－34.9 m；三塔桥 5 号～6 号墩之间最低河床高程为－34.6 m，6 号～7 号墩之间靠近 6 号墩最低河床高程为－34.1 m。三百年洪水时，双塔桥 5 号～6 号墩之间最低河床高程为－37.9 m，6 号～7 号墩之间靠近 6 号墩最低河床高程为－36.0 m；三塔桥 5 号～6 号墩之间最低河床高程为－36.5 m，6 号～7 号墩之间靠近 6 号墩最低河床高程为－35.3 m。这说明，建桥后，除在桥墩附近产生了较大的冲刷以外，断面形态整体上未发生明显改变。

4.建桥前后试验河段冲淤变化

试验中对各方案的汛后河床冲淤地形进行了观测，根据试验资料可以得出以下几方面认识：

(1)潜洲—南京桥河段建桥前后河床冲淤变化

潜洲河段在百年和三百年洪水条件下，普遍产生冲刷。百年洪水时，洲头上游靠近左岸附近冲刷最深达 6 m，靠近右岸河床变化较小，冲刷幅度一般在 3 m 以内；潜洲左汊冲刷幅度较大，河槽拓展冲深，深槽向上下游延伸，但延伸范围不大。同时潜洲左汊河槽在冲刷过程中向右拓展，最宽拓展近 110 m。左汊最大冲深达 9 m，一般有 4～7 m。潜洲右汊河床形态无明显的改变，基本是冲淤交替。潜洲尾至南京桥之间略有冲刷，最大冲深在 5 m 以内。从整体看，潜洲形态并未发生明显的改变，洲头和洲尾基本维持现有的状态，深泓稳定。三百年洪水时，潜洲洲头上游靠近左岸最大冲深达 7 m，靠近右岸冲刷在 4 m 以内，洲头迎水面局部产生冲刷，最大冲深 6 m；潜洲左汊冲刷幅度同百年相比差别不大，普遍冲刷 5～10 m，河槽向右拓展最宽约 120 m，－35 m 等高线向下游延伸约 80 m。潜洲右汊表现为微小冲刷，冲刷幅度在 3 m 以内；潜洲尾出现了一定程度的冲刷，＋4 m 等高线上移 110 m；潜洲尾至南京桥之间冲刷幅度在 2～5 m。整体看，三百年洪水条件下，潜洲的冲淤变化与百年洪水相比，略为增大，但并未改变现有河道状态，河床滩槽仍然稳定，深泓线也未出现较大范围的摆动。另外从建桥前和建桥后河床冲淤变化对比看，潜洲河段冲淤建桥前后无明显的差异，冲淤幅度和范围基本一致。

(2)南京桥—上元门—八卦洲头建桥前后河床冲淤变化

图 7-25～图 7-28 给出了上元门附近百年和三百年试验汛后河床冲淤平面地形。百年洪水现状条件下，南京桥至上元门之间冲淤幅度较小，从断面上看，呈现出微冲状态，最大冲淤幅度在 5 m 以内。左岸深槽－30 m 等高线下移，接近上元门断面。上元门断面汛后地形河床最低高程回淤至－29.7 m；上元门断面至八卦洲头之间呈普遍冲刷，最大冲深达 7 m。建桥后，南京桥至上元门断面之间，河床冲淤变化与建桥前相差不大，总体看冲刷幅度略有减小，一般为 0～4 m；

桥位断面在建桥后，位于河槽内的桥墩周围产生较大的冲刷，形成明显的冲刷坑；上元门桥位至下游800 m左右范围内冲刷幅度较建桥前略为增大，但增幅在3 m以内。三百年洪水现状条件下，南京桥至上元门之间冲淤幅度一般为0～6 m，－30 m等高线下移至上元门断面，上元门断面汛后河床最低高程为－30.5 m；上元门断面至八卦洲头之间冲刷幅度比百年洪水略大，最大冲深8 m左右。建桥后三百年洪水条件下冲淤变化除上元门桥位及其下游短距离内冲刷幅度有所增大外，其他部位冲淤幅度、范围以及冲淤形态与建桥前相差不大。无论百年洪水，还是三百年洪水，南京桥至上元门以及八卦洲头之间，河床深泓未发生较大改变，深槽仍较稳定。

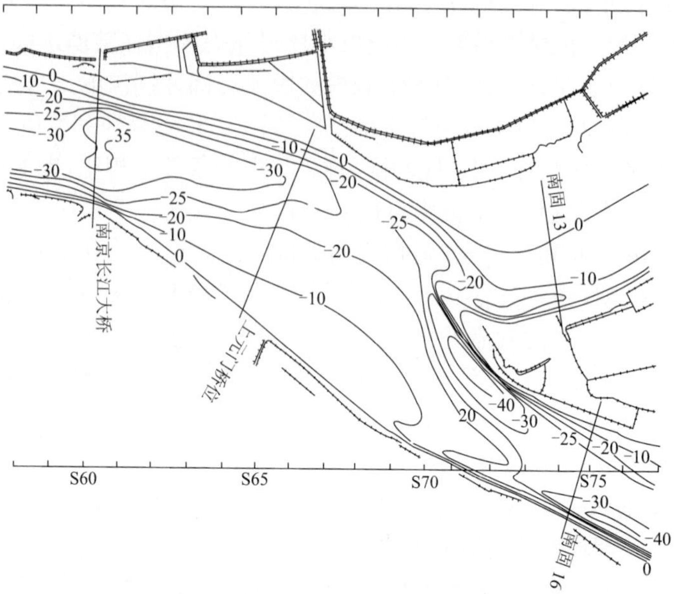

图7-25　百年洪水过程动床现状试验汛后平面图

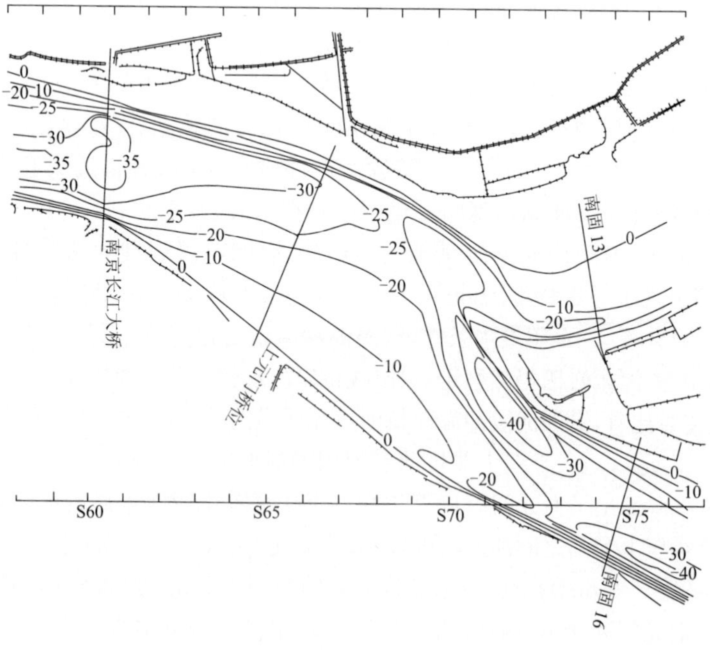

图7-26　三百年洪水过程动床现状试验汛后平面图

试验观测资料也体现了这一点，因此表 7-21 中仅列出现状试验的水位。

表 7-21　动床现状试验水位观测资料

水文年	流 量	枫林村	潜洲北	自计台	黄家洲	上元门	三道湾	新生村
百年	34 740	3.90	3.84	3.72	3.69	3.65	3.54	3.50
	77 320	7.98	7.89	7.68	7.59	7.50	7.31	7.24
	91 300	9.13	9.05	8.75	8.67	8.58	8.37	8.27
	80 250	8.21	8.11	7.91	7.81	7.76	7.54	7.47
	56 080	6.31	6.25	6.14	6.11	6.06	5.91	5.85
三百年	78 900	8.11	8.05	7.82	7.70	7.64	7.43	7.36
	97 580	9.52	9.40	9.15	9.08	8.99	8.74	8.67
	83 420	8.46	8.37	8.16	8.06	7.98	7.81	7.72

2. 建桥前后流速分布及分流比变化

在动床试验中，对部分流量下的上元门断面、南固 13 和南固 16 以及南京桥断面进行流速分布观测，试验结果表明，不同水文年各级流量下，各断面的流速分布形态基本相似，随着流量的增加，流速增大。现状条件百年一遇水文年，流量 91 295 m^3/s 时，南京桥最大垂线平均流速为 2.80 m/s，位于 5 号～6 号墩之间，上元门最大垂线平均流速 2.67 m/s，位于起点距 1 225 m，南固 13 断面最大垂线平均流速为 1.80 m/s，南固 16 断面最大垂线平均流速为 2.91 m/s。三百年一遇水文年条件下，流量 97 577 m^3/s 时，南京桥最大垂线平均流速为 2.95 m/s，位于 5 号～6 号墩之间，上元门最大垂线平均流速 2.89 m/s，位于起点距 1 225 m，南固 13 断面最大垂线平均流速为 1.94 m/s，南固 16 断面最大垂线平均流速为 3.03 m/s。建桥后，上元门断面流速分布形态与建桥前基本一致，数值有所增加，流量 91 295 m^3/s，双塔桥断面最大垂线平均流速为 2.74 m/s，三塔桥断面最大垂线平均流速为 2.76 m/s；流量 97 577 m^3/s，双塔桥断面最大垂线平均流速为 2.95 m/s，三塔桥断面最大垂线平均流速为 2.98 m/s。南京桥、南固 13 和南固 16 断面，建桥后流速分布形态以及数值与建桥前相比变化不大，垂线平均流速变化一般在 0.07 m/s 以内。

试验中还对 C1～C5 断面百年和三百年最大流量时的表面流速进行了观测，建桥后流速分布与现状条件下基本一致。最大流速位置自上游向下，逐渐向右岸偏转，主流绕过八卦洲头进入右汊。

百年洪水试验过程中，在最大概化流量级 91 295 m^3/s 时，既要进行河段流速观测，又要进行上元门断面地形观测，而这一流量级持续仅 52 min，因此选择 91 295 m^3/s 之后的次大流量级 80 252 m^3/s 时，对上元门河段的水流流向进行观测。试验结果见图 7-18。从图中看，建桥前后水流流向基本一致，南京桥上游水流比较均匀，在通过上元门时，主流偏靠左岸，到八卦洲头，迅急转向八卦洲右汊，沿右汊左岸流向下游。

动床试验中各级流量下八卦洲左汊的分流比见表 7-22。从表中可以看出，随着流量的增加，八卦洲左汊的分流比增大。在流量 34 741 m^3/s 时，分流比在 15％左右，而当流量增加到 97 577 m^3/s左右时，分流比将达到 21％左右。建桥前后左汊分流比变化不大，均在 1.0％以内。

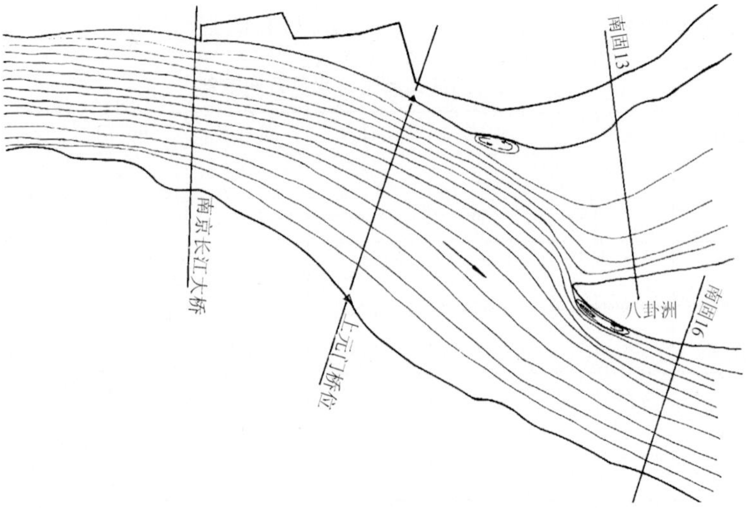

(a) 百年洪水过程动床现状试验模型实测流向图(80 252 m^3/s)

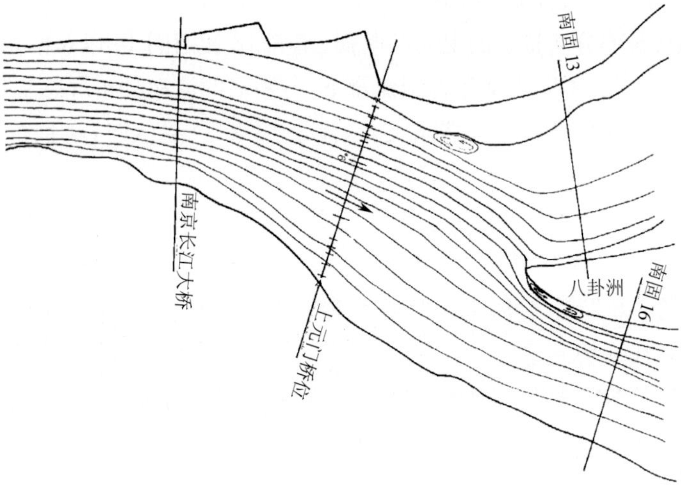

(b) 百年洪水过程动床双塔桥试验模型实测流向图(80 252 m^3/s)

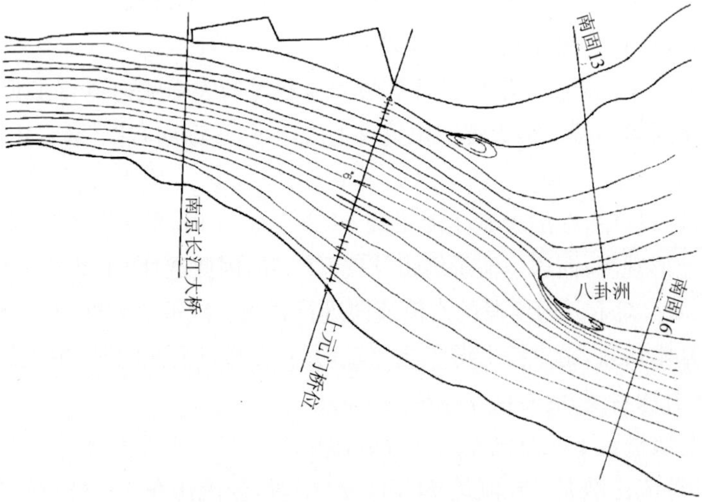

(c) 百年洪水过程动床三塔桥试验模型实测流向图(80 252 m^3/s)

图 7-18 百年洪水过程动床试验模型实测流向图

3. 建桥前后上元门断面冲淤变化

(1)现状条件下上元门断面冲淤变化

表 7-22　动床试验八卦洲左汊分流比

流量(m^3/s)	分流比(%)		
	现状	双塔	三塔
34 741	15.02		15.91
56 080	17.56	17.68	
77 323	18.71	18.10	18.97
91 295	19.94	20.56	19.59
97 577	20.87	20.69	21.35

以 1997 年 10 月实测河道地形为起始地形,进行百年和三百年一遇水文年试验。由 1998 年天然实测资料可知,上元门河段河床多为粉细沙,可动性大,在遭遇洪水时,由于流速较大,一般会产生较大冲刷,因此 1998 年汛期出现了−33.91 m 的最低河床高程。模型在对 1998 年上元门河段冲淤验证的基础上进行百年三百年洪水试验,由于流量的增加,流速也随之加大,因此上元门断面最低河床高程将会降低。模型实测结果表明:百年洪水时,最低河床高程为−35.96 m(图 7-19),三百年洪水时,最低河床高程为−36.8 m(图 7-20)。从图 7-19 和图 7-20 中还可看出,无论百年还是三百年洪水,上元门断面在流量不超过 30 000 m^3/s 时,河床略有淤积,但淤积厚度一般不超过 1.5 m,而在流量不超过 40 000 m^3/s 时,河床基本处于稳定状态,这与天然情况下基本类似。从 1998 年实测的上元门断面全年最低高程变化过程看,在流量不超过 40 000 m^3/s 时,河床高程变化很小,冲淤幅度一般都在 2 m 以内,随着流量的继续加大,河床开始出现明显的冲刷,经过一定时间后达到最大冲刷深度,出现最低河床高程。而最低河床高程的出现并不是在最大流量出现时同步出现,而是在最大流量过后一定时间达到最大值,模型实测资料也存在同样的现象,这说明了河床冲淤变化的滞后性。从图 7-21 和图 7-22中最深点起点距变化看,经历百年或三百年洪水,上元门断面最低点在一定范围内摆动,其摆动宽度为 425 m(起点距 925~1 350 m)。

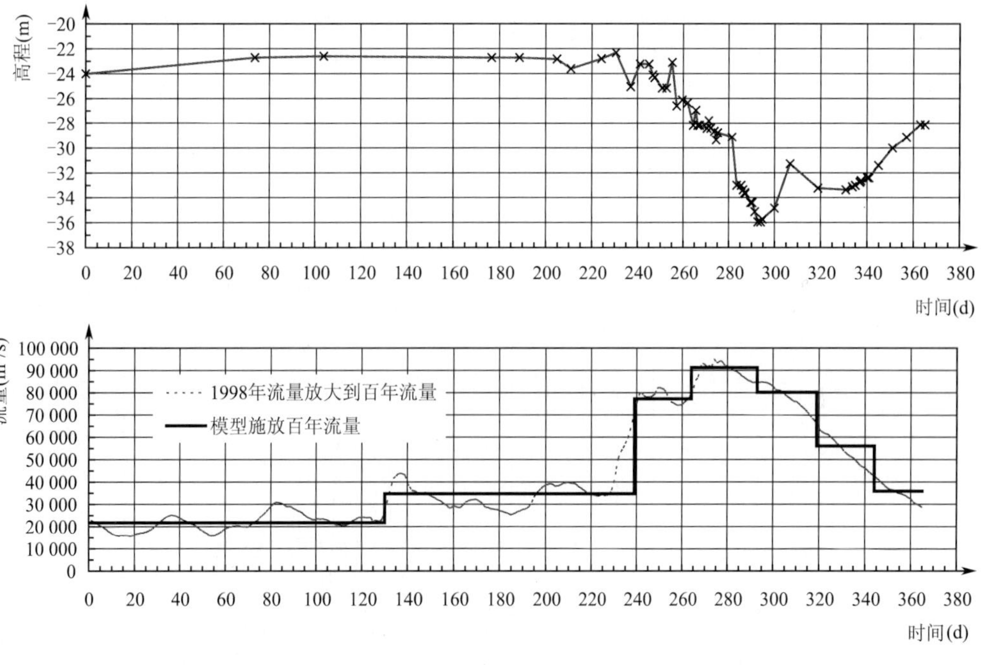

图 7-19　上元门断面百年洪水最低河床高程变化过程线

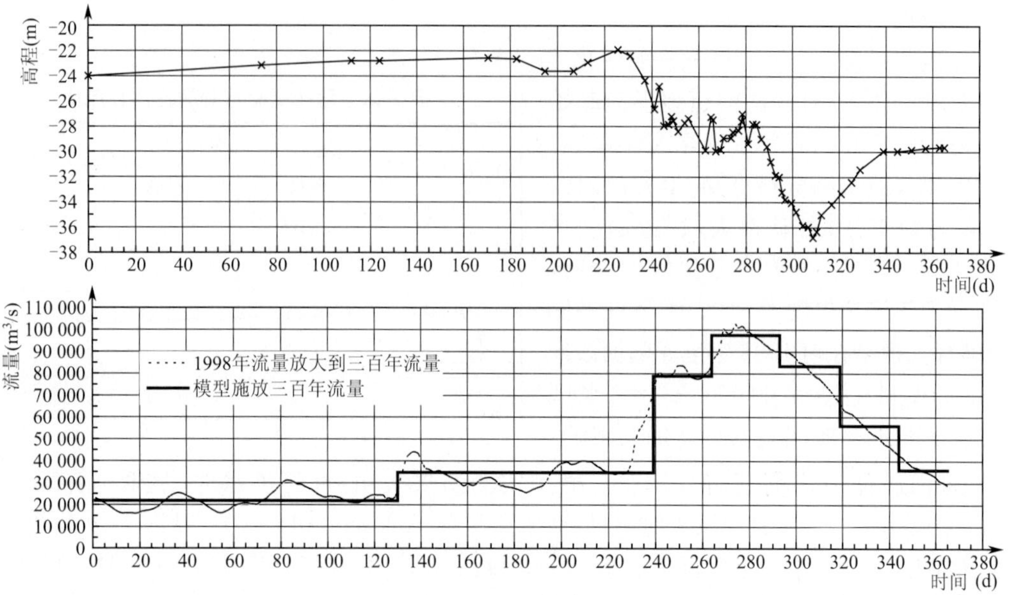

图 7-20 上元门断面三百年洪水最低河床高程变化过程线

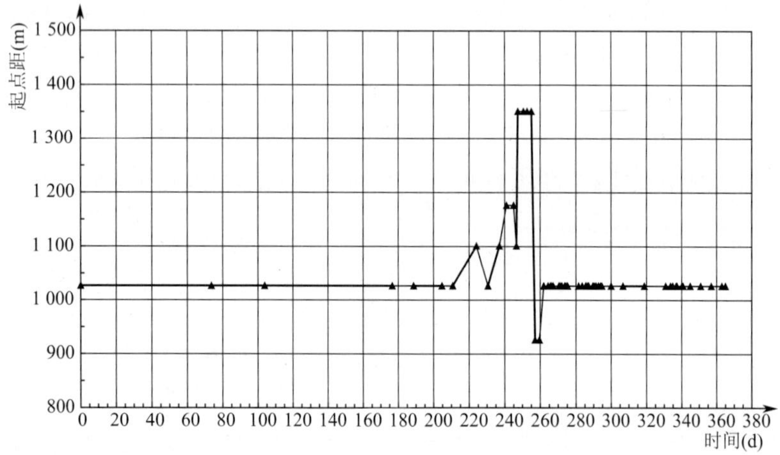

图 7-21 上元门断面百年洪水河床最低高程对应起点距变化过程线

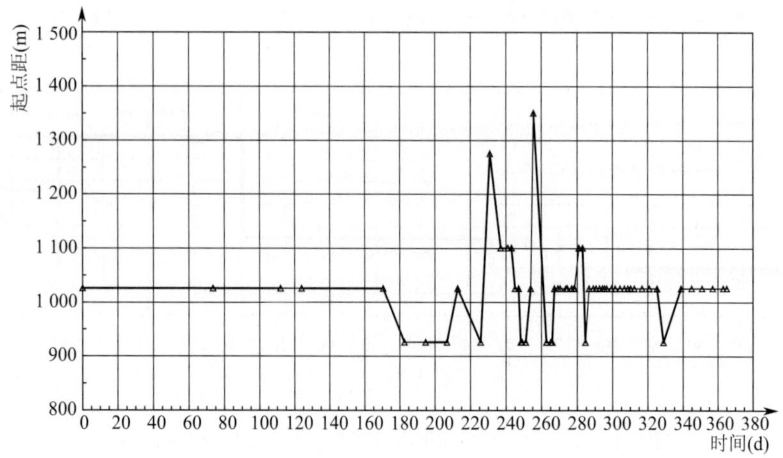

图 7-22 上元门断面三百年洪水河床最低高程对应起点距变化过程线

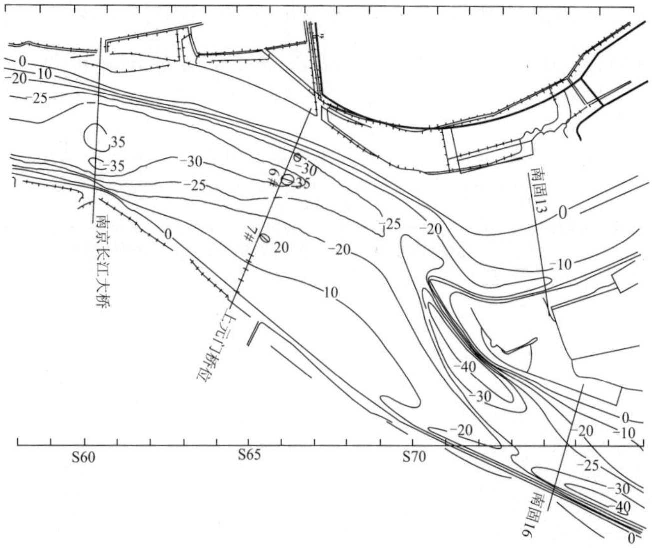

图 7-27　百年洪水过程动床双塔桥试验汛后平面图

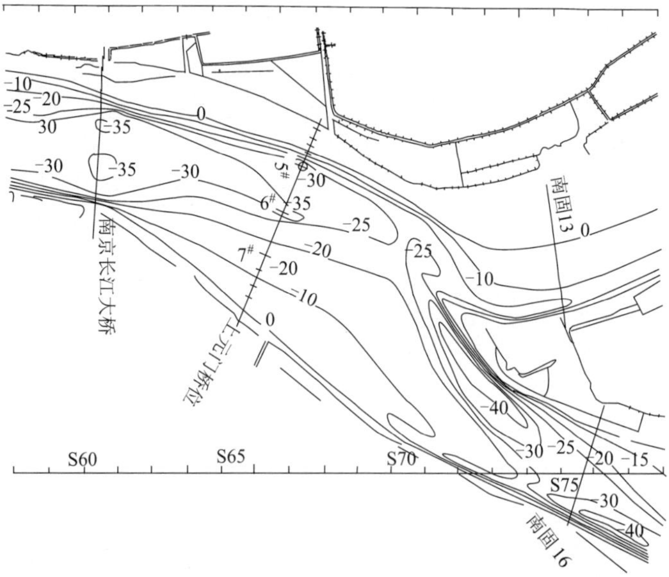

图 7-28　百年洪水过程动床三塔桥试验汛后平面图

(3)八卦洲两汊建桥前后冲淤变化

现状条件下，百年洪水时，八卦洲左汊呈冲淤交替状态，进口段滩地略有淤积，左汊深槽下切，但冲深幅度不大，一般在 4 m 以内，右汊的冲淤幅度比左汊大，最大冲深在 8 m 以内，河槽拓展冲深，深槽向上下游延伸，但延伸距离不大；三百年洪水时，左右汊冲淤幅度均较百年洪水有所增大，左汊深槽冲深在 5 m 以内，右汊最大冲深在 10 m 以内。从河道形态看，无论百年洪水，还是三百年洪水，八卦洲左右汊深槽仍维持现有形态，河势比较稳定。表 7-24 给出了百年洪水建桥前后八卦洲两汊断面汛前汛后冲淤变化对比结果。由表 7-24 可以看出，建桥后与建桥前相比，断面冲淤面积变化不大，相对差值一般都在 10%以内，最大为 19.8%，且断面形态及冲刷幅度基本一致。另外从表 7-24 中的断面冲淤面积累加结果分析，八卦洲左汊整体上略有冲刷，且建桥前后冲刷面积基本一致，相对差值在5%以内；八卦洲右汊冲刷幅度较大，而建桥前后冲刷面积相对差值也在5%以内。三百年洪水时建桥前后的冲淤情况与百年洪水时的情况相一致。

表 7-24　百年洪水建桥前后八卦洲两汊汛前汛后断面冲淤对比

断面号	现状冲淤面积(m^2)	双塔桥		三塔桥	
		冲淤面积(m^2)	相对差值(%)	冲淤面积(m^2)	相对差值(%)
S72左	2 294	2 377	3.6	2 322	1.2
南固13	−770	−746	−3.1	−687	−10.8
S79左	684	614	−10.2	625	−8.6
S82左	−399	−376	−5.8	−320	−19.8
S86左	−279	−332	19.0	−315	12.9
S88左	937	914	−2.5	889	−5.1
S90左	−101	−121	19.8	−118	16.8
S92左	796	848	6.5	733	−7.9
S104左	−212	−176	−17.0	−190	−10.4
S106左	−119	−126	5.9	−135	13.4
S108左	792	873	10.2	697	−12.0
S110左	131	108	−17.6	123	−6.1
累计	3 754	3 857	2.74	3 624	−3.46
S72右	4 330	4 312	−0.4	4 502	4.0
南固16	708	688	−2.8	752	6.2
S79右	−133	−150	12.8	−141	6.0
S81右	561	574	2.3	524	−6.6
S82右	860	831	−3.4	949	10.3
S86右	2 350	2 279	−3.0	2 418	2.9
S87右	2 755	2 873	4.3	2 704	−1.9
S88右	773	644	−16.7	709	−8.3
累计	12 204	12 051	−1.3	12 417	1.7

（二）典型水文年试验

1. 试验资料

试验中选取了造床历时长、发生频率较大的中水中沙年（1977年）和可能造成淤积从而影响八卦洲两汊枯水期分流比的少水丰沙年（1963年）作为典型年试验的水沙条件。

典型水文年的水沙概化过程见表7-25及表7-26。

表 7-25　1963年少水丰沙年水沙过程

序号	历时		流量		模型加沙量(kg)
	原型(d)	模型(min)	原型(m^3/s)	模型(L/s)	
1	111	276	8 261	13.97	2.7

续上表

序号	历时		流量		模型加沙量(kg)
	原型(d)	模型(min)	原型(m^3/s)	模型(L/s)	
2	22	55	26 291	44.45	10.5
3	34	84	39 094	66.09	51.8
4	29	72	28 359	47.94	19.6
5	89	221	38 987	65.91	151.1
6	29	72	30 187	51.03	20.6
7	38	94	20 163	34.09	13.0
8	13	32	12 515	21.13	1.6

表 7-26　1977 年少水丰沙年水沙过程

序号	历时		流量		模型加沙量(kg)
	原型(d)	模型(min)	原型(m^3/s)	模型(L/s)	
1	92	228	9 896	16.73	2.9
2	23	57	27 217	46.01	12.8
3	56	139	45 227	76.46	43.7
4	20	50	61 850	104.56	30.8
5	26	65	50 773	85.83	48.9
6	27	67	43 122	72.90	36.8
7	85	211	27 438	46.38	43.7
8	36	89	12 560	21.23	3.2

2. 建桥前后流速分布及分流比变化

试验中，对部分流量下的上元门断面、C0(上元门桥位上游 450 m)和 C2 断面进行了流速分布观测，试验结果表明，不同水文年，各断面在各级流量下的流速分布形态基本相似。由于 1963 年和 1977 年流量相对较小，主流线与深泓线基本一致。建桥前后上元门河段水面线变化不大，因此各断面中除上元门断面外，建桥前后，其流速无论在分布形态上还是在数值上，变化均很小，垂线平均流速变化一般在 0.04 m/s 以内。建桥后，上元门断面流速分布形态与建桥前基本一致，数值略有增加。流量 26 291 m^3/s 时，建桥前断面平均流速为 0.83 m/s，建桥后，双塔桥断面平均流速为 0.91 m/s，三塔桥断面平均流速为 0.92 m/s。说明建桥后对上元门河段的流速场影响很小，仅限于桥位上下游较短距离内。

在前述百年和三百年试验中已对八卦洲两汊的分流比进行了观测分析，曾得出洪、中各级流量下建桥前后对八卦洲两汊分流比基本无影响的结论，在 1963 年和 1977 年型试验中又对中、枯各级流量下八卦洲左汊的分流比进行了观测，结果见表 7-27。从表中可以看出，无论中、枯各级流量，建桥前后八卦洲两汊分流比变化不大，最大差值在 1.0%以内。综合百年和三百年试验结果，说明无论洪、中、枯各级流量下，建桥后对八卦洲汊道的分流比基本无影响。

表 7-27 动床试验建桥前后八卦洲左汊分流比(%)

典型年	流量(m³/s)	现 状	双塔	三塔
1963	26 291	14.42	14.36	14.51
	12 515	13.48	13.67	13.51
1977	45 227	16.08	16.13	16.79
	61 850	18.06	18.82	18.01

3.建桥前后桥位附近流向变化

典型年试验中对上元门附近各断面的测点流向进行了观测(表 7-28、表 7-29)。流向测量成果表明,上元门断面个别测点由于受桥墩的导流作用,流向变化相对较大,最大差值为 8°;而 C0、C2 和 C3 断面建桥前后各测点流向基本一致,最大差值为 6°,一般在 5°以内。说明建桥后对上元门河段的水流流态影响很小,仅在桥位上下游短距离内产生变化。

表 7-28 1963 年型建桥前后表流流向变化(Q=38 987 m³/s)

C0				上元门				C2				C3			
起点距(m)	现状(°)	双塔(°)	三塔(°)	起点距(m)	现状(°)	双塔(°)	三塔(°)	起点距(m)	现状(°)	双塔(°)	三塔(°)	起点距(m)	现状(°)	双塔(°)	三塔(°)
455	−3	−5	−8	515	−4	−2	−5	265	3	7	4	320	7	5	9
635	−5	−6	−4	600	−1	−4	−6	445	5	4	9	455	8	6	5
815	2	1	−1	750	2	−3	−2	580	−1	−4	−2	590	11	5	8
1 040	5	3	3	925	−4	−1	−3	760	−1	1	−3	725	10	9	7
1 265	3	2	0	1 100	1	−4	−2	985	−3	−5	−4	860	9	13	11
1 490	7	3	4	1 225	5	3	1	1 255	2	8	5	1 085	16	14	19
1 715	11	6	8	1 555	2	9	6	1 480	5	6	3	1 310	12	15	12
				1 885	3	8	9	1 705	9	7	9	1 760	10	12	14
				2 050	7	12	15	1 930	15	18	14	1 985	8	9	11

表 7-29 1963 年型建桥前后表流流向变化(Q=12 515 m³/s)

C0				上元门				C2				C3			
起点距(m)	现状(°)	双塔(°)	三塔(°)	起点距(m)	现状(°)	双塔(°)	三塔(°)	起点距(m)	现状(°)	双塔(°)	三塔(°)	起点距(m)	现状(°)	双塔(°)	三塔(°)
455	−5	−7	−8	515	−4	−5	−6	265	9	5	8	320	5	8	4
635	−9	−8	−11	600	−6	−8	−4	445	6	10	9	455	7	9	10
815	−8	−4	−7	750	−10	−8	−7	580	11	9	13	590	13	11	12
1 040	−3	−1	−5	925	−7	−4	−2	760	7	5	9	725	8	10	11
1 265	2	−1	0	1 100	−1	−5	−4	985	6	5	7	860	12	10	9
1 490	−2	−3	−4	1 225	1	4	3	1 255	6	8	10	1 085	8	13	10
1 715	1	3	2	1 555	3	7	4	1 480	13	17	16	1310	9	8	11
				1 885	4	7	9	1 705	16	15	18	1 760	7	6	9
				2 050	11	14	13	1 930	18	19	17	1 985	14	11	12

4. 建桥前后试验河段冲淤变化

由典型年试验地形测量结果看，建桥前后，南京老桥上游以及八卦洲两汊河床变形未产生明显的差异，冲淤趋势及部位一致。

1963 年型水文年试验，现状情况下，整个试验河段均表现为淤积，上元门断面深槽趋于平坦，最低河床高程由汛前的－24 m 淤积到－21.12 m。建桥后，除桥墩周围产生一定冲刷外，桥位上下游仍为淤积状态，与建桥前相比，淤积部位及厚度基本一致。

1977 年型水文年试验汛后地形与汛前地形相比，现状情况下，冲淤变化幅度不大，南京老桥至八卦洲头之间滩地略有淤积，深槽部位存在一定幅度的冲刷，上元门断面最低河床高程冲至－27.29 m，起点距为 CK341＋026 m。建桥后，南京老桥上游以及八卦洲两汊冲淤情况同建桥前一致。上元门桥位上下游附近，深槽冲刷幅度较建桥前略有增加，桥墩周围产生冲刷坑，双塔桥 6 号墩最低高程冲至－30.72 m，汛后回淤至－29.64 m，三塔桥 6 号墩最低高程冲至－30.12 m，汛后回淤至－29.0 m。

从整体看，1963 年型水文年以及 1977 年型水文年条件下，试验河段河势未发生明显变化，与汛前地形相比，滩槽平面位置相对稳定。

第四节　主要结论

一、定床试验

定床模型通过验证试验，模型的水面线、流速分布和汊道分流比与原型基本一致，在此基础上进行建桥（双塔桥和三塔桥）后二十年一遇、百年一遇和三百年一遇洪水试验，观测分析桥前壅水、流速分布、流向和分流比的变化，主要结论为：

（1）百年流量 95 000m^3/s，上元门建桥采用双塔主跨 640 m 方案，桥前最大壅水值 4.6 cm，采用三塔主跨 488 m 方案，桥前最大壅水值 5.2 cm；三百年流量 102 500 m^3/s，采用双塔方案，桥前最大壅水 5.7 cm，采用三塔方案，桥前最大壅水 6.2 cm；最大壅水峰位置，百年流量时在桥上游 350～400 m 左右；三百年流量时在桥上游 420～480 m 左右。壅水的影响范围在南京桥以下。

（2）建桥后上元门断面流速以及单宽流量分布与建桥前相比变化不大，数值略有增加。百年流量 95 000 m^3/s，建桥前断面平均流速 2.16 m/s，平均单宽流量 43.94 $m^3/(s \cdot m)$，建桥后，新桥采用双塔方案，断面平均流速 2.27 m/s，平均单宽流量 46.17 $m^3/(s \cdot m)$，新桥采用三塔方案，断面平均流速 2.29 m/s，平均单宽流量 46.42 $m^3/(s \cdot m)$。

（3）建桥前后，南京桥、南固 13 和南固 16 断面流速分布以及数值基本不变，上元门断面下游 400 m 以内，流速较建桥前略有增加，八卦洲头岸边流速建桥前后变化甚小。

（4）八卦洲左汊分流比随着流量的增加而增大，建桥前后无明显变化，均在 1.0%以内，表明建桥对八卦洲两汊分流比例未产生明显影响。

（5）建桥前后，上元门河段流向变化不大，主流区水流方向与新桥桥中线基本正交。

二、动床试验

动床试验通过验证试验，模型的水面线、流速分布和汊道分流比与原型 1998 年实测资料基本一致。在此基础上进行了建桥前后百年洪水和三百年洪水试验，主要结论为：

（1）动床水流试验结果表明，建桥后，无论采用双塔方案还是三塔方案，试验河段流速分布及流向与建桥前相比均变化不大，八卦洲两汊分流比建桥前后均在1%以内变化。

(2)现状(建桥前)条件下，百年洪水过程，上元门断面最低河床高程为－35.96 m，三百年洪水最低河床高程为－36.8 m；最低河床高程摆动宽度为425 m。

(3)现状条件下，－25 m高程河床宽度：百年洪水为450 m，三百年洪水为750 m；－30 m高程河床宽度：百年洪水为200 m，三百年洪水可达630 m。

(4)建桥后，百年洪水过程，双塔方案左塔6号墩冲刷后最低床面高程为－43.9 m，三塔方案中塔6号墩冲刷后最低床面高程为－41.1 m；三百年洪水过程，双塔方案左塔6号墩冲刷后最低床面高程为－46.0 m，三塔方案中塔6号墩冲刷后最低床面高程为－42.9 m。

(5)百年洪水和三百年洪水时，潜洲河段建桥前后冲淤情况并无改变；上元门河段建桥后在桥位附近产生较大冲刷，其他部位与建桥前相比差别不大；建桥前后八卦洲左汊冲淤变化不大，整体上略有冲刷，右汊冲刷幅度较大。

(6)建桥前后，无论百年洪水还是三百年洪水，试验河段河道形态未发生明显改变，河势仍保持稳定，但上元门河段深槽仍有一定摆动幅度。

第八章　沉井吸泥下沉冲刷试验研究

新菏复线长东二桥桥址位于原有长东桥上游，由铁道部大桥工程局负责设计与施工。该桥拟采用机械吸泥的方法使沉井下沉，鉴于选用的桥址为距既有桥上游 30 m 和 50 m 两个方案，均距既有桥桥址甚近，新桥施工期间在沉井吸泥下沉过程中，是否会造成沉井外部大量泥沙向沉井内部翻沙现象，从而影响下游既有桥桥基的安全，以及新桥建成后在设计频率的洪水作用下，是否会增大既有桥的冲刷等问题，是设计和施工迫待解决的关键所在。为此，铁道部大桥工程局勘测设计院委托铁道部科学研究院针对长东二桥设计和施工中存在的上述关键技术问题，进行水工模型试验研究。长期以来，桥墩局部冲刷问题在国内外水利或铁路部门均曾进行过大量水工试验研究，但大型沉井施工吸泥下沉的水工模型试验研究尚缺乏文献记录。本项试验是确定长东二桥施工期间在沉井吸呢下沉过程中，是否危及新桥下游 30 m 或 50 m（两种新桥方案）的既有桥安全，以及设计条件下新桥的局部冲刷深度。前者的关键问题是要探索模拟沉井通过吸泥逐步下沉及周围局部冲刷相似的试验方法。本项试验采用系列模型法，除一般局部冲刷常用的相似准则以外，还计入了沉井重力相似、吸泥（输沙量）相似、沉井外壁摩阻相似等方面的相似准则。并研究拟定了一些认证沉井逐步下沉时对附近既有桥安全影响的试验方案和判别方法。通过多方面试验研究论证了在本桥具体条件下，即使新桥位于既有桥上游 30m，当沉井下沉时也不影响下游既有桥的安全，并确定了设计条件下新桥的局部冲刷深度。此项研究难度较大，涉及模型相似条件，试验方案与方法、吸泥装置的模拟等诸多难题。

第一节　试验内容与要求

新桥桥墩采用沉井基础时，在施工吸泥下沉过程中对既有桥桥墩基础安全的影响：

(1)沉井及桥墩尺寸见图 8-1。

(2)新桥沉井位于既有桥沉井上游，其中心间距为 30 m 或 50 m(或推荐间距)。

(3)水深 h=3.15 m、4.0 m、6.15 m、9.15 m。

(4)流速 v_{max}=1.48 m/s、3.6 m/s、2.31 m/s、3.01 m/s。

(5)床面高程为 54 m、57 m、60 m。

(6)水位为 62.30 m、63.15 m、64.0 m。

(7)沉井顶面高程为 61.0 m。

(8)沉井下沉过程中尽量多吸取沉井内下游侧泥沙，以便造成较大的由井外向井内的翻沙现象，观测其对既有桥沉井基础的影响。

(9)河床土壤粒径 d_{50}=0.09 mm。

新桥沉井基础在设计条件下的局部冲刷深度及其对既有桥基础安全影响：

(1)沉井及桥墩尺寸见图 8-1。

(2)新桥沉井位于既有桥沉井上游，其中心间距为 30 m 或 50 m(或推荐间距)。

(3)设计水位为 65 m。

(4)一般冲刷后主槽床面高程为 50.6 m。

(5)一般冲刷后墩前行近流速为 3.31 m/s。

(6)河床土壤粒径 d_{50}=0.09 mm。

(7)水流分正交及斜交 10°(上下游沉井错位)两种情况。

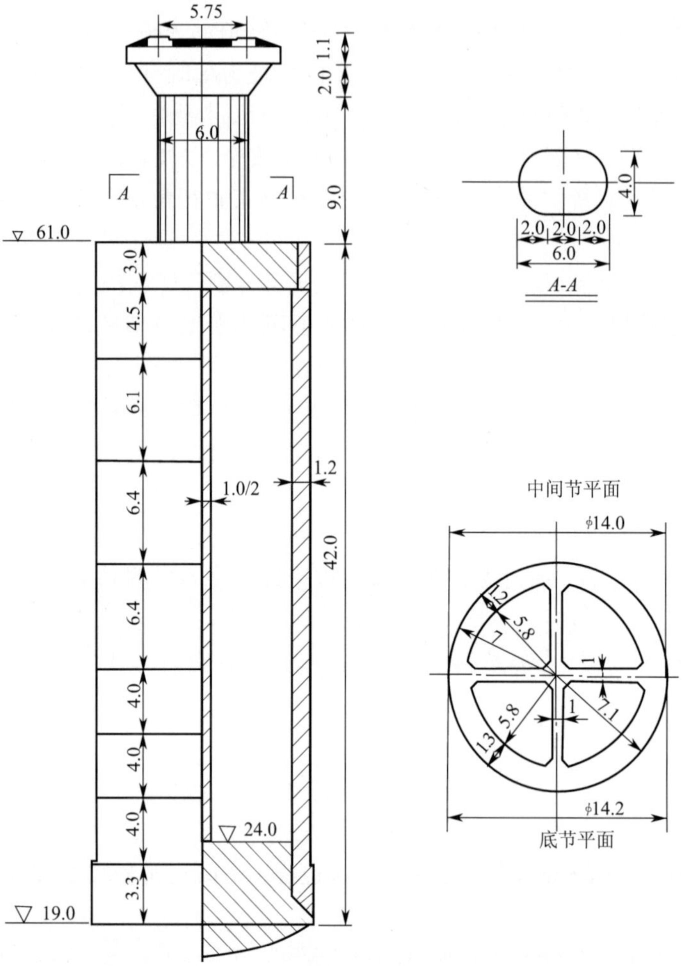

图 8-1　桥墩沉井尺寸(m)

第二节　模型设计及试验方案

一、系列模型比尺设计

通常桥墩局部冲刷试验均在玻璃水槽内通过断面模型单墩试验确定局部冲刷深度。20 世纪 50 年代末及 60 年代初，铁道部科学研究院在进行桥墩局部冲刷试验研究时，曾按相似比尺选用聚苯乙烯颗粒做试验沙进行试验。但当设计流速较大时，模型试验中的水流行近流速约为聚苯乙烯颗粒的起动流速的数倍，因聚苯乙烯的比重甚轻约为 1.04，当水流流速达到床沙起动流速的 3～4 倍时，试验沙大量被冲起成悬浮状态运动。在天然情况下河床床沙质是以推移形式运动，悬移质是在全河段内运动，而模型试验中，采用浑水系统进行试验难度较大，通常是采用清水试验，于是河床泥沙被冲起的悬浮运动，只能在水槽的试验段逐步形成，特别是到后半段才能充分发展，致使试验中的泥沙运输规律难以与天然相似。所以只能先进行一些较小流速的试验，然后延伸至设计条件，因此严格说来也是一种系列延伸方法，而非相似比尺模型。根据过去掌握的桥墩局部冲刷天然资料和试验资料，以聚苯乙烯为试验沙按流速延伸所确定的冲刷深度可能有所偏大。此现象可能与下述因素有关：因局部冲刷深度 h_b 虽随墩前行近流速 v 的增大而增大，但其增涨曲线的斜率在流速超过泥沙起动流速时，逐渐减缓，所以按流速延伸的冲刷深度有可能偏大。为此铁道部科学研究院自 20 世纪 80 年代初期起，对特大桥局部冲刷试验多采用以原型沙为试验沙的系列模型延伸法，而不再采用以聚苯乙烯为试验沙的流速延伸法。本项试验研究也采用系列模型法，现将其扼要阐明如下。

根据已往的研究，已知桥墩局部冲刷深度 h_b 为墩宽 B、桥墩形状系数 ξ、河床泥沙粒径 d、桥渡一般冲刷水深 h_p、行近流速 v 以及泥沙起动流速 v_0 等因素的函数。假定其函数关系可用指数方程表示：

$$h_b = Kv^{n_1} B^{n_2} \xi^{n_3} h_p^{n_4} d^{n_5} v_0^{n_6} \tag{8-1}$$

式中，K 为系数，$n_1 \sim n_6$ 分别为各变量的指数。设模型水流和与原型处于同一流区之内，则由式(8-1)可推导出模型相似比尺关系为：

$$\lambda_{hb} = \lambda_k \cdot \lambda_v{}^{n_1} \lambda_B{}^{n_2} \cdot \lambda_\xi{}^{n_3} \lambda_{hp}{}^{n_4} \cdot \lambda_d{}^{n_5} \cdot \lambda_{v_o}{}^{n_6} \tag{8-2}$$

根据重力相似定律：

$$\lambda_v = \lambda_h^{1/2} \tag{8-3}$$

通常桥墩局部冲刷试验采用正态模型，则

$$\lambda_h = \lambda_L = \lambda_B = \lambda_{hp} \tag{8-4}$$

系数比尺 λ_K 是一个未知量，可以认为它主要是由于模型缩小而引起的，并假定它与深度比尺成指数关系，即

$$\lambda_K = C\lambda_h^{n_0} \tag{8-5}$$

式中，C 为常数，当 $\lambda_h = 1$，即模型等于原型时，$\lambda_{hb} = 1$，所以 $C = 1$。由于试验采用天然原型沙，则

$$\lambda_d = 1 \tag{8-6}$$

在正态模型($\lambda_h = \lambda_L$)条件下，可设

$$\lambda_\xi^{n_3} = \lambda_h^{n_3'} \tag{8-7}$$

于是式(8-2)可简化为

$$\lambda_{hb} = \lambda_h^{n_0} \cdot \lambda_h^{n_1'} \cdot \lambda_h^{n_2} \cdot \lambda_h^{n_3'} \cdot \lambda_h^{n_4} \cdot \lambda_h^{n_6'} = \lambda_h^n \tag{8-8}$$

或

$$\frac{(h_b)_y}{(h_b)_m} = \lambda_h^n \tag{8-9}$$

式中，$(h_b)_m$ 为模型局部冲刷深度，$(h_b)_y$ 为原型局部冲刷深度。其中仅有$(h_b)_y$ 与 n 两个未知数，因此从理论上证明只需采用两个不同的模型比尺 λ_{h_1} 与 λ_{h_2}，分别在两种比尺的模型上，试验其相应的局部冲刷深度$(h_b)_{m_1}$ 与$(h_b)_{m_2}$，然后在双对数纸上延伸至 $\lambda_h = 1$，即可得出$(h_b)_y$ 值。

针对本项试验任务，根据天然桥墩及沉井的尺寸，水流与河床泥沙粒径等方面的资料，以及模型试验水槽的尺寸和循环供水能力等方面的条件，确定两组模型比尺为

$$\lambda_{h_1} = 45; \lambda_{h_2} = 100 \tag{8-10}$$

鉴于天然河床泥沙粒径为 0.09 mm，按理采用系列模型法试验沙也应选用 $d_{50} =$

0.09 mm，可是选用 $d_{50}=0.09$ mm 的试验沙在试验时常因泥沙粒径太细存在不同程度板结情况而导致局部冲刷 h_b 值出现不稳定现象，而且有时差别较大。目前科研水平尚无法明确分析泥沙板结现象对冲刷的影响程度，虽然有文献介绍泥沙粒径 $d_{50}>0.05$ mm 时没有黏性，但从大量泥沙起动流速的试验资料分析结果来看，当泥沙粒径 d 小于 0.2 mm 左右时，泥沙的起动流速不但不继续减小，反而呈不断增大的趋势，这种现象就反映了泥沙黏结力的抗冲影响。然而当 d 较小时即或是在同一种粒径的情况下，泥沙的颗粒之间（特别是在河床的表层以下）也因含有不同的有机成分，或承受不同的水压力和承压时间不同可能出现不同的板结程度，目前只能权且认为这种板结程度是随机的。为了避免这种板结现象对局部深度造成的不稳定影响，同时考虑到影响桥墩局部冲刷的参变量，除了桥墩尺寸、形状、行近流速等因素外，就是泥沙的起动流速，因此，本项试验按照起动流速相似原理选用了与 $d_{50}=0.09$ mm的起动流速（$H=20$ cm 时，$v_0=25.8$ cm/s）相近而粒径较粗的泥沙 $d_{50}=0.36$ mm（起动流速 $H=20$ cm 时，$v_0=26.9$ cm/s）作为试验沙，其粒径级配曲线详见图 8-2。

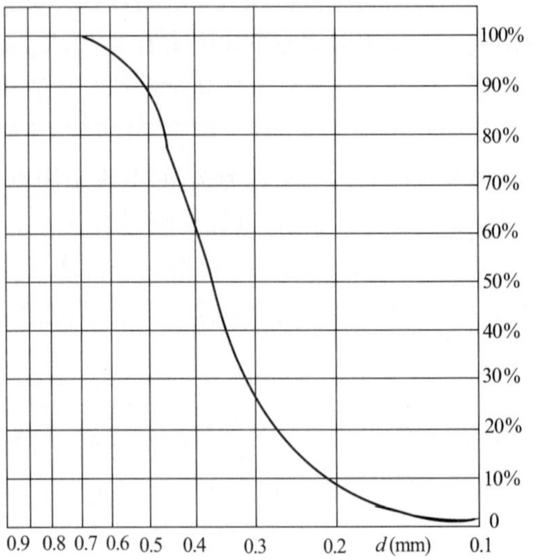

图 8-2 试验沙级配曲线图

二、沉井重力相似设计

本项试验要研究沉井施工期间吸泥下沉的运动过程及其对河床冲刷的影响，所以应考虑沉井模型与原型的重力相似条件。

根据重力相似原理，在正态模型中，重力比尺 λ_{rc} 与模型比尺 λ_h 的关系为：

$$\lambda_{rc}=\lambda_h^3 \tag{8-11}$$

已知天然条件下沉井的外径 $D_y=14.2$ m，壁厚 $\delta_y=1.2$ m，节高 $h_y=4$ m 及 6 m 两种。按 $\lambda_h=45$ 计算，则沉井的模型尺寸为 $D_m=316$ mm，$\delta_m=26.7$ mm，$h_m=89$ mm 及133 mm。相应的重量应为 4.74 kg 和 7.09 kg。沉井的模型采用有机玻璃材料制作，相应重量仅为 1.77 kg和 2.70 kg。为保证沉井模型与原型达到重力相似，需在每节沉井模型上分别配重2.97 kg 和 4.39 kg。因此将有机玻璃沉井模型的周壁做成夹层（图 8-3），并将夹层分为 4 格分别以小铅块均匀加载以保持沉井自重平衡。

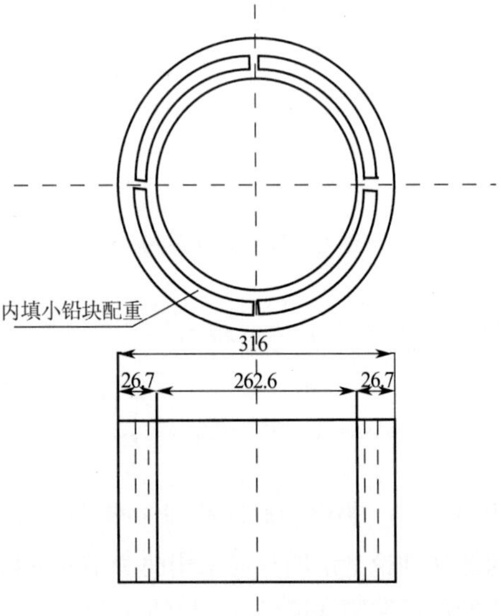

图 8-3 有机玻璃沉井模型

三、吸泥相似设计

应用吸泥相似来模拟沉井施工过程中吸泥下沉的运动现象及其对沉井局部冲刷的影响，开展此项试验时，国内尚未有人进行过此类试验研究，也未发现国外有此类文献和资料。承接此项任务后，通过深入的思考和探索，提出了一些直接或间接的研究方案，在相似原理方面也进行了一些探索，也走过一些弯路，最后选择了如下的设计方案。

关于吸泥相似采用的手段，最后选择了模拟天然空气吸泥机的设计方案。根据铁道部大桥工程局勘测设计院提供的资料，长东二桥施工时拟采用的空气吸泥机的管径为 250 mm（图 8-4）其出流量为 13～20 m^3/min，含沙浓度约为 30%。

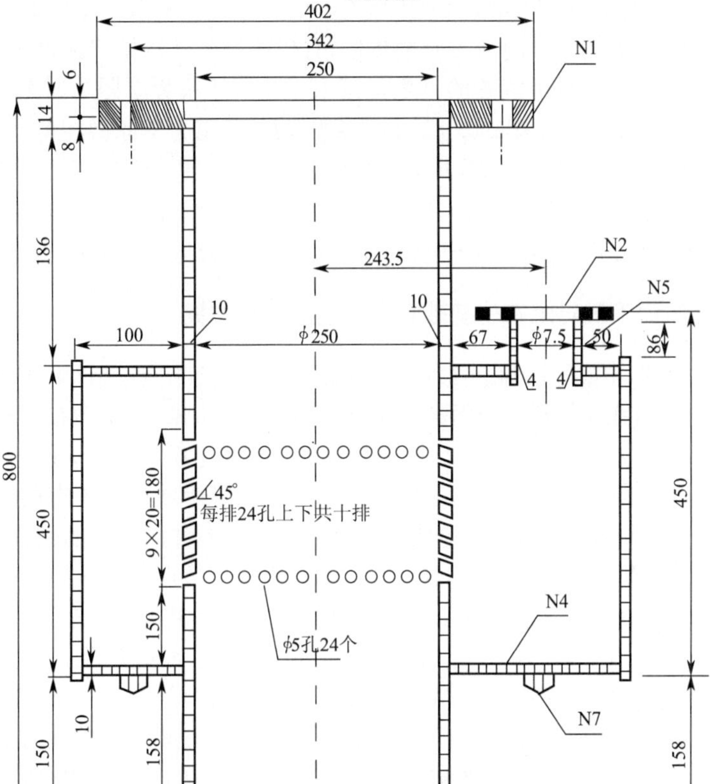

图 8-4　空气吸泥机原型

关于吸泥相似条件首先当然要求模型吸泥机的出流量与原型出流量相似，即

$$\lambda_Q=\lambda_h \cdot \lambda_L \cdot \lambda_v \tag{8-12}$$

在正态模型中且计入重力相似条件（$\lambda_v=\lambda_h{}^{1/2}$），则

$$\lambda_Q=\lambda_h^{5/2} \tag{8-13}$$

由于研究的问题是泥沙的冲刷问题，所以更为重要的是出沙率（单位时间内的出沙量）相似问题。要保证模型与原型的出沙率相似必需要求模型吸泥机与原型吸泥机的功率相似，因为功率内包含了泥沙容重 γ 的因素，它反映了出流含沙浓度的问题。功率 $P=\gamma QH/e$，略去效

率 e 的影响，在正态模型中可导出功率的相似比尺为

$$\lambda_p=\lambda_\gamma \cdot \lambda_h^{3.5} \tag{8-14}$$

如模型出流量及含沙浓度与原型相似，则式(8-14)即成立。同时也反映了吸泥机模型与原型相似。式(8-14)是选择模型吸沙机功率的基本条件，而关键问题还在于须研制一套能保证模型出流量及含沙浓度与原型相似的空气吸泥装置(详见后节)。

四、沉井外壁摩阻力相似

试验研究沉井吸泥下沉，除了考虑沉井模型重力应与原型重力相似以外，尚应确保沉井外壁阻力相似。因为沉井外壁摩阻力模型与原型是否相似，涉及试验过程中沉井能否下沉及其下沉速率是否与原型相似的问题。

严格说来精确计算原型沉井或模型沉井在下沉过程中的摩阻力都是相当困难的，只能做到基本相似。为使模型沉井边壁摩阻力与原型相似，有机玻璃沉井模型的配重采用增减小型铅块的方法进行调节。在天然条件下沉井的自重是按大于相应于临界摩阻力时重量的 25%而设计的($f=1.25$)。在试验条件下则采取以下试验方案以调节摩阻力与原型相似。先取一节沉井吸泥下沉至河床床面，此时沉井周围全部承受泥沙摩阻力而不能以自重下沉。然后在沉井四周侧壁预留的凹槽内徐徐均匀加上小铅块使其达到下沉的临界状态，以有机玻璃沉井模型的自重与已加铅块重量之和再加 25%的铅块，即为保证沉井模型摩阻力与原型相似所需的沉井模型重量。

五、判断沉井吸泥下沉对既有桥基础安全影响的试验方案

首先在模型与原型相似的基础上，通过试验确定在施工期间水流条件下，既有桥沉井基础局部冲刷深度 h_b 值，然后在新桥桥址断面(位于既有桥上游 30 m 或 50 m 或推荐桥位)上设置沉井基础并吸泥下沉，在吸泥下沉的全部过程中，连续不断地测量上游施工桥梁的沉井及下游既有桥墩周围的冲刷深度。如果发现既有桥沉井周围出现大于、等于或接近原有的局部冲刷深度 h_b 时，即表明由于新桥沉井施工时因吸泥造成沉井外侧泥沙向沉井内移动的翻沙现象已危及既有桥基础的安全；如果在新桥沉井吸泥下沉过程中，即或出现翻沙现象，但既有桥沉井周围的冲刷深度始终小于原有 h_b 值，则可认为新桥沉井吸泥下沉对既有桥基础的安全并无影响。

此外，为确保既有桥的安全，还安排了另一种判断既有桥是否安全的试验方案。即在确定了最大局部冲刷深度 h_b 值后，在进行新桥沉井吸泥下沉冲刷试验之前，预先在既有桥沉井周围高程约等于 h_b 的床面上铺设一层比重小于 1.0 的指示沙。如果在新桥沉井吸泥下沉过程中，既有桥沉井周围出现大于或等于 h_b 的冲刷深度时，预埋在沉井周围的指示沙就会飘浮至水面而被冲走。如果在试验过程中未被观察到，也可在试验结束后通过开挖检查预埋的指示沙是否存在来判断既有桥是否安全。这种试验方案尚可澄清在新桥沉井吸泥下沉过程中，既有桥沉井周围的泥沙可能在冲刷过程中形成冲淤交换的疑惑。也就是说如果在试验过程中由于桥墩周围冲刷坑内泥沙运动强烈而未能测得最大冲刷深度，且试验停水后补测的冲刷深度可能是冲后回淤的结果，从而质疑由冲刷值判定既有桥是否安全不够充分。沉井周围冲刷线附近的泥沙冲淤交换现象同样会影响桥基是否安全的判断。而上述试验的方案可以补充对桥基安全的判断。

第三节　试验方法与仪器设备

试验在室内玻璃水槽内进行，水槽宽 1.5 m，长 30 m(其中玻璃段长 14 m)，高

0.8 m，桥墩模型安装及冲刷段高 1.3 m。水流由循环供水系统供给。试验流量由铁道部科学研究院自行研制的流量自控系统控制，以肯特流量计计量并随时通过计算机调节流量变化。水位则由浪高仪连接计算机驱动回水截门的启闭以随时保证试验要求的水位。

桥墩与沉井模型用有机玻璃按 1∶45 及 1∶100 不同尺寸制作两套（均包括新桥及既有桥）。

沉井吸泥装置由空气压缩机和空气吸泥器组成。空气压缩机是根据本项试验模型设计及试验方案的特定要求而选购由意大利进口的微型空气压缩机，型号为 COSMOS2—4—HP2 其主要技术指标如下：电机功率 2 hp（1.5 kW），230 V，频率 50 Hz，最大空气压力 8 kg/cm^2。空气吸泥器为铁道部科学研究院按模型设计要求提出技术指标委托武汉水利电力大学水利科研所参照空气吸泥器原型（图 8-4）工作原理试制加工而成。空气吸泥器模型的试制加工难度甚大，试制过程中先后经历了十余次的失败才获得成功。因按 $\lambda_h=45$ 计算，每台吸泥器模型的管径为 5.56 mm，即使按二台吸泥器同时工作，由面积比换算的管径也仅 8 mm。在如此小的管径的周壁钻成大量能使管内形成较大负压的斜孔确实异常困难。鉴于本项试验研究任务时间迫急，吸泥管径太细难以试制成功，而且管径太细在吸泥过程中有可能在通过较大出沙率的情况下，因泥沙粘贴在管壁周围堵塞通道或减小吸泥效果，更主要的是在模型设计中，关于吸泥相似条件主要考虑吸泥机的出流量相似及出流含浓度相似两项指标。为此将吸泥器模型的管径作成 ϕ8 mm 和 ϕ16 mm 二种分别进行试验，通过调整吸泥器的高度及空气压缩机的动力等项措施，使管径为 ϕ16 的空气吸泥器模型的出流量及出流含浓度达到了与原型相似的指标。

空气吸泥器出流量及出流含沙浓度模型与原型相似的验证详下节。

局部冲刷深度与河床地形由铁道部科学研究院研制的局部冲刷测深仪测量。水流流速以 CSY—直读式多功能流速仪测量。

试验方法是通过计算机输入该次试验所要求的试验水位和流量（包括流速），由计算机控制流量从零增长至最大流速所要求的流量。当试验流量达到预定数值时，开动空气压缩机通过空气吸泥器在沉井内吸泥。首先在沉井中部及周围均匀吸泥使沉井底部的河床面形成锅底状，沉井依靠自重均匀下沉。当每节沉井顶面下沉至水面附近时，在沉井顶面上再增加一节沉井，如此直至达到最大局部冲刷深度 h_b 值时为止。在沉井吸泥下沉过程中，定时连续量测新桥和既有桥沉井周围各处的局部冲刷深度 h_b 值。以沉井边壁外沿正对上游位置为 0°，沿圆周 0°、45°、90°、135°、180°、225°、270°、315°等处测量，两桥共测 16 点局部冲刷数值。局部冲刷达到最大值并保持相对稳定后才停止试验。为使停水过程不影响冲刷数值和河床地形，停水过程是通过计算机保持水槽内水位不变，逐步减小来水流量至零。然后再徐徐排水露出河床及局部冲刷坑地形（照片 8-1，沉井内竖管为空气吸泥器模

照片 8-1　沉井吸泥下沉后的冲刷地形

型），最后再量测一次沉井周围局部冲刷深度，并测量沉井周围河床冲淤地形。试验过程中，尚需经常检查验算吸泥装置的出流量和出流含沙浓度（详见下节）以保证与设计要求相似。

第四节　资料分析与成果

一、桥墩局部冲刷深度随水流行近流速的变化规律的检验

本项试验基本上属于桥墩局部冲刷试验研究范畴。因此在探讨沉井吸泥下沉对既有桥桥基安全影响之前，首先应检验本次试验的沉井局部冲刷深度随水流行近流速的变化规律是否符合一般常规的桥墩局部冲刷试验资料。

图 8-5 为本次试验中不同流速条件下，沉井周围局部冲刷深度随水流行近流速的增加而增大的变化趋势，它与以往进行的桥墩局部冲刷试验资料的变化趋势（S形）是一致的。当行近流速小于 v_0（本项试验 v_0 = 26.9 cm/s）时，桥墩上游床面泥沙并不起动，但桥墩周围底部水流绕墩而过时流速增大，从而墩周形成微小局部冲刷。在桥墩周围开始形成局部冲刷时的行近流速，通常称为始冲流速 v'_0。v'_0 并非为定值，它与泥沙粒径 d_{50} 和桥墩的直径 D 或墩宽 B 有关。泥沙粒径 d_{50} 越小或墩径（或墩宽）越大则始冲流速越小；如果 d_{50} 小于泥沙起动流速 $v_0 = f(d_{50})$ 曲线的反弯点，即泥沙的黏性逐渐增大，泥沙更难冲动，则 d_{50} 越小时 v_0 越大，始冲流速 v'_0 也越大。在本项试验条件下的 v'_0 值约为 8 cm/s。由图 8-5 可以看出 v'_0 到 v_0 的流速范围内，局部冲刷深度 h_b 值的增长率大于流速的增长率。$h_b = f(v)$ 的函数关系为上弯曲线。当流速从 v_0 附近开始继续增长时，$h_b = f(v)$ 的变化曲线出现一段近乎直线的关系。当流速 v 继续增大时，局部冲刷深度 h_b 的增长速率逐步减弱，甚至有逐渐趋近于零的趋势。纵观 $h_b = f(v)$ 的变化曲线乃呈 S 形曲线。国内外从事桥墩局部冲刷试验研究的学者甚多，但认定 S 形曲线的学者为数不多。关于局部冲刷深度 h_b 随流速 v 的增长的速率有趋近于零的趋势，虽已为国内外学者所公认，但多数学者都将 h_b 不再随 v 增长的极限值确定过小。甚至不少学者认为当行近流速 v_0 等于或略大于泥沙起动流速 v_0 时，h_b 即不再随 v 的增大而增大，此论断显然是不符合实际情况的。特别是大沉井、大流速、小粒径沙质河床条件下，在试验中能出现相当大的局部冲刷值。

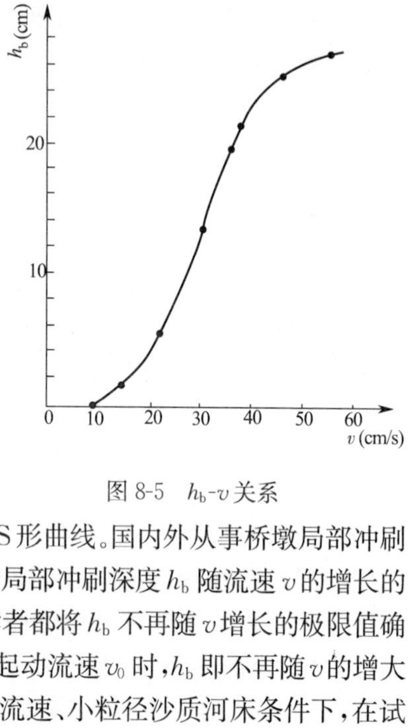

图 8-5　h_b-v 关系

二、空气吸泥机模型吸泥相似的验证

如前所述，如果模型出流量与原型出流量相似（即 $\lambda_Q = \lambda_h^{5/2}$），而且模型出流含沙量与原型出流含沙量相似，则表明模型吸泥与原型相似。

根据铁道部大桥工程局勘测设计院提供的资料，原型空气吸泥机的出流量为 13 ～ 20 m³/min，在沉井下沉时有二台空气吸泥机同时工作。出流的含沙浓度为 30%，即 3.9 ～ 6.0 m³/min。按 $\lambda_h = 45$ 推算，模型吸泥出流量 Q_m = (142.7 ～ 219.5) × 2 = 285.4 cc/min ～ 439 cc/min，吸泥出沙量应为 Q_m = (42.8 ～ 65.8 cc/min) × 2 = (85.6 ～ 131.6) cc/min。

在试验中沉井内的吸泥量也和原型一样，存在较大的变幅。沉井开始下沉时，沉井内水深较小，

使空气吸泥器不能形成较大的负压，因此吸泥机的效率较小，吸出的出流量很小，其含沙浓度也很小。随着沉井的逐步下沉，沉井内的水深加大，吸泥效果也逐步加大，直至达到与原型相似的条件。

试验中先进行双管（两根吸泥管同时工作）吸泥试验，将两根吸泥管吸出的水沙都以标准计量盒（20 cm×20 cm 有机玻璃方盒）集接，检算单位时间内的出流量和出沙量。现取一次采样资料为例：取样时间为 11 min，计量盒内水沙共高 13 cm，则出流量 $Q_m = 20\ \text{cm} \times 20\ \text{cm} \times 13\ \text{cm}/11\ \text{min} = 473\ \text{cc/min}$。其中泥沙含量高 3.75 cm，则出沙量 $Q_{sm} = 20\ \text{cm} \times 20\ \text{cm} \times 3.75\ \text{cm}/11\ \text{min} = 136\ \text{cc/min}$。含沙浓度为 29%，与原型相似。另外，也进行了单管吸泥试验。现以一次试验不同时间的两次采样资料为例：(1) 试验以 20 cm×20 cm 有机玻璃方盒取样，采样时间为 10 min，水沙共高 10 cm。出流量 $Q_m = 20\ \text{cm} \times 20\ \text{cm} \times 10\ \text{cm}/10\ \text{min} = 400\ \text{cc/min}$，其中含沙量高 2.5 cm，则出沙量 $Q_{sm} = 20\ \text{cm} \times 20\ \text{cm} \times 2.5\ \text{cm}/10\ \text{min} = 100\ \text{cc/min}$，含沙浓度 25%。(2) 试验以 15 cm×15 cm 有机玻璃方盒取样，采样时间为 4 min，水沙共高 9.5 cm。出流量 $Q_m = 15\ \text{cm} \times 15\ \text{cm} \times 9.5\ \text{cm}/4\text{min} = 534.4\ \text{cc/min}$。其中泥沙含量高 3 cm，则出沙量 $Q_{sm} = 15\ \text{cm} \times 15\ \text{cm} \times 3\ \text{cm}/4\ \text{min} = 169\ \text{cc/min}$，含沙浓度 31.6%。试验资料表明，用空气压缩机调节压力，采用单管或双管吸泥均能达到出流量及含沙浓度与原型相似。同时也证明要保证出流量及含沙浓度与原型相似，不必要求吸泥管径模型与原型相似。因此在试验中除开始的部分试验采用双管吸泥以外，其余的试验均采用单管吸泥。

三、沉井吸泥对下游既有桥安全影响的试验

关于沉井吸泥对下游既有桥基础安全影响的问题，因涉及已建特大桥及铁路运输的安全，其关系重大。为此共安排了以下七方面的试验，每一方面又包括若干组次的试验。而且每一相同内容的试验一般都要重复试验 1～2 次以策安全。

（一）按既有桥出现的局部冲刷深度 h_b 值判断桥基安全的试验

根据委托单位提出的施工期间的水流条件共安排了以下 5 组不同水流条件下的沉井吸泥对既有桥基础安全影响的试验：

(1) 原型 $H_y = 8.3\ \text{m}, v_y = 0.96\ \text{m/s}$；
模型 $H_m = 18.4\ \text{cm}, v_m = 14.2\ \text{cm/s}$。

(2) 原型 $H_y = 4.5\ \text{m}, v_y = 1.48\ \text{m/s}$；
模型 $H_m = 10\ \text{cm}, v_m = 22.1\ \text{cm/s}$。

(3) 原型 $H_y = 6.15\ \text{m}, v_y = 2.31\ \text{m/s}$；
模型 $H_m = 13.7\ \text{cm}, v_m = 34.4\ \text{cm/s}$。

(4) 原型 $H_y = 9.15\ \text{m}, v_y = 3.01\ \text{m/s}$；
模型 $H_m = 20.3\ \text{cm}, v_m = 44.9\ \text{cm/s}$。

(5) 原型 $H_y = 4.0\ \text{m}, v_y = 3.6\ \text{m/s}$；
模型 $H_m = 8.9\ \text{cm}, v_m = 53.7\ \text{cm/s}$。

在上述各种水流条件下，分别进行了沉井吸泥下沉试验，在沉井吸泥下沉过程中，除了连续测量新桥沉井周围的局部冲刷深度（包括 0°、45°、90°、135°、180°，225°、270°、315° 等 8 点位置的冲刷深度）h_b 值以外，同时也连续测量既有桥沉井周围不同角度 8 点位置的 h_b 值，以便判断是否大于既有桥原设计的 h_b 值。以上试验都是在新桥与既有桥的线间距为中至中 30 m 的条件下进行的。试验资料表明，在线间距为 30 m 和各种不同施工水流条件下，虽然新桥沉井吸泥下沉形成不同程度的翻沙现象，且新桥沉井局部冲刷坑下游侧的边坑，与既有桥沉井局部冲刷

坑上游侧的边坑相互有所影响。但这种边坑的影响对最大局部冲刷深度值 h_b 影响不大，在上下游沉井最大局部冲刷深度之间存在一条明显的沙脊。沙脊的存在就表明新桥沉井吸泥对下游桥沉井的最大冲刷深度影响不大。另一方面从桥墩局部冲刷的形成与发展的机理来分析，众所周知，桥墩局部冲刷坑边坡由两部分组成：近墩附近的边坡为水流遇墩受阻后形成的向下漩涡淘刷所致，此部分的水体即使在局部冲刷深度达到最大值后，仍然继续形成挟沙漩涡水流，但处于动平衡状态。即虽然有泥沙运动（随漩涡水流而运动）却不继续增大冲刷深度；冲刷抗的外侧部分为泥沙向内侧塌落所致。近墩部分的坡度较陡，外侧部分坡度较缓（等于河床泥沙在水下的休止角），两者有明显的交界线。由此可以判断，影响桥墩（或沉井）局部冲刷深度主要是墩周的漩涡水流。局部冲刷坑外侧的边坡受到局部破坏，对最大局部冲刷深度 h_b 值影响不大。当然局部冲刷坑外侧边坡的破坏会间接影响墩前漩涡水流的强度，而关键还是局部冲刷深度是否增大的问题。对本项试验的具体条件而言，新桥沉井在上游，它对下游桥沉井的局部冲刷的影响是削弱而不是加强。所有上述的 5 种不同施工水流条件下的冲刷试验资料表明，新桥沉井吸泥下沉过程中及最大局部冲刷出现后，下游既有桥的最大局部冲刷深度 h_b 均比原设计的 h_b 值有不同程度的减小。因此可以判断，在线间距为 30 m 的条件下，新桥沉井吸泥下沉不影响既有桥的安全。

（二）通过预埋指示沙检验既有桥安全的试验

前节中关于既有桥安全的判断是根据最大局部冲刷深度 h_b 值及上下游局部冲刷坑边缘交界处存在沙脊的现象来论证的。但是可能尚有如下一种疑虑，即在冲刷过程中既有桥沉井周围是否存在泥沙冲淤交换现象，这种泥沙交换现象可能在冲刷过程中使沉井周围形成更大的冲刷深度，当流速减小时又回淤为冲刷较小的地形。如果存在这种泥沙交换现象，则前节关于既有桥安全的论证依据不够充分。为了消除这种疑虑，专门安排了一组预埋指示沙验证既有桥安全的试验。在确定了最大局部冲刷深度 h_b 值后，将既有桥沉井周围的泥沙挖至高程为 $0.9h_b$ 的床面（预留 h_b 值的 10％以策安全），在此床面的沉井周围，主要是上游侧铺设比重小于 1.0 的白色泡沫塑料颗粒作为指示沙。为便于冲刷后开挖检验，在沉井周围上游前半部按放射性形状均匀铺设指示沙（图 8-6）。然后再轻轻铺设试验沙至冲刷前的床面高程进行沉井吸泥下沉冲刷试验。在试验过程中，如果既有桥沉井周围出现 $0.9h_b$ 的冲刷值时，白色泡沫塑料颗粒必然会飘浮至水面，此时既有桥的安全就会受到威胁。可是在试验过程中，并未发现有泡沫塑料颗粒飘出水面。试验结束后重新开挖既有桥沉井周围的泥沙至 $0.9h_b$ 高程的床面，检验预埋的指示沙是否被冲走。经过开挖检验，发现指示沙仍在原有布设的位置上无一缺少。因指示沙比重甚轻，而且预埋在试验沙之内，开挖相当困难，虽极为小心也难免有些颗粒的位置略有移动。根据试验中对指示沙是否漂浮出水面的监视，以及试验结束后对指示沙的开挖检验，表明沉井周围 $0.9h_b$ 高程处的泥沙未被冲动也未下沉，表明指示沙设置高程附近均未发生泥沙交换现象，因此可以判断沉井吸泥下沉对既有桥安全无影响。

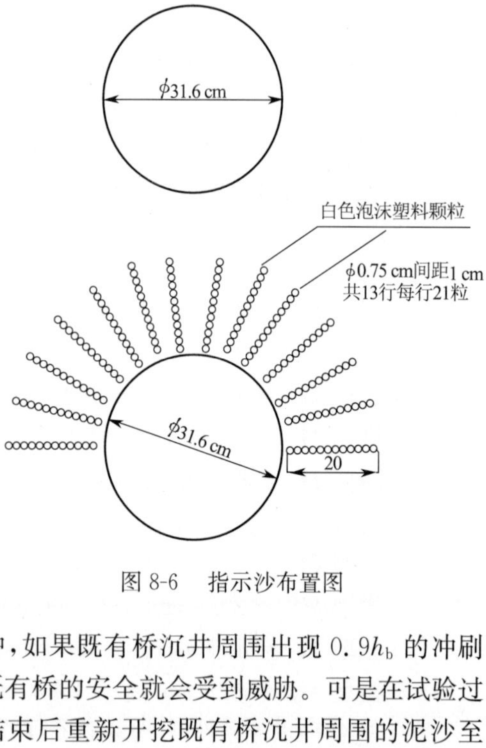

图 8-6　指示沙布置图

（三）线间距对沉井周围冲刷影响的试验

本项试验的委托单位要求对上下游桥的线间距为 50 m、30 m 及推荐间距进行试验研究，首先安排了间距为 30 m 的试验。如前所述，当线间距为 30 m 时，新桥沉井吸泥下沉对既有桥的安全并无影响。因此可以推论线间距为 50 m 时，既有桥的安全也不会受新桥施工的影响。为了探讨线间距小于 30 m 时对既有桥安全的影响，安排了一组线间距为 20 m 的沉井吸泥下沉冲刷试验。试验也同样从最大局部冲刷 h_b 和沉井周围埋设指示沙来判断既有桥的安全问题。试验资料表明，当线间距为 20 m 时，既有桥沉井的最大局部冲刷深度已接近原有的 h_b 值，上下游沉井之间已不存在沙脊。另外，根据沉井周围预埋的指示沙来看，在试验过程中有大量白色泡沫塑料指示沙飘浮至水面被冲走。在试验结束后将水排尽并开挖检查指示沙的床面高程，所有指示沙已全部被冲走，仅在局部冲刷坑边坡外侧冲刷较小的床面上挖出为数甚少的指示沙。根据以上两方面的判断可以认为当线间距为 20 m 时，新建沉井吸泥下沉施工将影响既有桥的安全。此试验结果也可从另一侧面证实了线间距为 30 m 时对既有桥安全无影响的可信性。至于 20 m 与 30 m 之间的线间距因差值太小没必要再进行补充试验，即或试验得出临界值为 25 m 左右的线间距也并非最合理或最经济的方案。因此从水工试验结果来看可以认为线间距为 30 m 是合适的。

（四）沉井自重对冲刷影响的试验

为了探讨沉井自重对冲刷深度以及既有桥安全的影响，本项试验的沉井模型是以有机玻璃制作，并将沉井侧壁做成夹层，其中可增加小铅块调节沉井的自重。先后共进行了在三种不同沉井自重的条件下，沉井吸泥下沉对既有桥安全影响的试验。

a. 沉井自重按模型与原型重力相似条件调整。b. 沉井自重按模型与原型摩阻力相似条件调整。c. 沉井不以铅块配重。其中 a 组试验沉井最重，c 组沉井最轻，b 组沉井的重量介乎 a 组与 c 组之间。安排 c 组试验的目的主要是探讨在最不利的条件下，当沉井自重最轻下沉较慢，在吸泥下沉过程中，形成较大的翻沙现象对既有桥安全的影响。以上三组试验都是在线间距为 30 m 的相同条件下进行的。关于调节沉井模型与原型摩阻力相似的试验方案，已在模型设计与试验方案一节内有所介绍，此处不再重复。试验结果表明，在线间距为 30 m 的条件下，三种不同自重的沉井在吸泥下沉的过程中都对既有桥的安全没有影响。

（五）既有桥沉井前期冲刷对安全影响的试验

以上各项试验都是在新桥沉井下沉之前，上下游桥址附近床面都为同一高程的基础上开始试验。考虑到既有桥建成后已经历一定的洪水冲刷，在沉井周围已存有局部冲刷坑，为了探讨既有桥沉井周围已有局部冲刷坑在新桥沉井吸泥下沉过程中是否会对既有桥的安全造成不利影响，所以安排了本组试验。

本组试验是在进行新桥沉井吸泥下沉之前，先对既有桥进行单桥局部冲刷试验。使既有桥沉井周围经历小于设计洪水条件所形成局部冲刷坑之后，再设置新桥沉井进行吸泥下沉冲刷试验，试验结果表明，当线间距为 30 m 时，在新桥沉井吸泥下沉的作用下，既有桥沉井周围有前期冲刷坑时的最大局部冲刷深度 h_b 并不比无前期冲刷坑时的 h_b 值为大。

（六）沉井吸泥排沙影响试验

沉井吸泥下沉过程中有大量泥沙从沉井内吸出排放在沉井周围河床上，因新桥沉井距既有桥仅 30 m，沉井内的大量泥沙排放至下游对既有桥基础的安全是有利因素还是不利因素值得探讨。针对此问题，安排了三组对比试验：a. 沉井中吸出的泥沙在沉井两侧向下游排放，泥沙随水流冲至下游。b. 作为对比试验，将沉井内吸出泥沙全部以容器接走；下游桥的河床上没有泥沙补充。c.沉井中吸出的泥沙在沉井的上游(0°附近)排放。在a组与b组的试验中，相比之下虽然沉井内吸出的泥沙向两侧排放时，使下游沉井的来沙量有所补充，但因泥沙从水面下降至床面的过程中被水流冲至下游一定的距离，使既有桥沉井两侧河床形成八字形的沙坎。从而使沉井周围水流受到一定约束，流速略有增加，相应的局部冲刷深度 h_b 较之将沉井内吸出的泥沙全部以容器接走的冲刷深度略大。在b组试验中因排沙已全部被接出所以不存在上述沙坎现象。c组试验是将沉井内吸出的泥沙主要向上游(0°附近)排放，试验资料表明这种情况下无论是新桥还是既有桥的最大局部冲刷深度 h_b 值均有一定的减小。既有桥的两侧也无明显的沙坎。排放的泥沙都淤积在既有桥沉井的后侧。当然上述试验结果都是在施工期间的水流流速较小时才可能在沉井两侧形成沙坎或沉井后端淤高。当流速增大或者达到设计条件时，沉井两侧及后端就不会出现上述淤积现象。

(七)沉井吸泥下沉纵向位移的问题

在沉井吸泥下沉过程中，由于沉井周围局部冲刷及沉井内吸泥不均匀的影响，经常发生沉井倾斜或位移的现象。在试验中也与天然实际施工情况一样，可通过调整吸泥的位置使已倾斜的沉井校正过来。当流速较大时，沉井周围特别是上游侧很快形成较大的局部冲刷，使沉井向上游侧倾斜，而沉井的倾斜改变了水流条件，也促进了冲刷的发展。这种恶性循环的发展如不及时纠偏就会导致沉井被冲倒的后果。而且纠偏措施必须及时，如果不及时纠偏使沉井产生较大倾斜以后，即使最后可能通过加速调整吸泥部位等措施将沉井校正过来。也可能会产生纵向或横向位移。试验中为考虑对既有桥安全最不利的吸泥情况，曾进行尽可能在沉井内下游侧吸泥的试验，从而使沉井出现向下游倾斜较大的现象，最后纠正过来后，沉井已出现较大的纵向位移现象，最大位移约1 m(原型)左右。当然现场施工中不许出现较大的倾斜，也不容许出现较大的位移，但这种现象在现场也确实出现过。试验资料表明，当沉井出现1 m左右的纵向位移时，对既有桥的 h_b 值影响不大，故既有桥仍然是安全的。

四、沉井永久性冲刷及其对既有桥安全的影响

(一)新桥沉井永久性冲刷局部冲刷深度

所谓沉井永久性冲刷是相对于沉井施工期间临时性冲刷而言，即在设计洪水频率的水流条件下，沉井周围的最大局部冲刷深度 h_b 值。进行此项试验的前提是新桥已经建成，与既有桥共同承受设计洪水的冲刷作用。

如前所述，试验采用系列模型法确定局冲刷深度 h_b 值。模型比尺选用1∶45及1∶100两组。据铁道部大桥工程局勘测设计院提供的基本资料：设计水位 $H_p=65$ m，沉井顶面高程为61 m，一般冲刷后主槽床面高程为50.6 m，水深 $h_y=14.4$ m，流速 $v_y=3.31$ m/s。由此推算得模型比尺 $\lambda_h=100$ 时，水深 $h_m=14.4$ cm，沉井顶面高出床面10.4 cm，流速 $v_m=33.1$ cm/s。为使试验资料定线和延伸时有所参考，在两组比尺 $\lambda_h=45$ 和100中除设计流速 $v_y=3.31$ m/s的试验以外，还分别增加了 $v_y=3.01$ m/s的试验。$v_y=3.31$ m/s和 $v_y=3.01$ m/s换算至模型比尺 $\lambda_h=45$ 及100时的流速分别为 $v_m=49.3$ cm/s和 $v_m=44.9$ cm/s以及 $v_m=33.1$ cm/s和30.1 cm/s。$\lambda_h=100$ 和 $\lambda_h=45$ 在不同流速下的局部冲刷 h_b 值见表8-1。

表8-1 不同流速下的局部冲刷值

λ_h	h_m(cm)	v_m(cm/s)	h_{bm}(cm)
100	14.4	33.1	11.1
		30.1	10.4
45	20.3	49.3	26.3
		44.9	24.8

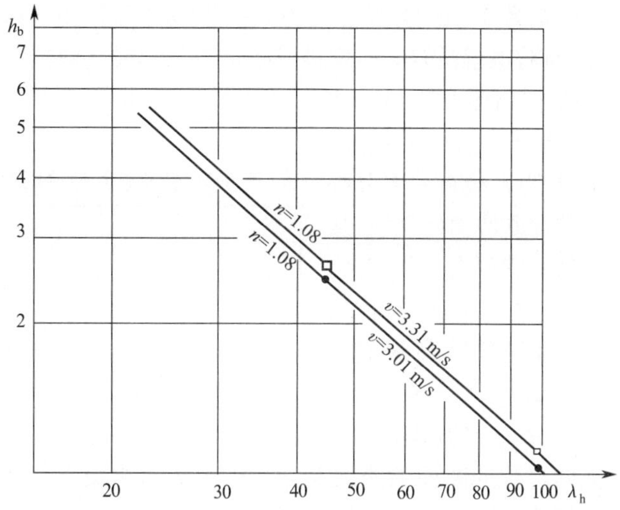

图 8-7　h_b-λ_h 关系

按照系列模型法将对应于 $\lambda_h=100$ 和 45 的 h_b 值点绘于双对数纸上(图 8-7)，将其延伸至 $\lambda_h=1$时求得相应于原型设计流速 $v_y=3.31$ m/s 时，原型局部冲刷深度 $h_{by}=16$ m(定线时参照了流速 $v=3.01$ m/s 时的试验资料)。由于在双对数纸上自 $\lambda_h=100$ 和 45 延伸至 $\lambda_h=1$ 的间距较大，可能造成较大的误差。所以也可按以下方法推算 h_{by} 值：

由式(8-9)得

$$\frac{h_{by}}{h_{bm}}=\lambda_h^n, h_{by}=h_{bm}\lambda_h^n \tag{8-15}$$

并由式(8-8)得

$$l_n\lambda_{hb}=n\ln\lambda_h \tag{8-16}$$

式中，n 值即图 8-7 中直线的斜率。n 值也可按下式计算：

$$n=\frac{\ln h_{bm_1}-\ln h_{bm_2}}{\ln\lambda_{h_1}-\ln\lambda_{h_2}}=\frac{\ln 26.3-\ln 11.1}{\ln 100-\ln 45}=\frac{3.2696-2.4069}{4.6052-3.8067}=1.0804 \tag{8-17}$$

取 $n=1.08$，因此

$$h_{by}=h_{bm}\lambda_h^n=0.263\times 45^{1.08}=16.048\text{ m} \tag{8-18}$$

或

$$h_{by}=0.111\times 100^{1.08}=16.044\text{ cm} \tag{8-19}$$

式(8-18)与式(8-19)的计算结果与按图 8-7 系列延伸的数值是一致的。

需要说明的是上述局部冲刷深度 h_b 值是按局部冲刷常规试验确定的，未考虑天然集中冲刷(包括桥渡一般冲刷)对局部冲刷的影响。黄河的天然实测资料表明，当集中冲刷深度较大时，局部冲刷深度要相应减小。近年来曾在这方面进行过一些探索性实验，试验资料证明在黄河这样的河流上当集中冲刷深度甚大时，局部冲刷深度的确较小，与天然实测资料的规律是一致的。但因试验资料较少，尚不足以确定相应的计算方法。桥渡一般冲刷(集中冲刷)与局部冲刷如何组合计算是一项迫待解决的研究课题。

(二)新桥永久性冲刷对既有桥安全的影响

新桥永久性冲刷对既有桥安全的影响主要是指新桥与既有桥的线间距为 30m 或 50 m 时，在设计洪水频率的水流条件作用下，新桥周围的局部冲刷是否会增大既有桥的局部冲刷深度，从而使既有桥的安全遭受威胁。

试验主要安排了线间距为 30 m 的试验，因为如果线间距为 30 m 时，新桥永久性冲刷对既有桥的安全并无不利影响，也就没有必要安排线间距为 50 m 的试验。

由于新桥与既有桥的中间距仅 30 m，新桥位于上游，其桥墩与沉井（部分露出床面）对于下游的既有桥起到阻力消能的作用，而且上游桥沉井周围局部冲刷挟带的泥沙有一部分补充了下游桥沉井周围局部冲刷坑内的泥沙，从而使下游沉井周围的局部冲刷深度有所减小。试验资料表明，在设计流速作用下，既有桥最大局部冲刷深度约为新桥局部冲刷深度的 0.85，有关数值见表 8-2。

表 8-2　新桥永久性冲刷对既有桥安全的影响

λ_h	h_m(cm)	v_m(cm/s)	新桥 h_b(cm)	既有桥 h_b(cm)
100	14.4	33.1	11.1	9.2
45	20.3	49.3	26.3	23.4

（三）水流斜交对既有桥安全的影响

天然条件下水流流向与桥址断面的法线交角为 5°～10°（水流斜交 5°～10°）。就单桥而言，因沉井为圆形，水流斜交对沉井局部冲刷并无影响。新桥桥墩虽为圆端形，但由于沉井顶面露出床面较多，局部冲刷主要是沉井阻水所致，所以水流斜交对其影响甚小。可是对双桥而言，水流斜交相当于上下游沉井在水流流线上有所错位。为此需研究水流斜交时新桥沉井对既有桥局部冲刷深度的影响。

为偏于安全。试验采用了水流斜交 10°的条件，在水槽试验中就是将上下游沉井按 10°错位布置（图 8-8）。试验曾分别按 λ_{100} 及 λ_{50} 两种比尺进行。试验结果表明，在水流斜交 10°的条件下，新桥沉井局部冲刷深度与水流正交时的局部冲刷深度相差甚小（<5%）。既有桥的局部冲刷深度，比水流正交时增大约 10%左右，基本上尚略小于单桥时的局部冲刷深度。因此可以认为在新桥建成后（线间距为 30 m），在设计洪水频率水流流向斜交 10°的情况下，新桥对既有的安全也并无影响。

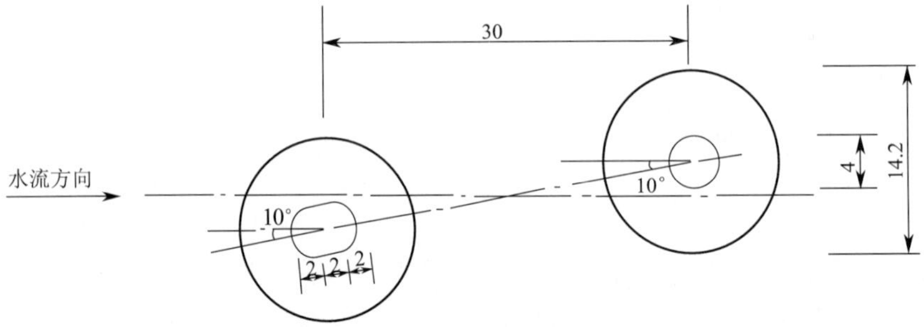

图 8-8　水流斜交沉井错位示意图(m)

第五节　结　　论

1. 试验首先验证了桥墩局部冲刷深度 h_b 与流速 v 之间的变化规律，这是局部冲刷试验最基本的关系。试验资料再次证明 h_b 与 v 之间的单值函数关系为 S 形。

2. 本项试验在模型设计相似理论方面考虑了几何比尺相似、水流重力相似（弗劳德定律）、泥沙起动相似、空气吸泥机功率相似（沉井吸泥出流量相似及含沙浓度相似）、沉井自重重力相似、沉井外壁摩阻力相似等方面的相似准则，并在试验方案和方法上采取了一系列有效措施，从而保证了沉井吸泥下沉冲刷试验模型与原型相似。

3. 通过在施工期间的水流条件作用下，对沉井吸泥下沉时局部冲刷深度 h_b 值的判断、在既有桥沉井周围铺设指示沙的判断、不同线间距对既有桥安全影响的试验、不同沉井自重吸泥下沉的影响试验、不同吸泥排沙情况的试验、以及既有桥沉井前期局部冲刷坑在新桥沉井吸泥下沉时，对既有桥安全的影响等方面的试验资料表明：当新桥位于既有桥上游 30 m 时，在施工期间沉井吸泥下沉对既有桥的安全无不利影响。当线间距为 20 m 时沉井吸泥下沉将对既有桥的安全构成威胁。

4. 新桥沉井基础在设计条件下的最大局部冲刷深度为 16 m（未考虑黄河上集中冲刷深度较大时，局部冲刷深度应有所减小的因素）。当新桥与既有桥线间距为 30 m 且水流正交时。既有桥的局部冲刷深度约为新桥局部冲刷深度的 0.85 左右。当水流斜交 10°时，既有桥沉井局部冲刷深度虽略有增加，但仍略小于单桥（未建新桥）时的局部冲刷深度。因此，可以认为在设计洪水频率的水流条件下，当新桥位于既有桥 30 m 时对既有桥的安全并无影响。

5. 鉴于本项试验研究直接涉及两座特大桥的安全，问题至关重大，委托单位提供的试验条件是偏于安全的，在研究方案和试验方法等方面都采用了略偏安全的措施。但由于试验对地质条件采用了概化方法，仅采用了一种级配曲线的土壤，不可能全面顾及天然复杂的地质条件。因此在实桥的设计和施工中，尚应充分注意天然地质条件的复杂性。特别是施工中应严格遵守施工规程、精心施工，以防止出现危及既有桥安全的事故。

第九章　京广线郑州黄河大桥桥墩局部冲刷及防护工程措施试验研究

郑州黄河桥桥墩局部冲刷及防护工程措施试验，是郑州铁路局根据铁道部文函的指示，委托铁道科学部研究院进行“京广线郑州黄河大桥安全渡汛水工模型试验研究”中的三项任务之一，另外两项研究任务为：天然资料调查分析研究及整体动床模型试验。三项任务的宗旨是通过天然资料分析研究本桥冲刷特点，并通过试验综合分析提出各种特定水流条件下桥墩基础最大冲刷深度，以及有效可行的桥墩局部冲刷防护工程措施。

国内外以往的桥墩局部冲刷试验都是在假定桥渡一般冲刷已经完成的水流条件下进行。大量天然实测资料表明，当黄河河道演变单宽流量集中，桥渡一般冲刷较大时，局部冲刷深度较小。本项试验研究针对上述特点，首次在断面模型上探索模拟桥墩周围同时发生一般冲刷和局部冲刷的自然现象获得成功，提出了黄河大桥与一般冲刷深度相应的局部冲刷深度。试验还进行了多种平面和立体防护效果的对比研究，以供黄河桥或其他桥梁冲刷防护参考。

京广线郑州黄河桥于 1960 年 4 月竣工运营。在施工时考虑上游三门峡水库大坝拦洪运用及下游岗李水库对桥址断面冲刷减少的影响，曾变更设计提高基础埋深，但由于三门峡水库蓄水运用后因淤积严重改为低水运用，并因岗李水库于 1963 年 7 月人工破坝，河道基本恢复原来自然状态，冲刷威胁并未减小，致使该桥形成浅基(基础埋深不足)桥梁。1963 年 10 月 31 日发生 Q=2 300 m^3/s 小流量集中冲刷，水深达 14.8 m，2 号墩冲刷高程接近 78.8 m；1964 年 5 月 28 日 Q=3 460 m^3/s，水深 14 m，1 号墩冲刷高程至 80.14 m。为保证行车安全，确定最低冲刷高程的基础埋深是否安全及探讨防护方法，1965 年大桥工程局、郑州铁路局和铁道科学研究院共同进行了天然资料分析及水工模型试验研究，提出了“郑州黄河新桥冲刷防护试验研究报告”，报告提出了可能达到的最低冲刷高程和防护原则，各种防护方案试验结果；1977 年郑州铁路局与铁道部科学研究院又进行了桩排弯道冲刷的试验研究，并于 1978 年～1980 年在北岸 1 号～8 号墩上游河床 60～100 m 处增设两排钢筋混凝土浅基防护消能桩，以防北岸桥墩弯道环流集中冲刷，但此项防护因 1965 年以后主流南迁到中部及南部，其效果尚未能经历洪水检验。

1988 年 9 月郑州铁路局关于《郑州黄河大桥情况简介》中指出：“由于施工改变设计，加以历年河床演变，桥梁存在着浅基和桥下净空不足的问题，为我局防洪重点桥梁。”而且由于旧桥拆除也可能对本桥的安全带来不利的影响。多年来郑州铁路局对大桥安全渡汛作过多种努力，除派员对大桥常年进行水情观测，掌握水文资料及河道、桥墩冲刷数据外，还进行了河岸防护整治及每年桥墩洪水险情的防护，花费了大量人力物力，例如仅 1963 年 2 号墩临险，在上游抛片石笼 766 个，但片石笼被冲至下游，未能达预期防止冲刷效果，为此大桥安全渡汛至今仍是铁道部领导及下属各有关单位甚为忧虑和关注的重大问题。

本试验是在以往试验、分析研究的基础上，根据二十多年来天然观测资料的积累、科技水平的发展以及目前河道演变的现状，进一步研究桥墩局部冲刷深度及防护方案。

第一节　模型设计

一、桥址断面水流、床沙和桥墩条件

根据桥址断面多年实测的水文及冲刷资料，经有关协作单位共同商讨确定试验水流条件为：主槽平均流速 $v_p=3.5$ m/s，水位 $H=96$ m 平均水深 $h=8\sim15$ m，则单宽流量 $q=28\sim52.5$ m^2/s。河床质为粉细沙，由 17 号、68 号桥孔钻探资料取样，级配曲线见图 9-1，取平均情况 $d_{50p}\approx0.2$ mm。试验桥墩为双柱式管桩基础，管柱直径 $\phi=3.6$ m，见图 9-2。

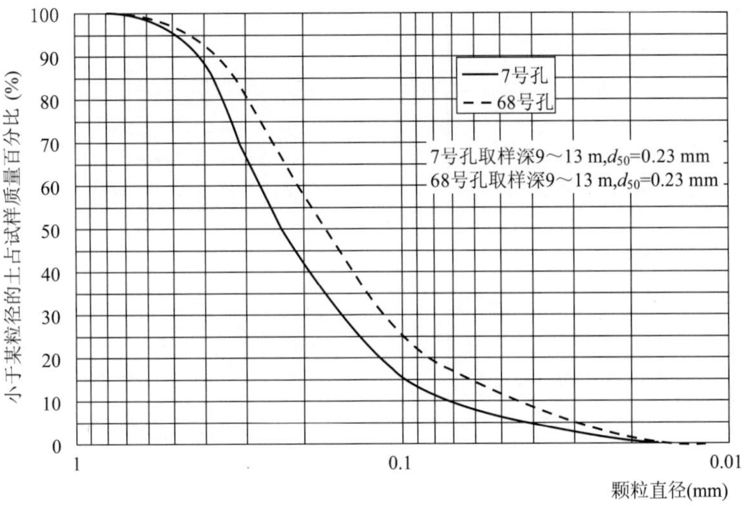

图 9-1　天然沙级配曲线

二、模型设计相似准则

本项试验系研究桥墩局部冲刷的动床模型，为此模型应采用正态比尺模型设计，以保证水流运动和流速分布相似。在局部冲刷模型设计中水流运动必须满足泥沙运动相似，其相似准则关系式为：

水流运动相似　　$\lambda_v=\lambda_H^{1/2}$　　(9-1)

泥沙运动相似　　$\lambda_v=\lambda_{v_0}$　　(9-2)

水流时间相似　　$\lambda_t=\lambda_L/\lambda_v$　　(9-3)

式中　λ_v——流速比尺；

λ_H——垂直比尺；

λ_L——水平比尺；

λ_{v_0}——泥沙起动流速比尺；

λ_t——水流时间比尺。

以上是根据研究桥墩局部冲刷问题的性质而必须满足的主要条件，试验仅考虑与整体动床模型采用同一循环供水系统（有较大含沙量）条件下，满足推移质起动相似，没有充分考虑悬沙相似。此外，当研究局部冲刷坑较大的情况下，即或在正态模型上如果选用非天然沙作模型沙，在起动相似中还应考虑模型沙与原型沙水下止角相似问题。

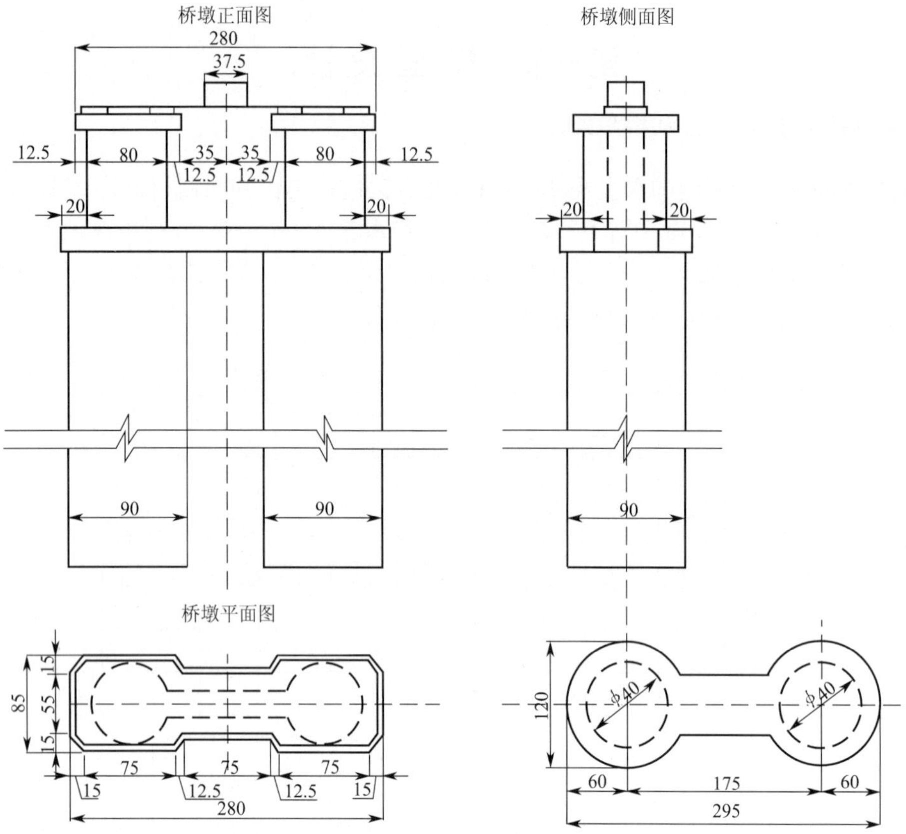

图 9-2　基础形式及尺寸(mm)

关于冲刷比尺 λ_{h_0} 是否等于 λ_h 的问题可通过冲刷验证试验解决。

三、模型比尺及模型沙选择

根据上述相似准则及试验水槽设备、供水流量等条件，本次试验采用：$\lambda_L=\lambda_h=40$ 比尺进行试验，则流速比尺 $\lambda_v=\lambda_h^{1/2}=6.32$，水流时间比尺 $\lambda_t=\lambda_L/\lambda_v=6.32$，$\lambda_Q=\lambda_h\lambda_L\lambda_v=10\ 112$。

模型沙的选择，应考虑模型相似准则条件下正确反映原型冲刷特征对模型沙提出的种种要求，同时也需要顾及模型沙的来源、用量及造价。经过选沙试验及综合比较，本试验采用与整体动床试验相同的床沙，即北京高井电厂粉煤灰，容重 $r_s'=2.18\ \text{t/m}^3$，中值粒径 $d_{m50}=0.033\ \text{mm}$，级配曲线见图 9-3。经水槽预备试验，测得起动流速 $v_{0m}=12\sim14\ \text{cm/s}$。

在设计选用模型沙时，关键问题之一是要确定原型沙的起动流速，根据相似比尺推算模型沙能否满足起动相似。考虑本桥址处于黄河下游河段，起动流速公式选用黄河水利委员会水利科学院屈孟浩经验公式：$v_0=32(\gamma_s-\gamma)^{1/2}d^{1/3}h^{1/6}$ 计算，得出当 $d_{p50}=0.2\ \text{mm}$、水深 $h=8\sim15\ \text{m}$时，$v_{0p}=74\sim83\ \text{cm/s}$。根据 $\lambda_H=40$，$\lambda_v=6.32$，则要求 $v_{0m}=12\sim14\ \text{cm/s}$，上述粉煤灰试验沙能与此要求相符。另外黄河水利委员会水利科学院张红武等在进行花园口至东坝头河道整治水工模型试验中，对铁桥以下的花园口上下游河段床沙起动流速进行了分析，分析基于一般认为当水流为清水时，河床不冲流速等于起动流速的概念，根据该地区河道野外调查资料，点绘原型河床不冲流速与含沙量关系图，查得本河段含沙量为零(清水时)不冲流速，即起动流速 $v_{0p}=74\sim84\ \text{cm/s}$，尽管水深上有所差别，但此值作为铁桥天然原型床沙起动流速采用值的参考对比资料，可以认为基本是接近的。此外为考虑模型沙与原型沙水下摩擦系数相似问题，根据黄委水科院进行粉煤灰土力学特性指标试验，内摩擦角为 30°～33°，天然粉细沙的摩擦角为 30°～35°左右，为此可以认为两者水下摩擦系数或休止角大致相似。

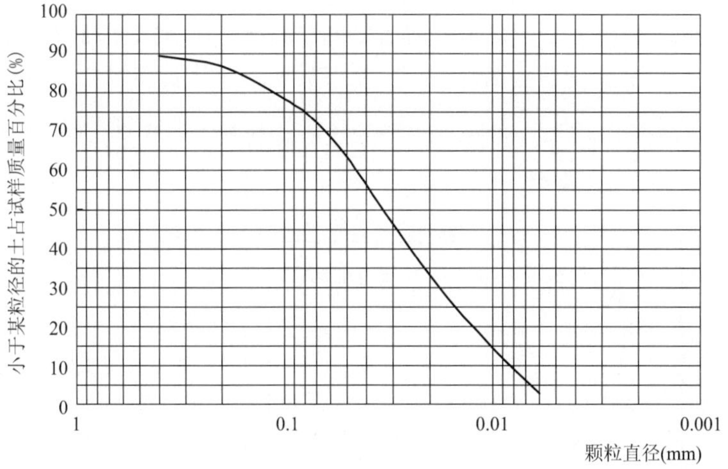

图 9-3　模型沙级配曲线

为检验模型沙是否满足上述各项相似准则以及冲刷深度比尺问题，进行了局部冲刷验证试验：1961 年 11 月 10 日洪水 Q=3 920 m^3/s、水位 H=96.3 m，大桥局设计院分析计算本次洪水主槽平均流速 v_p=1.32～2.03 m/s，一般冲刷深度 Δh_p=2.93 m，41 号墩实测局部冲刷约为 6 m。试验根据上述分析流速范围，以流速 v_p=1.5 m/s 进行验证试验，试验测得最终平衡冲深 h_{bm}=14.4 cm，换算至天然 h_{bp}=5.8 m，与天然实测局部冲刷 6 m 值接近。同时也证明本项试验中冲刷比尺等于水深比尺。

第二节　试验方法与仪器设备

根据委托任务，本次局部冲刷与防护试验，采用在水槽内通过断面模型，以单墩试验的方法确定局部冲刷极限深度及各种防护方案效果试验。

试验是在长 30 m、宽 1.5 m、高 0.8 m 的水槽中进行。试验水槽装有二套流量水位自控系统，可以自动控制模拟不同流量过程。根据 1958 年、1964 年及 1982 年实测洪水过程，分析其大流量段的峰滞时间，按比尺换算后超过 3 h，按照以往试验研究的认识，一般进行 3 h 以内即可达到极限冲刷深度。故本项非恒完流试验的试验方案，就是通过流量水位自控系统调节由试验起始时 v=0，随时间变化逐步增长 30 min 后(即 t=30 min)流速增至最大，即 $v=v_{max}$。如此一方面使水槽循环水形成逐渐冲刷含沙条件，另外使床面底沙运动随流速递增逐渐发展，特别是冲刷坑边坡的发展，随流速增大逐渐变形，不致因流速突增至最大值倒塌而造成与天然桥墩冲刷坑边坡不相似。当流速达到洪峰最大值，且桥墩周围局部冲刷逐渐达到最大值，冲刷趋于平衡状态(冲刷深度不继续发展)时，即由流量水位自控系统指令流速逐步回复至零，停止试验。

试验在全槽内一般床面铺沙厚为 20 cm，墩周厚为 40 cm(预测 20 cm 冲刷层)。除常规的局部冲刷试验以外，为探讨河床下切(一般冲刷)较大时对局部冲刷的影响，另外安排了一些探索性试验研究。该项试验是将桥墩上、下游分别为 4 m 与 3 m 长度内的床面加高 5、10、15 m 三组(相当原型 2、4、6 m)不同高度，与两端低床面间有斜坡段过渡(图 9-4)。试验中为能即时测出冲刷床面达到预定河床下切后床面出现的时间，除间隔一定时间测量桥墩局部冲刷坑上游床面外，另外在床面加高以前，在原有床面上铺撒白色轻型泡沫塑料球作为指示标志，当河床一般冲刷发展到原有床面时，白色球体即被冲走漂出水面，立即记录相应出现时间，以便与相应时间的局部冲刷深度对应。各种床面局部冲刷深度均统一按对应原有床面标高的冲刷深度进行比较。

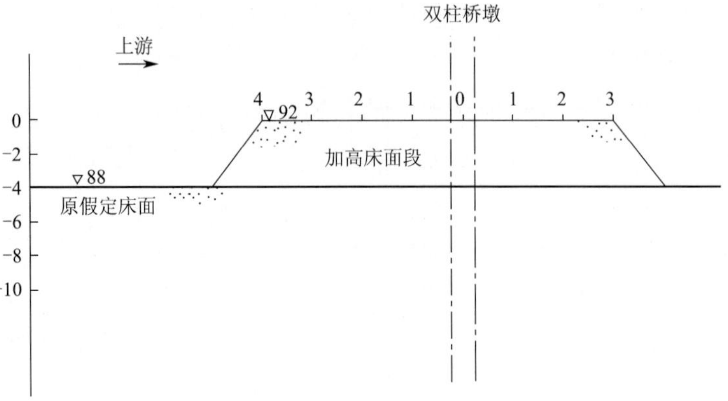

图 9-4　床面加高示意图(m)

冲刷深度及床面地形的量测采用自制电阻式地形仪，流速采集采用浑水电阻式旋浆微型流速仪，水位和流量采用铁道部科学研究院研制的自动控制系统控制。

第三节　试验结果及资料分析

一、桥墩局部冲刷试验

原型桥墩为双柱式管柱基础，管柱直径 $\phi_p=3.6$ m，双柱中心间距 7 m，根据几何比尺 $\lambda_h=40$ 换算试验墩径 $\phi_m=9$ cm；中心间距为 17.5 cm；试验主槽天然平均流速 $v_p=3.5$ m/s，按比尺换算模型流速 $v_m=55.3$ cm/s。此外还试验了天然流速 $v_p=2.0$ m/s、2.5 m/s、3.0 m/s 条件下的桥墩局部冲刷深度，其目的为了解该流速范围内局部冲刷变化规律及其合理性。天然主槽水深按 8～15 m计，根据以往试验研究可知，水深对局部冲刷影响甚小，试验中因流量所限主要按 $H_p=8$ m 水深试验，换算至模型水深 $H_m=20$ cm。本桥水流交角较小对冲刷深度影响不大，为此本次试验均以正交水流试验。

试验假定一般冲刷后床面高程 88 m，因为试验桥墩为圆形管柱，在墩宽不变化的范围内，床面高程的高低，对桥墩局部冲刷数值没有影响。为提高试验精度，避免误差，对每种水流条件进行多次重复试验。每次试验中每隔 5～10 min 测取上、下墩周各7～8个测点位置的冲深，见图 9-5，局部冲刷极限深度选择其中最深点计算。

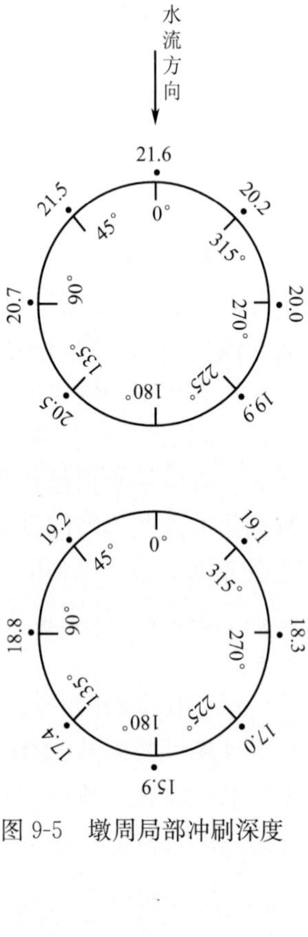

图 9-5　墩周局部冲刷深度

在 $v_p=3.5$ m/s、$H_p=8$ m 水流条件下，当局部冲刷不考虑一般冲刷床面下降时，经多次重复试验，结果模型值 $h_{bm}=21.5$ cm，按比尺换算天然局部冲刷深值 $h_{bp}=8.6$ m。模型中最大冲刷深度随时间变化过程见图 9-6。由图 9-6 可以看出，冲刷深度在前 30 min 以内随流速增大急骤加深，在 40～50 min（模型上给定最大流速出现10～20 min内）基本已达最大深度，随后起伏增减变化，多因上游床面推移质运动沙浪起伏的影响所致。墩周最终冲深点位置见图 9-5。根据 1961 年～1989 年郑州黄河桥部分实测的桥墩局部冲刷资料（图 9-7）可以认为本次试验提出的最大局部冲刷值 $h_p=8.6$ m 是合适的。

研究中还试验了垂线平均流速为 2.0 m/s、2.5 m/s、3.0 m/s 时的局部冲刷值，其结果见表 9-1。由表 9-1 可以看出，流速从 2.0～3.5 m/s 范围内，桥墩极限局部冲刷深度变化增加缓慢，在此流速范围内平衡冲深为 7～8.6 m。

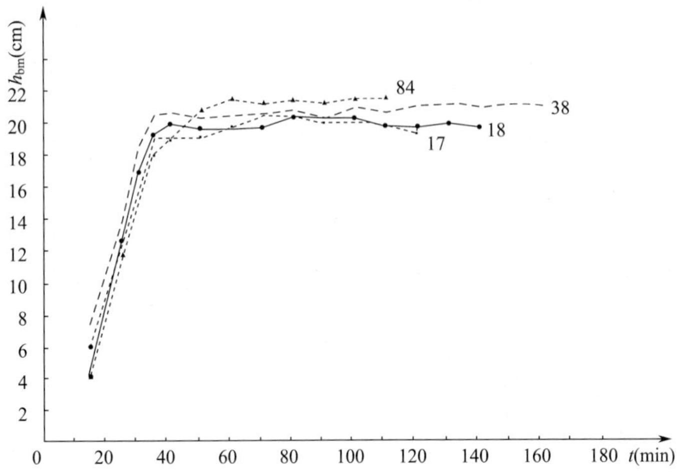

图 9-6　局部冲刷过程线（$H_p=8$ m，$v_p=3.5$ m/s）

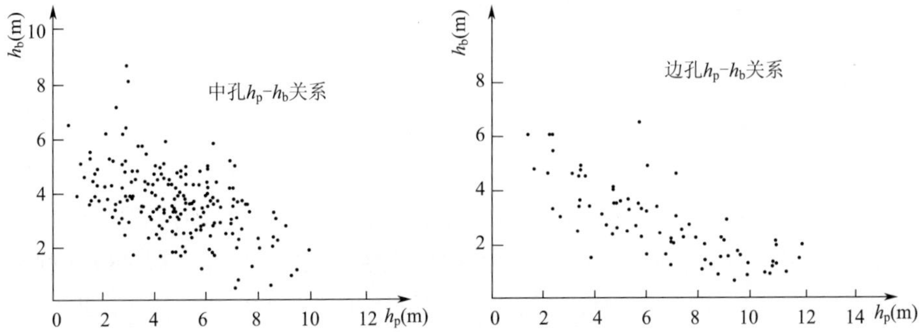

图 9-7　郑州黄河桥实测冲刷资料

表 9-1　不同流速时的局部冲刷值

垂线平均流速 v	原型 v_p(m/s)	2.0	2.5	3.0	3.5
	模型 v_m(cm/s)	31.6	39.5	47.4	55.3
局部冲刷深度 h_b	模型 h_{bm}(cm)	17.5～19.7	19.2～20.7	19.3～21	20.5～21.5
	原型 h_{bp}(m)	7～7.9	7.7～8.2	7.7～8.4	8.2～8.6

鉴于天然实测资料表明，当河床一般冲刷较大时则局部冲刷较小，本试验为探讨此现象，按第二节所述方法在 88 m 高程桥墩上下游全长 7 m 模型范围内抬高床面(图 9-4)，不同的抬高床面共有三组。在相同水流条件下使其自然形成床面下切，至出现床面高程为 88 m 时的局部冲刷，与原 88 m 床面高程起冲的局部冲刷(不计床面普遍下降)，在冲刷历时大致相同下相比较，试验采用 $v_p=3.5$ m/s 条件，局部冲刷结果见表 9-2 及图 9-8。

表 9-2　床面抬高后局部冲刷值

床面高程	桥墩上下游假定床面高程(m)	88	90	92	94
	自假定 88 m 床面原型抬高 Δh_p(m)	0	2	4	6
	自假定 88 m 床面模型抬高(cm)	0	5	10	15
局部冲刷	模型冲刷 h_{bm}(cm)	21.5	20.1	16.6	15.9
	与 88 m(无床面抬高)相比模型冲刷减少(cm)	0	1.4	4.9	5.6
	原型冲刷减少 Δh_p(m)	0	0.56	1.96	2.24

由图 9-8 可以看出当河床床面下切深度 Δh_p 越大时局部冲刷减小值 Δh_b 也越大。(即一般冲刷深度 Δh_p 越大时，局部冲刷深度 h_b 越小)根据整体动床模型试验资料，本桥在设计条件下，中孔与傍岸一般冲刷水深(包括河床普遍下切)分别为 12 m 和 18 m。因图 9-8 资料较少，参照天然实测的 h_p 与 h_b 资料，为策安全考虑黄河本身的游荡特性，设相应于冲刷后最大水深为 12 m的冲前水深为 2 m，即 $\Delta h_p=10$ m；相应于冲刷最大水深为18 m 的冲前水深为 3 m，即 $\Delta h_p=15$ m。则按图 9-8可得相应的局部冲刷减少值 $\Delta h_b=4$ m 和6 m。以上两值计入 2～3 m 的冲前水深，也是考虑 Δh_b 值随 Δh_p 的变化可能并非直线而是曲线增长较缓的趋势。此问题是相当复杂而有待深入研究的课题。

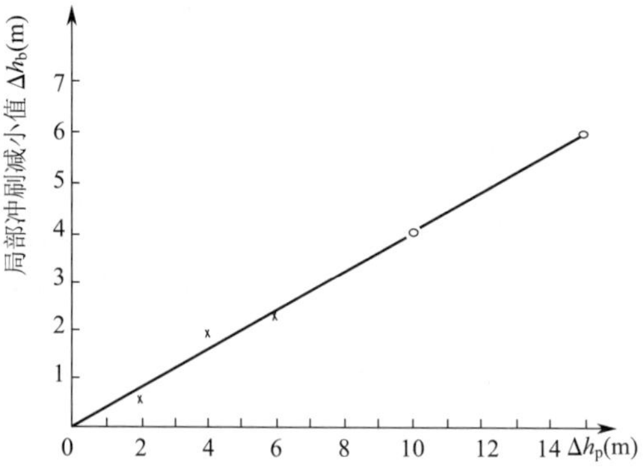

图 9-8　床面加高(一般冲刷深度)与局部冲刷减小值的关系

另外从图 9-6 中可以看出当 h_p 较大时 h_b 减小甚多，当 $h_p=12$ m 时 h_b 实测的最大局部冲刷值为 2 m。应当说明的是图 9-7 中的 h_p 为一般冲刷后的水深，它是一般冲刷前的水深 H 与一般冲刷深度 Δh_p 之和，即 $h_p=H+\Delta h_p$。在黄河这样游荡性很强的河流上，图 9-7 完全可以反映出一般冲刷深度越大时，局部冲刷越小的现象。

二、局部冲刷防护试验

设置局部冲刷防护体目的是通过防护体制止或减小墩周的局部冲刷，以保障桥墩安全渡汛。由黄河多变的来水来沙条件及变化不定的游荡特性，造成了特殊的冲淤现象，以致桥墩冲刷也有其特殊性。在黄河桥上探讨有效、可行的局部防护措施本身是一个相当复杂和难度很大的研究课题。因此试验中探讨了多种形式的防护方案。同时也是为了研究探讨各类防护措施的防护效果，为其他桥梁防护积累经验。

本次进行的局部防护试验按平面防护和立体防护分类有以下几种形式。

1. 平面防护

钢性消能盘(包括扇形消能盘、尖锐形导流消能盘)、柔性消能盘、干码或小流速预抛重型块体(梯形混凝土锥体、短钢轨混凝土块体、三角形混凝土块体、土工织物沙袋)等。

2. 立体防护

消能桩、钻孔围桩(内不抛石)、钻孔围桩(内抛石)、拦沙排桩、钻孔混凝土块体桩、消能透水桩排、钻孔片石桩、钻孔片石围桩(内抛混凝土块体)等。

为了对比防护效果,防护试验水流条件选定与局部冲刷试验相对应,大部分试验条件为 v_p=3.5 m/s,也进行了部分 v_p=2.5 m/s 的防护试验,以观察防护体在不同流速情况下的效果。现将本次进行的各种防护试验及其效果分述于后。

(一)平面防护

1. 钢性消能盘试验

消能盘设置在一般冲刷床面上,以钢性盘体阻抗墩前漩辊下降水流对墩周的冲刷,本次试验了两种形式:

(1)平板式消能盘

试验中以薄钢板材料模拟,并设计了三种尺寸的椭圆形消能盘,其尺寸及平面形状见图 9-9。为使消能盘能随冲刷床面下降而下沉,在接触桥墩处设有一定空隙,模型上初始预留空隙 1.5 cm,相当原型 0.6 m。1 号消能盘见图 9-9 中的(1)。在 v_p=3.5 m/s 流速冲刷下,因预留墩周环圈空隙较大,空隙内淘刷十分严重,冲刷深度与无防护相近,且 1 号消能盘尺寸较小,上游盘周及盘下冲刷也较严重,形成类似半截悬空的锅盖,这种形式属不成功防护。为防止预留墩周环圈空隙冲刷,在 1 号、2 号消能盘墩周加小套圈(图 9-9 中的(1)、(2)),留空隙 2 mm,原型8 cm,盘下淘刷有所减少,在 v_p=3.5 m/s 水流条件下试验,停水后,测量墩周最深点冲刷,1 号盘 h_{bm}=15.4 cm,2 号盘 h_{bm}=14.7 cm,冲刷减少约 30%左右,在 v_p=2.5 m/s条件下,2 号盘 h_{bm}=8.5 cm,则冲刷减少约 60%。其后继续加大了消能盘尺寸,防护效果略有增加(表 9-3)。

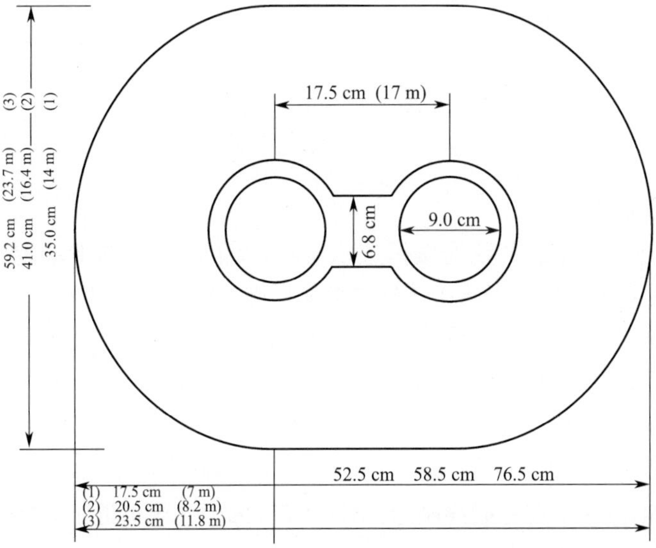

图 9-9 消能盘平面尺寸图

表 9-3 消能盘的防护效果试验

防护体形式	水流条件		h_{bm} (cm)	防护效果
	H_p(m)	v_p(m/s)		
钢性消能盘：				
椭圆 1 号(墩周空隙 0.6 m)	8	3.5	20.6	预留墩周环圈较大冲刷严重，效果不好
椭圆 1 号(墩周空隙 8 cm)	8	3.5	15.4	≈30%
椭圆 2 号(墩周空隙 8 cm)	8	3.5	14.7	30%
椭圆 2 号(墩周空隙 8 cm)	8	2.5	8.5	60%
椭圆 3 号(墩周空隙 8 cm)	8	3.5	11.0	50%
尖锐形导流消能体	8	3.5	12.0	45%
	8	2.5	9	55%
柔性消能盘：				
1. 随冲刷床面下沉	8	2.5	14.6	30%
2. 位于一般冲刷床面不下沉	8	2.5	15.5	≈30%

(2)尖锐形导流消能盘

本防护也是一种用薄钢板制作的消能盘，消能盘周边设计了一定高度的垂裙(模型2.5 cm相当原型 1 m)，端、尾部为尖锐形以导流减少阻力，形状及平面尺寸见图 9-10。在v_p=3.5 m/s 冲刷后，h_{bm}=12.0 cm，冲深减少约 45%；对于 v_p=2.5 m/s，墩周冲刷减少约 55%(h_{bm}=9 cm)，这种尖锐形导流消能盘在正交水流消能效果尚可，但如水流斜交则防护效果可能降低。

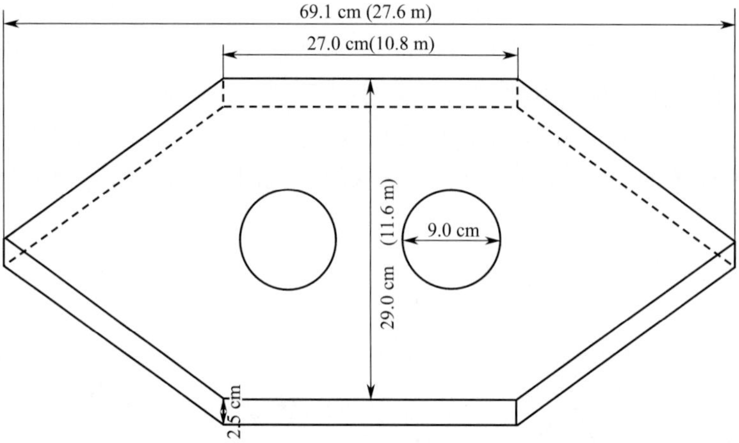

图 9-10 尖锐形导流消能盘

2. 柔性透水消能盘试验

试验采用一定厚度、密度的尼龙编织透水材料，以消减墩周向下漩辊水流冲刷床面的能量。采用柔性结构是为了保证当防护体外端形成局部冲刷时，能顺势下沉继续发挥防护效能。试验中盘体以铁丝围成骨架(天然可采用一定粗度的钢筋)，铺 2～3 cm 厚度尼龙编织层，相当原型 1 m 左右，绕墩周成椭圆形防护，形状及平面尺寸与钢性消能盘相同。柔性消能盘布设高程设计了两种形式，一种骨架固定在一般冲刷床面，盘体不随冲刷下沉(但不能漂起)，另一种骨架盘体随冲刷床面下沉。试验流速为 v_p=2.5 m/s，随床面下沉消能盘冲刷减少约 30%，h_{bm}=14.6 cm；防护体保持在一般冲刷床面(不下沉)减少冲刷也近于 30%。上述各种消能盘防护效果汇总于表 9-3。

综上所述，由钢性消能盘试验结果可以看出足够防护尺寸的消能盘在试验条件下，减少冲刷约 30%以上，防护尺寸(面积)越大，防护效果越好；流速较小时($v_p=2.5$ m/s)防护效果可达 55%~60%。值得注意的是应防止消能盘与墩间空隙的冲刷，若空隙较大，墩周围能量集中产生的淘刷会很剧烈，失去防护效果。钢性消能盘防护缺点为盘下冲刷不均匀，盘面出现不同程度的倾斜，可能因盘体较大而导致整体被折断。在天然情况下盘下冲刷不易被监测，在实际应用中，大平面尺寸的防护体施工及材料恐有一定困难，为此采用钢性消能盘作为黄河桥局部防护不一定妥当。上述柔性消能盘防护措施效果次于钢性盘，但如进一步增加透水层密度和厚度，效果也可能提高，和钢性消能盘一样，材料的选择及施工方法的确定也是其采用的先决条件。

3. 定位预抛、干码重型混凝土块体及土工织物沙袋防护试验

以往铁路现场的调研资料表明：抛填片石或铅丝片石笼防护常因铅丝笼破坏、片石较轻而被冲走失效，为此保持防护体整体性或增加块体的重量，并加大块体间摩阻力是必要的。

(1)本次设计了预制混凝土材料重型块体，块体的形状、重量及尺寸见图 9-11，三种块体的形状为：梯形锥体，简称梯形块体，符号为⏢；废钢轨混凝土块体简称为#字块体，符号为#；三角锥块体简称三角块体，符号为△。其中#字块体是以粗铅丝外包水泥砂浆模拟 4 根 2 m废钢轨外包混凝土，其他两种均以水泥砂浆预制。根据比尺计算各块体原型重量⏢为 1.83 t，△为 1.73 t。因为块体体积及重量较大，考虑块体铺设的完整性及防护效果，拟在小流速(约 1.5 m/s 以内)时定位预抛或枯水位时干码，见图 9-12(a)、(b)及表 9-4 说明。试验结果见表 9-4，干码尺寸及冲刷结果见图 9-12(b)。图 9-13 为预抛#字块体防护墩周冲刷结果。

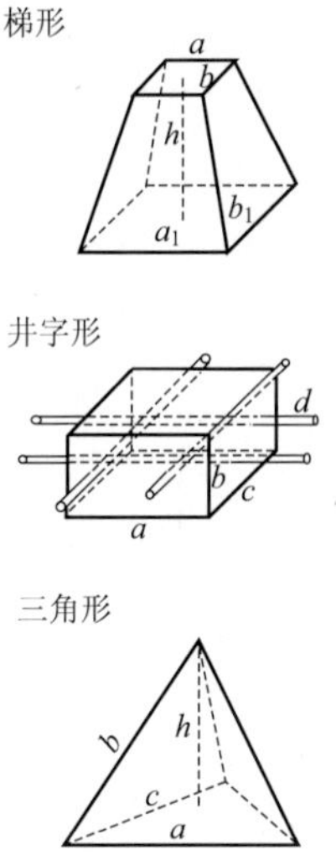

形状		梯形			井字形			三角形
符号		a b	a_1 b_1	h	a c	b	d	a b c
原型	尺寸(m)	0.5	1	1	1	0.6	2	1.4
	重量(T)	1.46			1.83			1.73
模型	尺寸(cm)	1.25	25	2.5	2.5	15	5	3.5
	重量(g)	22.8			28.6			27.0

图 9-11 混凝土块体形状尺寸

表 9-4 不同混凝土块体的防护效果

防护体设置高程(m)	防护体形式	水流条件		防护前局部冲刷 h_{bm}(cm)	防护方法及效果	
		H_p(m)	v_p(m/s)		预抛	干码
88	#型混凝土块体(1.83 t)	8	3.5	21.5	总数 96(前墩 66，后墩 30)，$h_{bm}=11\sim14$ cm，35%~50%	总数 96(前墩 66，后墩 30)，$h_{bm}=10\sim11$ cm，50%~53%
		8	2.5	20.7	总数 90(前墩 60，后墩 30)，$h_{bm}=10\sim11$ cm，47%~52%	总数 70(前墩 50，后墩 20)，$h_{bm}=11\sim12$ cm，42%~47%
	⏢型混凝土块体(1.46 t)	8	3.5	21.5	总数 80，离墩 2~4 m 范围抛，$h_{bm}=13\sim16$ cm，25%~40%	
		8	2.5	20.7		总数 100(前墩 65，后墩 35)，$h_{bm}=9\sim10$ cm，52%~57%
	△型混凝土块体(1.73 t)	8	3.5	21.5	总数 100(前墩 70，后墩 30)，$h_{bm}=15\sim16$ cm，30%	
		8	2.5	20.7	总数 100，$h_{bm}=11\sim12$ cm，45%	

续上表

防护体设置高程(m)	防护体形式	水流条件		防护前局部冲刷 h_{bm}(cm)	防护方法及效果	
		H_p(m)	v_p(m/s)		预抛	干码
92 (床面抬高 4 m)	#型混凝土块体 (1.83 t)	4～8	3.5	16.6	总数 100(前墩 70,后墩 30), h_{bm}=5～6 cm,64%～70%	
		4～8	2.5	16.3	总数 100(前墩 70,后墩 30), h_{bm}=4～5 cm,69%～72%	总数 90(前墩 60,后墩 30), h_{bm}=7.7 cm,53%
	△型混凝土块体 (1.46 t)	4～8	3.5	16.6	总数 70(前墩 40,后墩 30), h_{bm}=10.5～12.7 cm, 23%～37%	总数 100(前墩 65,后墩 35), h_{bm}=8.2 cm,50%

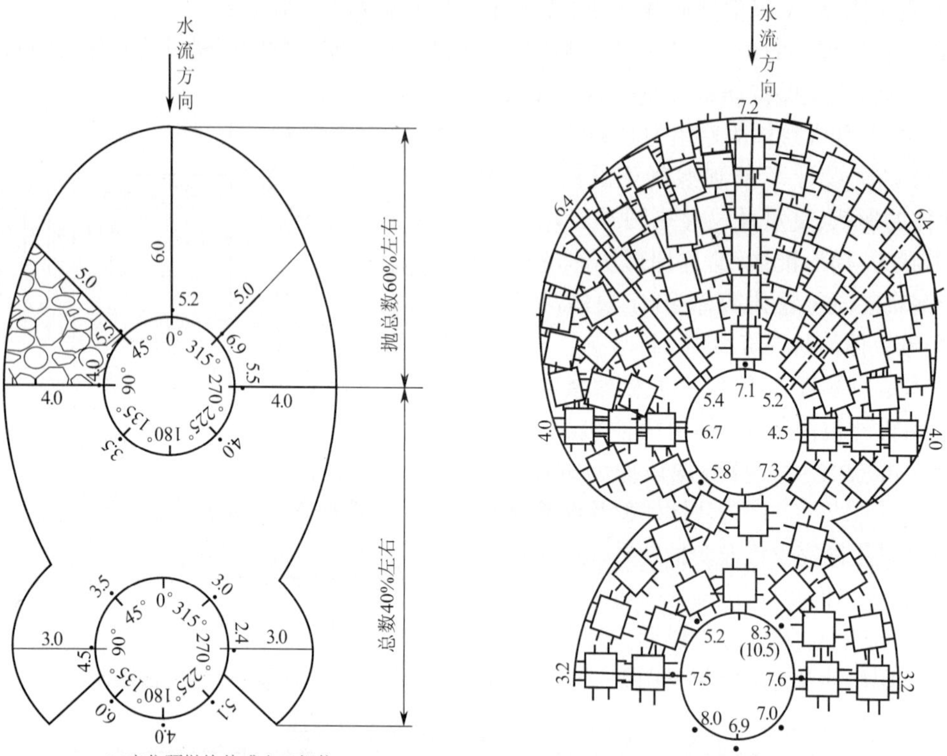

(a)定位预抛块体或土工织物沙袋防护范围

(b) 干码#字块体范围及墩周冲深图

图 9-12　定位预抛及干码试验(m)

注:H_p=8 m,v_p=3.5 m/s,抛 150 个沙袋。

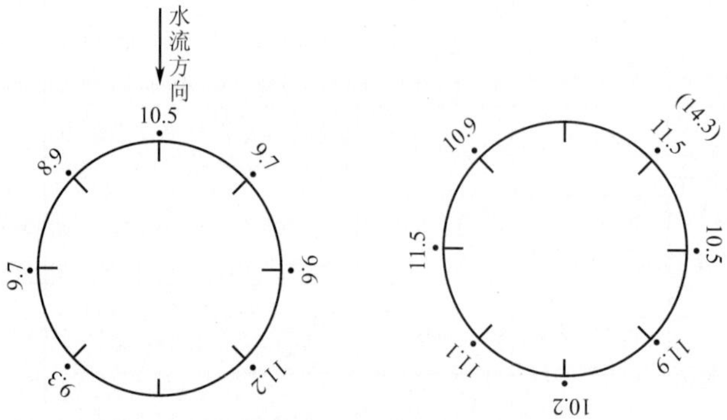

图 9-13　定位预抛#字块体防护冲刷结果(cm)

注:H_p=8 m,v_p=3.5 m/s,抛 96～100 个块体。

表 9-5　土工织物沙袋防护效果

防护体设置高程(m)	防护体形式	水流条件		防护前局部冲刷 h_{bm}(cm)	防护方法及效果	
		H_p(m)	v_p(m/s)		预抛	干码
88	土工织物沙袋(a)(1～1.6)m×(1～1.6)m 装半代或大于半袋沙，沙袋重 1.5～1.8 t	8	3.5	21.5	抛 132 个沙袋，前墩周 90，后墩 42 个，单体抛 h_{bm}＝12～13 cm，40%～42%，袋太轻，漂冲位移效果较差	
	(b)(1～1.5)m×(1～1.5)m袋重 1.8～2.5 t	8	3.5	21.5	抛 150 个沙袋，前墩周 105 个，后墩周 45 个，单体沙袋投放，h_{bm}＝6～7 cm，67%～72%	
	(c)同(b) 1.5～2.5 t	8	3.5	21.5	抛 130 个，前墩周 90，后墩周 40 个，其中 100 个沙袋以 2 个或 3 个连体，30 个单体，h_{bm}＝6～7 cm，67%～72%	
	(d)同(b) 1.8～2.5 t	8	3.5	21.5	共抛 102 个，共中 40 个单体投放，30 个 3 个连体，32 个双连体投放，h_{bm}＝9～10 cm，53%～58%	

由表 9-4 所列数据可将重型预制块体的防护效果归纳如下：(a)重型块体定位预抛或干码均能达一定防护效果，干码因就位较理想比定位预抛略优。(b)定位预抛从总体上看最少能达 30%防护效果。其中效果较好的为 40%～50%(高程同为 88 m 时)，当防护体预抛位置处于最佳抗冲范围时效果较好，反之如防护体就位不均匀则效果略差。在天然实际情况下也是如此，因此对于可能出现水流斜交的部位多抛一些，同时应以足够数量块体保证不出现薄弱冲刷点。从表 9-4 中也可看出块体数量的多少，形成防护效果的差异。(c)三种块体中以♯型块体防护效果略优于其他，因其重量较大，且块体形状不易滚动，加大了块体本身的稳定性所致。但在实际运用选择时尚需考虑材料来源及造价综合选定。(d)冲刷流速不同对防护效果的影响：尽管试验中桥墩局部冲刷深度在 v_p＝2.5～3.5 m/s 范围内差值较小，但设置防护后，水流冲刷流速大小对防护效果会有明显影响。相同防护条件时流速较小者(试验 v_p＝2.5 m/s)的效果优于较大流速(v_p＝3.5 m/s)。(e)防护设置高程 88 m 及 92 m(防护前局部冲刷大小不同)的影响，本试验是与前述探讨一般冲刷较大时，局部冲刷相应较小的试验条件相同，由于在相同水流条件下，92 m 防护高程的局部冲刷小于 88 m 高程局部冲刷，其冲刷坑范围也相应较小。因此当采用相同数量的防护体(如果它在一般冲刷发展过程中不被冲走)时，在相应于局部冲刷较小情况下的防护效果较好。但并不能由此得出结论，防护体设置越高越好。大量天然资料表明局部防护设置高程越高，越易被冲毁。究其原因就是它并不能防止(或减小)一般冲刷而且可能在一般冲刷发展过程中，因流速较大而被冲毁。

(2)预抛或干码高强度土工织物沙袋防护

随着新型土工织物材料在土木工程中的应用和开发，也为水利防护工程开辟新的有效途径。国外开发应用较早并日趋广泛，国内也已在水工护岸防护中实践应用，并取得良好效果。为此考虑以土工织物作为柔性包装袋，装填一定重量砂或土形成土工织物砂袋，以预抛或干码来进行桥墩局部冲刷防护估计是一种有效、经济可行的方法。为此试验中进行了投放沙袋防护方案试验。本次试验采用普通布制沙袋，沙袋尺寸模型为(2.5～4)cm×(2.5～4)cm，按比尺换算原型为(1～1.5)m×(1～1.5)m；装沙后重量：模型 23～40 g，原型 1.5～2.5 t 大小不等。试验中进行了不同数量和形式的投放。定位预抛范围、方法及预抛流速与前述抛混凝土预制块体相同，见图 9-12(a)。防护效果见表 9-5。

应用土工织物沙袋人们所关注的问题是土工织物的强度和抗老化问题，据国外资料报导抗拉强度达到大于 1 000 kN/m，国内辽宁省水利水电科学研究所在辽河护岸工程中做了详尽应用试验，土工织物在阳光下易老化，而在水中或土中(深 10 cm 或 30 cm)，其强度降低不多或不降低，该所曾将浸泡在水下三年的土工织物布取出测试，其抗拉强度与新生产的抗拉强度相当。化工部广州老化研究所，曾对各种类型合成纤维进行抗老化试验，抗老化性能均在10～30 年以上，一般认为纺织布使用 15 年不成问题。如果土工织物强度、抗老化不成问题，则应用土工织物沙袋防护，具有以下优点：(1)材料易取，施工简便，沙子就地可得。高强度土工织物生产在我国已不成问题，厂家很多，工厂可根据要求性能指标专门加工生产；(2)土工织物作为柔性模壳，内填沙子将形成的防护结构有很大的柔性，适应冲刷高程变化、沉降就位特点；(3)沙袋大小，投放数量可根据抗冲流速大小予以变动，有一定灵活性。若将沙袋进行联结组合，可具有更大整体抗冲性；(4)造价较低。所以应用土工织物沙袋在细沙河流的桥墩局部防护上可能成为行之有效的发展方向。

(二)立体防护

考虑到黄河桥由于一般冲刷特别是集中冲刷可能给桥墩局部冲刷防护造成不利影响，而探讨立体防护、或立体防护与平面防护结合的办法来增进桥墩防护效果是必要的。本次试验从不同角度对多种立体防护方案进行了探索研究，尽管其中有些方案防护效果不好，或防护效果较好而施工困难，在此也一并介绍出来，以期从不同角度进一步了解黄河泥沙运动及冲刷特点，并为选择防护方案积累经验或教训。本次试验进行了以下几种立体防护形式。

1. 拦沙排桩

在距桥墩下游 40 m(模型 100 cm)位置设立拦沙排桩，见图 9-14。排桩顶高程高出一般冲刷床面 2 m(模型 5 cm)。其目的拟通过排桩拦截河床推移质并阻止沙浪运动使桥址断面冲刷减少。试验表明在原型水深 8 m，流速 3.5 m/s 条件下，拦沙排桩前没有明显的壅水，在来沙量不足情况下未能形成淤积拦沙，而且排桩隙缝流速很大，致使排桩前床面直至桥墩周围冲刷未能减弱，故这种防护形式对本桥不能起防护作用。

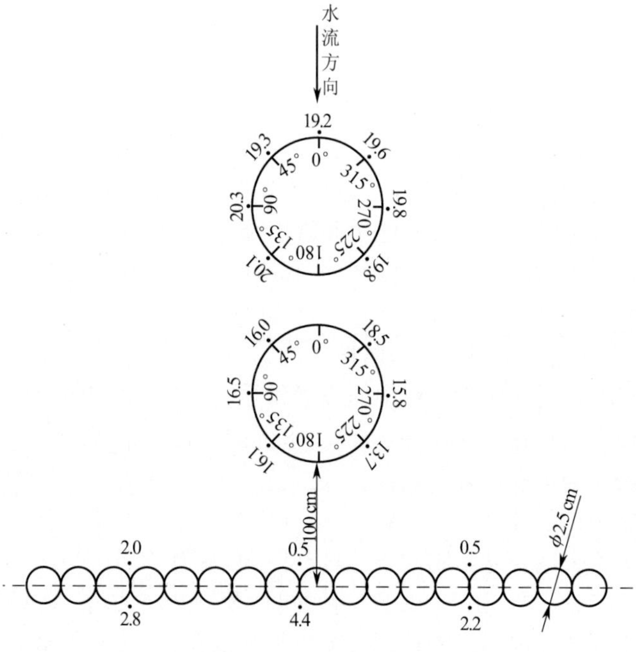

图 9-14　下游栏沙排桩

2. 钻孔桩围堰(围堰内抛石和围堰内不抛石两种)

这是一种以布设钻孔桩绕墩周形成围堰的防护。试验钻孔桩 $\phi_m=4.5$ cm,相应原型 $\phi_p=1.8$ cm,桩顶标高平一般冲刷床面,钻孔桩绕墩前后为椭圆形,距离墩 $R=12.5$ cm,原型为 5 m,其防护布置见图 9-15(a)、(b)。

试验条件水深 8 m,流速 3.5 m/s。(a)围堰内不抛石,墩周冲深与未设防护冲刷相同,即不能减少冲刷,模型上墩周及防护围桩冲深见图 9-15(a);(b)围堰内抛石(上游墩周抛 65 块梯形锥体混凝土块,下游墩周抛 35 块):墩周冲刷减少约 23%($h_{bn}=16.5$ cm),围桩外冲深很大,模型冲深见图 9-15(b),试验表明围堰钻孔桩的安全也是关键问题,此种防护消能效果也不理想。

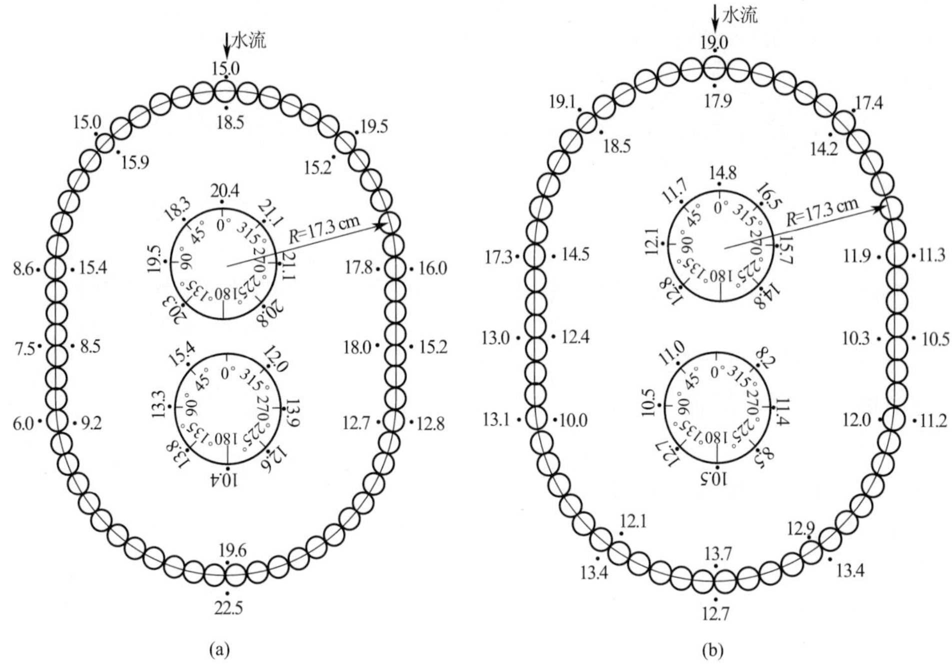

图 9-15　钻孔桩围堰防护布置

3. 钻孔消能桩

墩前设两排 $\phi_m=2.5$ cm,原型为 1 m 的钻孔桩,半圆围墩,由墩心至外排中心距模型为 21.5 cm,原型为 8.6 m,桩顶齐一般冲刷床面,见图 9-16。水流条件同上,试验后墩周冲深较无防护时加深,因水流经桩阻水,桩间隙流速很大,紊动加强,致使墩前冲刷加剧。

4. 墩前钻孔桩内抛混凝土块体防护(即钻孔混凝土块体桩)

防护布置及尺寸见图 9-17。钻孔直径 $\phi_m=4$ cm,原型 1.6 m,每桩内抛预制梯形混凝土块体 10 块(块体尺寸见图 9-11),中心桩离墩距 6 cm,原型 2.4 m。因混凝土块体较大,钻孔内不能多预抛,块体桩空隙大、不密实。在 $H_p=8$ m,$v_p=3.5$ m/s 水流冲刷下,表面块体数量不足以形成防护面,特别是冲刷能量在后墩显著,致使后墩冲刷较大,减少冲刷不足 10%。但此种防护优点是能将混凝土块体设置在较低高程。后墩冲刷较大,表明后墩也应设置防护。

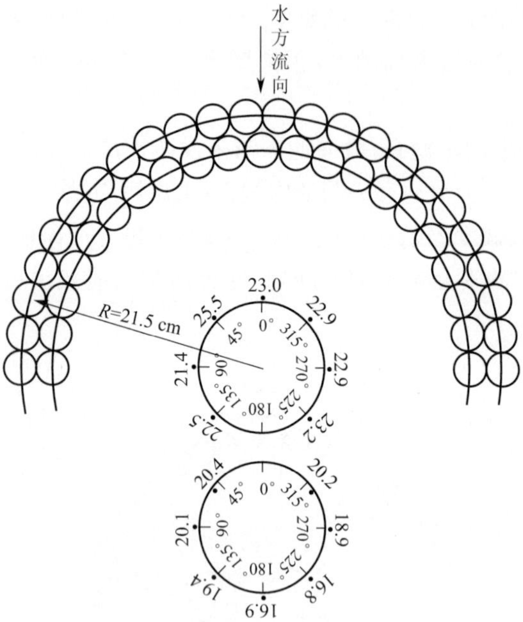

图 9-16　钻孔消能桩防护及冲刷结果

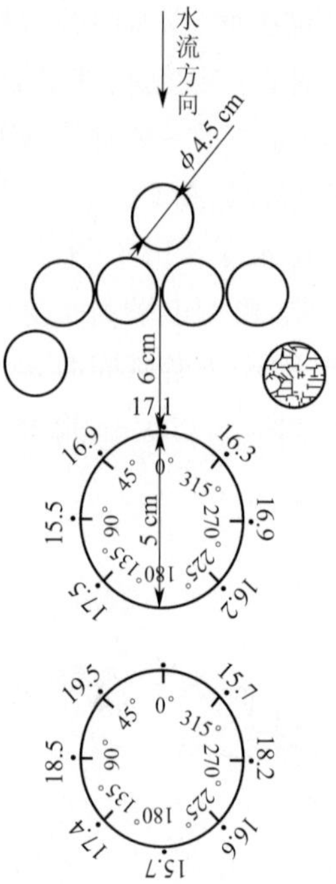

图 9-17　钻孔混凝土块体桩
（钻孔桩内抛混凝土块体）

5. 消能桩加下游拦沙排桩

上游墩前设三个消能桩，下游墩后设两排排桩。上游消能桩顶高在 $H/2$ 处（即一半水深位置），下游排桩顶高出床面 5 cm，原型为 2 m，布置形式、距离、尺寸见图 9-18。水流条件同前，前墩端部因消能桩使冲刷略减小了一些，其余墩周位置冲深仍较大，特别是后墩与上述拦沙排桩防护相同，墩后二排排桩在较大流速时也未能起淤积拦沙作用。

6. 上游消能桩排防护试验

本试验是按现有新桥北岸上游施工的弯道消能桩排防护，研究在顺直水流条件下能否减少冲刷，天然桩排离桥中心距为 60 m 及 100 m，将桩排各尺寸按比尺换算至模型，模型上两排桩距桥中心为 1.5 m及 2.5 m，其每排上有两列，两列间距模型为 8 cm，原型为

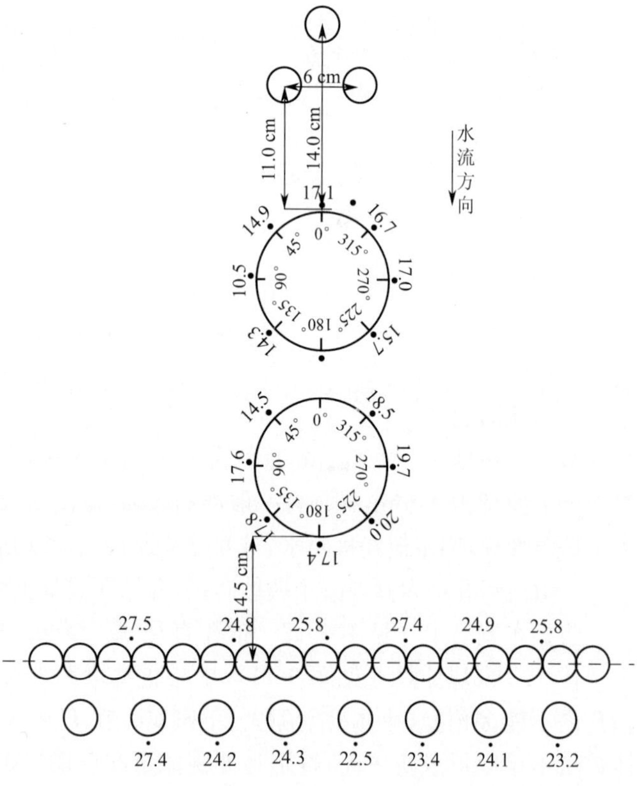

图 9-18　拦沙排桩布置形式

3.2 m,两列桩交错布设。桩顶高程原型 92 m,相当于较试验中一般冲刷床面高出 4 m,即试验桩顶在$\frac{1}{2}$水深部位,其桩间距布设见图 9-19。试验水流条件同上,试验墩周冲深与无防护相比较,虽最终冲深接近,但从冲刷过程看出冲深发展有所延缓滞后,这说明上游消能桩排在直槽水流条件下也显示出对桥墩局部冲刷有一定缓冲滞后作用。

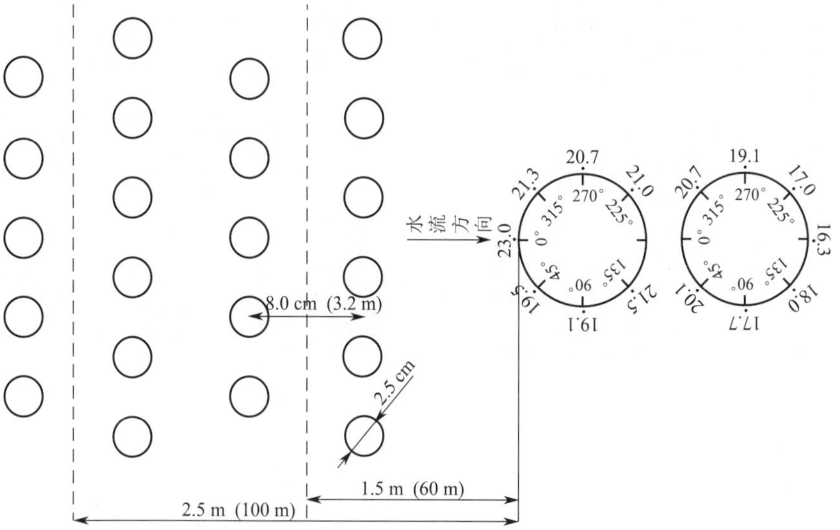

图 9-19　透水桩排防护

7. 钻孔片石桩防护

钻孔片石桩即在一定数量的钻孔桩内回填片石,形成一种立体片石桩,其基本设想是在墩前排列布设一批片石桩,以更换和加固墩前土壤作用,并在水流冲刷过程中能将片石冲移至墩周以形成片石平面防冲层。具体到本桥因天然桥墩上游有高压裸线,并因河床回淤后,桥下净空小无法在桥墩近处施工,这就产生了有效与可行的矛盾。本次试验首先按黄河桥可行的条件布设防护桩,其次从探讨此种防护方案的效果出发,还进行了多种布孔方式及距离的试验研究。

图 9-20(a)为按黄河桥可行的条件下在桥墩上游布孔的防护方案:模型以 $\phi_m=4$ cm,相应原型 $\phi_p=1.6$ m 钻孔,内回填大小不等的小碎石片(平均为 1~1.5 cm,原型为40~60 cm),片石桩顶齐平一般冲刷床面,离墩最近一排桩为 4 m(模型 10 cm),另两排间距各 3 m。在水深 8 m、流速 3.5 m/s 水流条件下,墩前上游桩区附近的土壤被片石加固未能冲动,水流直冲墩前软弱无桩区可冲部位,前墩周立即被冲至无与防护时相同的深度,而且后墩冲刷也较大。其后改变防护方案将片石桩移近墩前,见图 9-20(b)。第一排桩距墩 6 cm,原型为 2.4 m,桩数及排列同图 9-20(a),在相同水流条件下,冲刷后片石可在前墩部分散落覆盖床面,冲刷略浅,而水流绕前墩后,能量集中冲下游墩周,致使下游墩周冲刷不减。试验表明在上游墩前近距离布设钻孔片石桩,对双柱基础的黄河桥仍不能起到抗冲防护效果。

随后进而探讨了几种绕墩周近距离设立片石桩方案,如图 9-20(c)布孔方案,在相同水流条件冲刷后防护效果显著,墩周围形成片石防护层,模型最大冲深 11.7 cm,防护效果为 45%。另外还试验了将图 9-20(c)两墩间片石桩取消,在上下墩±90°位打斜桩,并在两墩间抛 30 块混凝土块体，防护效果达 58%（模型冲深 8.9 cm）。

综上所述，如果钻孔片石桩能成为局部防护的一种有效措施，则片石桩必须布设在墩周附近，其效果是相当显著的，因为这是一种以片石替换墩周土壤的防护方案。但其前提是容许在墩周附近布设钻孔。

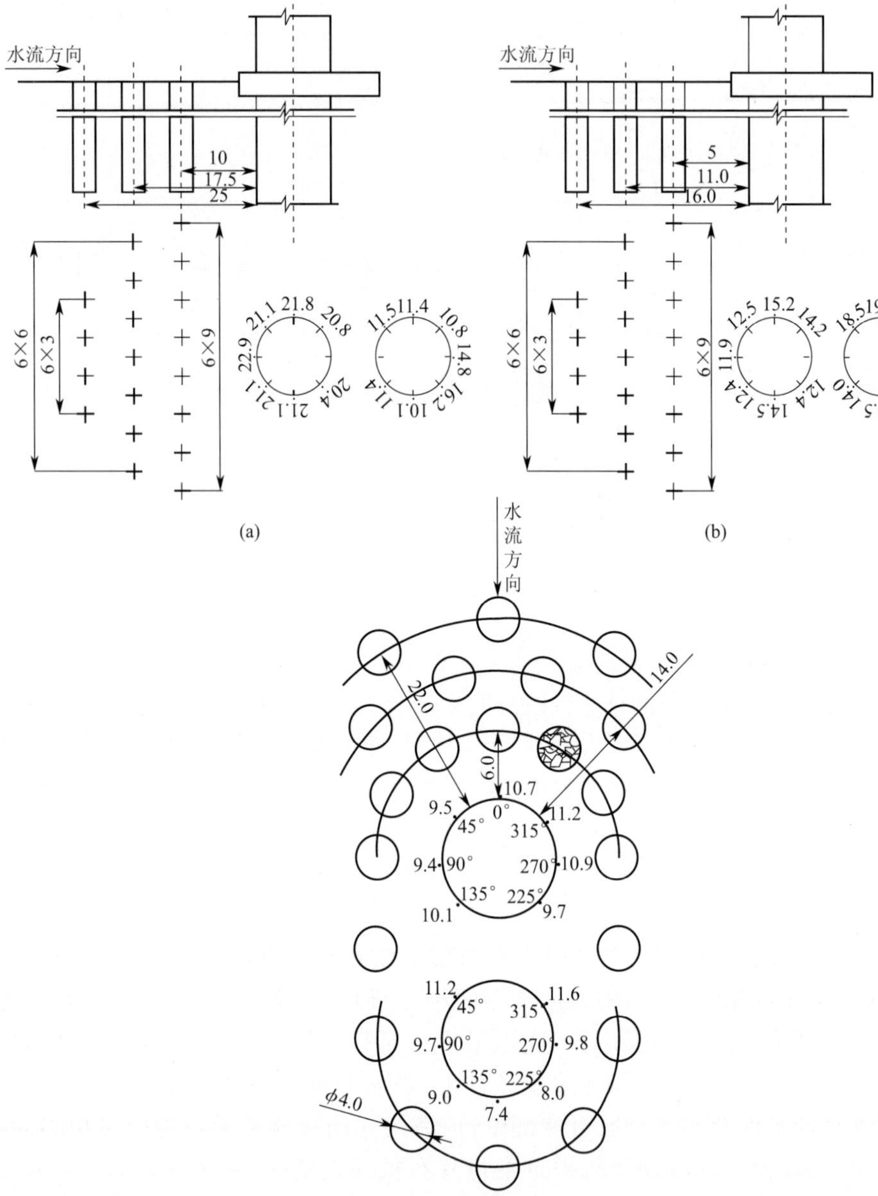

图 9-20　钻孔片石桩防护及冲深图（cm）

第四节　结　　语

本次试验以断面模型在水槽内试验了顺直水流条件下，桥墩最大局部冲刷深度及各种防护方案效果，现将试验结论归纳如下：

1.根据以往天然资料确定试验主槽垂线流速按3.5 m/s考虑，此值经同期进行的整体动床模型试验验证，在设计流量Q_p＝25 000 m^3/s时，模型测得主槽垂线平均流速亦为3.5 m/s左右，表明所采用的水流条件合适。

2.通过天然实测桥墩局部冲刷资料的验证表明，本次试验采用的模型比尺及选用的模型沙符合局部冲刷的有关相似准则。

3.本次试验成功模拟了黄河大桥天然情况下，一般冲刷越大，局部冲刷越小的冲刷现象。根据试验水深8 m、主槽平均流速3.5 m/s顺直水流条件冲刷试验，以及对流速2.0 m/s、2.5 m/s、3.0 m/s桥墩局部冲深变化值的试验资料分析，提出一般冲刷(包括河床普遍下切)较小时的桥墩最大局部冲刷为8.6 m。当河床一般冲刷愈大时，局部冲刷值减少也愈多，在本桥特定情况下其减小值最多可达6 m左右。

4.关于防护措施试验，本次进行了多种防护形式和方案的探索试验，其中以预抛#字块体和土工织物沙袋两种防护效果较好。#字块体在预抛高程较高时效果较明显，不易为较大流速的水流所冲走，但其缺点是料源较困难且造价较高。相比之下土工织物沙袋料源充足，施工简便，造价较低，但如预抛高程较高被水流冲走时则影响防护效果，且使用寿命较短。考虑到本桥的当前状况及上游修建小浪底水库后可能另建新桥的具体情况，推荐采用预抛土工织物沙袋方案作为本桥安全渡汛的防护措施。鉴于本桥的重要性和黄河的特殊性，建议先选择少量桥墩进行现场预抛试验，然后再正式采用。

值得强调的是上述建议方案属于平面防护范畴，对于因桥墩阻水引起的局部冲刷效果较好。而对于一般冲刷较大，特别是弯道环流集中冲刷部位桥墩，则应采用综合治理的方针，即针对不同部位要取不同防护方案(如1980年在本桥北岸设置排弯道防护)，也可考虑立体与平面，整体与局部相结合的形式，为此，建议对近墩周钻孔片石桩方案施工可行性进行探索，以便有可能在傍岸地区的桥墩采用片石桩立体防护方案。

5.试验资料表明双管柱基础的局部冲刷及防护措施与单基桥墩有所不同，在进行防护时需同时在后墩予以布设，否则无防护的后墩将受前墩设置防护影响，成为水流集中冲刷的薄弱环节，使墩周冲刷深度加剧，甚至可能超过前墩无防护的冲刷深度，从而给桥梁安全造成隐患，今后抛石防护应注意此问题。

多少年来，人们对演变复杂的黄河的认识在逐步加深，但要真正驾驭自然，在改造治理上还存在相当距离。本次试验结果也只能说是一种探索和寻求接近，还需要在实践运用中总结和提高，以期进一步符合自然规律。

第十章　其他桥墩冲刷非恒定流试验研究

前列数章分别介绍了水库溃坝水流、潮汐水流、天然河道水流等项非恒定流试验研究，本章拟集中介绍不同结构形式桥墩局部冲刷试验研究、分层土壤桥墩局部冲刷和妈屿岛非恒定流桥墩局部冲刷试验研究。这些研究中的试验均在第二章中介绍的长 30 m，宽1.5 m，高0.8 m的玻璃水槽中进行，并采用了前文介绍的，可以模拟任何线形的非恒定流流量自动控制系统。

第一节　不同结构形式桥墩局部冲刷试验研究

本试验完成于 1988 年，主要成果是探讨不同结构形式桥墩的局部冲刷深度，比较非恒定流与恒定流条件下局部冲刷的差异。并通过试验资料验证双层土壤桥墩局部冲刷理论计算公式的合理性。

一、试验概况

试验系铁道部大桥工程局勘测设计院委托铁道部科学研究院铁道建筑研究所完成，目的是针对长东黄河桥设计过程中发现的问题及其后设计中可能出现的某些问题，研究不同结构形式的桥墩、不同大小的沉井与埋置高程、不同桩基布置形式以及分层土壤的桥墩局部冲刷；探讨非恒定流与恒定流局部冲刷的差异，从而为有关设计积累认识、提供参考数据。具体试验任务包括：对 8 种结构形式的桥墩、不同直径的沉井、不同布置形式的桩基(包括不同的沉井顶面与承台顶面高程)，在恒定流条件下的局部冲刷试验；对于常见典型桥墩，在非恒定流与恒定流条件下，桥墩局部冲刷的比较试验；以及在恒定水流作用下，不同粒径组成的分层土壤桥墩局部冲刷试验。

二、试验内容与方法

本次试验针对的桥墩结构形式及其基础形式见表 10-1，其中的尺寸为按照 1∶50 缩小的模型桥墩。因本次试验的各项研究均为探讨一般规律及相对值，试验参数有一定变幅，故并不要求也不可能使所有的试验组次都严格遵守相似比尺。选用 1∶50 的模型比尺只是参照以往完成的多项桥墩及沉井冲刷试验所常用的模型比尺。各种桥墩及基础的外形见图10-1(A～H)。

表 10-1　不同结构形式的桥墩与基础形式

序号	基础与桥墩形式	表示符号
①	沉井 ϕ_m32.0 cm，圆墩 ϕ_m10.0 cm	A
②	沉井 ϕ_m21.5 cm，圆墩 ϕ_m10.0 cm	B
③	直桩基 ϕ_m3.75 cm×5，圆墩 ϕ_m10.0 cm	C
④	直桩基 ϕ_m3.75 cm×5，H 型墩	D
⑤	斜桩基 ϕ_m3.75 cm×5，H 型墩	E
⑥	沉井 ϕ_m32.0 cm，圆端墩 10×18 cm	F
⑦	带消能盘沉井 ϕ_m32.0 cm，圆端墩 10×18 cm	G
⑧	沉井 ϕ_m32.0cm，特殊靴型墩*	H

* 此项墩型为大桥工程局勘测设计院副总工程师潘耀、设计室主任申天成设计。

冲刷试验床沙选用两种不同粒径的天然沙：d_{50} =0.110 mm 与 d_{50} =0.825 mm。

桥墩局部冲刷试验水流参数及沉井埋置高度，见表 10-2。

表 10-2　试验水流参数及沉井埋置高度

水深 H_m(cm)	10.0　16.0　20.0　30.0
流速 v_m(cm/s)	24.0　31.11　35.36　38.73　42.40
沉井顶或承台顶高出床面相对高度 $\Delta Z/H_m$	−0.20　0　0.25　0.70

注：设床面高度为 0。

各项试验内容如下：

（一）不同结构形式的 8 种桥墩，以沉井与桩基承台顶面的不同高程，在恒定流作用下的局部冲刷试验

在床沙粒径 d_{50} =0.110 mm，模型流速 v_m=35.36 cm/s、31.11 cm/s 和 24.00 cm/s 及模型水深H_m=30 cm、16 cm 和 10 cm 的水流条件下，沉井（ϕ_m=32.0 cm，21.5 cm 两种大小）顶面及桩基（ϕ_m3.8 cm×5）承台顶面以两个不同高度高出床面，分别对 8 种结构形式不同的桥墩进行局部冲刷试验。

对大沉井（ϕ_m=32.0 cm）圆端桥墩还做了沉井顶与床面平齐及低于床面的局部冲刷试验；以及在床沙粒径 d_{50} =0.825 mm，沉井顶面高出床面高度 ΔZ=0.7H_m(0.7 倍水深）场合下，圆端桥墩局部冲刷试验。

（二）非恒定水流条件下桥墩局部冲刷试验

本组试验选用大沉井（ϕ_m=32.0 cm）基础圆端型桥墩作为模型桥墩。沉井顶面高出床面高度 ΔZ=0.7H_m，床沙粒径 d_{50} =0.110 mm 和 0.825 mm，分别在最大潮流模型流速v_m=35.36 cm/s 与 v_m=31.11 cm/s 的单一波形潮流作用下非恒定流局部冲刷试验。

（三）分层土壤恒定流桥墩局部冲刷试验

选用粒径 d_{50} =0.110 mm 和 0.825 mm 两种床沙组成上细下粗与上粗下细两类分层土壤。参照以上层（或下层）粒径土壤为单层土壤时的局部冲刷深度数值，变换上层床沙厚度来考察在恒定流条件下分层土壤桥墩局部冲刷深度的变化。

模型墩选用 ϕ_m=32.0 cm 沉井基础，圆端型桥墩；墩前行近水流水深固定为 16.0 cm；墩前行近流速分别采用 v_m=35.36 cm/s 和 v_m=31.11 cm/s。

（四）分层土壤非恒定流桥墩局部冲刷试验

选用 ϕ_m=32.0 cm 沉井基础圆端型桥墩为模型桥墩；沉井顶面高出床面 ΔZ=0.7H_m；按床沙粒径组成分上粗下细与上细下粗两类分层土壤，对上层不同厚度的双层土壤，在单一波形潮流模型流速 v_m=35.36 cm/s 作用下桥墩局部冲刷试验。

三、试验资料分析与主要结果

（一）恒定流条件下不同结构形式桥墩局部冲刷的比较

在床沙粒径 d_{50} =0.110 mm，同一水深 H_m=16.0 cm，桥墩前行近流速 v_m=35.36 cm/s 和 v_m=31.11 cm/s 条件下，分别对沉井顶面或桩基承台顶面高于床面 ΔZ=0.25H_m 与 0.70H_m加以比较，试验结果见表 10-3 及表 10-4。

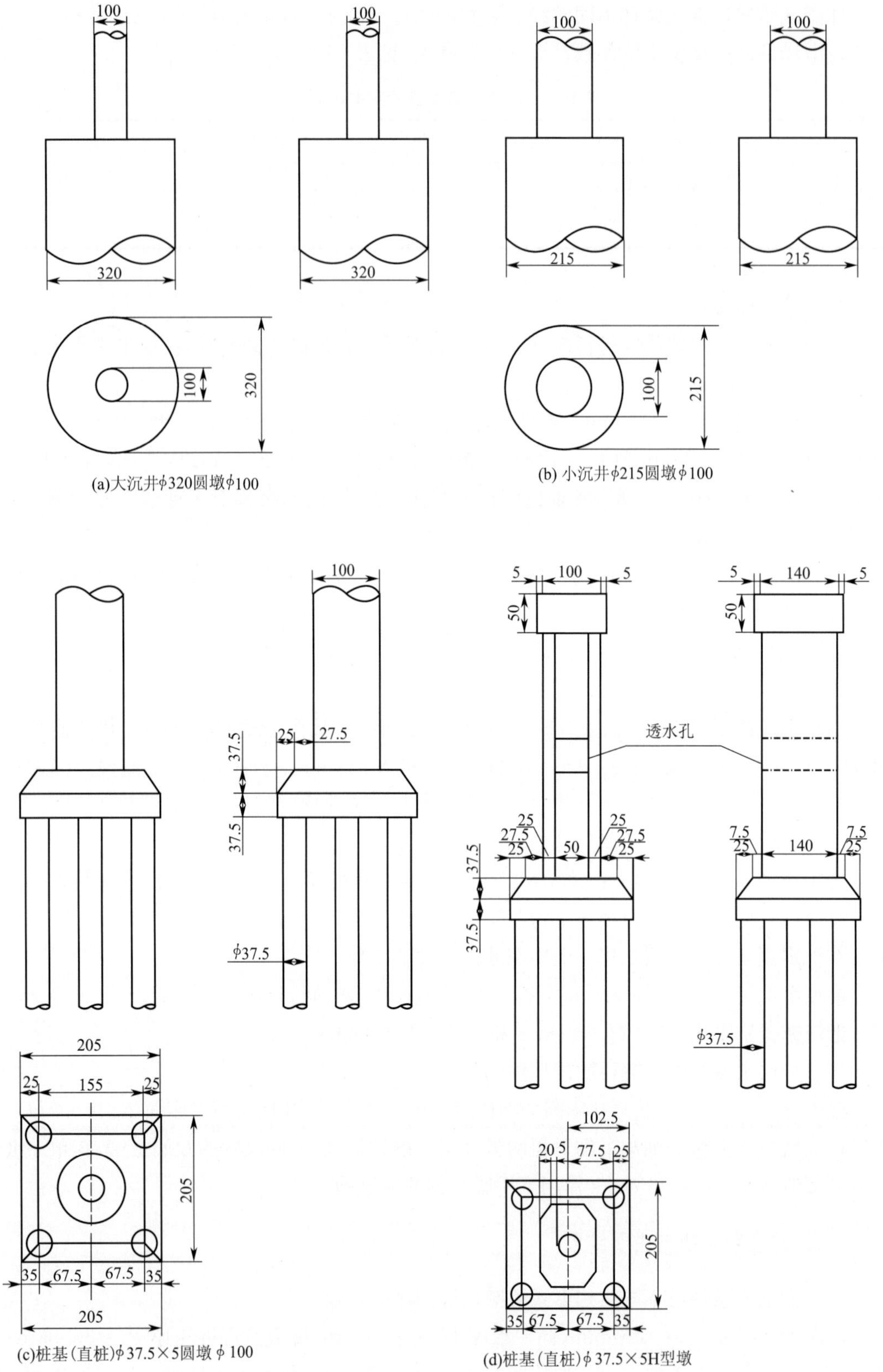

(a)大沉井ϕ320圆墩ϕ100

(b) 小沉井ϕ215圆墩ϕ100

(c)桩基(直桩)ϕ37.5×5圆墩 ϕ 100

(d)桩基(直桩)ϕ 37.5×5H型墩

图 10-1

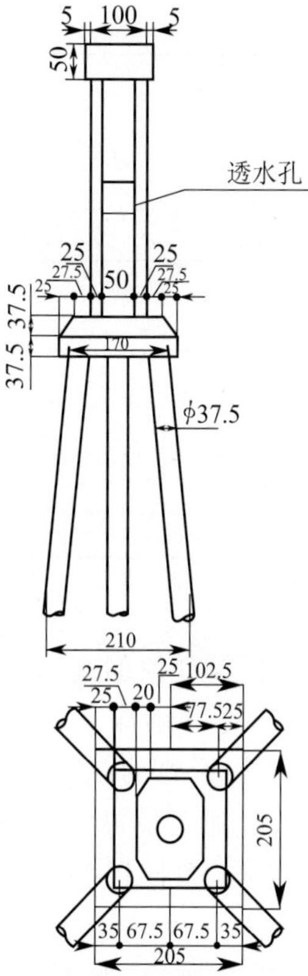

(e) 桩基(斜桩)φ37.5×5 H型墩

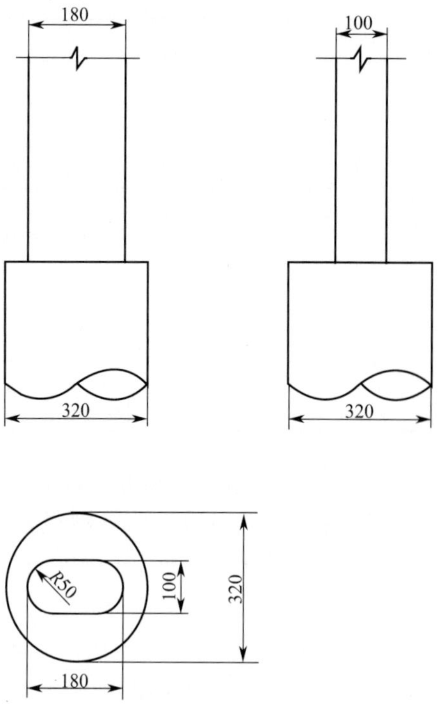

(f)大沉井φ320圆端墩100×180

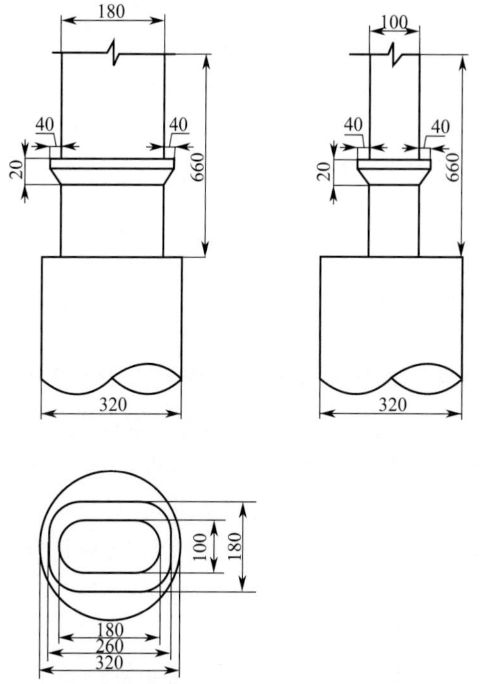

(g)沉井加消能盘φ320圆端墩100×180

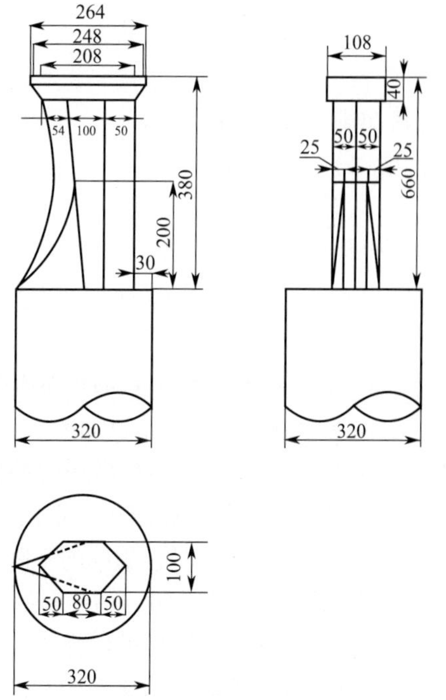

(h) 大沉井φ320特殊靴型墩

图 10-1　沉井基础形式及尺寸

表 10-3　$\Delta Z=0.25H_m$ 时冲刷深度 D_s(cm)

v_m (cm/s)	墩形							
	A	B	C	D	E	F	G	H
31.11	10.0～11.1	11.6～12.1	10.4	7.9		9.0～10.0	12.6	7.0
35.36	13.6～14.1	13.9～14.1	11.6～12.0	9.9	10.5	12.9～13.6	15.8	10.1～10.8

表 10-4　$\Delta Z=0.70H_m$ 时冲刷深度 D_s(cm)

v_m (cm/s)	墩形							
	A	B	C	D	E	F	G	H
31.11	12.0～13.4	14.4～16.6	12.0	11.4		15.1		12.4～13.0
35.36	18.0～19.9	18.6～18.9	12.09～14.7	13.05～13.4		18.7～22.0		19.1

从表 10-3、表 10-4 所列数据可以看出：

1. 对于相同的水流参数与床沙粒径，各种桥墩的沉井顶或桩基承台顶面高出床面高度 $\Delta Z=0.25H_m$ 的条件下，桩基(直桩)H 型墩(表中 D 所示)的局部冲刷深度(D_s)较其他各种桥墩(特殊靴型墩除外)的冲刷深度都小。由于这种桥墩结构形式的基础是桩基，而且墩身为 H 型较其他形式的桥墩阻水都小(中部设有透水孔)，再加上设置于这种高度的桩基承台抵挡了部分产生局部冲刷的墩前下降水流对床面的冲击，致使局部冲刷深度大为减小。

由表 10-3，在流速较大时(例如 $v_m=35.36$ cm/s)，桩基圆墩(表中 C 所示)所产生的冲刷深度也比 A、B 两类墩型小。可以设想，桩基(斜桩)H 型墩(用 E 表示)对减小冲刷深度也有较好效果，但未测得更多试验数据。

2. 在表 10-3 中还可以看出，特殊靴型墩(用 H 表示)虽然其基础也是 $\phi_m32.0$ cm 的沉井，但其冲刷深度却相对较小。这是由于一方面它在水平方向具有较好的流线型可以减小阻水影响，另一方面在垂直方向它具有将底流向上引导的趋势，从而在一定程度上削减了导致冲刷的墩前下降水流。它与常见的圆墩、圆端墩局部冲刷深度相比，在沉井顶面高出床面$0.25H_m$条件下，特殊靴型墩的局部冲刷深度较其他桥墩有较大幅度的减小。在流速 $v_m=31.11$ cm/s及 35.36 cm/s 时，特殊靴型墩的局部冲刷深度都比常见的圆墩和圆端墩小 25％～30％。

表 10-4 表示各种结构形式的桥墩在基础沉井顶面或桩基承台顶面高出床面高度 $\Delta Z=0.70H_m$，流速分别为 $v_m=31.11$ cm/s 与 $v_m=35.36$ cm/s 时的桥墩局部冲刷深度，表 10-4 与表 10-3($\Delta Z=0.25H_m$)相比，桥墩局部冲刷深度普遍增大。究其原因也不难想象，当沉井或桩基承台顶面高出床面的高度超过一定范围后，沉井或桩基承台(尤其是沉井)对行近水流的作用，是与桥墩一起产生并增强墩前的下降水流与漩滚水流，即有效墩宽增大，致使桥墩局部冲刷加大。当 $\Delta Z=0.70H_m$ 时，沉井直径的大小对局部冲刷已起主导作用，即或是特殊靴型墩也不能反映其墩型的优越性，冲刷深度并不小。

由此可见，沉井顶面高出床面的高度直接影响桥墩局部冲刷深度。试验资料表明，当圆端桥墩($\phi_m10\times18$ cm)，沉井基础($\phi_m32.0$ cm)，水深 $H_m=16.0$ cm，流速 $v_m=31.11$ cm/s、35.36 cm/s时，沉井顶面高出床面的相对高度 $\Delta Z/H_m$ 为不同数值时的桥墩局部冲刷深度 D_s，见表 10-5。

表 10-5　D_s 随 $\Delta Z/H_m$ 的变化

v_m(cm/s)	$\Delta Z/H_m$		
	−0.2 与 0.0	0.25	0.70
31.11	2.2～4.8	9.5～10.0	11.8～15.1
35.36	4.1～6.0	10.6～12.9	18.7～22.0

3. 墩型及墩径相同时，大沉井顶面低与小沉井顶面高局部冲刷深度的比较

由图 10-2 可见，圆墩 ϕ_m10.0 cm，基础为大沉井 ϕ_m32.0 cm，其顶面高出床面高度为 0.25H_m，在不同的行近流速 v_m＝31.11 cm/s 与 v_m＝35.36 cm/s 时，局部冲刷深度明显小于圆墩 ϕ_m10.0 cm 小沉井（ϕ_m＝21.5 cm，其顶面高出床面高度 ΔZ＝0.70H_m）相应流速时的冲刷深度。这一现象是因为小沉井虽然直径 ϕ_m＝21.5 cm（小于 32.0 cm），但其顶面较高，这实际上是增大了有效墩宽（增大阻水面积），从而其冲深也较大。而含义较深并且在实际工程中实用价值较大的是由表 10-6 所列资料表明：对于相同的土壤粒径、相同的墩型和墩宽、相同的水流作用，甚至沉井的高程也相同时，大沉井（ϕ_m32.0 cm）的冲刷也比小沉井（ϕ_m＝21.5 cm）为小。

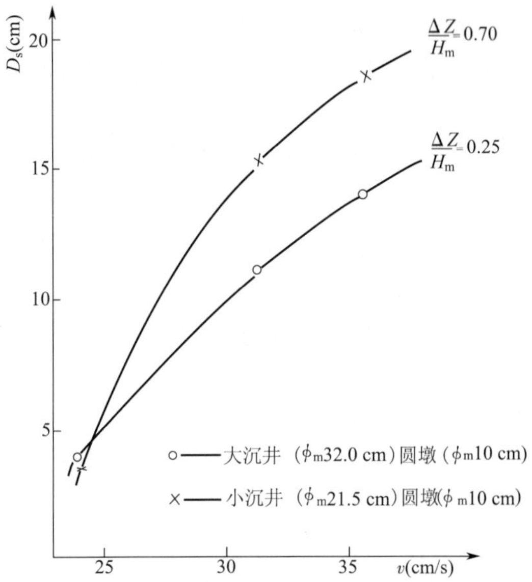

图 10-2　大沉井顶面低与小沉井顶面高冲刷深度比较（H_m＝16.0 cm）

这一现象表面看来是不合理的，然而，根据以往对桥墩向下漩滚水流和局部冲刷防护的研究，可以充分解释表 10-6 所列数据的合理性。因为桥墩局部冲刷主要是水流在墩前（1/3～1/2）水深范围内产生脉动较强的下降漩辊所引起。当下降漩辊水流受阻而被消耗一定的能量，则局部冲刷就会减小。如果沉井顶面设置于一般冲刷后的床面高程或略高于这一高程，沉井顶面就相当于在墩周围设置了一个消能盘，使下降漩辊水流受阻，并改变漩辊水流结构，削弱其对墩前泥沙的作用力，致使冲刷减小。因此沉井顶面尺寸越大，也就相当于消能盘的尺寸越大，局部冲刷也就越小。以往通过对消能盘形式、尺寸和高程的研究，也曾设想利用沉井的顶面代替消能盘以减小局部冲刷，并相应减小桥墩基础的埋置深度。但是也担心如果一般冲刷高程确定不准，而使沉井顶面高出一般冲刷后的床面时，是否会造成与预想相反的效果：由于沉井的外露增大阻水面积，而导致冲刷增大。

本项研究进一步证实了上述设想的正确性。首先是沉井顶面不能高出一般冲刷后的床面，否则将增大局部冲刷。另一方面如果沉井顶面等于或略高于一般冲刷后河床高程时，局部冲刷将会减小。但为安全计，沉井顶面最好设置在一般冲刷高程，或略低于此高程。由此可见，合理设置沉井顶面高程对减小局部冲刷具有较重要的意义。

表 10-6　大沉井与小沉井冲刷深度比较（cm，$v_m=31.11$ cm/s）

沉井尺寸	水深 H_m(cm)		
	10.0	16.0	30.0
大沉井（ϕ_m32.0 cm）	8.1	10.0～11.1	7.6～9.7
小沉井（ϕ_m21.5 cm）	10.0～12.1	11.6～12.1	11.2

注：土壤粒径、墩型和墩宽、沉井高程均相同。

在表 10-6 中，大沉井（ϕ_m32.0 cm）与小沉井（ϕ_m21.5 cm）冲刷深度的比较，是在相同条件下进行：相同的土壤粒径 $d_{50}=0.110$ mm；相同的水流条件，行近流速 $v_m=31.11$ cm/s，行近水深 $H_m=10.0$ cm、16.0 cm、30.0 cm；相同的墩型均为圆墩（ϕ_m10.0 cm）；相同的沉井高程 $\Delta Z=0.25H_m$。

4. 桩基局部冲刷与流速的关系

图 10-3 中绘出了 4 种不同结构形式的桥墩局部冲刷试验资料，可以看出，桩基与其他墩型的局部冲刷随流速的变化规律有所不同。虽然此次试验的组次不多，但可明显看出，在小流速时桩基的冲刷甚至大于沉井的冲刷。这一现象表明桩基局部冲刷由两方面因素引起。一方面是桩基阻水的影响（它虽然小于沉井，阻水影响仍然存在）；另一方面则是水流在桩基各桩之间绕流增强水流紊动的影响（沉井则无此影响）。在流速很小时绕流影响大于阻水影响从而产生较大的冲刷，致使冲刷深度与流速的关系呈现相反的上弯曲线，见图 10-3 中 C 线与 D 线。

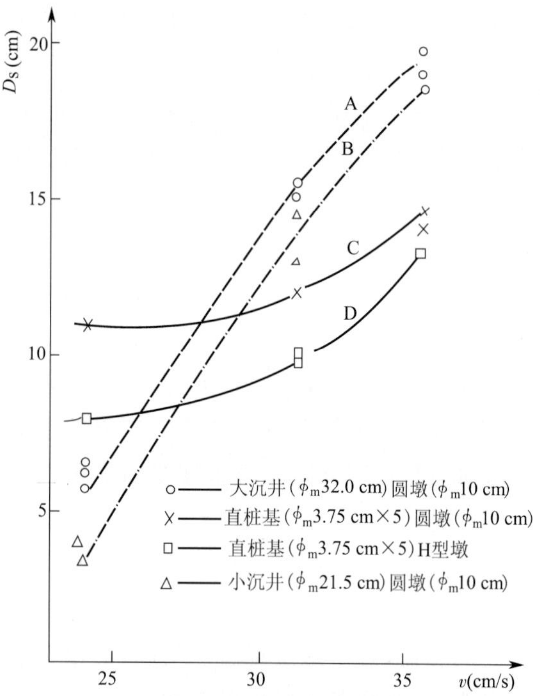

图 10-3　桩基局部冲刷与流速的关系（$H_m=16.0$ cm）

（二）非恒定流与恒定流桥墩局部冲刷的比较

在本书第五章缅甸仰光—丁茵大桥桥墩潮汐冲刷试验中，潮汐水流（在组合波情况下）桥墩局部冲刷深度与恒定水流局部冲刷深度之比值的平均值为 0.75～0.80。

本项试验，在最大潮流流速分别为 $v_m=31.11$ cm/s与 35.36 cm/s 的单一波形潮流作用下，桥墩局部冲刷深度与相同行近流速恒定水流的冲刷深度之比值 η 为 0.6～0.7，具体数值见表 10-7。

表 10-7 中行近流速 $v_m=31.11$ cm/s，35.36 cm/s，对于恒定流为恒定值；对于非恒定流为最大瞬时值。

表 10-7　非恒定流 $Q(t)$ 与恒定流 Q_0 桥墩局部冲刷的比较（cm）

v_m(cm/s)	31.11	35.36
$Q=Q(t)$	9.5～12.5	12.6～14.8
$Q=Q_0$	16.6～17.4	18.7～22.0
η	0.572～0.718	0.673～0.674
$\bar{\eta}$	0.645	0.674

（三）分层土壤恒定流与非恒定流桥墩局部冲刷

分层土壤恒定流桥墩局部冲刷计算公式的推导与验证，以及分层土壤非恒定流桥墩局部冲刷，见本章第二节。

四、试验结论

1. 本项试验所提出的主要试验结果，是在本项任务特定的试验条件下得到的。在 8 种结构形式桥墩局部冲刷深度的比较中，就减少局部冲刷深度而言，沉井基础特殊靴型墩、与桩基（直桩与斜桩）H 型墩具有明显优势。

2. 沉井大小及其顶面距床面高度直接影响桥墩局部冲刷深度。同一桥墩（墩形、墩宽一定）其基础沉井顶面越低，冲刷深度也越小。同一桥墩在相同水流条件下，当沉井顶面较高时，大沉井冲刷深度较小沉井大；而当沉井顶面较低时，大沉井冲刷深度比小沉井小。因此合理设置沉井顶面高程对桥梁安全和造价具有重要影响。

3. 本项研究所推导的分层土壤（上细下粗或上粗下细）恒定水流条件下桥墩局部冲刷深度计算公式，是对分层土壤桥墩冲刷的初步探索，根据本项试验所取得的资料，验证结果证明了该式的合理性。今后将采用更多的试验资料及可能取得的天然资料进一步验证。

4. 非恒定流桥墩局部冲刷深度小于相同条件下恒定流冲刷深度已再一次通过试验资料予以证实；但作为非恒定流桥墩局部冲刷深度的计算方法尚有待进一步研究。

第二节　分层土壤桥墩局部冲刷

本节推导了在恒定流条件下分层（双层及多层）土壤桥墩局部冲刷计算的解析式。通过试验资料的验证，证明了该式的合理性。文中介绍了非恒定流条件下，分层土壤桥墩局部冲刷试验结果，并与恒定流条件下的试验资料进行了对比和分析。该项研究完成于 1988 年。

一、概　　述

有关桥墩局部冲刷深度的计算，铁道部科学研究院自 20 世纪 50 年代末开始，相继进行了大量和系统的试验研究，并会同铁路、公路系统有关部门组织桥墩冲刷现场观测与调查，在获得大量试验数据和现场观测资料以及铁路与公路系统共同合作研究的基础上，提出了适合我国铁路、公路工程设计要求的桥墩局部冲刷深度计算方法，其中包括非黏性土壤河床和黏性土壤河床桥墩局部冲刷深度计算公式，以及岩石河床桥梁基础埋置深度的确定办法。在此期间，国外研究人员对桥墩局部冲刷也作了许多研究与试验工作，提出了非黏性土壤河床桥墩局部冲刷深度各种类型的计算公式。概括而言，桥墩局部冲刷是由于水流与桥墩结构及其周围河床泥沙相互作用、相互制约而使桥墩周围河床产生的局部变形。影响桥墩局部冲刷深度的因素，可归纳为以下几个方面：(1)桥墩结构形式及其尺寸；(2)水流因素，包括桥前行近流速与水深；(3)桥墩周围各类河床质的物理特性，包括非黏性土壤的泥沙粒径及其级配，黏性土壤的有关指数，以及岩石类别与风化程度等。

桥梁工程的地质基础在很多情况下为非均匀介质，分层（两层或两层以上）土壤属于非均匀地质基础的一种类型。截至本项试验研究提出有关分层土壤桥墩局部冲刷深度计算方法以前，尚未见到国内外有关分层土壤桥墩局部冲刷可供分析的天然观测资料与室内试验研究成果。随着跨河工程建设实践的发展和需要，分层土壤桥墩局部冲刷的计算已逐步为工程科技界所重视。为了解决桥梁工程设计技术的急需，在完成一项针对不同桥梁结构形式条件下桥墩局部冲刷试验研究的同时，对常见的桥墩形式的分层土壤桥墩局部冲刷进行了探索性试验研究；并依据桥墩局部冲刷的发展机理，采用解析的方法推导出计算分层土壤桥墩局部冲刷深度解析表达式。借助于试验资料的验证，获得了令人满意的结果。现简要介绍如下。

二、分层土壤桥墩冲刷解析式的推导

在确定了桥墩的迎水宽度，墩前水流行近流速和水深，以及桥墩周围河床泥沙粒径等资料的情况下，桥墩相应于不同层次的粒径在单层土壤时的局部冲刷深度（D_{si}，$i=1,2,\cdots,n$）可按照规范公式或选定的任何计算公式计算。利用上述计算结果，现试以分析方法推导在恒定水流条件下计算分层（双层 $i=1,2$）土壤桥墩局部冲刷深度解析表达式如下。

双层土壤既可为上细下粗也可为上粗下细。对于上层为细沙（设其厚度为 T_1）下层为粗沙的双层土壤的桥墩局部冲刷深度可表示为：

$$D_{sd}=D_{s1}+\Delta D_{s2} \tag{10-1}$$

式中 D_{sd}——双层土壤桥墩局部冲刷总深度；

D_{s1}——相应于上层（细沙）土壤为单层土壤时桥墩局部冲刷深度；

ΔD_{s2}——下层土壤由于存在不同厚度（T_1）的上层土壤而可能产生的桥墩局部冲刷深度。D_{s2} 为相应于下层（粗沙）土壤为单层土壤时桥墩局部冲刷深度。

在数值上，D_{s1} 可大于、等于或小于 T_1。当 $D_{s1}\leqslant T_1$ 时，即按单层土壤冲刷计算；当 $D_{s1}>T_1$ 时，则应按分层土壤冲刷计算。

以下分别推导在 $T_1=0$ 和 $T_1=D_{s1}$ 两种边界条件以及 $0<T_1<D_{s1}$ 情况下，ΔD_{s2} 与冲刷深度的表达式。

由式（10-1）可得

$$\frac{D_{sd}}{D_{s1}}=1+\frac{\Delta D_{s2}}{D_{s1}} \tag{10-2}$$

（1）当上层（细沙）土壤厚度 $T_1=0$ 时，$D_{sd}=D_{s2}$，此时，式（10-1）变为：

$$D_{s2}=D_{s1}+\Delta D_{s2} \tag{10-3}$$

由此可得

$$\Delta D_{s2}=D_{s2}-D_{s1} \tag{10-4}$$

代入式（10-2）

$$\frac{D_{sd}}{D_{s1}}=1+\frac{\Delta D_{s2}}{D_{s1}}=1+\frac{D_{s2}-D_{s1}}{D_{s1}} \tag{10-5}$$

（2）当上层（细沙）土壤厚度 $T_1=D_{s1}$ 时，$D_{sd}=D_{s1}$，此时，式（10-2）变为：

$$D_{s1}=D_{s1}+\Delta D_{s2} \tag{10-6}$$

由此可得

$$\Delta D_{s2}=0 \tag{10-7}$$

因此式（10-2）变为

$$\frac{D_{sd}}{D_{s1}}=1+\frac{\Delta D_{s2}}{D_{s1}}=1 \tag{10-8}$$

（3）当上层（细沙）土壤厚度 T_1 为 $0<T_1<D_{s1}$ 时，ΔD_{s2} 取如下形式可同时满足边界取值式（10-4）或式（10-5）和式（10-7）或式（10-8）

$$\Delta D_{s2}=(D_{s2}-D_{s1})\left(1-\frac{T_1}{D_{s1}}\right) \tag{10-9}$$

代入式(10-2)

$$\frac{D_{sd}}{D_{s1}}=1+\frac{(D_{s2}-D_{s1})}{D_{s1}}\left(1-\frac{T_1}{D_{s1}}\right) \tag{10-10}$$

式(10-10)即为计算分层土壤桥墩冲刷深度的解析表达式。

同样的分析方法可应用于上层为粗砂,下层为细沙的双层土壤桥墩局部冲刷深度的分析,所得到的结果也是解析表达式(10-10)。解析式(10-10)的几何图形见图 10-4 和图 10-5。

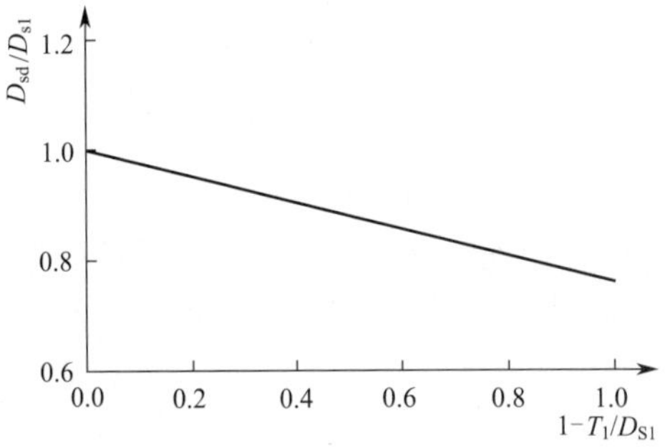

图 10-4 上细下粗

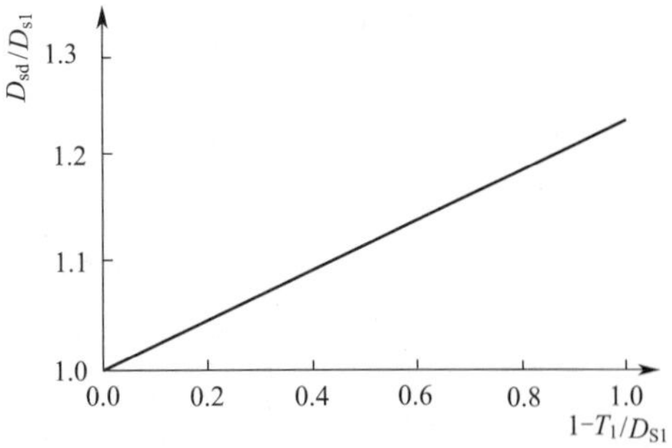

图 10-5 上粗下细

式(10-10)为一无因次式,可将其改写为有因次的式子:

$$D_{sd}=T_1+\left(1-\frac{T_1}{D_{s1}}\right)D_{s2} \tag{10-11}$$

双层土壤桥墩局部冲刷深度解析式(10-11)的物理意义是:双层土壤桥墩局部冲刷总深度为上层土壤厚度(T_1)与下层土壤可能的冲刷深度 $\left(1-\frac{T_1}{D_{s1}}\right)D_{s2}$ 之和。而下层土壤可能冲刷深度的大小,等于单纯为下层土壤的冲刷深度(D_{s2})减去一项由于上层存在另一种土壤的不同厚度而需折减的厚度 ΔT,ΔT 可视为将相应于上层土壤粒径 d_1,冲刷深度为 T_1 的层厚换算至土壤粒径为 d_2 的厚度,其换算比例关系如下:

$$\frac{\Delta T}{T_1}=\frac{D_{s2}}{D_{s1}} \tag{10-12}$$

对于上层为细沙下层为粗沙或上层为粗沙下层为细沙的双层土壤冲刷,均可以检验解析式满足双层土壤局部冲刷边界条件。

由于采用分析的方法,并引入定解条件,推导出了计算双层土壤桥墩局部冲刷深度解析式,因此,本解析式可直接应用于原型冲刷计算。

三、解析式的验证

双层土壤桥墩局部冲刷深度计算,目前尚未搜集到完整的天然资料可供验证,现仅以本项试验获得的资料加以验证。

对于 ϕ_m32.0 cm 沉井,圆端型(ϕ_m10.0×18 cm)桥墩,上层为细沙(d_{50} =0.110 mm)下层为粗沙(d_{50} =0.825 mm)与上层为粗沙(d_{50} =0.825 mm)下层为细沙(d_{50} =0.110 mm)的双层土壤,分别在 v_m=31.11 cm/s 与 v_m=35.36 cm/s 的恒定水流作用下,双层土壤桥墩局部冲刷深度试验值与用解析式的计算值相比较,点绘于图 10-6 与图 10-7 上。具体数据见表 10-8。从这些图表上可以看出,两者吻合较好。

同理,对于多层土壤的桥墩局部冲刷深度,也可按前述方法推导出有 n 层土壤的局部冲刷深度解析表达式,以逐层进行计算。

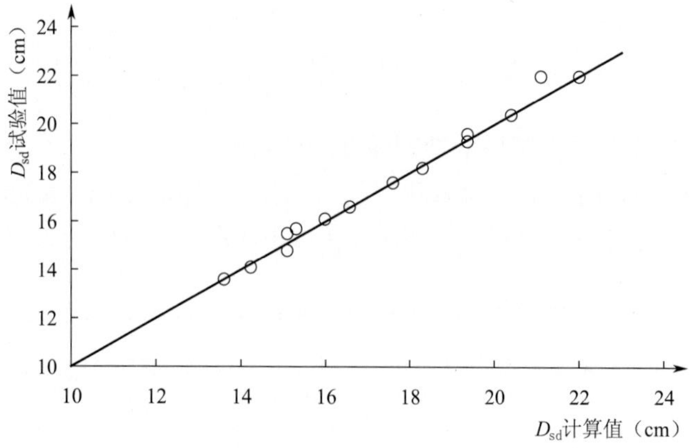

图 10-6　试验值与计算值比较(上细下粗)

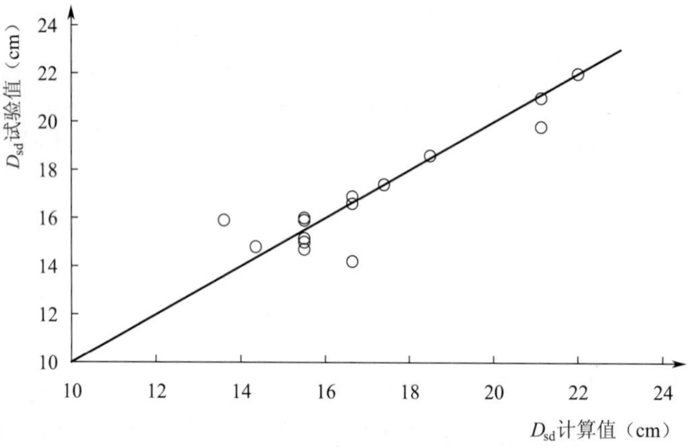

图 10-7　试验值与计算值比较(上粗下细)

$$D'_{sd}=T'_1+\left(1-\frac{T'_1}{D_{sn-1}}\right)D_{sn} \tag{10-13}$$

式中　D'_{sd}——n 层土壤桥墩局部冲刷总深度；

T'_1——第 1 至 $n-1$ 层土壤的总厚度；

D_{sn-1}——第 $n-1$ 层土壤局部冲刷深度；

D_{sn}——各层土壤均与第 n 层土壤粒径相同时的局部冲刷深度。

四、分层土壤非恒定流桥墩局部冲刷

前期试验研究表明，在组合潮波作用下的桥墩局部冲刷深度，与以潮流最大流速和相应的水深作为恒定水流作用下的桥墩冲刷深度相比，有较明显的减小，其折减系数为 0.7～0.8。以往各项非恒定流桥墩冲刷试验与恒定流冲刷试验的对比，都是以均匀土质(单层土壤)为基础。本次试验则是探讨在分层土壤的情况下，恒定水流与非恒定水流桥墩冲刷深度的比较。试验选择常见的桥墩结构形式，ϕ_m32.0 cm 沉井，(ϕ_m10.0×18.0 cm)圆端型桥墩，并分别设置于铺有上细下粗与上粗下细的两种双层土壤的玻璃试验水槽中，进入水槽的非恒定水流为最大潮流流速 v_m=35.36 cm/s 与相应水深的单一波形所组成的往复潮流，见图 10-8。与之比较的恒定水流为行近流速 v_m=31.11 cm/s 及相应的水深为 H_m=16.0 cm。比较试验分别持续到冲刷不再发展而冲淤趋于平衡状态为止。这种平衡状态，对于恒定流试验需持续若干小时，而对于上述非恒定水流则需重复施放数十个相同波形的潮流。

表 10-8　分层土壤恒定流桥墩局部冲刷深度解析式计算值与试验值比较表

序号	上层细沙下层粗砂分层土壤						上层粗沙下层细砂分层土壤					
	T_1 (cm)	v_m (cm/s)	H_m (cm)	$1-\frac{T_1}{D_{s1}}$	试验值 D_{sd} (cm)	计算值 D_{sd} (cm)	T_1 (cm)	v_m (cm/s)	H_m (cm)	$1-\frac{T_1}{D_{s1}}$	试验值 D_{sd}(cm)	计算值 D_{sd}(cm)
(1)	3.5	35.36	16.0	0.841	18.20	18.30	2.7	31.11	16.0	0.800	14.20	16.64
(2)	2.9	31.11	16.0	0.833	14.10	14.23	3.5	35.36	16.0	0.801	19.80	21.13
(3)	7.8	31.11	16.0	0.552	15.70	15.30	6.8	31.11	16.0	0.500	14.70	15.50
(4)	6.8	31.11	16.0	0.609	14.80	15.09	10.9	31.11	16.0	0.199	14.80	14.35
(5)	6.8	31.11	16.0	0.609	15.50	15.09	13.6	31.11	16.0	0.000	15.90	13.60
(6)	8.8	35.36	16.0	0.600	19.60	19.36	14.0	35.36	16.0	0.205	18.60	18.50
(7)	8.8	35.36	16.0	0.600	19.30	19.36	2.7	31.11	16.0	0.800	16.60	16.64
(8)	10.9	31.11	16.0	0.374	16.10	15.98	2.7	31.11	16.0	0.800	16.90	16.64
(9)	13.6	31.11	16.0	0.218	16.60	16.57	3.5	35.36	16.0	0.801	21.00	21.13
(10)	14.0	35.36	16.0	0.364	20.40	20.40	6.8	31.11	16.0	0.500	16.00	15.50
(11)	17.5	35.36	16.0	0.205	22.00	21.10	6.8	31.11	16.0	0.500	15.15	15.50
(12)	22.0	35.36	16.0	0.000	22.00	22.00	6.8	31.11	16.0	0.500	15.00	15.50
(13)							6.8	31.11	16.0	0.500	15.90	15.50
(14)	0	31.11	16.0	1.000	13.60	13.60	0	31.11	16.0	1.000	17.40	17.40
(15)	0	35.36	16.0	1.000	17.60	17.60	0	35.36	16.0	1.000	22.00	22.00

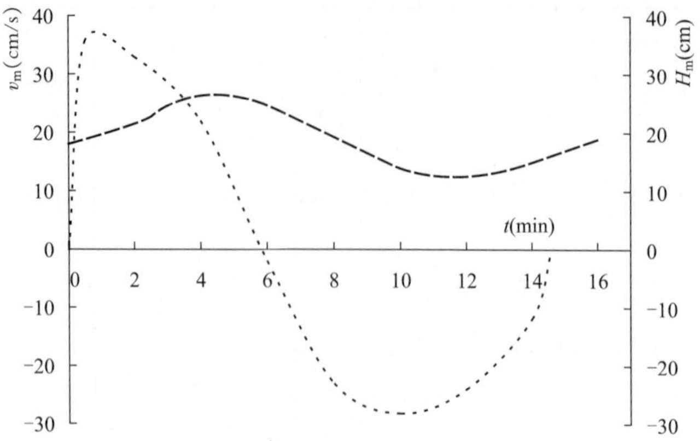

图 10-8 潮位流速过程线

安排比较试验时，已注意到恒定流及非恒定流双层土壤上下层的层厚应相等或接近相等以及如上所述墩前行近水流若干特征参数，分别按上细下粗与上粗下细两类分层土壤，对非恒定水流与恒定水流桥墩局部冲刷加以比较，由试验资料可列出表 10-9 与表 10-10进行对比。

表 10-9 上细下粗分层土壤非恒定流与恒定流局部冲刷比较

	非恒定流 $Q=Q(t)$	恒定流 $Q=Q_0$
上层细沙厚度 T_1 (cm)	10.8	10.9
试验水深 H_m(cm)	16.0(最大值)	16.0
试验流速 v_m(cm/s)	35.36(最大值)	31.11
局部冲刷深度 D_s(cm)	10.7(30 个潮波后)	16.1,16.2
冲刷深度比值 η	0.67	

表 10-10 上粗下细分层土壤非恒定流与恒定流局部冲刷比较

	非恒定流 $Q=Q(t)$	恒定流 $Q=Q_0$
上层粗沙厚度 T_1 (cm)	2.7	2.7
试验水深 H_m(cm)	16.0(最大值)	16.0
试验流速 v_m(cm/s)	35.36(最大值)	31.11
局部冲刷深度 D_s(cm)	8.0(30 个潮波后)	15.6～16.9
冲刷深度比值 η	0.49	

表 10-9 与表 10-10 中，虽然流速数值稍有差异，恒定水流流速为 31.11 cm/s，非恒定水流最大流速为 35.36 cm/s，但仍可以看出非恒水流分层土壤局部冲刷深度与恒定水流分层土壤局部冲刷深度相比有较大幅度的减小，在本项试验中，冲刷深度折减系数为0.5～0.7。

本节所推导的双层土壤(上细下粗或上粗下细)在恒定水流条件下，桥墩局部冲刷深度计算公式是对分层土壤桥墩冲刷的初步探索，经试验资料初步验证，证明了本式的合理性与适用性。

第三节　妈屿岛非恒定流桥墩局部冲刷试验研究

一、概　　述

本项试验研究系铁道部科学研究院受水利电力部、交通部南京水利科学研究院委托，为汕头市妈屿跨海大桥工程设计与施工提供有关桥墩局部冲刷深度，以及大桥建成后桥墩周围水流漩涡对桥下通航影响的范围。根据协议要求，试验项目包括：主航道大墩、次航道中墩与次航道小墩[图 10-9(a～c)]，在中潮期、大潮期及台风暴潮期 3 种潮流条件下，桥渡局部冲刷深度与桥渡周围水流漩涡影响范围。桥墩局部冲刷试验结合已经收集到的淤泥河床桥墩局部冲刷天然调查资料，进行综合分析，最后提出试验研究成果。该项研究完成于 1989 年。

二、试验方法与模型设计

妈屿跨海大桥位于汕头市东南，跨越榕江与汕头港区的入海口处。

鉴于桥位所在地区的潮汐属于不规则半日潮型，其潮位与流速受台风暴潮影响，而榕江径流量不大，即使台风形成的暴雨洪水，因其历时短，区间水量调蓄大，对桥位处潮位也无明显影响。因此，本项局部断面模型试验，仅考虑潮汐水流对桥墩冲刷的作用。该桥桥址断面附近河床多由淤泥、黏土组成。这类土壤呈松散状，颗粒极细，抗冲刷性能差。由委托单位通过现场取样，实验室测试，提供泥沙起动流速等数据，确定模型比尺和选用模型沙。

根据模型试验相似原理，在水流为非恒定流的条件下，对于正态模型，则满足水流运动相似的条件为：

$$\lambda_v = \sqrt{\lambda_h} \tag{10-14}$$

$$\lambda_v = \lambda_{v_0} \tag{10-15}$$

$$\lambda_t = \lambda_L / \lambda_h^{1/2} \tag{10-16}$$

式中　λ_h——垂直比尺；

λ_L——水平比尺；

λ_t——水流运动时间比尺。

试验采用正态模型，则：

$$\lambda_h = \lambda_L = \lambda_b = \lambda_{D_0} \tag{10-17}$$

式中　λ_b——桥墩宽度比尺；

λ_{D_0}——桥墩局部冲刷深度比尺。

将式(10-17)代入式(10-16)，则有

$$\lambda_t = \lambda_h^{1/2} \tag{10-18}$$

由委托单位提供的主航道大墩(沉井)尺寸及桥址断面河床泥沙起动流速 v_0 试验资料，根据上述相似比尺关系，并考虑铁道部大桥工程局勘测设计院设计负责人的意见和要求，选取断面模型几何比尺 $\lambda_h = 55$。则流速比尺 $\lambda_v = 7.42$，水流运动时间比尺 $\lambda_t = 7.42$。依据 $\lambda_v = \lambda_{v_0}$ 的要求，选用泥沙粒径 $d_{50} = 0.11$ mm 的原型沙。当模型水深 $H_m = 15.33 \sim 18.18$ cm 时，模型沙的起动流速 $v_{0m} = 23.94 \sim 24.53$ cm/s；换算为原型，水深 $H_p = 8.43 \sim 10.0$ m，泥沙起动流速 $v_{0p} = 1.78 \sim 1.82$ m/s。这些数据与提供的泥沙起动流速资料相吻合。因此，选用的模型沙

粒径，在给定的水深数值范围内，满足了泥沙起动相似要求。

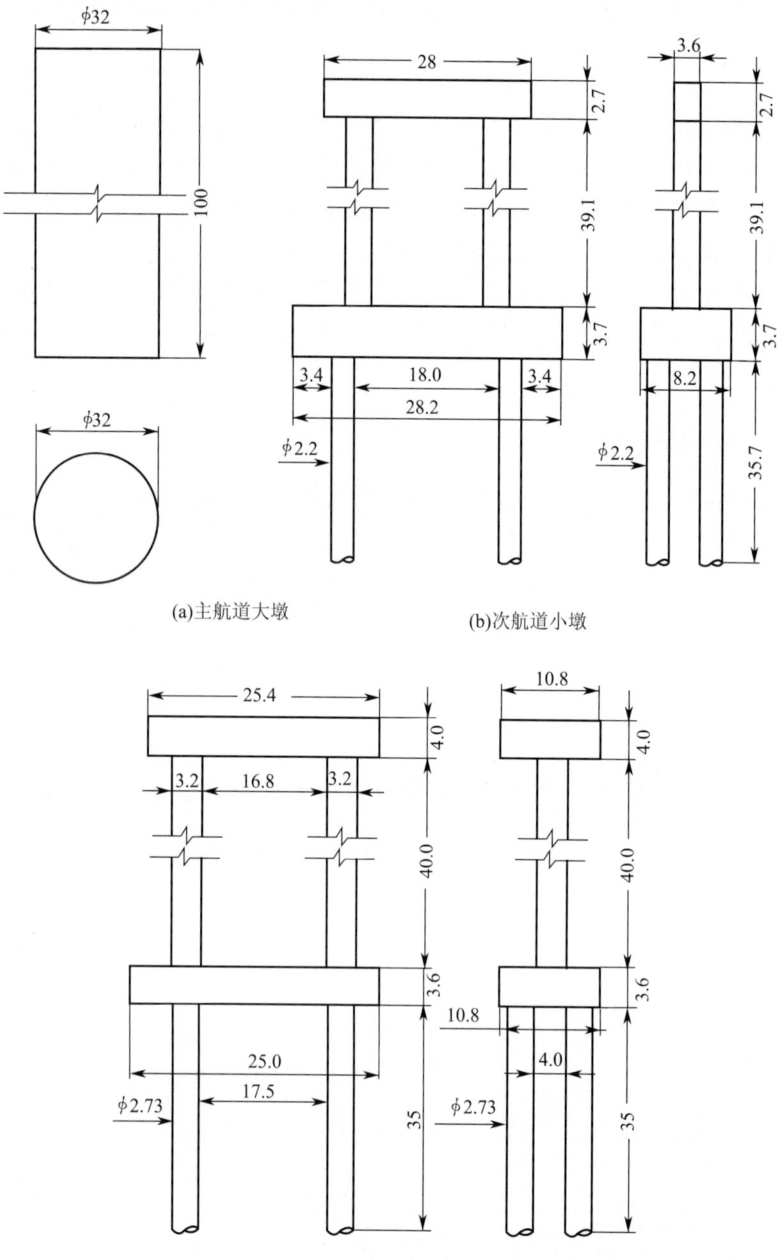

(a)主航道大墩

(b)次航道小墩

(c)次航道中墩

图 10-9　桥墩形式及尺寸

潮汐水流的概化与模拟：天然水流条件为三种潮流过程，其涨潮与落潮历时取平均数值为 12 h 25 min，除台风暴潮期，涨潮历时长取 8 h 15 min，落潮历时短，取 4 h 10 min 以外，对于大潮期和中潮期的涨潮与落潮历时均取相同数值 6 h 12.5 min。根据上述确定的比尺数值，3 种潮流期所包含的 5 种基本潮型，概化成见图 10-10～图 10-12 的形状。借助于流量水位自动控制系统，在试验水槽中模拟施放所要求的 3 种潮流过程，并量测在 3 种不同潮流作用下桥墩局部冲刷的发展过程及桥墩周围水流漩涡影响范围。

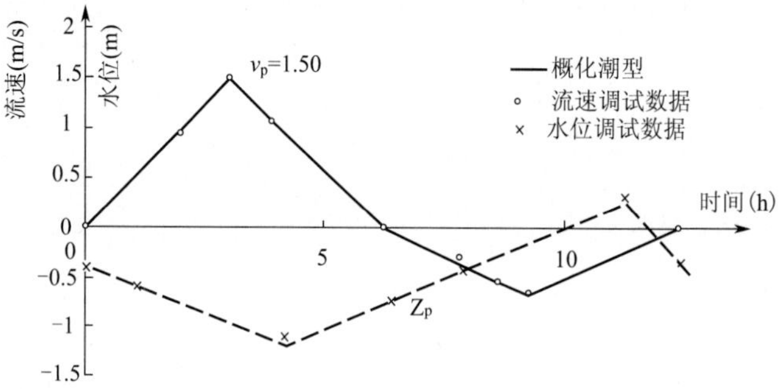

图 10-10　中潮

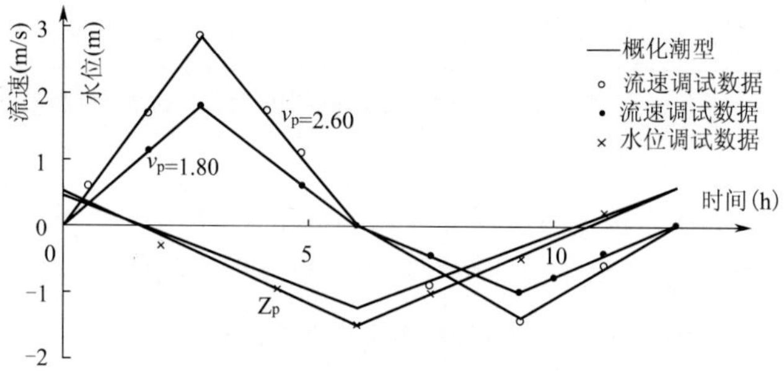

图 10-11　大潮

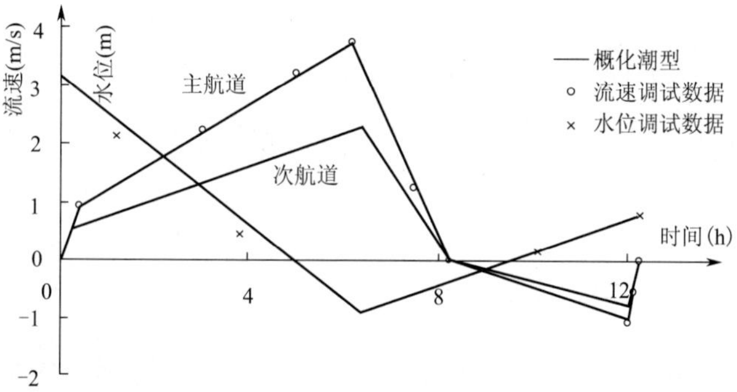

图 10-12　风暴潮

试验项目中，不仅安排了 5 种概化基本潮型的冲刷试验组次，还依据提供的资料拟定了 3 种潮流期不同潮型组合系列的潮流冲刷试验组次。3 种潮流期的冲刷试验项目及其组次，见表 10-11。

表 10-11　潮汐水流桥墩局部冲刷试验组次与主要成果

潮型	主航道大墩(沉井) ϕ 18.1 m			次航道		
	潮型组合	冲刷深度		潮型组合	原型冲刷深度 D_{sp}(m)	
		模型冲刷深度 D_{sm}(cm)	换算原型冲刷深度 D_{sp}(m)		中墩(m) (ϕ1.5)	小墩(m) (ϕ1.2)
Ⅰ 中潮期	①$v_{1.15}$ ②$4v_{1.5}$	0 0.6～2.0	0 0.33～1.10	$v_{1.15}$	0	0

续上表

潮型	主航道大墩(沉井)ϕ18.1 m			次航道		
	潮型组合	冲刷深度		潮型组合	原型冲刷深度 D_{sp}(m)	
		模型冲刷深度 D_{sm}(cm)	换算原型冲刷深度 D_{sp}(m)		中墩(m)(ϕ1.5)	小墩(m)(ϕ1.2)
Ⅱ 大潮期	①$v_{1.8}+v_{2.6}$ ②$3v_{1.8}+v_{2.6}$ ③$3v_{1.8}+v_{2.6}+3v_{1.8}$ ④$v_{1.8}+v_{2.6}+5v_{1.8}$	6.6 7.2	3.6 4.0	$v_{1.8}$	2.0	1.7
Ⅲ 风暴潮期	①$v_{3.8}$ ②$v_{3.8}+v_{1.8}+v_{1.5}$ ③$v_{1.5}+v_{1.8}+v_{3.8}$ ④$v_{1.5}+v_{1.8}+v_{3.8}+v_{1.8}+v_{1.5}$ ⑤$2v_{1.8}+v_{3.8}$	21.9 25.1	12.0 13.8	$v_{2.60}$	2.5 3.0	2.2 2.7

注:本表所列潮型组合,如 $4v_{1.5}$等,其中角标 1.5 表示在某种潮期中所包含的基本潮型最大流速数值;$4v_{1.5}$表明经历了 4 个最大流速为 1.5 m/s 的潮型。

此外,为了与潮汐水流作用下桥墩局部冲刷加以比较,本项试验研究还进行了与 5 种基本潮型最大流速相对应的恒定水流条件的桥墩局部冲刷试验。具体组次列于表 10-12 中。

表 10-12　恒定水流桥墩局部冲刷试验组次与成果

潮型	主航道大墩(沉井)						次航道中墩					
	水深(m)		流速(m/s)		冲深(m)		水深(m)		流速(m/s)		冲深(m)	
	H_m	H_p	v_m	v_p	D_{sm}	D_{sp}	H_m	H_p	v_m	v_p	D_{sm}	D_{sp}
Ⅰ	0.169	8.53	0.155	1.15	0.007	0.4	—	—	—	—	—	—
Ⅱ	0.153 0.153	8.43 8.43	0.348 0.351	2.58 2.6	0.207 0.213	11.4 11.7	0.170	9.35	0.243	1.80	0.051	2.8
Ⅲ	0.164	9.04	0.512	3.80	0.287	15.8	0.153	8.43	0.351	2.60	0.074 0.08	4.1 4.4

三、试验设备与仪器

本项试验在前文介绍的玻璃水槽中进行,潮汐水流过程由铁道部科学研究院研制的流量水位自控系统控制。试验过程中,对水流参数进行以下监测与调试,桥墩行近流速采用旋桨式光电微型流速仪测量,行近水流水深或水位采用精密数字水位仪显示,流量采用肯特电磁流量计量测,桥墩周围局部冲刷深度与床面高程量测采用日本超声波地形仪和铁道部科学研究院自制的电阻式地形仪(照片 10-1)。

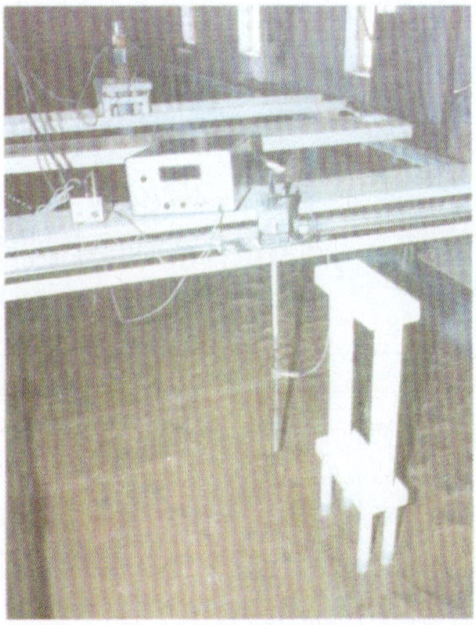

照片 10-1　冲刷测深装置

桥墩周围水流漩涡的影响范围,墩周绕流流线采用白色小泡沫塑料球显示(照片 10-2、照片 10-3),并量测有关数据。结合桥墩周围冲刷坑平面尺寸(照片 10-4),提出墩周漩涡影响范围的参考数据。

照片 10-2　主航道沉井(ϕ 18.1 m)周围流线分布

照片 10-3　次航道桥墩周围流线分布

照片 10-4　小流速冲刷后主航道沉井(ϕ 18.1 m)
周围冲刷坑地形

四、资料分析与主要成果

(一)桥墩周围局部冲刷深度

1. 桥墩冲刷过程的平衡

国内外桥墩局部冲刷试验研究表明，桥墩局部冲刷的产生、发展与停滞，是水流因素（主要是流速大小及其持续时间）。河床泥沙几何特征（主要是粒径及其级配）以及桥墩阻水条件（桥墩宽度及形状）相互作用和相互制约的结果。本项试验结果也表明，在一定的水流（恒定水流或洪水波、潮汐等非恒定水流）作用下，桥墩局部冲刷由产生、发展，最后达到了平衡，见图10-13～图 10-15。

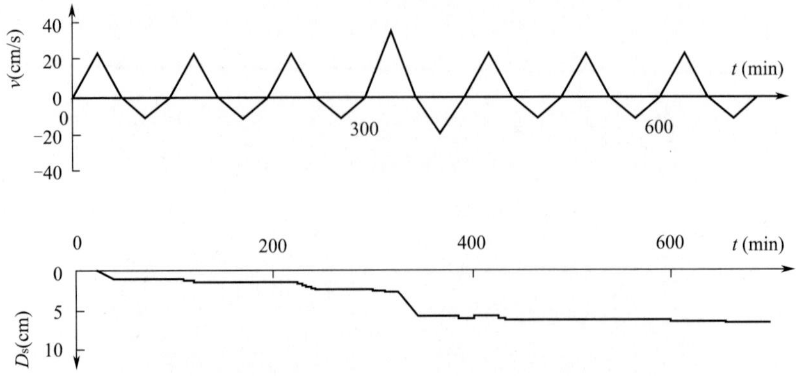

图 10-13　大潮期流速与冲刷过程（$3v_{1.8}+1v_{2.6}+3v_{1.8}$）

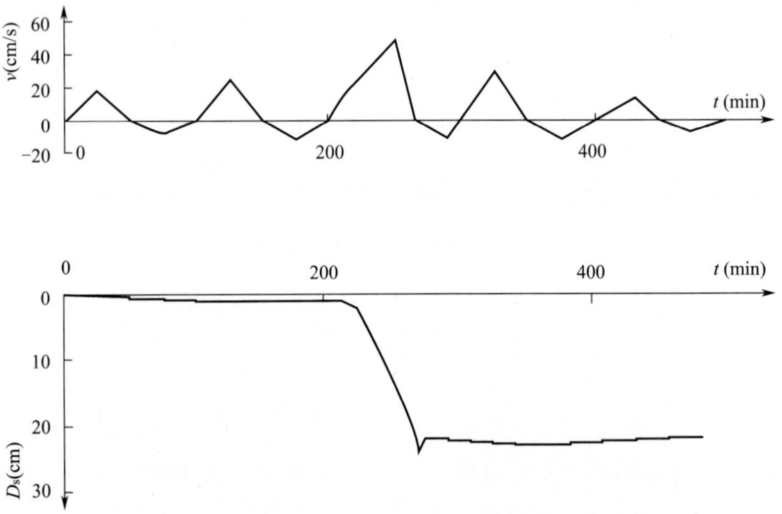

图 10-14　风暴潮流速与冲刷过程

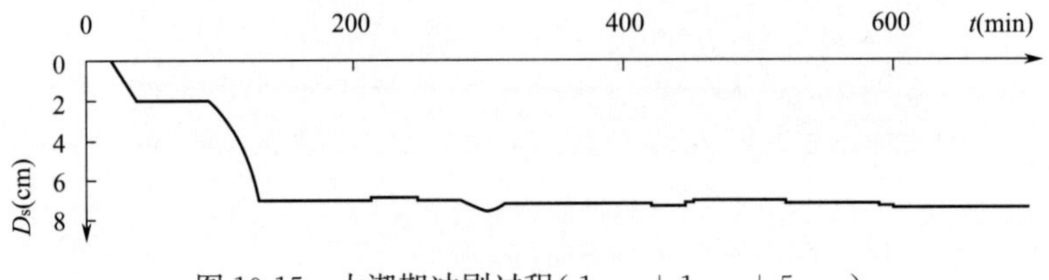

图 10-15　大潮期冲刷过程（$1v_{1.8}+1v_{2.6}+5v_{1.8}$）

2. 桥墩局部冲刷试验的主要成果

按所设计的桥墩局部冲刷试验组次和必要的重复试验后，将资料整理分析得出主要成果列于表 10-11 与表 10-12 上。

由图 10-13～图 10-15 或表 10-11 所列数据表明，在几组由不同大小潮流组合作用下，桥墩局部冲刷深度主要受较大的潮流所控制,在大潮流之前或之后的较小潮流对冲刷影响甚小。由表 10-11 所列数据,在风暴潮期,最大流速达到 3.8 m/s 的条件下,主航道大墩(沉井 ϕ18.1 m)的冲刷深度为 12.0~14.0 m,而在大潮期冲刷深度仅为 4.0 m 左右。这个数值是依据委托单位提供的资料,在大潮期仅有一个最大流速为 2.6 m/s 的潮型与其他较小的若干潮型组合作用下得到的冲刷深度。随着大潮期最大流速数值及其出现的次数的不同,桥墩冲刷深度将得到不同的数值。这也涉及设计频率标准问题。

对照以上两表所列数据还可看出,3 种潮流的桥墩局部冲刷深度均小于以 3 种潮流最大流速作为恒定水流的冲刷深度。

3. 桥墩冲刷深度试验资料的验证

根据天然调查资料,滏阳河大桥 4 号墩,河床淤泥质黏性土,圆形墩,墩宽 B=3.0 m,水深 H=10 m,流速 v=1.31 m/s,冲刷深度 D_s=2.9 m。由于该桥与本桥的河床泥沙粒径较为接近,两桥墩形均为圆形墩,水深均为 10 m 左右。因此在得不到相同条件天然资料情况下,借助于间接验证方法。根据国内外以往研究成果,桥墩局部冲刷深度(D_s)与主要因素墩宽(B)和流速(v)的关系为 $D_s=f(B^{0.5}v^{0.6})$。将滏阳河大桥 4 号墩冲刷有关数据换算为本桥条件,则本桥恒定水流桥墩局部冲刷深度为表 10-13 所列数据。

表 10-13　桥墩冲刷深度试验数据与换算验证冲刷深度的比较

水深 H(m)	恒定流流速(m/s)	墩形	墩宽 B(m)	试验冲刷深度 D_s(m)	换算验证冲刷深度 D'_s(m)	相对误差(%)
8.43	2.58	圆墩	18.1	11.39	10.70	6.1
8.43	2.60	圆墩	18.1	11.72	10.75	8.3
9.04	3.80	圆墩	18.1	15.79	13.50	14.5

表列数据说明,通过将调查资料换算成与本桥相应条件时的冲刷深度 D'_s,与直接由本项试验测得的数据按模型比尺换算为原型的冲刷深度 D_s 相比较为接近,两者相差不超过 15%。由于调查资料中与本桥条件相近的资料不多,因此,未作更多的资料换算比较。

从本项试验研究所得到的不同桥墩在 3 种潮流及相应的恒定流作用下桥墩局部冲刷深度的系统资料,连同上述调查资料的验证比较,认为本项试验所提供的桥墩局部冲刷数据是合理的,可供本桥设计、施工参考。

中潮期次航道边墩的冲刷试验,由于提供的资料,边墩处床面高程为−0.2 m,最高水位为 0.4 m,天然水深仅为 0.6 m,相应的模型水深也仅为 1.09 cm,故未安排这组试验。

(二)桥墩周围漩涡范围

桥墩阻挡水流行近,使墩周水流结构发生变化,通过以往桥墩局部冲刷的试验研究,初步揭示了墩周水流的运动规律及其复杂性。当行近水流受到桥墩阻挡后,表层水流在桥前壅起,形成表层反向漩辊和墩前冲击高,然后绕墩而过。在水深的 1/3~2/3 附近的中层水流沿桥墩两侧漩滚而过,此二层水流形成桥墩的绕流漩涡,并在墩后形成卡门涡街,而自河底起约 1/3 水深的下层水流沿墩前下降,在接近床面处产生横轴底层反向漩辊,并在桥墩周围形成马蹄形漩涡。这是导致桥墩局部冲刷的主要水力因素。桥墩周围的水流图形可用图 10-16 示意。因此,桥墩周围漩涡影响范围包括上中层墩周绕流与下层马蹄形漩涡所波及的范围。

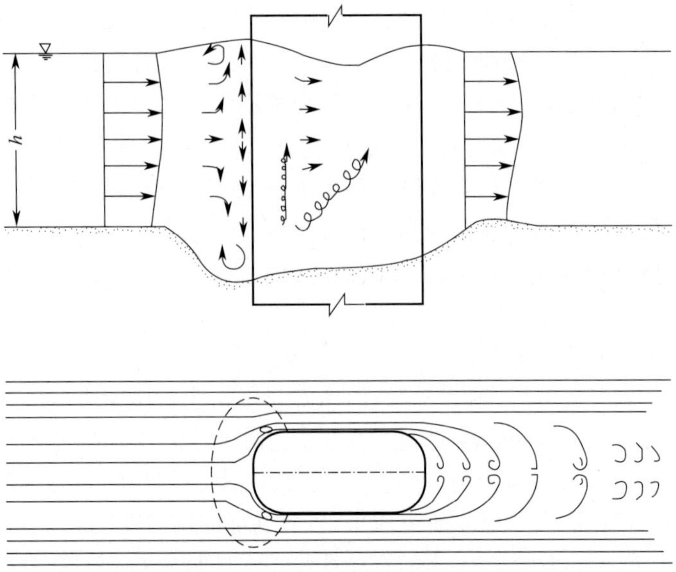

图 10-16　桥墩局部冲刷机理

桥墩周围漩涡范围的测量，在水流表面测量不受桥墩影响的流线到墩壁的距离(参见照片 10-2 及照片 10-3)，在水槽床面测量墩周由于马蹄形漩涡漩滚而带走泥沙后所形成的冲刷坑平面尺寸(冲刷坑边缘线到墩壁的距离，包括土壤水下休止角参见照片 10-4)。将上述两项测量的资料整理分析，可得到以下结果，在风暴潮期，主航道大墩(沉井，直径 $D=18.1$ m)，墩周水流漩涡影响范围为$(1.0\sim1.2)\times D=18.1\sim21.7$ m，在大潮期，大墩墩周漩涡范围为$(0.7\sim0.9)\times D=12.7\sim16.3$ m；次航道中墩(桩基 ϕ 1.5 m，承台尺寸 14.0 m×6.0 m)在大潮期(最大潮流流速 $v_{max}=2.6$ m/s)墩周水流漩涡的影响范围约为 $1.0\times B=6.0$ m。

五、结　　语

本项试验借助于流量水位自控系统，模拟了三种不规则组合潮型的潮流过程，并针对各种桥墩墩形尺寸进行了一系列组次的试验。为妈屿跨海大桥工程提供桥墩局部冲刷深度及桥墩周围漩涡影响范围的试验成果。桥墩冲刷深度试验资料，根据已收集到的天然实测资料通过采用换算冲刷深度的方法进行验证，验算数据与试验资料接近。可以认为，所提供的桥墩冲刷深度试验数据是合适的，可供设计单位参考采用。

参考文献

[1] [美]G. E. 福雪斯,W. R. 华沙. 偏微分方程的有限差分方法[M]. 胡祖炽,吴文达,陈永和,译. 上海:上海科学技术出版社,1964.

[2] Der Ausfluss aus einem Speicher beim Bruch einer Talsperrs[R]. Institut für Wasserwirtschaft und396sttruktiven Wasser bau an der Technischen Hochschule in Graz, Mittcilung 17, Graz, 1971.

[3] Наставление по изысканиям и проектированию железнодожных и автодорожных мостовых переходов через [M] // Транспорт, Москва, 1972.

[4] 河南省水利厅溃坝试验小组,河南省水利科学研究所. 心墙,斜墙砂壳自溃坝模型试验阶段报告[R]. 郑州:河南省水利厅,1981.

[5] B. Kordas and H. Withowska. Mathematical Model of a Dam-break Wave[C]. International Symposium on Unsteady Flow in Open Channel, 1976.

[6] B. W. Melville and A. J. Sutherland. Design Method for Local Scour at Bridge Piers[J]. Journal of the Hydraulics Division, ASCE, 1988, 114(10).

[7] C. R. 劳森. 土工织物在抗侵蚀结构中应用[R]. 天津大学水利系,译.

[8] C. L. Chen and L. A. Druffel. Dam-Break Flood Wave Computation by Method of Characteristics and Linearized Implicit Schemes[C]. Proceedings of Dam-break Flood Routing Model Workshop NTIS PB-275437, Water Resources Council, Washington, D. C., 1977.

[9] Cheng-lung Chen. Laboratory Verification of a Dam-break Flood Model[J]. Journal of the Hydraulics Division, ASCE, 1980, 106(4).

[10] Dai Rongyao, Ma Guoying, Shen Tiancheng, etc. Flood Disasters and Protective Measures on Chinese Railways[C]. Proceedings of the International Symposium on Debris Flow and Flood Disaster Protection, Vol. B-Flood, October14-18, 1991, Emeishen, Sichuan, China.

[11] Dai Rongyao, Wang Qun, Lu Jinli, etc. Experience and Experimental Study on Scour Protection of Bridge Piers[C]. Third International Symposium on River Sedimentation the University of Mississippi, March 31-April 4, 1986.

[12] J. Frank. Betrachtungen ueber den Ausfluss beim Bruch Von Stauwaenden [Considerations on the outflow from dam brekches][C]. Schweizer. Bauzeitung[Zurich], 1951,no, P401-406.

[13] H. N. C Breuser, G. Nicollet, H. W. Shen. Local Scour Around Cylindrical Piers[J]. Journal of Hydraulic Research, 15(1977)No3.

[14] H. W. Shen, V. R. Schneider and S. Karki. Local Scour Around Bridge Piers[J]. Journal of the Hydraulics Division, ASCE, 1969, 95(6).

[15] Luis Yges Gomez. Calculation of Flood-waves Supposing the EL ATAZAR′ Dam Were to Break [R], 1973.

[16] M. S. Yalin. Theory of Hydraulic Models [C]. International Symposium On River Mechanics. 9-12 January 1973, 3.

[17] M. S. Yalin. Theory of Hydraulic Models[M]. Landon: Macmillan Press, 1971.

[18] M. S. Yalin. 水力模型原理[M]. 孙振东, 译,成都:西南交通大学出版社,1980.

[19] C. Montouri. Introduction d′un debit Constant Dans un Canal Vide[C]. XI congress of the IAHT,

Leningrad, 1965, V. Paper 55.
[20] N. Katopodes and T. Strelkoff. Computing Two-dimensional Dam-break Waves[J]. Journal of Hydraulics Division, ASCE, 1978, 104(9).
[21] R. M. Khanbivardi, M. W. Akhtar and A. S. Rogowski. Local Scour Around Cylindrical Objects[J]. Water Resources Bulletn, 1998, 24(4).
[22] A. Ritter. Die Fortpflanzung der Wasserwellen [The Propagation of Water Waves][C]. Ver. Deutsch Ingenieure Zeitschr. Berlin, 1982, V. 36, Pt. 2, no. 33.
[23] Rudi Rajar. 确定溃坝后水流状况的数学模式及无因次曲线[R],1973.
[24] Rudi Rajar. Mathematical Simulation of Dam-break Flood[J]. Journal of the Hydraulic Divis, ASCE, 1978, 104(7).
[25] TH Xanthopolos and CH. Koutitas. Numerical Simulation of a two Dimensional Flood Wave Propagation due to Dam Failure[J]. Journal of Hydraulic Research, 1976, 14 (4).
[26] U. S. Army Corps of Engineers. Routing of Floods through River Channels[R]. Engineer Manual EM1110-2-1480, Department of the Army, Washingtong, D. C., 1960, Morch, 37PP.
[27] Ven Te Chow. Open-Channel Hydraulics[M]. McGRAW-HILL Book Company, INC., New York, Toronto, London, 1959.
[28] Wan Qun, Huang Chonggou, Lin Guilin, Dai Rongyao. Experimental Research on Tidal Bore Pressure and Local Erosion Around Bridge Piers[C]. Proceeding of the International Symposium on Debrie Flow and Flood Disaster Protection, Vol. B- Flood, October14-18, 1991, Emeishan, Sichuan, China.
[29] Wan Qun, Huang Chongyou, Lin Guilin, Dai Rongyao. Experimental Study on Scour at Bridge Pier Caused by Tidal Flow[C]. Fourth International Symposium on River Sedimentation, June 5-9, 1989, Beijing, China.
[30] Wang Qun, Dai Rongyao. Research on the Maximum Discharge of Dam-Breaking[J]. Advances in Hydro-Sciences, 1991, Volume I, Part A.
[31] Латышенков, А. М. Вопросы Гибравлики Потока в Пскусственно Сжатых Руслах[M]. Труды гидравлическй лаборатории, Москва, 1959.
[32] ЭреловН. Л. Мемол Экстрапоряционного Моделирования Гидравлицеских Процессов [M]. Труды Гидрав. Пабор, Волгео, 1957.
[33] 安申义. 隐式有限差分法溃坝洪水计算验证[R]. 长沙:湖南省水利电力勘测设计院,1979.
[34] 陈策. 沉井下沉过程中底部垂线流速分布试验研究[J]. 东北水利水电,2007(11).
[35] 陈策. 大型沉井施工期局部冲刷模型试验及工程验证[J]. 铁道标准设计,2010(6).
[36] 陈海军,等. 直立方桩上涌潮压力动态测试及分析研究[J]. 水动力学研究与进展(A辑),2006,21(3).
[37] 陈宗镛. 钱塘江涌潮[M] // 中国大百科全书:大气科学海洋科学水文科学. 北京:中国大百科全书出版社,1987.
[38] 大中型水利水电工程设计水利计算规范附录十五(送审稿)[M] // 水库水体突然泄放计算方法,1964.
[39] 戴荣尧,刘桃芬. 中国铁路自然灾害及其防治[M]. 北京:中国铁道出版社,2000.
[40] 戴荣尧,卢金利,胡金辉. 桥墩冲刷整孔防护试验研究报告[R]. 北京:铁道部科学研究院铁道建筑研究所,1975.
[41] 戴荣尧,卢金利,王群. 桥墩冲刷防护计算[J]. 泥沙研究,1982.
[42] 戴荣尧,卢金利,王群. 桥梁浅基局部防护试验研究报告[R]. 北京:铁道部科学研究院铁道建筑研究所,1974.
[43] 戴荣尧,陆浩,王群,等,京广线板桥水库下游抗洪措施试验研究报告[R]. 北京:铁道部科学研究院,1978.
[44] 戴荣尧,王群,黄崇佑,林桂宾. 缅甸仰光一丁茵大桥桥墩潮汐冲刷试验研究[R]. 北京:铁道部科学研

究院铁道建筑研究所，1987.
[45] 戴荣尧，王群，黄崇佑，等. 第二钱塘江大桥涌潮压力及桥墩局部冲刷试验研究报告[R]. 北京：铁道部科学研究院铁道建筑研究所，1990.
[46] 戴荣尧，王群，蒋冰. 雷达在测流中的应用[J]. 人民黄河，1982(6).
[47] 戴荣尧，王群. 溃坝最大流量的研究[J]. 水利学报，1983(2).
[48] 戴荣尧，王群，林桂宾. 非恒定流在桥渡水工模型试验研究中的应用与发展[C] // 中国铁道科学研究的进步与发展(中国铁道部科学研究院 50 周年论文集). 北京：中国铁道出版社，2000.
[49] 戴荣尧，王群，罗昶，刘桃芬. 溃坝模型试验及最大流量的研究[J]. 铁道工程学报，1984(2).
[50] 戴荣尧，王群，马国英，王宝中，等. 溃坝最大流量的研究[R]. 北京：铁道部科学研究院铁道建筑研究所，1981.
[51] 戴荣尧，王群，杨永楚，申天成，等. 第二钱塘江大桥涌潮压力观测研究报告[R]. 北京：铁道部大桥工程局勘测设计院，铁道部科学研究院，1989.
[52] 戴荣尧，王群，余云杰，黄崇佑，等. 铁路桥梁浅基防护工程调查研究[R]. 北京：铁道部科学研究院铁道建筑研究所，1973.
[53] 第三届国际土工织物学术会议大会论文译文选集. 哈尔滨：黑龙江水利科学研究所，1986.
[54] 樊俊生. 芜湖桥钢围堰基础施工冲刷计算[J]. 工程力学，2000(2).
[55] 冯康，等. 数值计算方法[M]. 北京：国防工业出版社，1978.
[56] 高飞容，黄建维，赵晓冬. 大型桥梁钢沉井下沉过程局部冲刷研究[J]. 海洋工程，2006，24(3).
[57] 韩曾萃，戴泽蘅，李光炳，等. 钱塘江河口治理开发[M]. 北京：中国水利水电出版社，2003.
[58] 黄崇佑. 溃坝洪水波数学模型[J]. 土木工程学报，1981，14(3).
[59] 黄崇佑，王群，林桂宾，戴荣尧. 分层土壤桥渡局部冲刷计算[J]. 泥沙研究，1993.
[60] 黄世昌，林炳尧，杨永楚，等. 涌潮作用下丁坝护面板水动力试验研究[M] // 邵雄文，赵文谦. 中国水利水电工程技术进展. 北京：海洋出版社，1999.
[61] 黄委会水利科学研究所. 黄河小浪底水库工程溃坝模型试验研究报告[R]，1976.
[62] 蒋冰，李琪，赵经政，张贤宜. SLC－1 型水工试验流量自控系统[J]. 中国铁道科学，1985，6(2).
[63] 蒋纬. 钱塘江浮运沉井试验[J]. 海洋工程，1988(3).
[64] 解家毕，孙东亚. 全国水库溃坝统计及溃坝原因分析[J]. 水利水电技术，2009(12).
[65] 阚译. 桥渡冲刷[M]. 北京：中国铁道出版社，2004.
[66] A. Chevret，P. Dalleves. 溃坝洪水波的计算[J]. 瑞士土木工程杂志，1970，88(19).
[67] 雷加(Rudi Rajan). 确定溃坝后水流状况的数学模式及无因次曲线(武汉水利电力学院翻译手稿). 第一届国际大坝会议，1973.
[68] 冷魁. 桥墩施工期沉井附近流速变化及对冲刷坑的影响[J]. 武汉大学学报(工学版)，1993(2).
[69] 李云，李君. 溃坝模型试验研究综述[J]. 水科学进展，2009，20(2).
[70] 梁在潮. 局部冲刷模型试验综合延伸法[J]. 铁道工程学报，1984(2).
[71] 林秉南，龚振瀛，王连群. 突泄坝址过程线简化分析[J]. 北京：水利水电科学研究院，1979.
[72] 林秉南，龚振瀛，王连祥. 突泄坝址过程线简化分析[J]. 清华大学学报，1980，20(1).
[73] 林秉南，等译校. 明渠不恒定流(第一卷)[M]. 北京：水利电力出版社，1987.
[74] 林炳尧. 钱塘江涌潮的特性[M]. 北京：海洋出版社，2008.
[75] 刘振汉. 郑州黄河大桥冲淤与防治[R]. 郑州：郑州铁路局，1993.
[76] 罗昶，刘桃芬. 溃坝口门宽度调查研究报告[R]. 北京：铁道部科学研究院铁道建筑研究所，天津：铁道部第三勘测设计院，1980.
[77] 妈屿跨海大桥试验组. 汕头妈屿跨海大桥桥墩局部冲刷深度与桥墩周围水流漩涡范围试验研究[R]. 北京：铁道部科学研究院铁道建筑研究所，1989.
[78] 马国英，任凤祥，李琪. 溃坝最大流量试验仪器设备试制报告[R]. 北京：铁道部科学研究院铁道建筑

所,1980.
[79] 牛运光. 病险水库加固实例[M]. 北京:中国水利水电出版社,2002.
[80] 彭新瑞,崔新华,江海涛,等. 水文计算实务[M]. 郑州:黄河水利出版社,2008.
[81] 齐东旭,王化东. 溃坝洪水演进的计算[J]. 吉林大学学报(自然科学版),1973(1).
[82] 钱宁,万兆惠. 泥沙运动力学[M]. 北京:科学出版社,1983.
[83] 钱宁,谢汉祥,周志德,等. 钱塘江河口沙坎的近代过程[J]. 地理学报,1964,30(2).
[84] 钱宁,张仁,周志德. 河床演变学[M]. 北京:科学出版社,1989.
[85] 清华大学,北京大学. 计算方法:下册[M]. 北京:科学出版社,1980.
[86] 清华大学水利系泥沙研究室,译. 水力模拟[M]. 北京:清华大学出版社,1988.
[87] 屈孟浩. 黄河动床模型试验相似原理及设计方法[C]. 黄委会科学研究论文集第二集(泥沙,水土保持).
[88] 赤井浩一. 日本土木工程手册(土力学)[M]. 杨灿文,等译. 北京:中国铁道出版社,1984.
[89] 汝乃华,牛运光. 大坝事故与安全—土石坝[M]. 北京:中国水利水电出版社,2001.
[90] 沙玉清. 泥沙运动学引论[M]. 北京:中国工业出版社,1965.
[91] 邵卫云,毛根海. 钱塘江涌潮压力的分析与研究[J]. 水动力学研究与进展(A辑),2002(5).
[92] 水电部“75.8”暴雨洪水调查组. 淮河流域洪汝河,沙颍河水系“75.8”暴雨洪水调查报告(征求意见稿). 治淮规划小组办公室汇编,1977.
[93] 水利部工程管理局. 全国水库垮坝登记册,1981.
[94] 水利部科学技术局,电力工业部科学技术委员会. 明渠不恒定流研究的现状和发展:水利水电科技进展(第一册)[M]. 北京:水利水电出版社,1980.
[95] 水利部水利科学研究院. 某水库水体突然泄放模型试验研究报告[R],1959.
[96] 水利电力部科学技术情报所. 国外险病库处理和大坝下游防护[R],1976.
[97] 水利电力部全国暴雨洪水分析计算协调小组办公室,等. 中国历史大洪水(下卷)[M]. 北京:中国书店,1992.
[98] 水利水电工程应用电子计算机资料选编[M]. 北京:水利电力出版社,1977.
[99] 唐友一. 溃坝水流状态计算方法的探讨[J]. 水利水电技术,1962(4).
[100] 陶静,赵升伟,徐超. 上海长江大桥桥墩冲刷坑深度研究[J]. 世界桥梁,2009(S1).
[101] 铁道部大桥工程局,郑州铁路局,铁道科学研究院. 郑州黄河新桥冲刷防护研究报告[R]. 北京:铁道科学研究院,1966.
[102] 铁道部科学研究院,等. 驼峰测速雷达半自动控制机[M]. 北京:中国铁道出版社,1980.
[103] 铁道部科学研究院桥梁浅基防护专题组. 桥梁浅基防护调查及试验研究[J]. 铁道科学技术(铁道建筑分册),1974(5).
[104] 铁道部科学研究院铁道建筑研究所. 京广线(郑州局管内)水害调查报告[R]. 北京:铁道科学研究院,1975.
[105] 铁道部科学院铁建所水工水文室. 桩排防护弯道冲刷的试验研究[R]. 北京:铁道部科学研究院,1982.
[106] 铁道部第三勘测设计院. 铁路工程设计手册-桥涵水文[M]. 北京:中国铁道出版社,1979.
[107] 土工合材料协作网. 土工合成材料工程应用百例,1992.
[108] 土工织物在辽河护岸工程中的应用试验研究[R]. 沈阳:辽宁省水利水电科研所,1988.
[109] 王群,黄崇佑,林桂宾,戴荣尧,等. 长东黄河桥桥墩局部冲刷试验研究[R]. 北京:铁道部科学研究院铁道建筑研究所,l989.
[110] 王群,林桂宾,李付军,张佰战,戴荣尧. 京沪高速铁路南京上元门河段河床演变分析研究[R]. 北京:铁道部科学研究院铁道建筑研究所,1999.
[111] 王群,林桂宾,张佰战,戴荣尧,等. 京广线郑州黄河大桥桥墩局部冲刷及防护工程措施试验研究报告

[R]. 北京:铁道部科学研究院铁建所,1993.
[112] 武汉水利电力学院. 水力学[M]. 北京:水利电力出版社,1960.
[113] 武汉水利电力学院河流泥沙工程学教研室. 河流泥沙工程学[M]. 北京:水利电力出版社,1983.
[114] 谢鉴衡. 河流模拟[M]. 武汉:水利电力出版社,1989.
[115] 徐正凡. 水力学[M]. 北京:高等教育出版社,1988.
[116] 伊藤刚. 数值解析の応用と基礎(水理学を中心として)[M]. 東京:アテネ出版,1971.
[117] 余云杰,童任华. 南京大桥沉井施工冲刷试验报告[J]. 泥沙研究,1980(1).
[118] 张佰战,李付军,林桂宾,戴荣尧,等. 桥墩局部冲刷计算研究[R]. 北京:铁道部科学研究院,2003.
[119] 张佰战,林桂宾,戴荣尧. 桥墩沉井吸泥下沉冲刷试验研究[J]. 泥沙研究,2006(2).
[120] 张佰战,林桂宾,王群,戴荣尧,等. 新荷复线长东二桥沉井吸泥下沉冲刷试验研究报告[R]. 北京:铁道部科学研究院铁道建筑研究所,1995.
[121] 张佰战,朱永波,黄崇佑,李付军,王群,戴荣尧. 京沪高速铁路南京上元门越江工程(桥梁)河工模型试验研究报告[R]. 北京:铁道科学研究院铁道建筑研究所,1999.
[122] 张红武. 黄河花园口至东坝头河道整治模型设计[R]. 黄委会水利科学研究院(研究报告),1990.
[123] 张瑞瑾,等. 河流泥沙动力学[M]. 武汉:水利电力出版社,1989.
[124] 浙江省水利水电科学研究所. 无闸门引冲式自溃坝模型试验报告[R],1980.
[125] 郑州铁路局. 郑州黄河大桥情况简介,1988.
[126] 中川博次,铃木幸一. 潮流による橋脚周边の洗掘特性に关する研究[C] // 第 22 回海岸工学讲演会论文集.
[127] 中国水利学会泥沙专业委员会. 泥沙手册[M]. 北京:中国环境科学出版社,1992.
[128] 朱正群,康笃材,尹桂莲. 大桥施工平台桩腿局部冲刷试验[J]. 铁道工程学报,1984(2).

附录一

附表一　历年水库大坝溃决、放水诱发的铁路灾害统计表

序号	铁路线名	区间或里程	桥名	水库名	库容 V (10^4 m^3)	大坝至桥路距离(km)	事故发生年代	铁路灾害简况
1	大郑	K108	柳河桥	闹德海	19 500	45	1949	8月15日，水库漫溢，大坝溃决，洪水冲毁路基和木便桥一部分，中断行车45 d
2	牡图	K61+080					1954	汪清县嘎呀河上游的拦河坝，由于5月下旬暴雨洪水将河岸冲毁，河流冲向路基中断行车
3	拉滨	K218			2		1956	6月5日，为灌溉用的水库大坝决口，将路基冲毁110 m，水位至轨底，造成列车缓行
4	沈吉	K240+636					1956	6月20日，路基上游水库大坝决口，将路基冲毁一部分，中断行车
5	绥佳	K92			331	14	1956	因溃坝洪水直冲K92处，水漫钢轨11.2 m，路基冲毁，中断行车
6	湘桂	K538+262		8座小水库	最大8	4～8	1957	6月17日，桥上游有两座小水库漫溢，缺口2 m×3 m，造成墩倒梁坠河中，中断行车3.4 d
7			竹鹅溪桥	老虎冲			1957	7月1日，因暴雨洪水将水库大坝冲垮，造成该桥墩倒梁坠，中断行车4.5 d
8	南同蒲	K126+150		陈家园			1958	8月一次暴雨洪水，水库漫溢溃坝，水淹桥面及义安车站，中断行车
9	四梅	K138+850		中兴塘	2.1	0.27	1958	8月一次暴雨洪水，将水库大坝冲垮，造成该处1×2.5 m涵冲毁，缺口达12 m，中断行车
10	贾柳支	K10～K13		林志 大井口	30 50	1.50	1958	两座水库溃决，造成该线K10+400～K13+650水淹路基道床，两侧水位差1.5 m，中断行车
11	长图	K410+560 K410+705		安图		6	1959	6月3日19时，木沟上正在施工的水库，临时土坝，因洪水暴涨漫溢溃决，水流直冲两桥分别造成图方桥翼墙冲倒，图方左侧翼墙彻底冲毁和2、3号墩冲至岩层，中断行车0.5 d
12	湘桂	K635	古萝车站	古萝			1959	6月21日，降大到暴雨将水库水坝冲垮，车站水深达1.5 m，车站两端小桥彻底冲毁，中断行车7.8 d

续上表

序号	铁路线名	区间或里程	桥名	水库名	库容 V ($10^4\ m^3$)	大坝至桥路距离(km)	事故发生年代	铁路灾害简况
13	集二	K104		郭华台	15	10	1959	7月19日,土木尔台站2时20分降暴雨190 mm,平地水流及膝,序号13~15三座小水库溃决,水头高达2~3 m,水流直冲线路,桥涵宣泄不及,路基积水6.9 m,洪水漫过轨面0.4 m,将两段路基冲断共515 m,其中180 m路基冲深达15 m,木便桥小桥、方涵各1座冲毁,中断行车4 d
14		K107+165		弯子沟	0.15	2.0	1959	
15				刘家洼	12	2.5	1959	7月22日4时30分先后4座中型水库垮坝造成铁路严重损失,该项工程建于1958年,设计标准低,溃坝流量分别为8 500 m^3/s、4 800 m^3/s、13 000 m^3/s、5 900 m^3/s(桥址处)。水库泄空约2 h左右,5~6 h内,在东辛庄至高岭间47 km范围内,路基冲决14处计2 555 m,其中沈山Ⅱ线钢轨1 km冲出1 000多米远,线路漫水冲走道床31处,计12 539 m^3,冲走桥墩6个,冲歪3个,钢梁和圬工梁5孔,通信线路8 941 m、冲歪电杆16 km、高压线1 km,绥中电话所和变电所大部淹没,损失自动闭塞线的整流器、继电器25组,职工住宅170处受淹使锦山段上、下行线分别中断行车7.1、5.3 d,铁路经济损失319万元(不含运输经济损失)
16	京沈	K789~K973	锦州至山海关段	八一	4 000	40	1959	
17			关股云股河	龙屯	3 000	25	1959	
18			狗河	共青	3 800	24	1959	
19			大石河等桥	大风口	5 700	22	1959	
20	京包	K663+675		乌素图	102	8	1959	7月27日6时降暴雨296 mm,水库溢洪道连接处决口,造成线路4 km、桥梁10座被冲毁;呼和浩特站场全部被淹没。便线修复通车后,8月3日又冲坏便线便桥,路基滑坍30 m,中断行车5.1 d,经济损失391.4万元
21	四梅	K138+857		五道沟		0.27	1959	8月9日,降大到暴雨,由于库容小,土坝薄弱,溢洪道小,且长期无人管理,因而3时30分坝垮,冲断1×1.25 m盖板箱涵,路基缺口12 m冲毁上游翼墙,决口12 m×3.5 m,中断行车0.4 d。
22				安图	2.1		1959	
23	叶赤	K8		九三		0.2	1960	6月23日被一次暴雨洪水将115 m的拦河坝冲开40 m,直冲路基一侧挡土墙冲毁100多米,险将10 m高路堤冲开

序号	铁路线名	区间或里程	桥名	水库名	库容 V (10^4 m^3)	大坝至桥路距离(km)	事故发生年代	铁路灾害简况
24	密东	K127～K137	K132＋070				1960	7月下旬,地区暴雨洪水,将富荣至迎春间路基全部泡水,8月1日降雨,使K132～K134间水漫路基,K132＋070小桥洪水超过梁面,为了保桥,在K132＋600处扒口放水,造成中断行车10 d。事后了解系上游水库超限放水
25		K137					1978	第二次超限放水,中断行车
26	滨北	K196～K197		东道口	3 180	25	1960	水库质量差,曾放水至死库容水位。由于雨量大,于8月8日11时漫坝顶决口,造成K196～K197水漫路肩0.13 m
27	富佳	K14＋608		工农兵	28	14	1960	8月24日一次洪水将大坝冲走,铁路1×10 m小桥彻底冲毁,中断行车5 d
28	京广	K2134	高桥站				1960	一小水库溃决,造成水淹车站
29	胶济	K84～K86					1960	密水河上游3座水库连锁溃决,洪水淹没路肩兰芝庄西被淹并决口数处,中断行车
30	兰新	K93		社阳			1961	水库倒坝,冲毁线路900 m,中断行车7 d
31	浙赣	K752～K760	杨岩塘峰山	楠木等5座			1962	5～6月份,5座小型水库垮坝,冲断路基。中断行车。9座水库出险,威胁铁路行车安全
32	锦承	K170	黄花滩(一河两桥)	德立吉	5 520	8.5	1962	7月24日～26日上游降暴雨达200 mm左右,于8时15分水库大坝冲开147 m后,10时30分水库泄空,造成两桥冲毁,计冲走桥墩7个,冲断和冲走各2个,桥台1个,冲失钢梁21孔,冲毁翼墙6个,两桥中间一段路基248 m,及太平桥一座被彻底冲毁;共断行车15.8 d,$Q_{倒}$＝66 900 m^3/s,$Q_{桥}$＝7 270 m^3/s,远远超过设计流量
33	京沈		柳河桥	闹德海	19 500	60	1 962	柳河上游暴雨洪水,水库大坝漫水0.6 m。造成该桥西侧路基冲刷和透水;又兼柳河左岸大堤决口,洪水流至沈山段K57,K62桥和高新线K0＋860及K2桥,造成冲断路基、桥梁,中断行车
34	绥佳	K92～K93		铁山色	331	14	1962	7月27日因上游暴雨洪水,水漫坝顶,造成786 m大坝冲开3个口子,计长110 m,洪水冲至K92～K93洼地,水位上升0.65 m,水漫钢轨将双线路基冲断,深1.5～2.8 m,中断行车

序号	铁路线名	区间或里程	桥名	水库名	库容 V (10^4 m^3)	大坝至桥路距离(km)	事故发生年代	铁路灾害简况
35	叶赤	K135+145	中桥	三道井子	126	8(铁),2(公路)	1962	大坝仅修到 7 m(原为 15 m),一次洪水即冲垮,铁路、公路受到不同程度损坏,$Q_{桥}=2\ 110\ m^3/s$
36	京广	K70～K507 涿县至安阳		刘家台	4 260		1963	"63.8"洪水将左面所列 5 座中型水库和 1 万 m^3 以上的 330 座小型水库因漫坝或超过设计标准冲毁,而其中淤平 16 座,25 座漫溢,漳卫、子牙、大清三大水系主要堤坝决口 2 396 处,支流河道决口 4 489 处。62%的灌溉工程,90%的平原排涝工程被冲毁或淤平,这次洪水总流量 $Q=78\ 000\ m^3/s$:7 d 降雨总量达 600 亿 m^3 造成 4 条主要铁路干线冲毁 116 km,桥涵 209 座,5 个车站被淹,分别中断行车 28 d、48 d、12 d、11 d 总计洪水淹没耕地 4.4 万 km^2,受灾人口 2 200 万人,死亡 5 600人,伤 46 700 人,直接经济损失 60 亿元
37	石太			乱木	1 240		1963	
38	石德			佐村	4 760	8	1963	
39	津浦			东川口	2 750		1963	
40				马河	2 637		1963	
41	京广	K507+151		王佐		8	1963	5×11 m 中桥,溃坝后北台后路堤冲开 8 m 缺口,中断行车 3 d
42	邯磁		铁道桥	八一	241.4		1963	大坝漫溢溃坝,$Q_{溃}=4\ 100\ m^3/s$,将铁路桥冲毁,中断行车
43	胶济	K23+795					1965	上游小水库决口,造成小桥椎体护锥冲毁达 6 m×1.5 m×0.6 m(长×宽×厚)
44	浙赣	K428+400		清塘	35	0.2	1966	7 月上游暴雨洪水,发生两起倒坝,前者未断道,后者冲毁河床 300 m,造成慢行
45		K454+700		石塘	6.6	0.4	1966	
46	东莱支线	K5+113					1966	7 月 15 日,上游小水库溃决,造成孝义河堤决口,洪水串入冯家村中桥,墩歪 1.4 m,中断行车 5.3 d
47	京广	K1390+551	长安河桥	铁山塘	10	1	1967	该桥为 4×19 m 中桥,5 月份连降大暴雨,3 座水库相继溃决,洪水淹没钢梁 0.46 m,中断行车 0.4 d
48				板水坳	12	0.3	1967	
49				石冲	10	4	1967	
50		K1915+900	新江洞桥	鲤鱼冲	6	5	1967	5 月 13 日溃坝,水淹该处 3×10.8 m中桥墩台顶,造成慢行
51		K1353+994		巴基坳	13	0.25	1967	5 月暴雨洪水,垮坝后洪水冲空道床约 32 m^3,水淹轨面和 1×6.7 m 小桥钢梁造成慢行

续上表

序号	铁路线名	区间或里程	桥名	水库名	库容 V (10^4 m^3)	大坝至桥路距离(km)	事故发生年代	铁路灾害简况
52	南票		第三女儿河桥	井家口	20	1	1967	因无溢洪道造成漫坝失事，洪水直冲该桥两岸漫散，水位距路肩 0.2 m，幸未中断行车。修复后增设了溢洪道，经验收仅能通过 50 年一遇洪水，仍不合标准
53	资许	K32+780	宝元河桥	3 个水轮泵			1967	上游下暴雨多次，山洪暴发，将上游 3 座水轮泵拦河坝冲毁，急流涌至，中断行车 4.3 d
54	浙赣	K3491+454	玉山、贵溪信江桥(105 号、130 号)				1967	由于水库调蓄未考虑铁路受淹影响，故在水库蓄洪和排洪期间，当下泄 500 m^3/s时信江就有漫溢的可能而影响到上饶、弋阳等站的低洼票房，仓库和工区等家属宿舍受淹。1967 年该水库下泄 500 m^3/s，即出现上述的水淹现象
55	浙赣	K514+800～K532+200		徐坊	122	1	1967	江西南城附近一次降特大暴雨 500 mm。造成阳溪附近徐坊等 4 座水库垮坝，不少水库出险使该线 27 km 线路部分遭到严重冲毁，100 m 钢轨外移，水深 4～6 m，中断行车 4.1 d
56				峰山	55	0.4	1967	
57				佛岭	6	1.7	1967	
58				桃花岭	33	0.5	1967	
59	向乐	K36、K34		藕塘			1967	两座小水库汇水面积 0.5 km^2、0.6 km^2，水库垮坝后水量不大，铁路受影响不大
60				塘坊龙			1967	
61	北同蒲			枣沟	20.8		1969	7 月 27 日一次暴雨，将枣沟水库冲垮，铁路断道，太钢 13 个车间被淹，铁路修复时，在原 1×1.2 m 圆涵基础上又添增 1×2 m 圆涵 1 座。1973 年修复过程中，该水库又被冲毁。目前 3 座水库淤积过半，质量差，现只能防 6 h 降 80 mm 雨量，超过此数就有溃坝可能
62				尹家沟	12.8		1969	
63				柏杨树	10.2		1969	
64	京广	K1533+379	沙河桥	桥平	320	3	1969	8 月 11 日副坝冲决后，将上行桥两桥台、钢梁冲走，下行桥冲移，路堤决口 30 m，中断行车 2.3 d
65	新义			三道井子		11	1972	溃坝时先冲 8 km 处公路桥，后冲铁路桥。据了解当时桥下水位甚高，仅损坏护锥
66	湘桂	K634		干着			1973	6 月 15 日水库垮坝，水漫路基至渣边坡脚。扣车 2 小时 18 分
67	包白	K25+620～861		昆独仑	7 500		1973	8～9 月，水库涨水，淹没两座1×2 m 圆涵，现已淤死

续上表

序号	铁路线名	区间或里程	桥名	水库名	库容 V (10^4 m^3)	大坝至桥路距离(km)	事故发生年代	铁路灾害简况
68	成昆	K664+762			3	2	1973	9月份一次阵雨致水库溃决,发生泥石流堵涵,又淹了弯丘车站,中断行车5.3 d
69	兰新		西大桥	乌拉泊		4	1973	水库距乌鲁木齐市约10 km,由于大坝质量不高,既威胁铁路安全,又威胁乌市安全
70	林密	K141～142		庆仙			1974	密东县社办小水库,非正常放水泄洪,水浸线路,中断行车7.5 d
71	陇海	K990		谭裕			1974	9月13日由于水库溃坝决口,造成莲花寺至华县区间线路破坏,中断行车0.8 d
72	太焦	K81+810	龙门沟桥	双峰		下游0.3	1974	该桥为10×31.7 m于1973年7月竣工,榆社县在桥下游300 m建水库铁路事前不知道,事后提出设计坝高27 m,故对9墩进行钢筋混凝土加固,现仅建18 m高,质量甚差
73	京广	K800+100～K902+400	小商桥至确山	板桥	60 000 (49 200)	45	1975	8月4日由于7503号台风的影响,普降特大暴雨造成两座大型水库、两处滞洪区、两座中型水库和58座小型水库坝体失事。其中漫坝39座,工程质量差的9座、16座为无人管理而失事,河堤决口2 180处,漫决总长810 km。这次洪水8月8日1时板桥溃坝失事 $Q_m=78\ 800m^3/s$,洪水抵达遂平 $Q=53\ 400\ m^3/s$,石漫滩水库系8日0时30分超过坝上防浪墙顶0.35 m,大坝溃决,$Q_m=30\ 000\ m^3/s$,淮河流域洪水总量近180亿 m^3,有计划的开放了11个行滞洪区,滞蓄50亿 m^3。从垮坝到水库泄空分别为4.5 h、5 h,造成京广线小商桥车站至确山车站102 km彻底冲毁,中断行车18 d,影响运输98 d。本场特大洪水灾害据统计,23个县市、1万多平方千米耕地遭受严重水灾,受灾人口820万人,26 000人死亡,直接经济损失100亿元
74				石漫滩	11 700 (9 180)		1975	
75				田岗	2 700		1975	
76	醴茶	K13+500		高枧等3座水库	共400		1975	7503号台风途经湘赣边境湖南攸县高枧,3 h暴雨达400 mm,造成3座水库垮坝失事,库容分别为200万 m^3、50万 m^3、150万 m^3,继而冲断该线路基150 m,中断行车7.8 d

续上表

序号	铁路线名	区间或里程	桥名	水库名	库容 V (10^4 m^3)	大坝至桥路距离(km)	事故发生年代	铁路灾害简况
77	包兰		昆独仑河桥	昆独仑	7 500		1976	7月大坝部分溃决冲毁该桥，另修木便桥通车；同年8月18日，又一次洪水，将该桥下游拦河坝冲毁，因而木便桥下沉，又中断行车。当时水库下泄流量仅 460 m^3/s，冲毁该桥防护设备，下行线中断行车9 d
78	京沈	唐山	陡河桥	陡河	原 25 500 现改为 38 200	2	1976	7月28日唐山大地震前，由于修电厂时破坏了坝体渗层，又挖开了副坝，因而地震时大坝失稳1/3，险遭不测
79	津沪		玉符河桥	卧虎山	6 500	10	1976	经了解土坝心墙还差8.5 m不到设计水位和溢洪道进口断面小等缺点。1962年修建Ⅱ线时该桥桥孔从6×64 m压缩为3×64 m，经了解水库不但有缺陷，而且设计标准有误，故下泄流量加大，过大的压缩桥孔是不安全的
80	湘桂	K474		3座小水库			1977	6月26日，该线上游暴雨洪水，造成3座小水库和山塘垮坝，溃坝洪水直冲K474附近，发生30余处水害，冲空道床并导致149次直快客车脱线，中断行车0.6 d
81	南同蒲	K714+800 K724+400		晋庄			1977	7月29日，因暴雨洪水有4座小型水库垮坝，造成多处冲垮线路，桥涵，中断行车1.7 d
82				坑东			1977	
83				上丁			1977	
84				下丁			1977	
85	南同蒲	祁县至张兰	K449+927	尹回	730	5～8	1977	8月5日，因暴雨洪水有4座小型水库垮坝，造成3个区间28 km内大部分路基被洪水淹没，冲毁中桥(4×9.3 m)1座，小桥3座、涵洞9座，路基多处决口，中断行车9.8 d
86				长则	150		1977	
87				冀郭	3		1977	
88				府底	10		1977	
89	城金	K35		青云	840		1977	该水库位于路基下游，库容从303改为840万 m^3，因此蓄水位较高时浸泡线路，造成路基松软，经常缓行
90	枝柳		大铜板桥		12	1	1977	1970年～1982年施工期，上游水库与桥址处高差约500 m，大坝溃决失事冲垮路基7 m，大铜板桥彻底冲毁，桥孔由16 m改为23.8 m，此外，隧内灌水100多米

续上表

序号	铁路线名	区间或里程	桥名	水库名	库容 V (10^4 m^3)	大坝至桥路距离(km)	事故发生年代	铁路灾害简况
91	浙赣	湄池至诸暨		塘坝			1978	土坝溃决失事,冲毁路基多处,中断行车
92		诸暨至衢县		塘坝			1978	水库漫溢坝顶后大坝溃决,造成路基多处冲毁,中断行车
93		分宜至彬江		江口			1978	高水位时,水库回水浸泡路基,造成行缓缓行
94	太肥	K25					1978	7月13日,肥城降大到暴雨,造成3座小型水库垮坝、康王河决口,水漫钢轨10 cm,冲空道床,中断行车
95	津浦	K400+723	葛家河桥	东候	30	7.4	1978	因暴雨洪水,造成水库垮坝,该桥津方导流堤1~7孔浆砌河床冲毁,刷深1.6 m以上
96	湘黔	K522+945	拱桥	太阳山	12	5	1979	6月22日发一次暴雨洪水,造成两座小型水库大坝溃决失事,洪水直冲该拱桥,冲毁一端护锥及路堤,中断行车1.4 d
97				酸广冲	14.4		1979	
98	浙赣	K809+051	玉华至西村	塘源冲	112	2	1980	4月1日16时10分水库倒坝。水浸泡路基200 m,水退后限速行驶约15 h
99	皖赣	K441+850		侧墩头			1980	6月13日线路左侧小水库溃决,洪水直冲铁路。冲空道床540 m,淹没钢轨87.5 m,中断行车0.2 d
100	长图	K281				0.7	1980	6月16日降大到暴雨,塘坝溃决,洪水冲毁涵洞路基,当180次列车通过时,颠覆12辆,中断行车0.8 d
101	四梅	K133+850		山塘	2.1	0.27	1980	6月降大到暴雨,水库溢洪,流速特大,造成1×2.5 m桥冲毁,路基决口12 m,中断行车0.4 d
102	兰青	K40~K60					1980	永登有20多座水库多无溢洪道,泄水洞,防洪状况令人忧虑
103			定西甜水河桥	寺川			1980	定西有10座水库,其中寺川水库无溢洪道,泄水洞,威胁铁路和定西城安全
104	浙赣	K523+700~900	阳溪至界头	新塘镇、湖岭			1980	8月30日8时30分新塘镇水库突然出现倒坝事故洪水淹没路面0.3 m,13时湖岭水库溢洪道太小排洪不及,水平路肩,影响行车
105	密东	K132+070					1981	上游水库第三次超限放水(1960、1978年)超过桥面,中断行车9.8 d

序号	铁路线名	区间或里程	桥名	水库名	库容 V (10^4 m^3)	大坝至桥路距离(km)	事故发生年代	铁路灾害简况
106	京广	K525+300		中塘	53	0.08	1982	6月17日8时，由于集中下泄，原溢洪道堵塞引起大坝决口，造成线路冲走道路渣35 m，中断行车上行0.23 d、下行0.44 d
107				矿泉				
108		K1733+260～330		泉塘	3.3	0.7	1982	6月份一场暴雨洪水，水库大坝失事，洪水冲毁路基20 m，中断行车1 d
109		清远至源潭	河边桥	迎嘴	7 650	5	1982	该水库经水工试验，水深不得超过3 m，否则会垮坝。当白泥坑炸坑炸副坝（40 m×7 m）时，相应 Q=1 449 m^3/s，而该桥只能通过445 m^3/s，实属危桥
110	向九	涂家埠至阳家岭					1983	地方塘坝决口，冲毁路堤150多米，中断行车16 d
111	宝成	K410+214			3.3	0.7	1984	1×2.5 m拱涵左侧有1山沟小水库，高出轨面126 m，8月1场暴雨后，发生土坝溃决，洪水时形成2万 m^3 泥石流，将15 m高，50 m长的高路堤冲毁2/5，造成中断行车1.9 d；由于同样原因，成都局另有8处溃坝事故，中断行车5.5 d，合计7.4 d
112	京包	K766～K771				0.3	1985	路基南侧修建的平原水库，设计、施工中均未征求呼和浩特铁路局的意见，现在工程大部完成，是年暴雨，洪水冲Ⅱ线施工工地，造成路基裂缝，边坡坍塌，列车慢行，车站站房墙壁裂缝，基础下沉
113	嫩林	K40+656		养鱼池	40	3	1988	水库下游有1×16 m小桥，7月一场暴雨将大坝冲毁失事，造成路堤冲毁14处，计231延长米，中断行车4.2 d
114	林密			新曙光			1988	黑龙江农垦部门修建的低标准水库，其 $Q_{泄}$=120 m^3/s
115	图佳			小龙爪			1988	$Q_{泄}$=80 m^3/s，铁路桥仅能泄35 m^3/s。造成两处隐患
116	黔桂	K83+100～300	洛西至宜山	土桥	3 020	20	1994	6月13日，因暴雨洪水迅猛上涨，地方于是日19时8分炸坝泄洪，事前未通知柳州铁路局，造成线路道床约200 m冲空，中断行车1 d多

序号	铁路线名	区间或里程	桥名	水库名	库容 V (10^4 m^3)	大坝至桥路距离(km)	事故发生年代	铁路灾害简况
117	滨绥	K41～K89 阿城至平山	K53＋686、K85＋848、K88＋700	砬子沟、八一、红星			1994 1994 1994	7月12日～13日，因暴雨洪水造成“八一”、“红星”等水库水满溢洪，砬子沟水库大坝溃决，致使7个区间线路冲毁几十处，桥涵遭到普遍破坏，其中遭严重破坏的有阿城、平山车站站场路基几乎全部冲毁，最深冲坑8 m；K53＋686处3×4.5(上行)桥墩冲倒，K85＋848(上行)中桥1号墩倾斜下沉；并行的专用线被冲毁；K88＋700处涵洞随路基被冲走，中断行车12.9 d
118	金城	城子坦站		碧流河	70 000		1994	8月16日～17日，受“9415”号热带风暴影响，该线附近降大到暴雨，致使城子坦车站上游碧流河水库暴满，水库以 2 400 m^3/s 敞泄(正常为 500 m^3/s)，造成该站被淹，水深1.5～2 m损失严重
119	沈吉	莲河至团林		海龙			1994	8月16日～17日受9415号强热带风暴影响，沈局范围普降大到暴雨，该线山城镇附近的海龙水库大量放水，造成柳河部分河堤决口；加之下游辉发河洪水顶托，使该线莲河，海龙朝阳镇、团林3个区间水上轨面，桥梁全部被淹，线路破坏严重。与此同时，团杉线由于发辉发河冲堤，线路严重破坏，路基冲失土方约1.5万 m^3，中断行车
120	皖赣	府祝至甲路	K130＋500				1995	6月22日因降暴雨，线路右侧一水塘塘坝溃决水淹轨面100 mm，中断行车0.7 d
121	陇海东段	海州至新沂	K80＋058		7	0.5	1995	7月9日，因降3.5 h暴雨距石湖中桥上游500 m处的一座小水库溃决，洪水将该桥台后路基冲毁，造成3111次货物列车脱轨颠覆重大事故
122	津沪	歇马亭至吴树	K472＋850	宜路口	12		1995	线路西侧小水库系曲阜董庄乡建，属无闸门自然溢洪，且无人看管的水库；其上游尚有多座塘坝，8月16日～18日因该地区降大到暴雨，曾发生危及该线安全的险情

附表二　主要病险水库或失效水库对铁路影响统计表

序号	铁路线名	区间或里程	桥名	水库名	库容 V ($10^4\ m^3$)	大坝至桥路距离(km)	事故发生年代	对铁路的影响简况
1	富佳			笔架山			1960	水库溢洪道过小，建议在未加大溢洪道前，令汛期水位保持在死水位，并使输水涵洞经常开放。在洪水时起调洪作用，减少下游灾害，因无可靠保证，一旦失误将损失巨大
2	兰新		西大桥	乌拉泊		4	1973	水库在1973年曾进行第一次加固，但未有高水位考验，该水库距乌鲁木齐市仅10 km，有提高标准进行第二次加固的必要
3	京广	清远至源潭	河边桥	迎嘴	7 650	3		水工试验溢洪道水深不得超过3 m，V不得过大否则会冲垮；相应$Q_{溃}$=1 450 m^3/s时，而下游只能通过445 m^3/s，桥梁安全不保
4	林密			新曙光			1974	为低标准水库$Q_{泄}$=120 m^3/s属病害桥
5	图佳			小龙爪			1974	水库$Q_{泄}$=80 m^3/s，而铁路桥$Q_{泄}$=35 m^2/s
6	通让	K54+977	烟墩吐屯	三八	2 400	10		1965年建成，桥长107 m，桥下孔跨按$Q_{1\%}$=590 m^3/s(为水库溃坝流量的67%)设计，30年来水库无水可蓄桥下未发生洪水
7	京承		朝河桥	密云		18		原设计下泄$Q_{1\%}$=1 100 m^3/s，在架设新梁时又压缩了两孔。1976年唐山地震时。水库发生大范围的滑塌，大坝加固时，要求该桥在汛期能排1 300 m^3/s流量，因而大桥孔径偏小
8	京广		郑州黄河桥	三门峡	960 000 (3 600 000)		1976	三门峡水库蓄水后库区泥沙淤积严重，潼关河床淤高，支流渭河淤积发展迅速，影响关中平原。1962年3月打开全部深孔闸门，改为低水头蓄清排浑、滞洪排沙的运用方式。1964年～1968年12月进行第一次改建，大量泥沙下泄，下游河床普遍逐年淤高，堤防防洪标准降低，河南淮河"75.8"洪水后，水利部门要求将本桥南端处于2.5‰坡道上的16孔钢板梁抬高，使全桥成为平坡，其中南桥台钢板梁支点抬高1.6 m，使得南岸诸孔的桥下净空加大，以满足该河段防洪要求

续上表

序号	铁路线名	区间或里程	桥名	水库名	库容 V ($10^4\ m^3$)	大坝至桥路距离(km)	事故发生年代	对铁路的影响简况
9	京秦	狼窝铺至秦皇岛					1980	该段共有 100 余座小水库和塘坝，距线路 500 m 以内者小水库计 7 座、塘坝计 10 座，由于设计洪水标准低，工程质量差，应考虑水库溃坝流量设计的桥达 18 座
10	胶济	明水至枣庄	K338＋629	大站	2 100	0.5	1995	因连降大雨，8 月 19 日水库坝顶出现严重裂缝，属中型病险水库

注：1. 病害水库分布在铁路两侧，数量很多，由于受水库维修管理水平不同每年数量也不同，本表仅列在全国具有普遍的数例以供参考。

2. 括号内为原设计库容。

附录三　水库溢洪道下泄流量对铁路影响统计表

序号	铁路线名	区间或里程	桥名	水库名	库容 V (10^4 m^3)	大坝至桥路距离(km)	事故发生年代	水库溢洪道下泄流量对铁路的影响简况
1	向九	K14+197	莲塘桥	节制闸			1962	6月汛期上游节制闸被冲坏，闸孔下泄水流湍急，将该桥 2×6 m 的上游护锥冲毁和护底片石全部冲净，下游河床冲深 6 m，墩基悬空，中断行车
2	京广		蒲圻桥	陆水		3	1964	1964年修建拦河坝后，下泄流量多属清水，造成该线上、下行两桥（相距约 400 m）桥墩的严重冲刷；该处下泄 $Q_{1\%}$=8 240 m^3/s，平常 Q=3 000 m^3/s，河床地质为沙岩，冲深达 2～3.5 m，20世纪80年代另建新桥
3	汉丹	长岭岗桥	长岭岗桥			0.04	1964	位于水库溢洪道约 40 m 水流属急流驱逐式水跃，跌坎消力池末端流速降至 2.42 m/s，采用钢筋混凝土加固，于1964年施工，1964年、1970年两次下泄 Q=100 m^3/s，尚属良好，对 $Q_{泄}$= 600 m^3/s(设计)尚未考验
4	襄渝	K61+111	殷家河桥	大都	47.5	0.04	1974	因下泄 312 m^3/s，接近百年一遇洪水。位于水库溢洪道附近的铁路桥，桥下游挡土墙全部冲毁，3号墩基础东南一隅冲空外露，经检算下泄水流流速达 17.2 m/s（属高速水流），该桥1972年建成，水库1958年建成，基础施工中未能回填修复如初，所以造成1974年8月3号墩又一次冲毁。河南“75.8”洪水后，该水库扩大了溢洪道并加高了消力槛，$Q_{1\%}$泄=322 m^3/s，v_{max}=20 m/s。
5			堵河桥	黄龙		2	1980	放水泄洪 Q=11 300 m^3/s，桥下 v_{max}=4.76 m/s，4号、6号墩低桩承台受冲，挖孔桩外露 1.6 m，地质为变闪长岩夹云母片岩，风化严重
6	邯长		固镇桥	固镇	140	0.05	1981	20世纪60～70年代上游尚无修建水库规划。1978年当地公社在该桥上游 50 m 处修建1条拦沟土坝高约5 m，1979年～1980年两次加高大坝（共约 15 m），质量欠佳，随后又修了1座旁侧溢洪道正冲桥下，未作任何防护和消能设备。1981年与当地水利部门协商进行桥下局部加固，水利、铁路各负担投资40余万元，由水利部门施工，但工程质量极差，隐患严重

附表四　铁路被水库淹没后造成的危害统计表

序号	铁路线名	区间或里程	桥名	水库名	库容 V (10^4 m^3)	大坝至桥路距离(km)	事故发生年代	铁路受水库回水淹没影响造成的危害简况
1	京广	K1780～K1781		观音桥		20	1962	受下游水库回水影响，20 年一遇洪水即淹没该线路基，水深达 1 m 余，当时估计不足造成后患
2	丰沙		64 号隧洞	官厅	227 000		1963 1976	20 世纪 50 年代建成的官厅水库和丰沙 1 线工程，沿库区上下的设计洪水和下泄流量均由海河设计院、官厅水库管理局提供。1963 年修建丰沙Ⅱ线时，该局第一次提高了设计水位，系考虑淤积的影响，使库内水位提高 3.6～10 m；河南“75.8”洪水后，根据 1976 年 2 月水电部二局官厅水库防洪保坝研究小组的建议，第二次又提高了设计水位。该线 64 号隧洞的 $H_{1\%}$ 共提高 35.2 m，水库下泄流量由 600 m^3/s 提高到 1 890～4 000 m^3/s。防洪堪忧
3	南同蒲			闻喜吕庄				水库回水淹没路基，造成缓行
4	津沪	K417～K450	泰安大洞					受水库回水影响，造成路基时有浸泡，铁路缓行
5	湘黔	K321	坪口桥	柘溪		46		稀遇洪水时桥下水平梁底，比原设计水位高
6	京广		郑州黄河桥	岗李			1963	1962 年 12 月，黄河岗李枢纽泄洪闸发生严重冲刷，不能正常运用。1963 年 7 月 17 日，岗李水坝人为破除，位于该水库内的黄河大桥水位降低，当年 10 月 21 日，2 号墩冲刷深度达 14.8 m，立即抛石防护，似未收到效果。1964 年～1979 年，北岸和 0 号台～7 号墩，经过观测、水工试验，布设了防护工程，效果不明显，共投资 306 万元
7	刘家峡专用线		黄河 2 号桥	刘家峡 盐锅峡		下游 20 上游 13	1966	该桥位于盐锅峡水库淹没范围内，1961 年建成后，水库蓄水至 1966 年，淤积厚度达 15～20 m，桥下净空减少。1964 年发生 20 年一遇的洪水，水面距梁底只剩 0.9 m。刘家峡水库建成才使下游淤积变慢
8	浙赣	K179～K201	界水至彬江	江口			1966	水库因回水淹没界彬段计 21 km，改线施工中，水库因故停工，工程随之中止
9	京通	K523	泵河桥	红山		35		该桥位于与老哈河 3.5 km 汇合口，在红山水库回水影响范围内，桥下淤积严重，净空由 6 m 减至 2 m，这是勘测设计阶段的失误

续上表

序号	铁路线名	区间或里程	桥名	水库名	库容 V (10^4 m^3)	大坝至桥路距离(km)	事故发生年代	铁路受水库回水淹没影响造成的危害简况
10	成昆	代湾至峨边	泉水河等17座桥				1971	成昆线成峨段系1966年10月建成，而大渡河龚嘴水库1971年11月关闸蓄水，正式发电(低坝高66 m方案)，该线计有32.2 km傍大渡河左岸行走，受到水库不同程度的淹没影响，泉水河等17座桥81个墩台发生不同程度的沉陷，以及桥台两端引线塌陷，除原墩加固外还新建3个台、19个墩，有一段路基改为1座中桥，有一座大桥改为填石路堤。其中泉水河、潮水溪、干溪沟、鸭子池等桥，经数年实地观测，沉陷量为3～19 cm
11	丰沙二线		永定河12号桥	官厅	227 000	15	1972	1955年建成的丰沙一线永定河8号桥位于官厅水库内，当时桥下净高18 m；该水库1954年蓄水，数年间即淤积8～9 m。因考虑远期水库的淤积而需抬高水位；1972年建成的库内丰沙二线和永定河12号桥(双线)抬高了6 m，8号桥予以废弃
12	京通	庙宫至四合永	伊逊河6号桥	庙宫	15 200	8	1973	大坝、桥分别于1960年、1977年建成。由于水库淤积严重，至1973年测得库容已减少2 000万 m^3，线路位于水库淹没区内，淤积回水曲线系海河设计院按千年一遇水位提供的；计算时发现原提供的水位偏低，商请海院复核，经该院研究，改为加高大坝，降低并加大溢洪道，选用30年淤积水平标准，来维持原提供千年一遇水位不变，以避免返工浪费，也保证该段线路的行车安全
13	兰青	K45～K126	八盘峡黄河桥	八盘峡			1975	该桥1960年建成通车后，由于水库淤积严重，乃于1975年将该线K45～K126段路基平均抬高约6 m，而将该桥抬高11 m，预估桥下淤积10 m，以保证行车安全
14	南同蒲	K449+927					1977	8月17日，下游拦河坝溃决，造成该桥河床溯源冲刷，木排架桥基下沉，中断行车0.7 d
15	京通	K629+587		工程湖、舍力虎			1991	由于地区水土流失严重，风沙经年不断，河道平缓，含沙量大，1991年洪水时，4孔桥已淤死3孔，另1孔稍能过水，水位淹梁底0.68 m未出水害，路局拟抬高路基，加大桥孔，现河床已高出两岸1.5～2.0 m

续上表

序号	铁路线名	区间或里程	桥名	水库名	库容 V (10^4 m^3)	大坝至桥路距离(km)	事故发生年代	铁路受水库回水淹没影响造成的危害简况
16	京广	K1780～K1781	观音耒河桥	白鱼潭		10		该桥下游拦河坝水电站，在出现20年一遇洪水时，可淹没1 m多，应了解100年一遇回水线标高以采用必要措施防洪
17	黔桂	K108＋028、K130～K149＋980	龙江桥东江桥	拉浪	10 200			100年一遇洪水水位超过该桥0.57 m；经检算本桥只能通过70年一遇洪水。水库下游为K108＋028龙江桥，泄洪时对该桥冲刷的影响有待进一步了解检查
18		K68		洛东		3		洛西站距大坝12.5 km，位于回水范围内，其设计水位比该站高1.3 m
19	外福	水口至大箬		水口水电站	260 000 坝高101 m	0～52	1993.3	下距福州市84 km，1989年9月大坝截流，同年12月新线开通。改线绕避水库淹没区及原有48 km受水浸泡的一段路基加固也于同期竣工交付使用；1993年3月正式下闸蓄水
20	兖石	K17＋981	蓼河桥			0.05～0.06	1995	12×16 m长206 m大桥，8月16日，该河出现洪峰因挡水闸长年失修，闸门不能自动翻转泄洪，迫使洪峰改变流向，造成主流改为10～12孔桥下，冲垮石臼所方桥头护坡，淘空桥台后路基10 m，中断行车3.4 d

附录二

本书所列铁道科学研究院完成的桥渡非恒定流试验研究项目及主要成员

1. 板桥水库溃坝整体模型试验研究：戴荣尧、陆浩、王群、马国英(郑州铁路局)、王宝中(铁道部第二勘测设计院)等，1978 年。
2. 溃坝最大流量试验研究：戴荣尧、王群、马国英(郑州铁路局)、王宝中(铁道部第二勘测设计院)等，1980 年。
3. 溃坝口门调查研究：罗昶、刘桃芬(铁道部第三勘测设计院)，1980 年。
4. 流量水位自动控制系统研制：蒋冰、李琪；赵经政、张贤宜(上海电气自动化研究所)，1980 年。
5. 溃坝洪水波数学模型：黄崇佑，1981 年。
6. 雷达在测流中的应用：戴荣尧、王群、蒋冰、李琪，1984 年。
7. 缅甸仰光—丁茵大桥潮汐冲刷试验研究：戴荣尧、王群、林桂宾、黄崇佑等，1987 年。
8. 长东黄河桥桥墩局部冲刷试验研究：王群、黄崇佑、林桂宾、戴荣尧、申天成(铁道部大桥工程局勘测设计院)，1989 年。
9. 分层土壤桥墩局部冲刷试验研究：黄崇佑、王群、林桂宾、戴荣尧、申天成(铁道部大桥工程局勘测设计院)，1989 年。
10. 汕头妈屿跨海大桥桥墩局部冲刷深度与桥墩周围水流漩涡范围试验研究：黄崇佑、王群、戴荣尧，1989 年。
11. 钱塘江涌潮压力及冲刷天然观测研究：戴荣尧、王群、杨永楚(浙江省河口海岸研究所)、申天成(铁道部大桥工程局勘测设计院)等，1989 年。
12. 第二钱塘江大桥涌潮压力及桥墩局部冲刷试验研究：戴荣尧、王群、黄崇佑、林桂宾、申天成(铁道部大桥工程局勘测设计院)，1990 年。
13. 京广线郑州黄河大桥桥墩局部冲刷及防护工程措施试验研究：王群、林桂宾、张佰战、戴荣尧，1993 年。
14. 新菏复线长东黄河二桥沉井吸泥下沉冲刷试验研究：张佰战、林桂宾、王群、戴荣尧，1995 年。
15. 京沪高速铁路南京上元门越江工程桥梁整体河工模型试验研究，张佰战、朱永波、黄崇佑、李付军、王群、戴荣尧，1999 年。
16. 京沪高速铁路南京上元门河段河床演变分析研究，王群、林桂宾、李付军、张佰战、戴荣尧，1999 年。